权威·前沿·原创

皮书系列为

“十二五”“十三五”国家重点图书出版规划项目

# 金蜜蜂中国企业社会责任报告研究（2017）

GOLDENBEE RESEARCH ON CORPORATE SOCIAL RESPONSIBILITY REPORTING IN CHINA (2017)

主　编／殷格非　于志宏　管竹笋
副主编／代奕波　林　波　贾　丽

图书在版编目(CIP)数据

金蜜蜂中国企业社会责任报告研究. 2017 / 殷格非，于志宏，管竹笋主编. --北京：社会科学文献出版社，2018.1

（金蜜蜂企业社会责任蓝皮书）

ISBN 978-7-5201-2054-8

Ⅰ.①金… Ⅱ.①殷… ②于… ③管… Ⅲ.①企业责任-社会责任-研究报告-中国-2017 Ⅳ.①F279.2

中国版本图书馆CIP数据核字（2017）第315764号

金蜜蜂企业社会责任蓝皮书
金蜜蜂中国企业社会责任报告研究（2017）

主　　编 / 殷格非　于志宏　管竹笋
副 主 编 / 代奕波　林　波　贾　丽

出 版 人 / 谢寿光
项目统筹 / 谢蕊芬
责任编辑 / 谢蕊芬　赵　娜　陈之曦　杨　阳

出　　版 / 社会科学文献出版社·社会学出版中心（010）59367159
地址：北京市北三环中路甲29号院华龙大厦　邮编：100029
网址：www.ssap.com.cn
发　　行 / 市场营销中心（010）59367081　59367018
印　　装 / 北京季蜂印刷有限公司

规　　格 / 开　本：787mm×1092mm　1/16
印　张：20　字　数：300千字
版　　次 / 2018年1月第1版　2018年1月第1次印刷
书　　号 / ISBN 978-7-5201-2054-8
定　　价 / 99.00元

皮书序列号 / PSN B-2018-693-1/1

# 责扬天下（北京）管理顾问有限公司简介

责扬天下是一家长期致力于推动中国社会责任与可持续发展事业的专业咨询机构。公司拥有一支具备国际视野与丰富经验的社会责任专家团队，持续为客户提供高质量的社会责任咨询项目服务，借助丰富的实践与研究经验，与企业一同创新管理模式，协助客户成长为真正面向未来的可持续发展企业。

作为中国企业社会责任发展的重要推动者和中国企业社会责任管理咨询的先锋和开拓者，公司已成为社会责任与可持续发展领域的研究、咨询、培训及责任品牌传播和建设的领先的综合服务提供商。公司成立十多年来提出的一系列企业社会责任思想既是中国企业社会责任领域的重要创新，也是公司服务和推动中国企业社会责任发展的重要理论武器和工具。这些理论和工具包括以企业责任竞争力、产业责任竞争力、国家责任竞争力构成的责任竞争力理论体系，以必尽责任、应尽责任和愿尽责任构成的社会责任三层次理论，以利益相关方为导向以可持续发展为目标的责任品牌理论，以蜜蜂和谐共生为模型的金蜜蜂可持续发展思想，金蜜蜂企业社会责任报告评估体系、金蜜蜂企业社会实践评估体系、金蜜蜂责任品牌评估体系等。截至 2016 年底，责扬天下已累计出版社会责任相关著作 20 部，发布社会责任相关研究报告近 30 份，参与国际社会责任标准 ISO 26000、ISO IWA 26、ISO 20121 等的制定，是 GB 36000 系列四项社会责任国家标准的起草单位。

责扬天下主要面向政府相关机构、行业组织和国际相关专业机构、企业社会责任先锋公司开展专业服务。为其提供服务的企业中有世界 500 强企业超过 70 家，已基本建立了数据信息最全面、最准确，数据引用最多的中国社会责任实践信息库、社会责任报告数据库、社会责任案例库。

责扬天下也是最早投身于社会责任教育的专业机构，于2009年成立金蜜蜂社会责任教育中心，面向企业、非企业组织及CSR经理人等提供专业、领先的社会责任培训指导，旨在以培训帮助客户掌握国际商业发展的趋势、创新管理模式、提升可持续发展能力，是社会责任与可持续发展的人才培养基地。截至2017年底，责扬天下已累计培训超过3万人次。

欢迎各界与我们沟通交流。

地址：中国北京市海淀区中关村南大街12号百欣科技楼402室

邮编：100081

电话：+86 10 62137913

传真：+86 10 62137910

邮箱：csrreport@ goldenbeechina. com

网址：www. goldenbeechina. com

# 编委会名单

# 主要编撰者简介

**殷格非** 从2003年开始一直专注于企业社会责任、企业公民和可持续发展的研究与推广。责扬天下创始人、首席专家。德国勃兰登堡应用科技大学技术与创新管理学硕士，ISO 26000社会责任国际标准起草组专家，ISO IWA 26专家。率先提出企业责任竞争力理念，并推动形成企业责任竞争力、产业责任竞争力和国家/区域责任竞争力理论体系，提出了责任三层次论、责任竞争三阶段论、责任竞争规则体系、中国企业社会责任实践三大领域、十条路径等理念、概念和主张，并主导创建了"金蜜蜂"企业社会责任品牌。策划、组织了一系列有影响力的企业社会责任国际论坛和研讨。专著有《责任竞争力——解码企业可持续发展》《企业社会责任管理：解码责任竞争力》。主编我国第一部关于企业社会责任报告的专著《如何编制企业社会责任报告》、我国第一部企业社会责任管理著作《企业社会责任管理基础教程》等15部著作。另在国内期刊上发表各类文章100余篇，出版各类出版物总字数达四百余万字。

**于志宏** 在社会责任领域拥有14年的工作经验。北京大学法学硕士，责扬天下首席专家。擅长为政府和行业协会制定相关的政策和标准，为企业和相关机构制定社会责任战略与规划、企业社会责任品牌传播方案。在中国企业海外社会责任管理方面积累了丰富的经验。主编《如何编制企业社会责任报告》《企业社会责任管理基础教程》《责任竞争力——全球最佳企业社会责任实践》《中国企业社会责任发展报告（2006~2013）》《企业社会责任行动指南》《企业社会责任在中国》《中国外商投资企业履行社会责任优秀案例集2014》《融合创造价值——中国电子信息CSR典型实践案例集》，编译《国家责任竞争力》和《企业责任联盟》。

**管竹笋**　责扬天下常务副总经理，华中科技大学社会学专业硕士，中国企业联合会管理现代化工作委员会专家。2008年加入责扬天下，有十年企业社会责任管理咨询从业经验，先后参与ISO 26000社会责任国际标准和GB 36000社会责任国家标准的研究和制定工作；参与国务院国资委中央企业“十三五”社会责任战略规划课题研究；组织多项社会责任评估工具开发，主笔完成金蜜蜂年度系列社会责任研究报告。在企业社会责任战略规划及管理体系建设方面富有经验，先后主持完成80余项企业社会责任报告项目，20余项企业社会责任战略规划项目，50余项企业社会责任管理项目。服务客户涉及电力能源、建筑地产、金属矿产、金融、航空、汽车、化工、快销等行业百余家知名企业，亦为国资委、环保部等政府相关部门及中国工经联、中国企业联合会、中国对外承包工程商会等行业机构提供咨询服务。

**代奕波**　责扬天下副总经理，荷兰屯特大学MBA。2008年加入责扬天下，有十年企业社会责任管理部门从业经验。专长于为企业建立社会责任管理体系，在企业现有管理机制中导入社会责任标准、指南，包括制定战略和规划、建立指标体系、开发部门管理工具、策划传播沟通方案等。《ESG管理与信息披露实务》主编，《企业社会责任在中国》（中英文）、《中国外商投资企业履行社会责任优秀案例集2014》副主编，编译《国家责任竞争力(2007)》、《国家责任竞争力（2009)》。

**林　波**　责扬天下副总经理，在社会责任领域拥有超过10年的工作经验，中国电子信息行业社会责任系列标准专家组成员。毕业于中国政法大学，新闻、法律双学士，心理学在职研究生。长期从事企业社会责任理论研究，发表个人专栏、专题研究逾40万字，为《电子信息行业社会责任指南》《电子信息行业社会责任治理评价指标体系》《中国外商投资企业社会责任报告编写指南》主要起草人之一，参与编制《中国企业社会责任发展报告2006～2013》《中国外商投资企业履行社会责任优秀案例集2017》等。

**贾 丽** 责扬天下（北京）管理顾问有限公司咨询总监助理。先后参与7项政府机构、社会组织社会责任研究课题和20余份社会责任报告编制。连续两年参与《金蜜蜂中国企业社会责任实践指数》和《金蜜蜂中国企业社会责任报告研究》的数据分析和报告撰写。

# 摘　要

自2009年起，责扬天下（北京）管理顾问有限公司对中国大陆发布的各类社会责任报告持续开展搜集、统计、分类和研究工作，构建起中国社会责任报告动态数据库，并连续九年就中国企业社会责任报告整体发展状况发布研究报告。截至2017年10月31日，金蜜蜂中国社会责任报告数据库收录了中国大陆2001～2017年发布的超过10000份社会责任报告、报告评估数据及报告指数数据。

金蜜蜂中国社会责任报告评估的基础是“中国社会责任报告研究理论模型”，从基础信息、核心内容、基本原则三个层面定义报告质量，并据此建立了金蜜蜂中国社会责任报告评估体系，从实质性、完整性、可信性、可读性、可比性、创新性六个维度对社会责任报告的质量进行研究分析。为反映和监测中国企业社会责任报告整体状况的变动趋势，2014年，责扬天下编制了中国企业社会责任报告指数，包括利益相关方指数板块、综合指数板块、类别指数板块3大板块，6个子系列共39项指数。

在多年研究的基础上，责扬天下编写了《金蜜蜂中国企业社会责任报告研究（2017）》，希望通过本书，为企业编制社会责任报告提供借鉴，为政府、监管机构、行业组织等相关机构推动企业社会责任信息披露制度建设提供参考，并与国际社会沟通和交流。

研究报告由总报告、分报告、行业报告、附录四大部分构成。总报告是对中国企业社会责任报告的综合研究，包括研究方法、报告分析、阶段性特征总结、报告改进建议等内容。总报告构建了中国社会责任报告研究理论模型，并据此建立了金蜜蜂中国企业社会责任报告评估体系和金蜜蜂中国企业社会责任报告指数，系统展现了中国企业社会责任报告的现状和发展趋势。

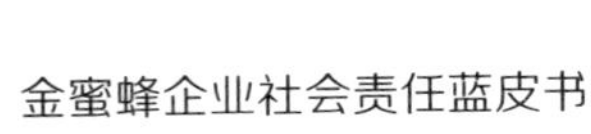


同时，依据报告评估体系对企业发布的社会责任报告质量进行多维度系统评价，通过指数分析得出2001年至今国内企业社会责任报告发展趋势，总结阶段性特征，并提出改进建议。

分报告运用相同的评价体系，对中央企业、在华外商投资企业、内地在港交所上市企业等不同性质企业的社会责任报告进行详细分析。

行业报告分析了采掘业、汽车制造业、电力行业、建筑行业、信息通信技术行业、银行业、房地产行业等不同行业社会责任报告的特征，展现了不同行业的报告特色与趋势。

附录收录了通过公开渠道搜集到的2017年发布的企业社会责任报告名单。

**关键词：** 社会责任　报告评估体系　报告指数

# 目　录

## Ⅰ　总报告



## Ⅱ　分报告



## Ⅲ　行业报告

## Ⅳ　附　录



皮书数据库阅读使用指南

# 总　报　告

General Report

## B.1 金蜜蜂中国企业社会责任报告研究

**摘　要：** 本报告依据“金蜜蜂中国企业社会责任报告评估体系 2017”，对中国企业 2017 年 1 月 1 日 ~10 月 31 日公开发布的 1433 份报告进行评估，结合 2009 年以来的研究成果，发现报告总体水平呈现阶段性、台阶式提升态势，注重披露与企业战略相关度高的利益相关方信息，港交所上市公司报告水平同比提升显著，不同行业对利益相关方信息披露各有侧重，最后提出了报告质量提升的相应建议。

**关键词：** 企业社会责任信息披露　报告指数　战略相关度

本报告对 2001 年以来中国大陆发布的企业社会责任报告进行系统研究，

展现2017年中国企业社会责任报告发展的整体情况，并分别对中央企业、在华外商投资企业、联交所上市企业、采掘业、汽车制造业、电力行业、建筑业、信息通信技术业、银行业和房地产业社会责任报告做了专项分析[①]。目的是建立中国企业和社会各界开展社会责任报告交流的新工具，让各界认识和把握中国企业社会责任报告的发展现状和趋势，为中国企业编制更高质量的社会责任报告提供参考。

## 一　金蜜蜂中国企业社会责任报告研究方法

### （一）研究方法和技术路线

**1. 理论模型**

中国社会责任报告研究体系的理论基础是“三重底线”理论、利益相关方理论和责任层次理论。“三重底线”理论认为企业的行为不仅要考虑经济底线，还应当考虑社会底线与环境底线[②]。利益相关方理论的核心观点认为企业是其利益相关方相互关系的联结，并进一步发展出利益相关方公司和利益相关方管理的概念[③]。责任层次理论认为：一个企业应承担的责任可以分为必尽责任、应尽责任和愿尽责任。其中，必尽责任是指法律法规规定的企业必须承担的责任；应尽责任是指高于法律法规要求、符合利益相关方普遍期望、应该承担的责任；愿尽责任是指法律法规没有明确规定、利益相关方也没有明确的普遍期望，但有助于社会和环境可持续发展的企业自愿承担的责任。责任层次理论应用于社会责任报告中，可理解为企业所披露的社会责任信息包括企业必尽责任履责信息、应尽责任履责信息和

① 《金蜜蜂中国企业社会责任报告研究（2017）》（以下简称“《报告研究2017》”）是责扬天下编写的第九份中国企业社会责任报告研究。责扬天下自2009年开始建立社会责任报告数据库，开展社会责任报告研究，形成金蜜蜂中国企业社会责任报告研究年度报告，与《WTO经济导刊》共同发布。

② 殷格非等：《企业社会责任管理基础教程》，中国人民大学出版社，2008。

③ 卡罗尔、巴克霍尔茨：《企业与社会：伦理与利益相关者管理》，机械工业出版社，2004。

愿尽责任履责信息。

本报告基于上述理论构建了“中国社会责任报告研究理论模型”，为编制高质量的社会责任报告提供一个基准工具，符合这一目标的报告应包括完整的基础信息，实质的核心内容，并满足基本原则。其中，核心内容从经济、社会和环境三重底线出发，用于研究企业对所有者、员工、客户、环境、社区和政府等利益相关方披露履责实质性信息的广度和深度。基础信息主要指报告的完整性，包括公司概况、报告说明、战略与治理、高管声明、利益相关方、风险机遇分析、实践内容和计划内容等。基本原则包括可信性、可读性、可比性和创新性等四个方面。基础信息呈现好、核心内容回应好、基本原则遵循好，是高质量社会责任报告的主要特征。我们把符合这些要求的高质量报告称为“三好”报告（见图 1）。

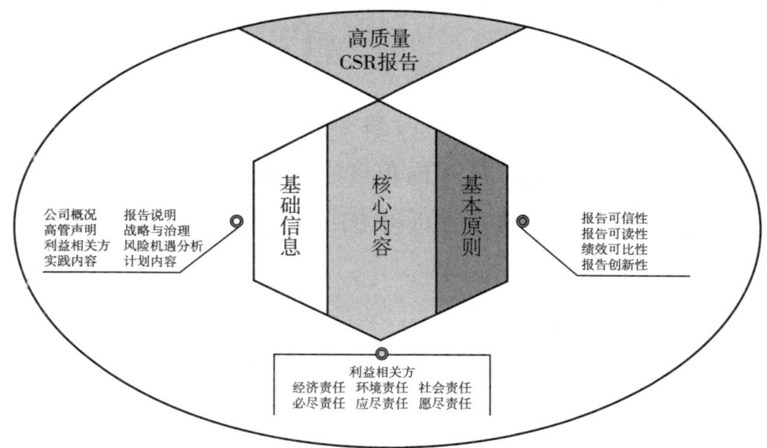


**图 1　中国社会责任报告研究理论模型**

**2. 技术路线**

根据上述理论模型，本报告制定了如下研究技术路线（见图 2）。

**3. 研究体系**

“金蜜蜂中国企业社会责任报告评估体系 2017”（简称“GBEE - CRAS2017”）由两大部分构成：一是分类参数，用来对报告进行定位；二

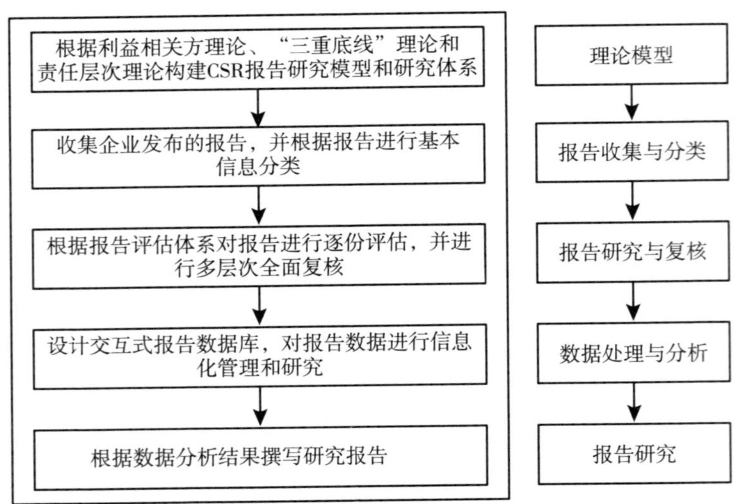


**图 2　中国社会责任报告研究技术路线**

是质量指标，用来对报告质量进行测量。

（1）报告参数部分。本研究综合参考国内外关于企业社会责任报告研究文献，选取了 18 个参数，从不同角度定位报告，并对报告进行有效分类，以最大限度满足不同使用目的和使用对象便捷查询报告的需要（见表 1）。

**表 1　报告研究体系参数构成**

| 报告类别参数 | 参数名称 | 参数说明 |
|---|---|---|
| I1 报告结构参数 | I11 发布报告的次数 | 报告主体发布报告的次数 |
| | I12 发布周期 | 报告是年度报告或跨年度报告 |
| | I13 报告篇幅 | 报告的长短 |
| | I14 报告时效 | 报告发布日期距财年截止日的时间 |
| I2 报告主体参数 | I21 总部所在地 | 报告主体总部所在地 |
| | I22 所在行业 | 报告主体所在行业 |
| | I23 企业规模 | 报告主体规模的大小 |
| | I24 企业性质 | 由股权结构所决定的报告主体的性质 |
| | I25 企业上市情况 | 报告主体的上市情况 |

续表

| 报告类别参数 | 参数名称 | 参数说明 |
| --- | --- | --- |
| I3 报告技术参数 | I31 报告名称 | 报告的名称,如"社会责任报告""可持续发展报告""企业公民报告"等 |
| | I32 编制依据 | 报告编制所采用的标准,如《上海证券交易所上市公司环境信息披露指引》等 |
| | I33 报告审验 | 报告是否经过第三方审验,并出具独立审验报告 |
| | I34 反馈意见渠道 | 报告读者(利益相关方)向报告主体反馈意见的方式 |
| | I35 内容覆盖区域 | 报告的范围是否限于某个具体国家 |
| | I36 报告介质 | 报告的载体为纸质或电子介质形式 |
| | I37 语言类型 | 报告所采取的语言,如中文、英文等 |
| | I38 语言风格 | 报告在行文中是平实的或是宣传性的 |
| | I39 报告独立性 | 报告是否完全独立,或是否为年度财务报告的附件 |

（2）报告质量指标部分。本研究根据"中国社会责任报告研究理论模型",从结构完整性、报告可信性、报告可读性、绩效可比性、报告创新性和内容实质性六个维度对报告进行综合评价（见表2）。

**表2 报告研究体系研究指标构成**

| 一级指标 | 二级指标 | 三级指标 |
| --- | --- | --- |
| B 基础信息 | B1 公司概况<br>B2 报告说明<br>B3 战略与治理<br>B4 高管声明<br>B5 利益相关方<br>B6 风险机遇与分析<br>B7 实践内容<br>B8 计划内容 | 由30个指标构成 |
| P 基本原则 | P1 报告可信性<br>P2 报告可读性<br>P3 绩效可比性<br>P4 报告创新性 | 由23个指标构成 |

续表

| 一级指标 | 二级指标 | 三级指标 |
| --- | --- | --- |
| C 核心内容 | C1 利益相关方群体识别<br>C2 利益相关方的要求与期望<br>C3 沟通的渠道和方式<br>C4 针对利益相关方议题披露的程度<br>C5 对利益相关方的责任理念与方针<br>C6 对利益相关方的责任措施<br>C7 对利益相关方的责任绩效<br>C8 对利益相关方的责任理念是否与机构战略相关 | 覆盖经济、社会和环境三大方面，与 10 个利益相关，由 138 个指标构成 |

**4. 指标权重与评分统计**

对“金蜜蜂企业社会责任报告评估体系 2017”指标权重的确定与评分采取五个步骤：

（1）根据专家意见确定一级指标三个组成部分的权重并赋分①。

（2）根据专家确定的权重，对三个组成部分内的二级、三级指标进行等权赋分。

（3）根据具体指标权重，对报告披露的信息逐项评分。

（4）对报告进行逐份复核，包括全面复核和抽样复核。

（5）根据复核结果，确定报告最终得分。

**5. 报告来源**

报告来源于如下渠道：企业送达、向企业索取、企业官方网站下载以及网络查询。

## （二）报告指数编制方法和技术路线

**1. 指数构成**

中国企业社会责任报告指数的基础是中国企业社会责任报告研究体系。

① 为了保证研究指标体系权重设立的科学性，我们向国内企业社会责任领域的研究机构、咨询机构、审验机构、行业协会和知名企业的 19 名专家发出了“企业社会责任报告研究专家征询意见函”，在要求时间内有 14 名专家反馈。将专家反馈意见等权平均后显示，报告核心内容占报告权重 66%，报告基本原则占 18%，报告基础信息占 16%。

金蜜蜂中国企业社会责任报告指数系列包括3大板块，6个子系列共39项指数（具体如图3所示）。

金蜜蜂中国企业社会责任报告指数反映和监测中国企业社会责任报告整体状况的变动趋势。综合指数板块包括金蜜蜂中国企业社会责任报告综合指数子系列，共7项指数。

利益相关方指数板块反映和监测中国企业社会责任报告中利益相关方履责信息披露水平和程度的变动趋势。包括股东指数、员工指数、客户指数、环境指数、社区指数、政府指数、供应商指数、同行指数、社会组织指数、媒体指数、金融机构指数、监管机构指数，共12项指数。

类别指数板块包括行业分类指数子系列、地区分类指数子系列、所有制分类指数子系列、规模分类指数子系列和融资分类指数子系列共20项指数，反映和监测各分类下中国企业整体社会责任信息披露状况的变动趋势。

**2. 指数编制技术路线**

金蜜蜂中国企业社会责任报告指数以2009年10月31日为基期，以1000点为基点，以历年评估的中国企业社会责任报告为样本空间。具体编制方法如图4所示。

## 二　金蜜蜂中国企业社会责任报告分析

### （一）中国企业社会责任报告概况（2017）

从2001年到2017年，中国企业发布的社会责任报告数量逐年增长。从2011年开始，报告发布数量快速增长，到2016年，包括非企业在内的各类组织共发布报告3043份，其中企业发布报告1908份。2017年，我们共搜集到各类社会责任报告2096份，其中企业报告2027份，纳入评估的报告有1433份（见图5、图6）。

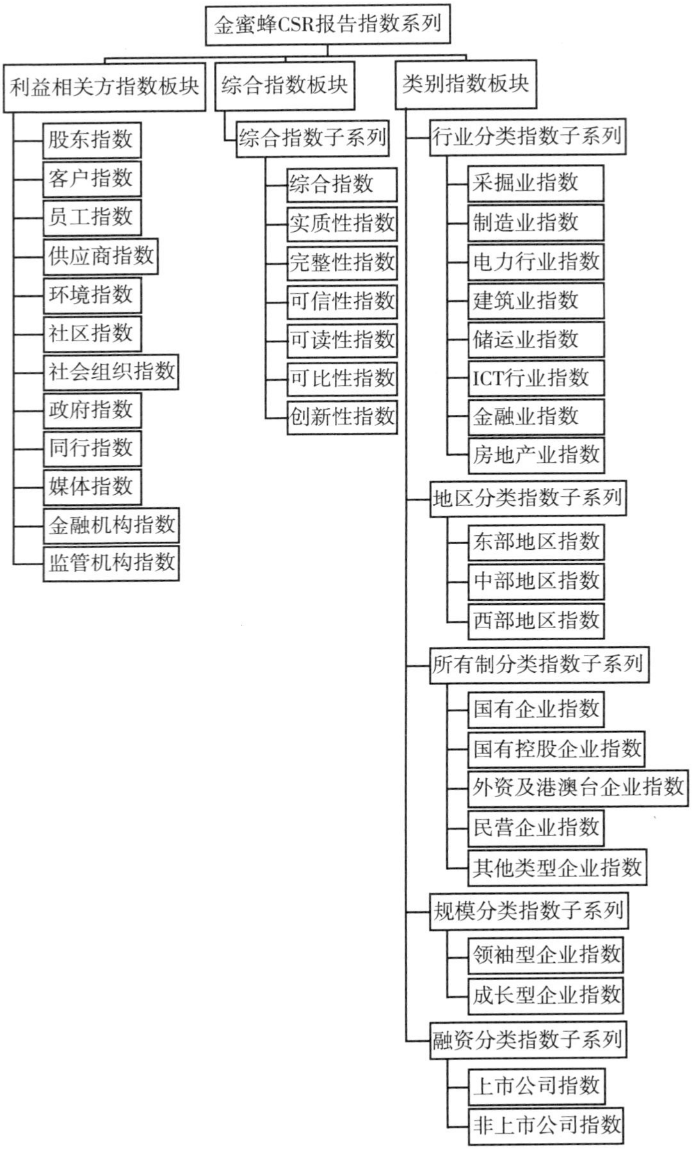

- 金蜜蜂CSR报告指数系列
  - 利益相关方指数板块
    - 股东指数
    - 客户指数
    - 员工指数
    - 供应商指数
    - 环境指数
    - 社区指数
    - 社会组织指数
    - 政府指数
    - 同行指数
    - 媒体指数
    - 金融机构指数
    - 监管机构指数
  - 综合指数板块
    - 综合指数子系列
      - 综合指数
      - 实质性指数
      - 完整性指数
      - 可信性指数
      - 可读性指数
      - 可比性指数
      - 创新性指数
  - 类别指数板块
    - 行业分类指数子系列
      - 采掘业指数
      - 制造业指数
      - 电力行业指数
      - 建筑业指数
      - 储运业指数
      - ICT行业指数
      - 金融业指数
      - 房地产业指数
    - 地区分类指数子系列
      - 东部地区指数
      - 中部地区指数
      - 西部地区指数
    - 所有制分类指数子系列
      - 国有企业指数
      - 国有控股企业指数
      - 外资及港澳台企业指数
      - 民营企业指数
      - 其他类型企业指数
    - 规模分类指数子系列
      - 领袖型企业指数
      - 成长型企业指数
    - 融资分类指数子系列
      - 上市公司指数
      - 非上市公司指数

**图 3　金蜜蜂社会责任报告指数系列结构**

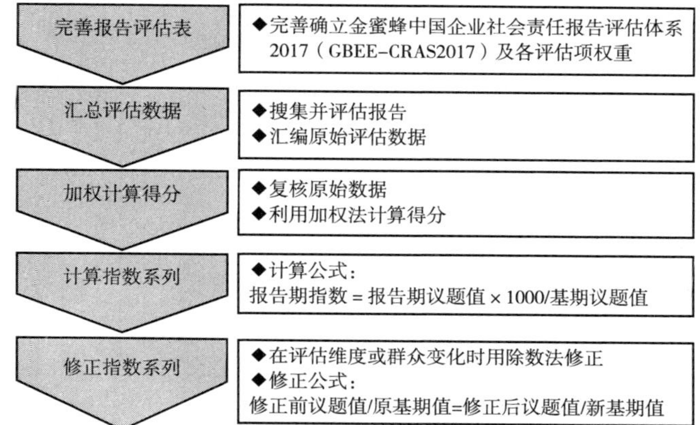


**图 4　金蜜蜂中国企业社会责任报告指数编制流程**

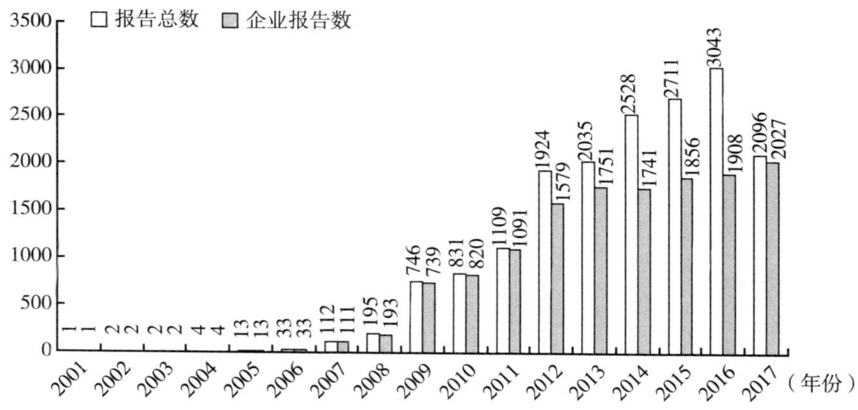


**图 5　历年企业社会责任报告发布数量**

说明：由于2017年未搜集到几个非企业组织社会责任报告集中发布平台发布的报告，所以报告总数有所减少。

**1. 报告结构化参数分析**

（1）发布次数

2017年发布次数为5次及以上的报告数量最多，为803份，占比56.04%。2017年首次发布的报告数量为184份，与2016年同期相比下降37.42%（见图7）。

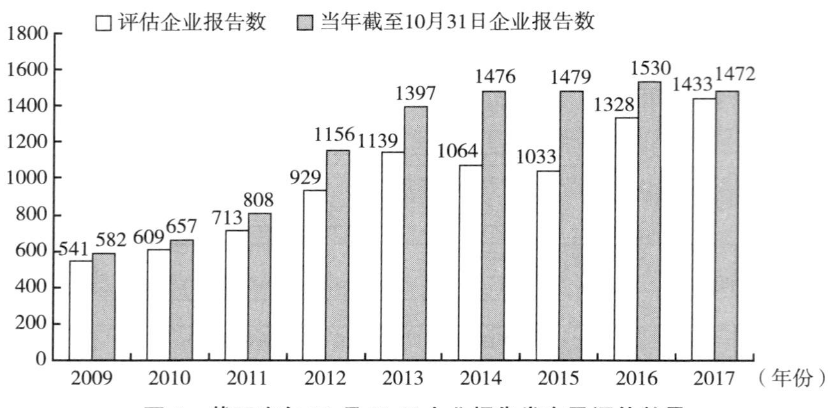


**图 6　截至当年 10 月 31 日企业报告发布及评估数量**

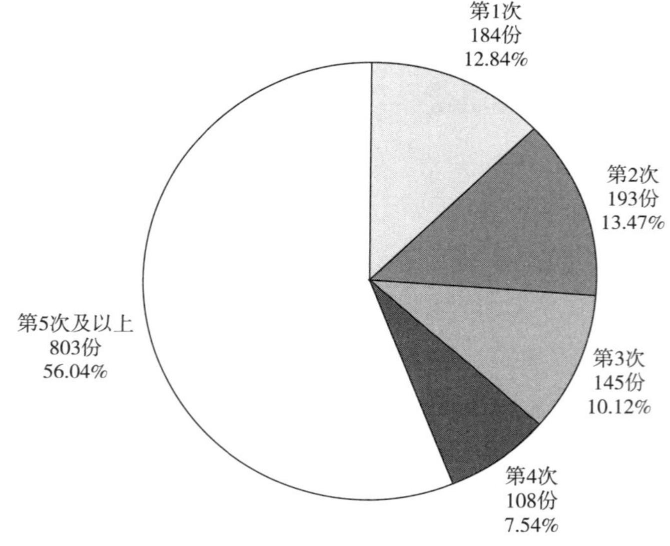


**图 7　报告发布次数**

（2）发布周期

发布的报告以年度报告为主，占比 97.21%，仅有 40 份为非年度报告（见图 8）。

（3）报告篇幅

30 页以上的报告数量占比接近 2/3，达到 61.90%，30 页以下报告数量占比 38.10%（见图 9）。

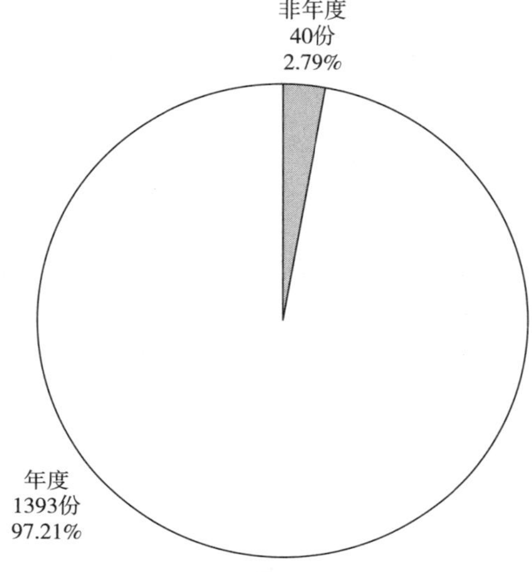


**图 8　报告发布周期**

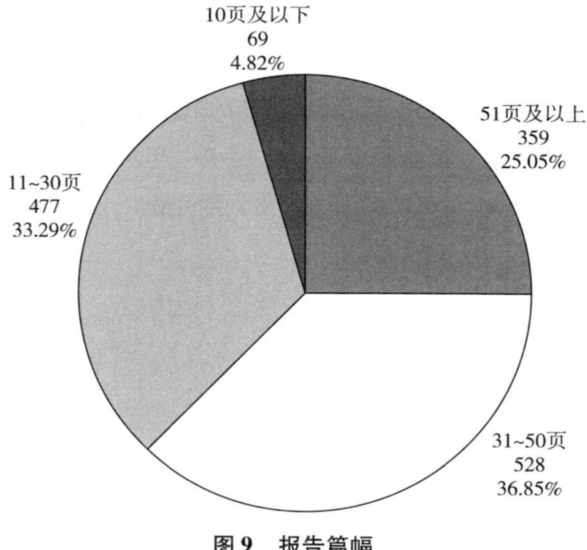


**图 9　报告篇幅**

（4）报告时效

超过 60% 的报告在距离财年 4 个月以内发布，报告发布比较及时，但也有 10% 左右的报告在距离财年 6 个月以上发布（见图 10）。

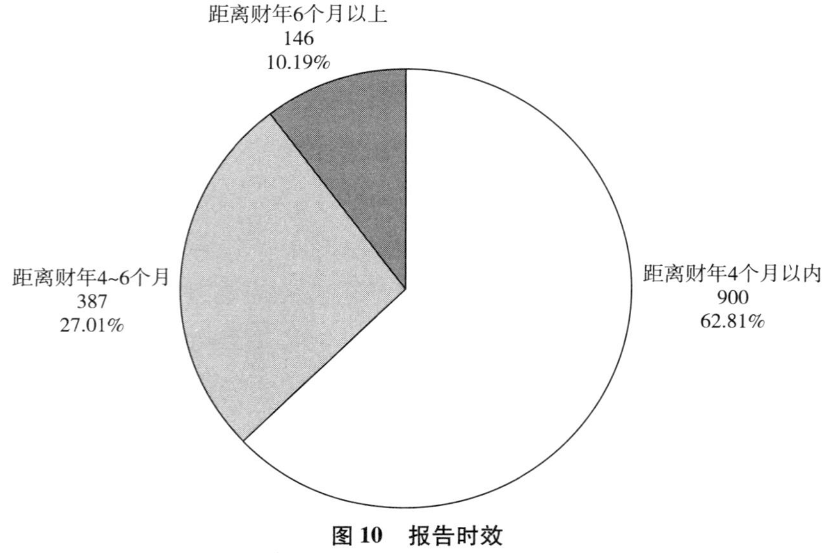


**图10　报告时效**

**2. 报告主体参数分析**

（1）行业分布

制造业企业是报告发布的重要主体，发布的报告数量占比42.15%。其次是金融保险业、信息技术业、社会服务业及电煤水生产及供应业，分别占8.58%、7.89%、6.84%和6.35%。农林牧渔业发布报告数量最少，仅占1.47%（见图11）。

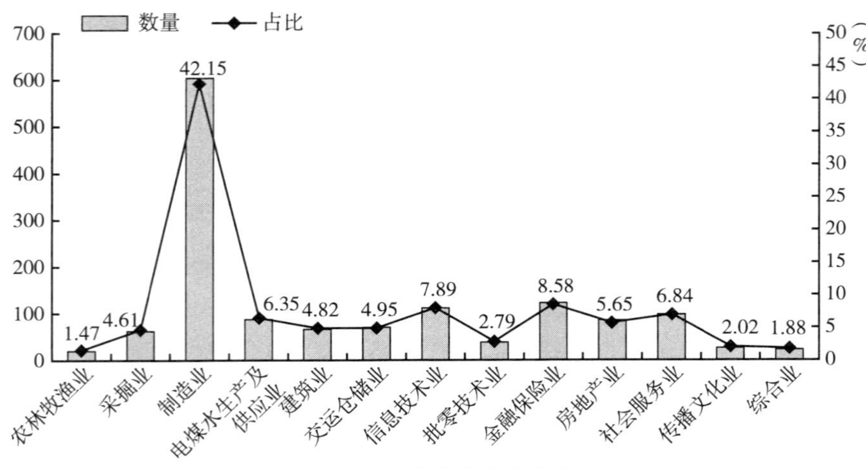


**图11　报告主体行业分布**

（2）地区分布

报告发布主体中，东部企业发布的数量最多，有1004家，占比70.06%（见表3）。

**表3　报告发布主体区域分布**

| 区域 | 省、直辖市、自治区 | 企业数量(个) | 所占比重(%) |
|---|---|---|---|
| 东部 | 北　京 | 216 | 15.07 |
| | 上　海 | 299 | 20.87 |
| | 广　东 | 137 | 9.56 |
| | 浙　江 | 91 | 6.35 |
| | 福　建 | 61 | 4.26 |
| | 江　苏 | 61 | 4.26 |
| | 山　东 | 44 | 3.07 |
| | 辽　宁 | 20 | 1.40 |
| | 天　津 | 47 | 3.28 |
| | 河　北 | 14 | 0.98 |
| | 海　南 | 14 | 0.98 |
| 东部小计 | | 1004 | 70.06 |
| 中部 | 湖　北 | 25 | 1.74 |
| | 安　徽 | 35 | 2.44 |
| | 河　南 | 37 | 2.58 |
| | 山　西 | 20 | 1.40 |
| | 湖　南 | 16 | 1.12 |
| | 广　西 | 9 | 0.63 |
| | 江　西 | 14 | 0.98 |
| | 吉　林 | 11 | 0.77 |
| | 内蒙古 | 6 | 0.42 |
| | 黑龙江 | 8 | 0.56 |
| 中部小计 | | 181 | 12.63 |

续表

| 区域 | 省、直辖市、自治区 | 企业数量(个) | 所占比重(%) |
|---|---|---|---|
| 西部 | 四　川 | 25 | 1.74 |
| | 云　南 | 16 | 1.12 |
| | 新　疆 | 12 | 0.84 |
| | 陕　西 | 16 | 1.12 |
| | 贵　州 | 19 | 1.33 |
| | 重　庆 | 14 | 0.98 |
| | 青　海 | 4 | 0.28 |
| | 宁　夏 | 4 | 0.28 |
| | 甘　肃 | 5 | 0.35 |
| | 西　藏 | 2 | 0.14 |
| 西部小计 | | 117 | 8.16 |
| 港澳台及国外 | | 131 | 9.14 |
| 总计 | | 1433 | 100.00 |

（3）规模分布

报告发布主体中，成长型企业为1129家，占比78.79%，领袖型企业为304家，占比21.21%（见图12）。

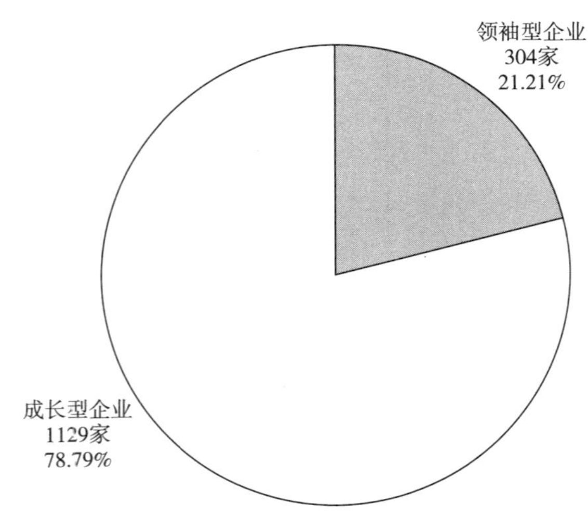


**图12　企业规模分布**

500强企业发布报告的积极性亟待提高。2017年，中国世界500强和中国500强企业中发布报告的企业比例同比均有下降。中国有115家企业进入《财富》世界500强，其中67家企业发布了报告，占比58.26%。在中国企业联合会、中国企业家协会发布的2017年中国企业500强中，有140家企业发布了社会责任报告，占比28.00%（见图13）。

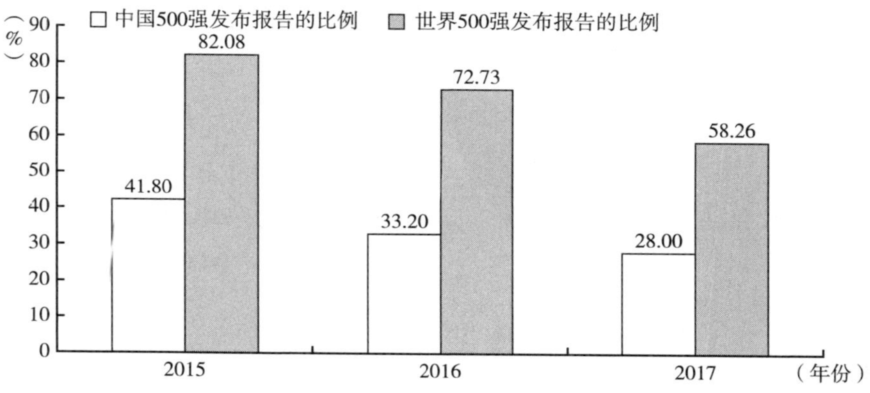


**图13　500强企业发布报告情况**

（4）性质分布

在报告发布主体中，国有及国有控股企业有838家，占比58.48%。民营企业有400家，占比27.91%。外资及港澳台企业有142家，占比9.91%（见图14）。

（5）上市情况

在报告发布主体中，将近60%的企业是上市公司，数量为846家。40%左右的是非上市公司，数量为587家（见图15）。

**3. 报告技术参数分析**

（1）报告名称

名称为“社会责任报告”的报告占比达87.93%，占所有报告数量的近九成（见图16）。

（2）编制依据

全球报告倡议组织《可持续发展报告指南》（G4）为被参考最多的依

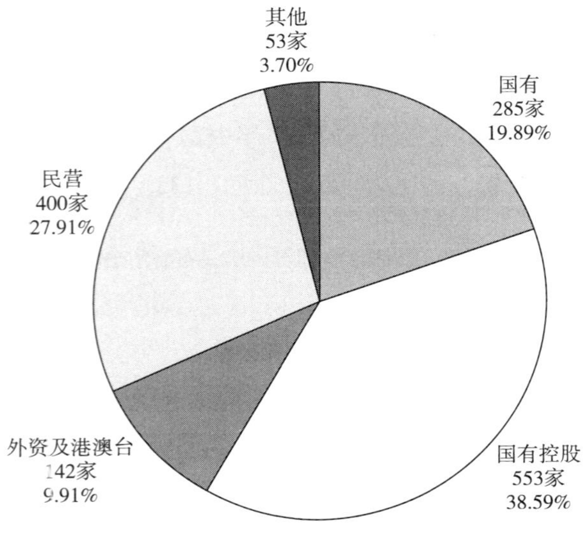


**图 14　企业性质分布**

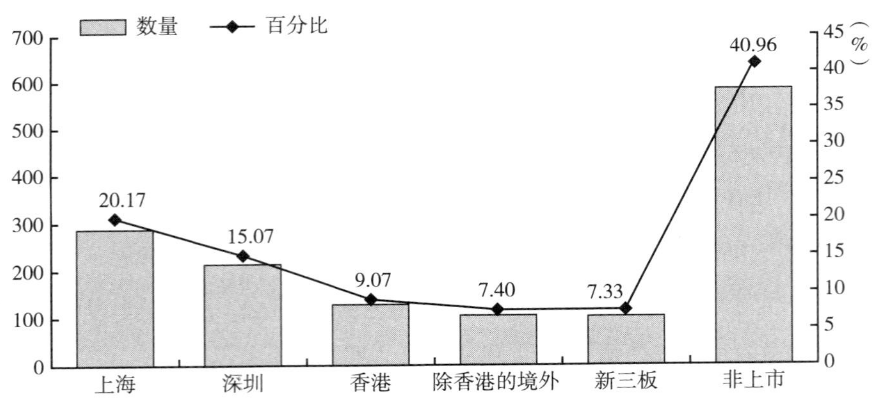


**图 15　发布报告企业上市情况**

据。有 304 份报告参考全球报告倡议组织《可持续发展报告指南》（G4）进行编制，占比 21.21%。其他参考较多的依据为中国社科院（CASS－CSR 3.0）、上交所指引、深交所指引，分别占 20.31%、18.91% 和 13.82%（见图 17）。

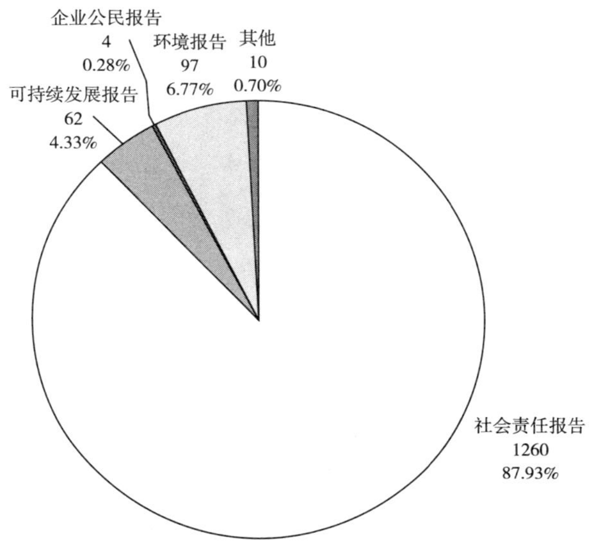


**图 16　报告名称分布**

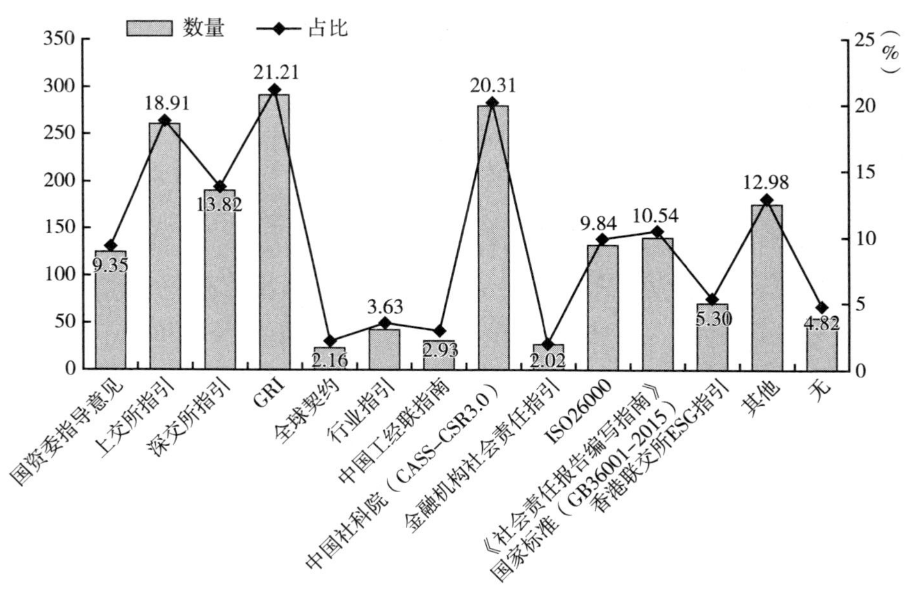


**图 17　报告编制参考依据**

（3）报告审验

经专业机构审验的报告仅有 89 份，占比 6.21%（见图 18）。

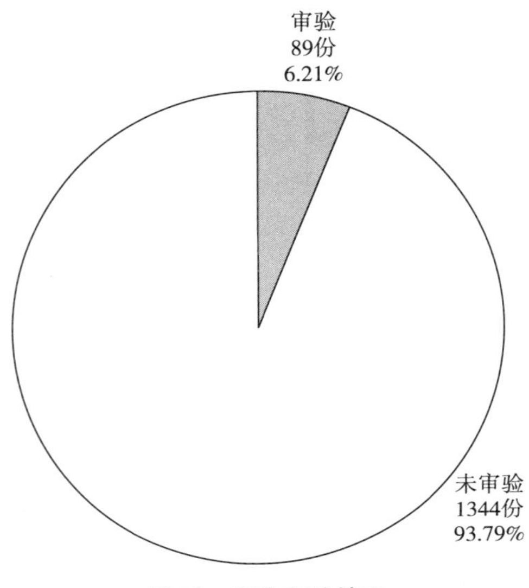


**图 18　报告审验情况**

（4）意见反馈渠道

在报告中注明邮箱、电话等意见反馈渠道的报告占 43.13%（见图 19）。

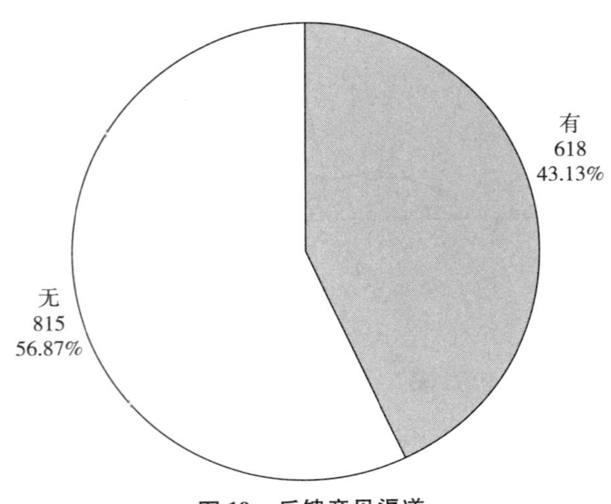


**图 19　反馈意见渠道**

（5）报告覆盖区域

1353 份报告为非国别报告，占比 94.42%。国别报告有 80 份，包括外资企业发布的中国区报告和中国企业发布的海外国别报告，占比 5.58%（见图 20）。

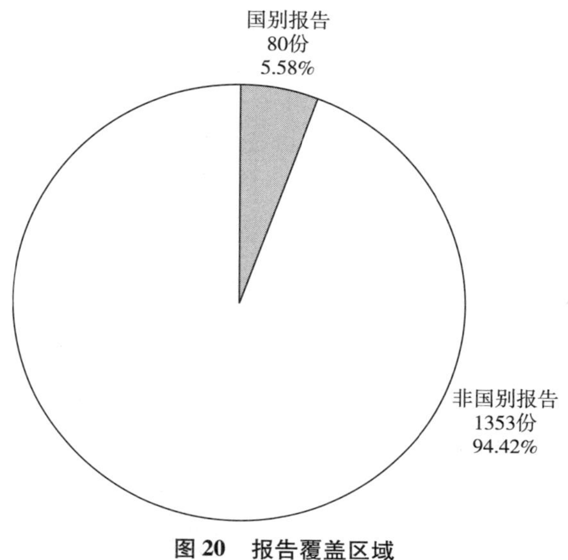


**图 20　报告覆盖区域**

（6）报告介质

电子版是报告的主要发布介质，占比 93.65%。有 455 份报告发布了纸质版本，占比 31.75%（见图 21）。

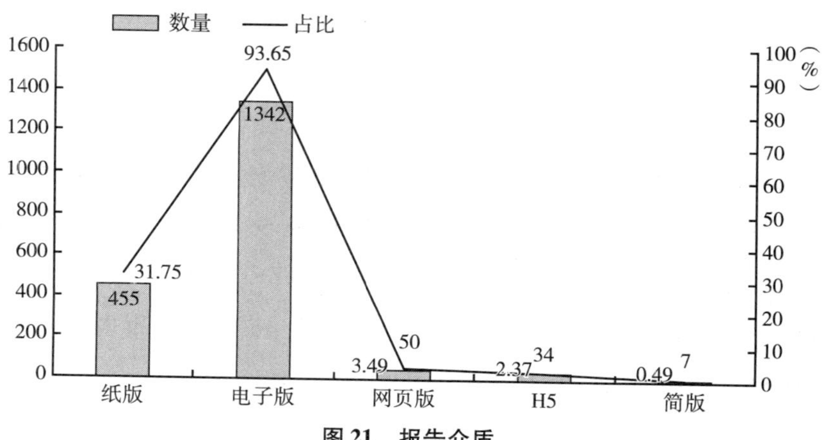


**图 21　报告介质**

（7）语言类型

报告以中文为主，占比 91.77%。118 家企业同步发布了英文版报告，占发布报告总量的 8.23%（见图 22）。

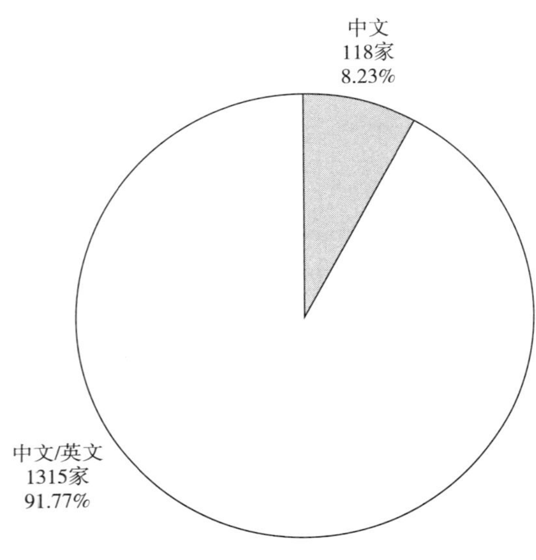


**图 22 报告语言类型**

（8）报告独立性

报告独立性强。绝大多数报告为完全独立报告，仅有 9 份报告为企业发布的年报中的附件，或者作为年报中的具体章节（见图 23）。

## （二）2017年中国企业社会责任报告分析

本研究的 1433 份报告整体平均得分为 54.47 分，平均得分率 54.47%。其中，内容实质性得分 39.31 分，得分率为 59.56%；结构完整性得分为 9.53 分，得分率为 52.94%；报告可信性得分为 1.04 分，得分率为 26.08%；报告可读性得分为 1.87 分，得分率为 46.81%；报告可比性得分为 1.66 分，得分率为 41.42%；报告创新性得分为 1.05 分，得分率为 26.36%（见表 4、图 24）。

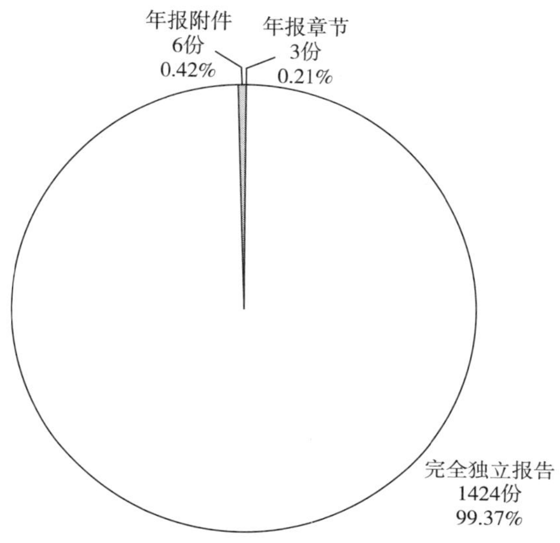


**图 23 报告独立性**

中国企业社会责任报告整体处于发展水平，比 2016 年有所提升。处于优秀水平以上的报告数量连续三年大幅增长，处于起步水平的报告数量连续三年下降。交通运输、仓储业企业报告质量最高，其次是采掘业企业报告和金融、保险业企业报告。传播与文化产业报告质量相对不高，是唯一一个报告质量处于起步阶段的行业（见图 25、图 26）。

**表 4 中国企业社会责任报告类型分布（2017）**

| 报告类型(级别) | 得分区间 | 报告特性 | 报告数量 | 比重(%) |
|---|---|---|---|---|
| 卓越(A+) | 80 分及以上 | 报告结构完整,信息披露系统且层次清晰,具有高度的可比性、可信性和创新性,以及极好的可读性 | 154 | 10.75 |
| 优秀(A) | 70~79 分 | 报告结构比较完整,信息披露较为全面且层次较为清晰,具有较高的可比性、可信性和创新性,以及良好的可读性 | 244 | 17.03 |
| 追赶(B) | 60~69 分 | 报告结构基本完整,信息披露全面且具有一定的层次性,具有一定的可比性、可信性和创新性,以及一定的可读性 | 255 | 17.79 |

续表

| 报告类型(级别) | 得分区间 | 报告特性 | 报告数量 | 比重(%) |
|---|---|---|---|---|
| 发展(C) | 40～59分 | 报告结构不太完整,信息披露尚完整,具有一定的可比性、可信性,以及一定的可读性 | 490 | 34.19 |
| 起步(D) | 40分以下 | 报告结构不太完整,信息披露缺乏层次性 | 290 | 20.24 |

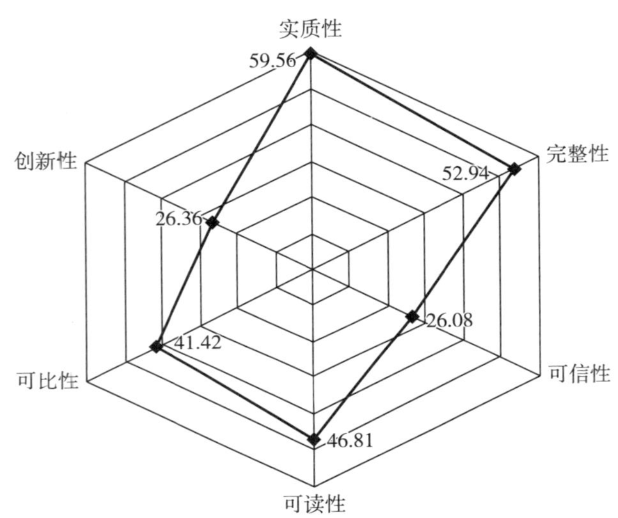


**图24　中国企业报告平均得分率（单位:%）**

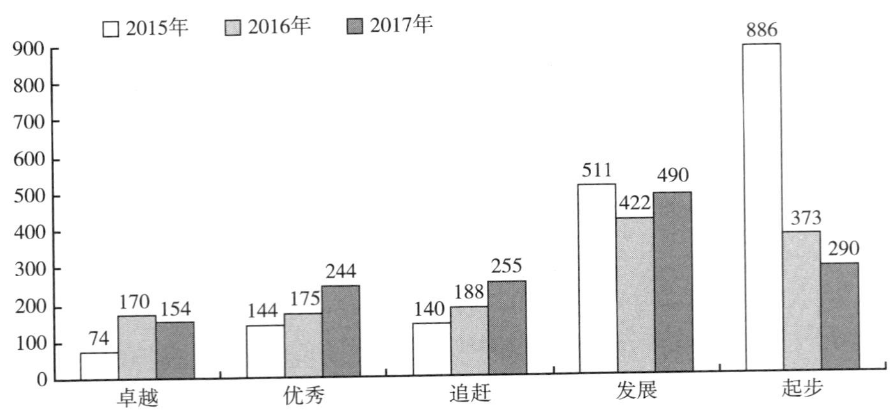


**图25　报告质量等级**

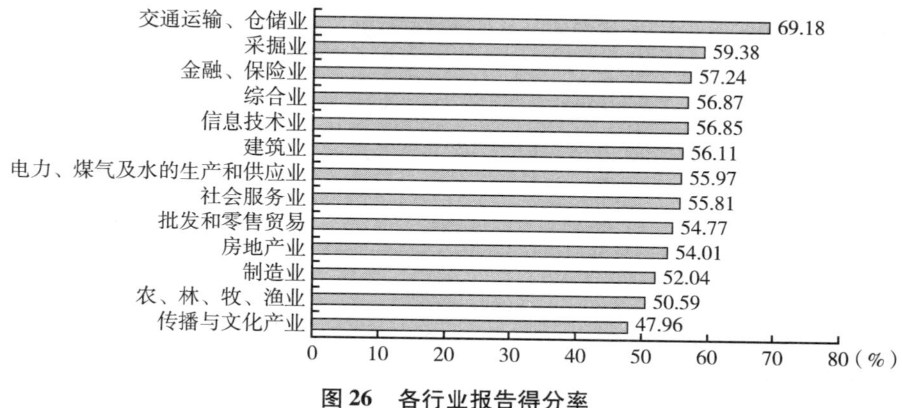


**图 26　各行业报告得分率**

### 1. 结构完整性

企业社会责任报告的结构完整性主要从公司概况、报告参数、战略与治理、高管声明、利益相关方明确说明、风险机遇分析、实践内容和计划内容八个方面进行评价。“实践内容”得分率较高，大多数报告都涉及经济、环境和社会三方面的内容；“公司概况”得分率为 82.03%，大多数企业逐步将社会责任报告作为展示企业的工具之一；“战略与治理”“计划内容”“风险机遇分析”“高管声明”和“利益相关方”得分率相对较低，企业在披露发展战略、社会责任治理体制、社会责任计划、履责背景、高管对社会责任的认识、利益相关方等方面还有待加强（见表5）。

**表 5　结构完整性各部分得分情况**

| 得分情况 | 指标 | | | | | | | |
|---|---|---|---|---|---|---|---|---|
| | 公司概况 | 报告参数 | 战略与治理 | 高管声明 | 利益相关方 | 风险机遇分析 | 实践内容 | 计划内容 |
| 平均得分 | 1.85 | 1.22 | 0.92 | 0.82 | 0.95 | 0.75 | 2.09 | 0.94 |
| 平均得分率(%) | 82.03 | 54.30 | 40.87 | 36.26 | 42.13 | 33.45 | 92.77 | 41.69 |

（1）报告主体概况

企业重视对主营业务、服务市场等公司基础信息的披露，尤其是外资企业，其次是国有企业（见表6）。

**表6　不同性质企业“公司概况”得分情况**

| 得分情况 | 企业性质 | | | |
|---|---|---|---|---|
| | 国有 | 国有控股 | 外资及港澳台 | 民营 |
| 平均得分 | 1.97 | 1.80 | 1.94 | 1.78 |
| 平均得分率(%) | 87.77 | 80.00 | 86.20 | 79.20 |

（2）报告参数

过半报告披露了报告发布周期、报告时间范围、范围界限、报告数据说明、报告参考依据及编制流程等“报告参数”信息。国有企业披露这些信息较为积极，外资及港澳台企业在这方面还有待加强（见表7）。

**表7　不同性质企业“报告参数”概况**

| 得分情况 | 企业性质 | | | |
|---|---|---|---|---|
| | 国有 | 国有控股 | 外资及港澳台 | 民营 |
| 平均得分 | 1.46 | 1.26 | 0.96 | 1.20 |
| 平均得分率(%) | 64.69 | 55.81 | 42.84 | 53.17 |

例如《中国东方航空股份有限公司2016企业社会责任报告》中“关于本报告”部分指标覆盖全面，包括时间范围、发布周期、边界、编制依据、编制流程等内容。

（3）战略与治理

总体来看，“战略与治理”得分率呈现增长的态势。领袖型企业得分率较高，更重视战略、公司治理和社会责任管理方面的信息（见图27）。

（4）高管声明

外资及港澳台企业相对最为重视披露高管对社会责任的认识、在社会责任方面的承诺、公司主要开展的社会责任实践和社会责任工作方面的计划等信息（见表8）。

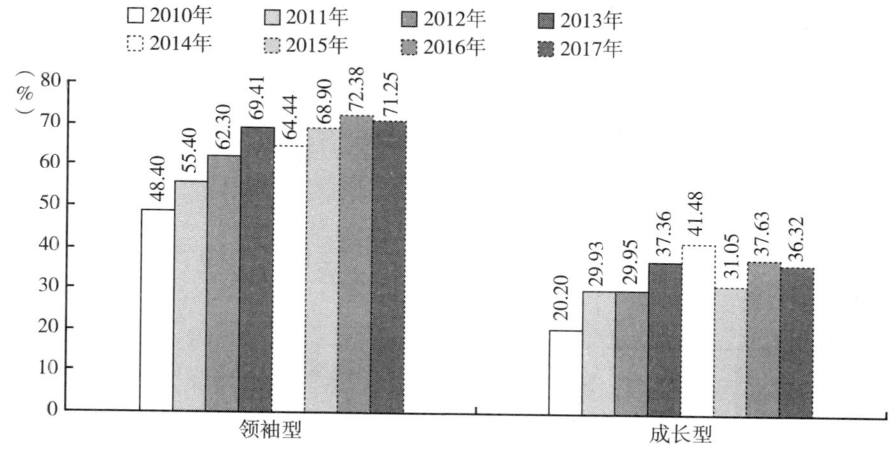


图 27　不同规模企业“战略与治理”得分情况

表 8　不同性质企业“高管声明”得分情况

| 得分情况 | 企业性质 | | | |
|---|---|---|---|---|
| | 国有 | 国有控股 | 外资及港澳台 | 民营 |
| 平均得分 | 1.23 | 0.66 | 1.29 | 0.63 |
| 平均得分率(%) | 54.59 | 29.49 | 57.39 | 27.81 |

例如，在《富士施乐中国 2017 可持续发展报告》中，高管致辞篇章具有明确的主题，内容逻辑清晰，同时引用了高管的关键语句。

（5）利益相关方

农林牧渔业、采掘业、交通仓储业企业相对重视对利益相关方进行集中说明、对利益相关方及议题进行识别和排序，以及对利益相关方沟通渠道和方式等信息的披露（见图 28）。

例如，在《招商局蛇口工业区控股股份有限公司 2016 社会责任报告》中，公司开展全面的社会责任议题管理，包括议题筛选、议题优先级排序、议题说明等管理程序。

（6）风险机遇分析

领袖型企业重视披露企业发展机遇、面临的风险和应对措施等信息（见图 29）。

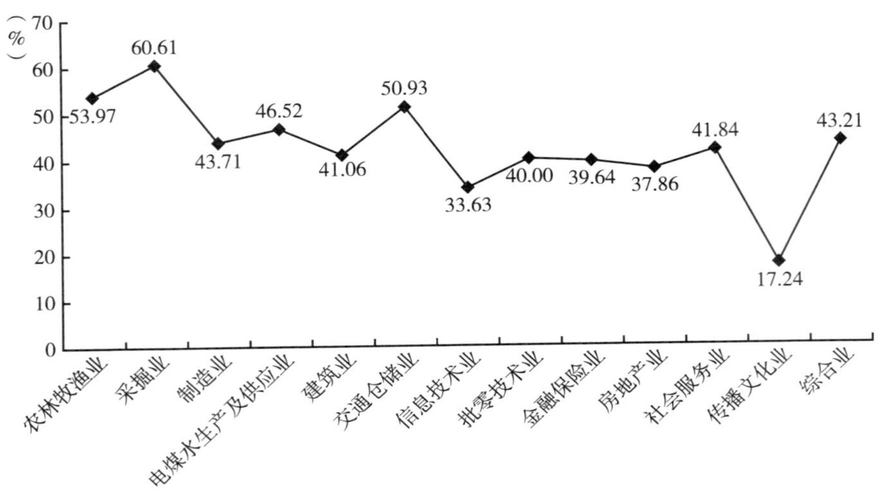


**图 28　不同行业“利益相关方”得分率**

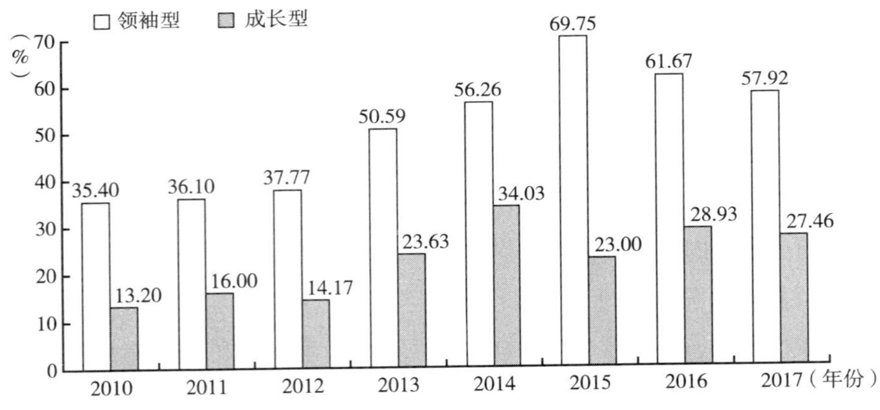


**图 29　不同规模企业“风险机遇分析”得分率**

例如在《中国核能电力股份有限公司 2016 社会责任报告》中，公司详细分析了各项主要议题下的背景及所采取的策略、行动和下一步计划。

（7）实践内容

涉及经济、环境和社会相关信息的国有、国有控股和民营企业报告最多，外资及港澳台企业在这方面有待加强（见表 9）。

**倾力安全**

提升发展品质

背景

核电快速发展的同时也对核电安全提出更大挑战。2016年，第四届核安全峰会在美国华盛顿召开，与会各方发表的《2016年核安全峰会公报》指出，核恐怖主义和放射性恐怖主义仍是国际安全面临的最严峻挑战之一，而且这种威胁正不断演变。国家主席习近平出席峰会时提出“中国将推广国家核电安全监管体系”，核安全成为影响核电可持续发展的重要因素。

策略

坚持“安全第一、质量第一、预防为主、综合治理”的方针，时刻牢记核安全高于一切，用高度的使命感和责任心对待核安全，确保核电站安全运营。

活动

- 发布国内核领域首本防人因失误专著《重新定义安全》
- 举办中国核电第三届防人因失误职工技能竞赛
- 开展对方家山核电1、2号机组、福清核电3号机组、三门核电1号机组等的同行评估活动

下一步计划

- 进一步完善核安全文化体系
- 持续提升选址、设计、建设、运行的全过程安全管理模式
- 杜绝重大人因失误，全年不出现重大安全事故

来源：《中国核能电力股份有限公司2016社会责任报告》。

**表9　不同性质企业“实践内容”得分情况**

| 得分情况 | 企业性质 | | | |
|---|---|---|---|---|
| | 国有 | 国有控股 | 外资及港澳台 | 民营 |
| 平均得分 | 2.20 | 2.19 | 1.61 | 2.12 |
| 平均得分率(%) | 97.72 | 97.46 | 71.36 | 94.25 |

（8）计划内容

计划内容主要描述企业社会责任的总体规划以及在经济、环境、社会等具体责任履行方面的规划。其中领袖型企业计划内容得分为1.41，得分率为62.62%。领袖型企业更为重视披露社会责任、经济、社会和环境方面的规划信息（见图30）。

**2. 报告可信性**

报告可信性从表述的客观性（含负面信息披露和中立、客观表达两个指标）、利益相关方评价、CSR专家评价、第三方审验和标注信息来源等五个方面考察。有CSR专家评价和第三方审验的报告比重较低，但近九成报告都有中立、客观的表达（见表10）。各行业企业报告可信性得分均不高，电煤水气生产及供应业、交通仓储业、采掘业企业报告可信性得分率相对较高（见表11）。

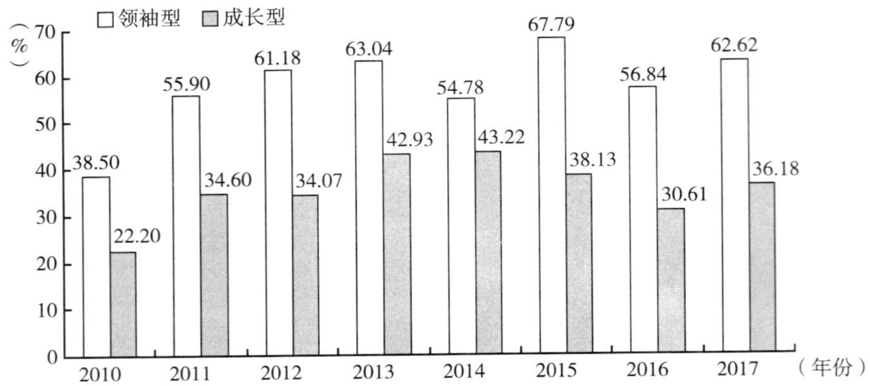


**图 30　不同规模企业"计划内容"得分率**

**表 10　报告可信性各项指标得分情况**

| 得分情况 | 指标 | | | | | |
|---|---|---|---|---|---|---|
| | 负面信息披露 | 中立、客观表达 | 利益相关方评价 | CSR 专家评价 | 第三方审验 | 标注信息来源 |
| 平均得分 | 0. 10 | 0. 36 | 0. 34 | 0. 04 | 0. 05 | 0. 18 |
| 平均得分率（%） | 24. 27 | 89. 19 | 42. 26 | 4. 53 | 6. 00 | 22. 32 |

**表 11　不同行业企业报告可信性得分情况**

| 得分情况 | 行业 | | | | | | |
|---|---|---|---|---|---|---|---|
| | 农林牧渔业 | 采掘业 | 制造业 | 电煤水气生产及供应业 | 建筑业 | 交通仓储业 | 信息技术业 |
| 得分 | 0. 69 | 1. 25 | 1. 00 | 1. 28 | 0. 74 | 1. 32 | 1. 14 |
| 得分率（%） | 17. 14 | 31. 21 | 25. 03 | 32. 09 | 18. 41 | 32. 92 | 28. 41 |
| 得分情况 | 行业 | | | | | | |
| | 批零贸易业 | 金融保险业 | 房地产业 | 社会服务业 | 传播与文化业 | 综合 | |
| 得分 | 1. 06 | 1. 13 | 0. 87 | 1. 15 | 0. 63 | 1. 05 | |
| 得分率（%） | 26. 50 | 28. 29 | 21. 85 | 28. 78 | 15. 86 | 26. 30 | |

### 3. 报告可读性

报告可读性从信息定位、信息表达、信息饱和度、色彩和版式等五个方面进行考察，其中信息定位考察是否有信息导航工具，信息表达考察表达形式是否丰富，文字、图片、表格应用是否合理，信息饱和度考察篇幅是否适中，色彩考察色彩搭配是否和谐，能否体现公司企业文化，版式考察字体、字号、行间距、页面布局是否合适。报告相对重视信息的饱和度和版式，但是通过导航栏等清晰定位信息及色彩搭配和谐方面还有待提升（见表12）。

**表 12　“报告可读性”各项指标得分情况**

| 得分情况 | 指标 | | | | |
|---|---|---|---|---|---|
| | 信息定位 | 信息表达 | 信息饱和度 | 色彩 | 版式 |
| 平均得分 | 0.26 | 0.33 | 0.46 | 0.26 | 0.58 |
| 平均得分率(%) | 32.64 | 41.56 | 57.46 | 32.91 | 72.11 |

### 4. 绩效可比性

绩效可比性从纵向可比（含跨年度绩效对比和绩效实现程度对比两个指标）、行业内可比和跨行业可比等三个方面进行考察。披露行业内可比绩效和跨年度可比绩效的报告相对较多，披露绩效目标实现程度和跨行业可比绩效的报告较少（见表13）。采掘业和交通仓储业企业在绩效可比性方面优于其他行业企业（见表14）。

**表 13　“绩效可比性”各项指标得分情况**

| 得分情况 | 指标 | | | |
|---|---|---|---|---|
| | 跨年度绩效对比 | 绩效实现程度 | 行业内可比 | 跨行业可比 |
| 平均得分 | 0.41 | 0.28 | 0.59 | 0.39 |
| 平均得分率(%) | 61.85 | 42.40 | 44.35 | 29.43 |

**表 14　不同行业企业报告“绩效可比性”得分情况**

| 得分情况 | 行业 | | | | | | |
|---|---|---|---|---|---|---|---|
| | 农林牧渔业 | 采掘业 | 制造业 | 电煤水气生产及供应业 | 建筑业 | 交通仓储业 | 信息技术业 |
| 得分 | 1.14 | 2.34 | 1.65 | 1.75 | 1.71 | 2.21 | 1.58 |
| 得分率(%) | 28.56 | 58.58 | 41.34 | 43.82 | 42.77 | 55.13 | 39.55 |
| 得分情况 | 行业 | | | | | | |
| | 批零贸易业 | 金融保险业 | 房地产业 | 社会服务业 | 传播与文化业 | 综合 | |
| 得分 | 1.43 | 1.68 | 1.64 | 1.59 | 0.92 | 1.38 | |
| 得分率(%) | 35.85 | 41.89 | 40.97 | 39.81 | 23.02 | 34.60 | |

**5. 报告创新性**

报告创新性从理念、结构和形式等三个方面进行考察。报告相对更重视理念创新，披露符合可持续发展原则、体现行业特色、自成体系和便于传播的社会责任理念，展示理念和便于传播的具有创新性的形式相对较少。交通仓储业、金融保险业企业的报告在创新性方面优于其他行业企业报告。

**表 15 “报告创新性”各项指标得分情况**

| 得分情况 | 指标 | | |
|---|---|---|---|
| | 理念创新 | 结构创新 | 形式创新 |
| 平均得分 | 0.53 | 0.30 | 0.24 |
| 平均得分率(%) | 33.10 | 24.69 | 20.29 |

**表 16 不同行业企业“报告创新性”得分情况**

| 得分情况 | 行业 | | | | | | |
|---|---|---|---|---|---|---|---|
| | 农林牧渔业 | 采掘业 | 制造业 | 电煤水气生产及供应业 | 建筑业 | 交通仓储业 | 信息技术业 |
| 得分 | 0.52 | 0.87 | 0.77 | 1.30 | 0.85 | 1.99 | 0.91 |
| 得分率(%) | 12.99 | 21.80 | 19.33 | 32.47 | 21.13 | 49.65 | 22.86 |
| 得分情况 | 行业 | | | | | | |
| | 批零贸易业 | 金融保险业 | 房地产业 | 社会服务业 | 传播与文化业 | 综合 | |
| 得分 | 1.13 | 1.80 | 1.50 | 1.37 | 0.28 | 1.24 | |
| 得分率(%) | 28.37 | 45.08 | 37.40 | 34.20 | 6.88 | 31.10 | |

在《2016 海航旅业集团社会责任报告》中，海航旅游集团通过活泼鲜明的理念和内容彰显企业和行业特点，突出了报告理念的创新性。

**6. 报告实质性**

（1）内容实质性评价的整体情况

根据研究体系，报告内容实质性包括利益相关方识别、利益相关方的要求与期望、沟通渠道和方式、利益相关方的内容、议题披露的程度、利益相关方的理念与方针、对利益相关方的责任绩效、利益相关方责任理念与机构战略相关八个方面，对应的指标覆盖率分别为 61.21%、37.61%、

41.85%、55.62%、29.80%、37.75%、43.80%、23.93%，其中每个方面都涉及出资人、员工、客户、环境、社区、政府、供应商、同行、社会组织、媒体、金融机构、监管机构十二个利益相关方。利益相关方识别和利益相关方的内容两项指标覆盖率较高，利益相关方的责任理念与机构战略相关的指标覆盖率较低。报告对政府、员工履责信息的披露相对全面，对金融机构履责信息的披露程度最低。

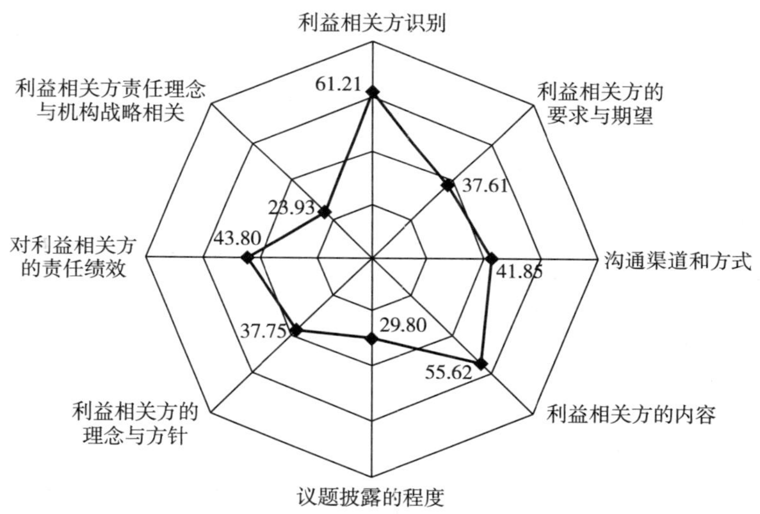


**图 31　内容实质性指标覆盖率（分类别）**

报告中，机构战略中涉及的利益相关方主要包括：客户、员工、环境、社区、出资人、供应商、政府等。利益相关方信息披露较为充分的主要是：政府、员工、社区、环境、客户、出资人、监管机构等。两者存在一致性。

（2）内容实质性评价的具体情况

识别出出资人、员工、客户、环境和社区的报告均在80%以上，识别出金融机构的报告最少。

①识别利益相关方群体

几乎所有行业报告对出资人、员工、客户、环境和社区的识别都较好；几乎所有行业报告对同行、社会组织、媒体、金融机构和监管机构的识别都不高。

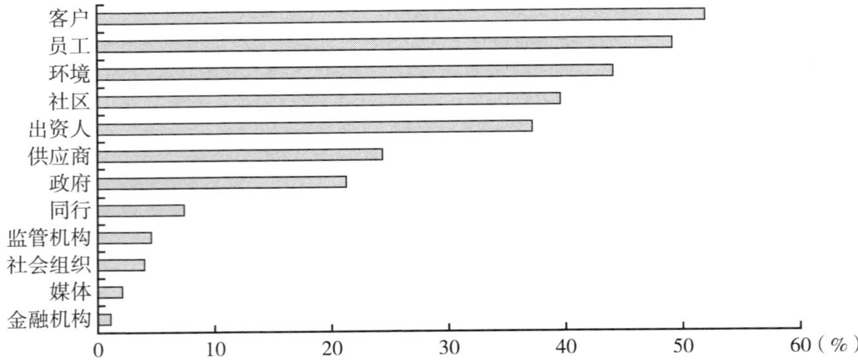


图 32 利益相关方责任理念与机构战略相关的指标覆盖率

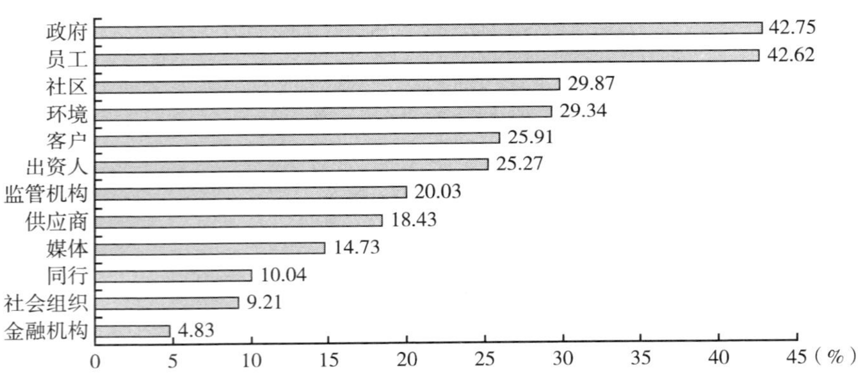


图 33 内容实质性指标覆盖率（分利益相关方）

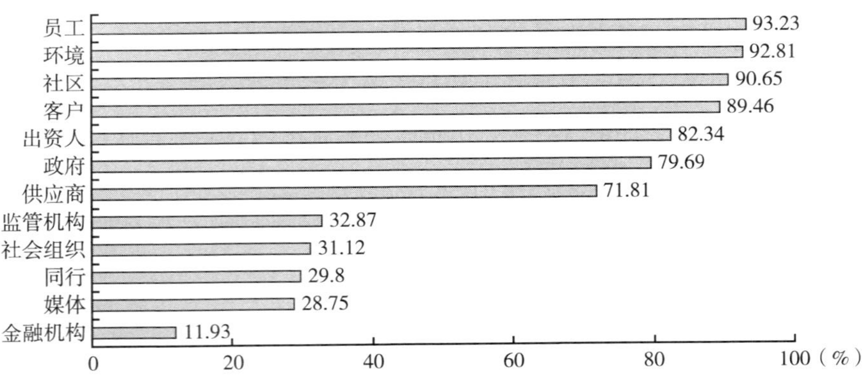


图 34 利益相关方识别情况

**表 17　不同行业识别利益相关方群体情况**

单位：%

| 利益相关方行业 | 出资人 | 员工 | 客户 | 环境 | 社区 | 政府 | 供应商 | 同行 | 社会组织 | 媒体 | 金融机构 | 监管机构 |
|---|---|---|---|---|---|---|---|---|---|---|---|---|
| 农林牧渔业 | 100 | 100 | 95.24 | 95.24 | 85.71 | 71.43 | 61.90 | 28.57 | 28.57 | 14.29 | 47.62 | 42.86 |
| 采掘业 | 90.91 | 98.48 | 87.88 | 95.45 | 90.91 | 95.45 | 86.36 | 28.79 | 60.61 | 36.36 | 19.70 | 46.97 |
| 制造业 | 77.81 | 87.75 | 84.60 | 94.70 | 84.60 | 75.83 | 75.17 | 26.82 | 28.48 | 22.69 | 8.11 | 30.13 |
| 电煤水气生产及供应业 | 73.63 | 93.41 | 89.01 | 95.60 | 96.70 | 86.81 | 57.14 | 28.57 | 28.57 | 27.47 | 12.09 | 17.59 |
| 建筑业 | 79.71 | 98.55 | 91.30 | 89.86 | 97.10 | 71.01 | 82.61 | 39.13 | 17.39 | 14.49 | 8.70 | 11.60 |
| 交通仓储业 | 91.55 | 98.60 | 97.18 | 98.60 | 98.60 | 87.32 | 71.83 | 45.07 | 40.85 | 33.80 | 25.35 | 43.66 |
| 信息技术业 | 90.09 | 99.10 | 98.20 | 89.19 | 97.30 | 87.39 | 48.65 | 36.94 | 36.94 | 55.86 | 31.53 | 59.46 |
| 批零贸易业 | 87.50 | 97.50 | 100 | 92.50 | 92.50 | 77.50 | 72.50 | 20.00 | 17.50 | 25.00 | 7.50 | 17.50 |
| 金融保险业 | 90.10 | 99.10 | 98.20 | 89.19 | 97.30 | 87.39 | 48.65 | 36.94 | 36.94 | 55.86 | 31.53 | 59.46 |
| 房地产业 | 87.65 | 97.53 | 90.12 | 87.65 | 97.53 | 74.07 | 75.31 | 16.05 | 16.05 | 27.16 | 6.17 | 35.80 |
| 社会服务业 | 76.53 | 91.84 | 88.78 | 88.78 | 89.80 | 75.51 | 66.33 | 41.84 | 40.82 | 27.55 | 7.14 | 31.63 |
| 传播与文化业 | 89.66 | 96.55 | 93.10 | 72.41 | 100 | 79.31 | 58.62 | 27.59 | 17.24 | 17.24 | 3.45 | 34.48 |
| 综合 | 92.60 | 100 | 88.89 | 96.30 | 92.59 | 77.78 | 62.96 | 37.04 | 37.04 | 18.51 | 7.41 | 33.33 |

②识别利益相关方的要求与期望

识别出利益相关方的要求和期望能够使企业和组织有效回应利益相关方。出资人、员工、客户、环境、社区、政府及供应商的要求和期望指标识别率相对较高，均在45%以上；金融机构的要求和期望识别率略低，在5%以下。

③与利益相关方沟通的渠道和方式

披露出资人、员工、客户、环境和社区的沟通渠道的报告超过50%；指出与政府、供应商沟通的渠道和方式的报告所占比重在30%～50%；指出金融机构沟通渠道和方式的报告的比重较低，未超过5%。

④与利益相关方的相关内容

披露员工、客户、环境和社区相关内容的报告较多，比重均在80%以上；披露金融机构相关内容的相对较少，比重在10%以下。

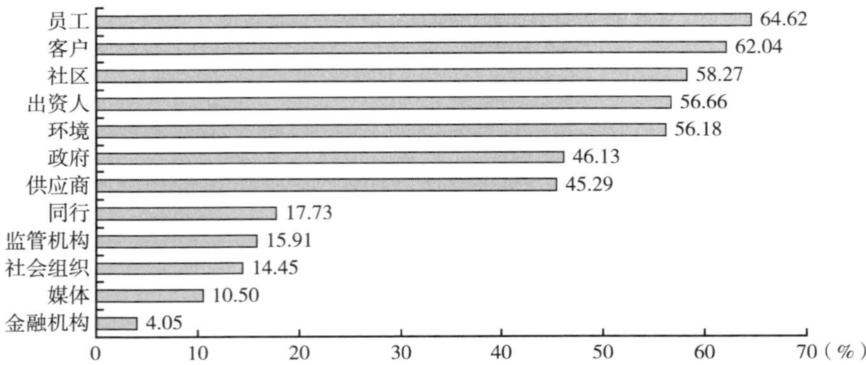


**图 35　识别利益相关方要求与期望情况**

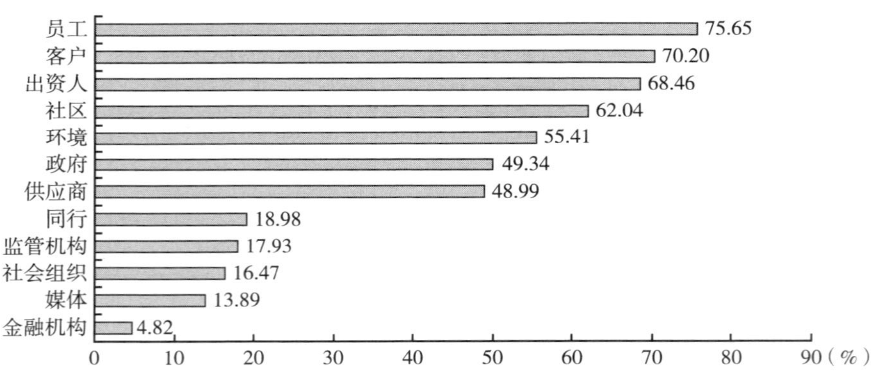


**图 36　与利益相关方沟通的渠道和方式情况**

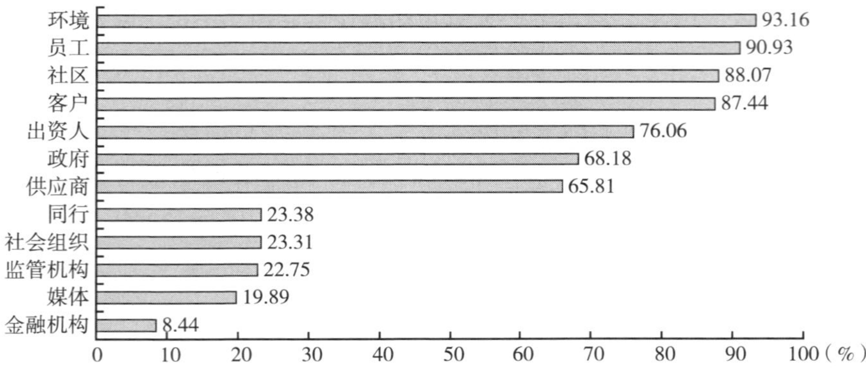


**图 37　与利益相关方相关的内容**

⑤针对利益相关方议题披露的程度

——出资人

在出资人方面，从是否发生法律纠纷、为出资人带来利润情况等四个方面对报告进行评价。出资人议题指标平均覆盖率为26.99%，其中，为出资人带来利润情况的披露情况较好，但对是否发生法律纠纷等方面信息的披露情况较差。

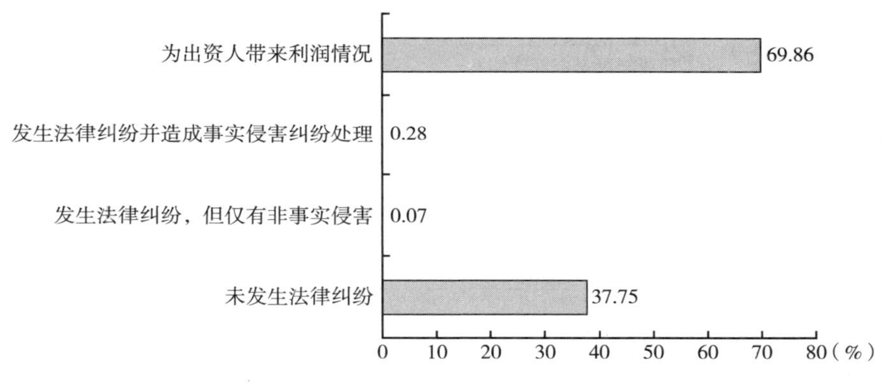


**图38　出资人议题披露情况**

——员工

在员工责任方面，从劳资、职业健康与安全、社会保障、工会、培训与发展等5个议题和20项指标对报告信息披露情况进行评价。社会保障和培训与发展的指标覆盖率相对较高，工会议题的指标覆盖率相对较差；对涉及绩效的指标的披露情况较差，如健康安全设施、劳保用品的预算和支出、工会经费和员工培训发展经费等。电煤水气生产及供应业企业报告员工责任议题的指标覆盖率最高；传播与文化业企业报告员工责任议题的指标覆盖率较低。

——客户

在客户责任方面，从产品和服务、营销信息和客户信息与隐私保护等3个议题和12项指标对报告信息披露情况进行评价。客户信息与隐私保护议

**表 18　员工责任议题指标覆盖率**

单位：%

| 员工责任议题 | 具体指标 | 覆盖率 |
|---|---|---|
| 劳资 | 劳动合同签订情况 | 70.55 |
| | 工资支付情况 | 37.68 |
| | 薪酬增加制度建设情况 | 47.59 |
| | 员工薪酬合理规划倡导情况 | 20.80 |
| 职业健康与安全 | 提供健康安全用具、设施 | 61.62 |
| | 健康安全设施、劳保用品的预算和支出 | 28.40 |
| | 职业健康安全管理体系 | 57.78 |
| | 研发降低健康安全风险的技术或设施 | 28.89 |
| 社会保障 | 依法参与社会保障情况 | 73.90 |
| | 缴纳社会保障费用 | 40.47 |
| | 符合当地文化习俗的必要福利 | 26.45 |
| | 对困难员工提供额外帮助 | 60.78 |
| 工会 | 成立工会 | 49.55 |
| | 工会经费 | 10.54 |
| | 保障工会在民主管理、重大问题决策方面的权益 | 39.08 |
| | 分享工会活动经验 | 25.89 |
| 培训与发展 | 国家规定的特定岗位技能培训 | 46.06 |
| | 员工培训发展经费 | 30.00 |
| | 员工技能培训，升迁制度 | 82.34 |
| | 职业生涯规划，学历教育 | 34.12 |

题的各个指标的覆盖率均较低；产品/服务价格、营销成本和明确说明信息收集目的，仅收集提供产品和服务的必需信息这三个绩效指标的覆盖率较低；产品/服务质量指标覆盖率相对较高。房地产业、社会服务业企业报告产品/服务议题指标覆盖率较低，传播与文化产业、农林牧渔业企业报告产品/服务、信息议题指标覆盖率较低，信息技术业企业报告客户信息与隐私保护议题指标覆盖率相对较高。

**表 19　不同行业员工责任议题指标覆盖率**

单位：%

| | 劳资 | 职业健康与安全 | 社会保障 | 工会 | 培训与发展 | 平均覆盖率 |
|---|---|---|---|---|---|---|
| 农林牧渔业 | 40.48 | 39.29 | 51.19 | 29.76 | 47.62 | 42.67 |
| 采掘业 | 56.06 | 62.12 | 63.26 | 47.35 | 57.58 | 57.27 |
| 制造业 | 40.31 | 45.36 | 45.28 | 27.19 | 45.82 | 40.79 |
| 电煤水气生产及供应业 | 35.71 | 39.56 | 43.41 | 28.30 | 41.76 | 37.75 |
| 建筑业 | 44.20 | 46.74 | 57.61 | 41.30 | 51.81 | 48.33 |
| 交通仓储业 | 53.87 | 55.99 | 70.42 | 51.06 | 59.15 | 58.10 |
| 信息技术业 | 50.44 | 50.00 | 61.06 | 36.95 | 50.66 | 49.82 |
| 批零贸易业 | 40.00 | 37.50 | 51.25 | 29.38 | 44.38 | 40.50 |
| 金融保险业 | 45.50 | 30.41 | 49.77 | 31.98 | 48.65 | 41.26 |
| 房地产业 | 49.69 | 41.98 | 47.53 | 20.99 | 46.91 | 41.42 |
| 社会服务业 | 48.72 | 42.86 | 52.04 | 35.20 | 53.83 | 46.53 |
| 传播与文化业 | 44.83 | 24.14 | 39.66 | 11.21 | 43.97 | 32.76 |
| 综合 | 46.30 | 31.48 | 57.41 | 34.26 | 42.59 | 42.41 |

**表 20　客户责任议题指标覆盖率**

单位：%

| 客户责任议题 | 具体指标 | 覆盖率 |
|---|---|---|
| 产品和服务 | 产品/服务质量 | 86.32 |
| | 产品/服务价格 | 8.44 |
| | 产品/服务质量的制度体系 | 59.60 |
| | 研发可持续的产品/服务 | 39.08 |
| 营销信息 | 提供产品/服务信息的情况 | 47.03 |
| | 向客户提供产品/服务信息的营销成本情况 | 2.44 |
| | 向客户（包括特殊人群，如盲人、聋哑人）提供产品/服务信息的渠道情况 | 19.19 |
| | 引导客户责任消费 | 13.82 |
| 客户信息与隐私保护 | 通过合法且公正的方式获取客户信息 | 14.03 |
| | 明确说明信息收集目的，仅收集提供产品和服务的必需信息 | 3.98 |
| | 建立客户信息获取、使用和保护制度 | 20.45 |
| | 客户信息保护负责人联系方式的可获取性 | 1.95 |

**表 21　不同行业客户责任议题指标覆盖率**

单位：%

| | 产品和服务 | 营销信息 | 客户信息与隐私保护 | 平均覆盖率 |
|---|---|---|---|---|
| 农林牧渔业 | 58.33 | 14.29 | 2.38 | 25.00 |
| 采掘业 | 52.65 | 18.94 | 9.47 | 27.02 |
| 制造业 | 46.19 | 17.05 | 7.70 | 23.65 |
| 电煤水气生产及供应业 | 46.98 | 20.33 | 4.95 | 24.08 |
| 建筑业 | 45.65 | 21.38 | 12.68 | 26.57 |
| 交通仓储业 | 53.87 | 25.35 | 9.86 | 29.69 |
| 信息技术业 | 46.90 | 17.26 | 16.59 | 26.92 |
| 批零贸易业 | 46.88 | 23.75 | 7.50 | 26.04 |
| 金融保险业 | 57.21 | 40.09 | 16.44 | 37.91 |
| 房地产业 | 44.14 | 21.30 | 13.58 | 26.34 |
| 社会服务业 | 53.57 | 24.23 | 14.80 | 30.87 |
| 传播与文化业 | 37.93 | 7.76 | 6.03 | 17.24 |
| 综合 | 48.15 | 15.74 | 5.56 | 23.15 |

——环境

在环境责任方面，从环境管理、环境保护意识和能力建设、降污减排、资源节约与利用、生态系统保护等 5 个议题和 20 项具体指标对报告信息披露情况进行评价。环境管理、降污减排、资源节约与利用议题的指标覆盖率相对较高，生态系统保护议题的指标覆盖率相对较低；涉及绩效的指标覆盖率普遍不高，如环保培训经费、生态保护资金等。采掘业企业报告的环境议题指标覆盖率较高，农林牧渔业、传播与文化产业和金融保险业企业报告的环境议题指标覆盖率较低；房地产业企业报告的环境保护意识与能力建设议题指标覆盖率较低；采掘业企业报告生态系统保护议题指标覆盖率最高。

**表 22　环境责任议题指标覆盖率**

单位：%

| 环境责任议题 | 具体指标 | 覆盖率 |
|---|---|---|
| 环境管理 | 实施环境影响评价 | 27.08 |
| | 实施环境成本核算 | 42.29 |
| | 建立环境管理体系 | 60.43 |
| | 为行业提高环境管理水平贡献经验 | 21.00 |
| 环境保护意识和能力建设 | 环境保护意识培训 | 39.29 |
| | 设立环保培训经费 | 5.30 |
| | 建立环保培训制度 | 14.45 |
| | 推行绿色办公 | 50.73 |
| | 倡导公众参与环保公益活动 | 41.38 |
| 降污减排 | 减少垃圾和废弃物的排放 | 78.37 |
| | 有控制废弃物排放的资金 | 24.08 |
| | 降污减排制度 | 51.01 |
| | 进行碳捕获/碳补偿 | 4.26 |
| 资源节约与利用 | 资源使用和能耗符合国家规定 | 64.97 |
| | 有支持资源节约与利用的专项资金 | 20.52 |
| | 资源、废弃物品综合再利用制度及措施 | 49.90 |
| | 使用新材料、新能源 | 34.05 |
| 生态系统保护 | 减少运营对生物多样性影响的措施 | 14.72 |
| | 生态保护资金 | 3.14 |
| | 生态系统保护制度 | 4.68 |
| | 倡导公众采取恢复生态系统的行动 | 7.19 |

**表 23　不同行业环境责任议题指标覆盖率**

单位：%

| | 环境管理 | 环境保护意识和能力建设 | 降污减排 | 资源节约与利用 | 生态系统保护 | 平均覆盖率 |
|---|---|---|---|---|---|---|
| 农林牧渔业 | 25.00 | 10.48 | 26.19 | 34.52 | 9.52 | 20.63 |
| 采掘业 | 58.33 | 40.91 | 54.92 | 60.61 | 35.98 | 49.71 |
| 制造业 | 46.52 | 27.58 | 45.86 | 47.85 | 4.18 | 34.07 |
| 电煤水气生产及供应业 | 29.40 | 22.64 | 35.44 | 42.58 | 14.56 | 28.62 |
| 建筑业 | 36.59 | 31.59 | 28.62 | 42.03 | 10.14 | 29.88 |
| 交通仓储业 | 41.55 | 39.44 | 51.76 | 46.83 | 13.73 | 38.70 |

续表

| | 环境管理 | 环境保护意识和能力建设 | 降污减排 | 资源节约与利用 | 生态系统保护 | 平均覆盖率 |
|---|---|---|---|---|---|---|
| 信息技术业 | 29.20 | 37.52 | 32.52 | 35.84 | 5.09 | 28.49 |
| 批零贸易业 | 25.63 | 35.50 | 29.38 | 38.13 | 5.00 | 27.14 |
| 金融保险业 | 18.47 | 32.61 | 29.28 | 27.03 | 3.38 | 22.65 |
| 房地产业 | 29.94 | 30.37 | 32.41 | 40.12 | 8.02 | 28.28 |
| 社会服务业 | 33.16 | 32.86 | 33.67 | 35.46 | 3.06 | 27.89 |
| 传播与文化业 | 11.21 | 17.93 | 12.07 | 11.21 | 2.59 | 11.33 |
| 综合 | 26.85 | 26.67 | 37.04 | 39.81 | 10.19 | 28.04 |

例如，在《中国海洋石油总公司2016可持续发展报告》中，公司系统披露了为保护生物多样性所开展的多项实践工作。

——社区

在社区责任方面，从对社区资源利用的补偿情况、为社区发展捐款捐物和提供志愿服务等具体指标，对报告信息披露情况进行评价。为社区捐款捐物、提供志愿服务指标的覆盖率最高，处理社区纠纷指标的覆盖率最低。

**表24　社区责任指标覆盖率**

单位：%

| 社区责任议题 | 具体指标 | 覆盖率 |
|---|---|---|
| 社区沟通 | 评估社区影响，了解社区需求并确认优先发展事项 | 14.10 |
| | 主动与社区沟通，了解并回应利益相关方的意见和建议 | 30.36 |
| | 处理社区纠纷 | 0.77 |
| | 制定社区参与计划，参与社区公共服务和管理 | 32.17 |
| | 组织和支持员工参与社区志愿活动 | 67.20 |
| 就业培训 | 雇用本地员工 | 24.21 |
| | 促进就业平等 | 21.14 |
| | 提升社区居民技能水平 | 17.24 |
| 社区发展 | 支持社区公共基础设施建设 | 47.24 |
| | 帮助提高社区公共服务、管理水平和卫生医疗水平 | 47.10 |
| | 开发特色资源，帮助社区发展特色产业 | 20.59 |

续表

| 社区责任议题 | 具体指标 | 覆盖率 |
|---|---|---|
| 文化教育 | 尊重和保护社区文化传统和遗产，为社区文化活动和项目提供便利 | 11.93 |
| | 支持社区教育发展，增加社区儿童和弱势群体受教育机会，减少社区文盲 | 52.97 |
| | 帮助社区学校改善教育设施，提高教育质量 | 37.61 |
| 捐赠救灾 | 支持社区慈善事业发展，为社区发展和防灾减灾提供捐赠 | 49.69 |
| | 发挥技术和设备优势，参与社区防灾减灾活动 | 14.38 |

**表 25　不同性质企业社区责任指标情况**

单位：%

| | 社区沟通 | 就业培训 | 社区发展 | 文化教育 | 捐赠救灾 | 平均覆盖率 |
|---|---|---|---|---|---|---|
| 国有企业 | 37.04 | 25.87 | 46.33 | 40.19 | 42.96 | 38.02 |
| 国有控股企业 | 29.71 | 21.39 | 44.97 | 36.00 | 31.18 | 32.38 |
| 外资及港澳台企业 | 22.54 | 20.19 | 19.95 | 25.11 | 20.07 | 21.79 |
| 民营企业 | 25.50 | 17.75 | 31.00 | 30.58 | 30.75 | 26.69 |

——政府

在对政府的责任方面，从遵守法律法规及政策情况等 4 项具体指标对报告信息披露的情况进行评价。遵守法律法规及政策情况指标覆盖率较高，响应政府倡导的产业投资活动和慈善公益活动的指标覆盖率较低。

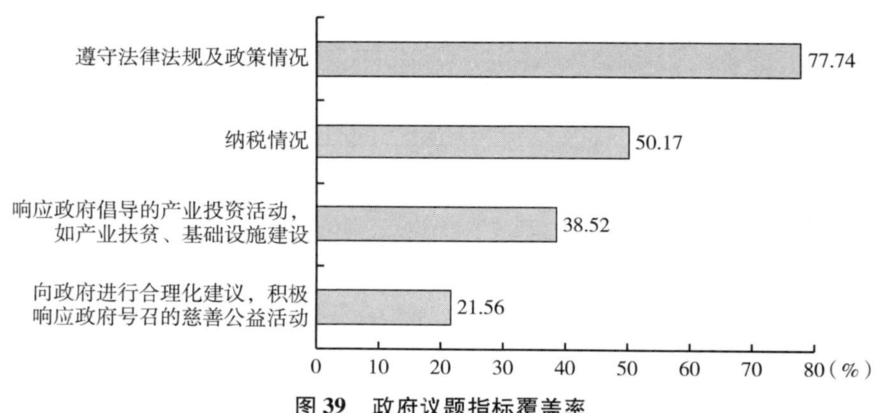


**图 39　政府议题指标覆盖率**

——供应商

在供应商责任方面，从采购原则、供应商资质、供应商管理3个议题和11项具体指标，对报告信息披露情况进行评价。供应商三个议题的指标覆盖率从高到低依次为采购原则、供应商资质和供应商管理；对供应商因社会责任审核认证所增加的成本的分担指标的覆盖率最低。信息技术业和采掘业企业报告供应商议题指标覆盖率相对较高，金融保险业、电煤水气生产及供应业和传播文化业企业报告供应商议题指标覆盖率较低。

**表26　供应商责任议题指标覆盖率**

单位：%

| 供应商责任议题 | 具体指标 | 覆盖率 |
| --- | --- | --- |
| 采购原则 | 采购原则公开，合同签订执行 | 48.22 |
| | 采购价格，及付款 | 13.12 |
| | 采购合同对道德、环境的考虑 | 21.00 |
| | 鼓励负责任的供应商 | 23.80 |
| 供应商资质 | 对供应商资质要求 | 41.80 |
| | 对供应商因社会责任审核认证所增加的成本的分担 | 0.77 |
| | 提高供应商的社会责任水平的做法，包括审核、培训、辅导等活动 | 23.87 |
| | 为行业内供应链社会责任水平提高贡献经验的情况 | 8.23 |
| 供应商管理 | 供应商社会责任管理制度 | 16.47 |
| | 供应商社会责任管理机制 | 12.42 |
| | 供应商社会责任管理信息披露 | 4.61 |

**表27　不同行业供应商责任议题指标覆盖率**

单位：%

| | 采购原则 | 供应商资质 | 供应商管理 | 平均覆盖率 |
| --- | --- | --- | --- | --- |
| 农林牧渔业 | 19.05 | 11.90 | 3.17 | 12.12 |
| 采掘业 | 33.71 | 25.76 | 20.20 | 27.13 |
| 制造业 | 26.86 | 20.07 | 12.42 | 20.45 |
| 电煤水气生产及供应业 | 19.23 | 15.11 | 4.40 | 13.69 |
| 建筑业 | 34.78 | 16.67 | 5.80 | 20.29 |
| 交通仓储业 | 23.24 | 15.85 | 15.49 | 18.44 |

续表

| | 采购原则 | 供应商资质 | 供应商管理 | 平均覆盖率 |
|---|---|---|---|---|
| 信息技术业 | 34.29 | 23.89 | 13.27 | 24.78 |
| 批零贸易业 | 20.63 | 25.00 | 15.83 | 20.91 |
| 金融保险业 | 17.79 | 9.23 | 5.41 | 11.30 |
| 房地产业 | 33.02 | 17.90 | 13.58 | 22.22 |
| 社会服务业 | 26.02 | 21.17 | 9.86 | 19.85 |
| 传播与文化业 | 14.66 | 4.31 | 0 | 6.90 |
| 综合 | 31.48 | 20.37 | 12.35 | 22.22 |

——同行、社会组织、媒体、金融机构和监管机构

在同行、社会组织、媒体、金融机构、监管机构五个利益相关方方面，涉及15项具体指标。报告对行业标准与规范的遵守情况、促进行业发展的活动情况、重视媒体监督、关注媒体评价、主动接受监管部门的监督和配合监管部门的检查披露较多，而对实施行业标准和规范的预算、回应民间组织的诉求、对金融机构的履约情况与金融机构建立战略合作关系的披露较少。

**表28　同行、社会组织、媒体、金融机构和监管机构指标覆盖率**

单位：%

| 利益相关方 | 具体指标 | 覆盖率 |
|---|---|---|
| 同行 | 依法公平竞争，杜绝价格联盟 | 12.07 |
| | 尊重竞争对手，维护公平竞争环境 | 14.52 |
| | 尊重和保护知识产权 | 16.54 |
| 社会组织 | 行业标准与规范的遵守情况 | 24.42 |
| | 实施行业标准和规范的预算 | 1.05 |
| | 行业标准与规范制定的参与情况 | 13.89 |
| | 促进行业发展的活动情况 | 22.40 |
| | 回应民间组织的诉求 | 4.82 |
| | 与民间组织合作 | 13.33 |
| 媒体 | 主动向媒体公开信息 | 17.73 |
| | 重视媒体监督，关注媒体评价 | 18.91 |
| 金融机构 | 对金融机构的履约情况 | 5.44 |
| | 与金融机构建立战略合作关系 | 7.54 |
| 监管机构 | 主动接受监管部门的监督 | 27.42 |
| | 配合监管部门的检查 | 22.47 |

例如在《广州地铁集团有限公司 2016 社会责任报告》中，公司披露了其积极贡献行业发展，与行业共享共荣的各项行动和绩效。

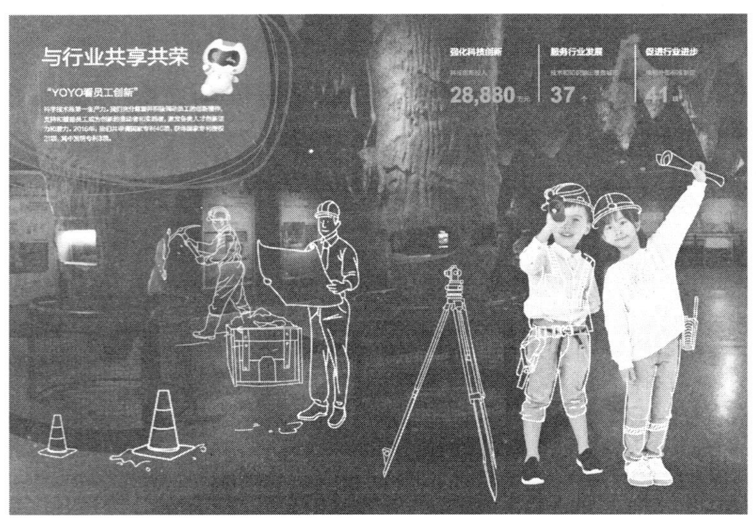


来源：《广州地铁集团有限公司 2016 社会责任报告》。

⑥对利益相关方的责任理念与方针

员工、客户、环境和社区的责任理念与方针指标的覆盖率相对较高；对社会组织、媒体、金融机构和监管机构等利益相关方的责任理念与方针披露较少，各指标覆盖率均不到 10%。

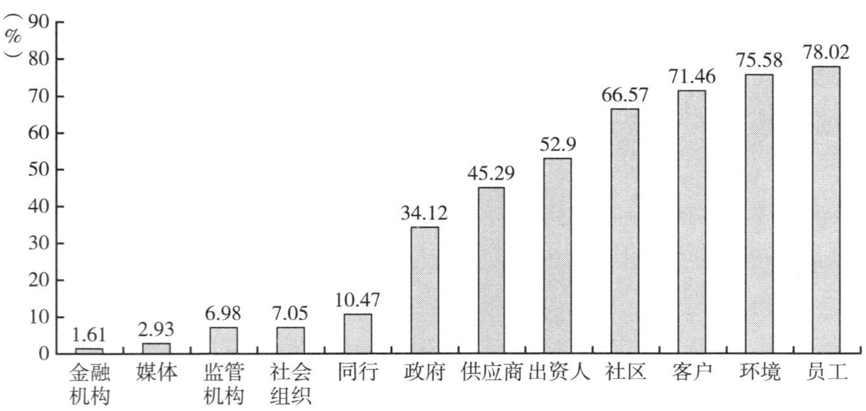


**图 40 利益相关方责任理念与方针的指标覆盖率**

⑦对利益相关方的责任绩效

出资人、员工、客户、环境和社区的责任绩效指标覆盖率较高，均超过60%；媒体、金融机构和监管机构的责任绩效指标覆盖率较低，均未超过10%。

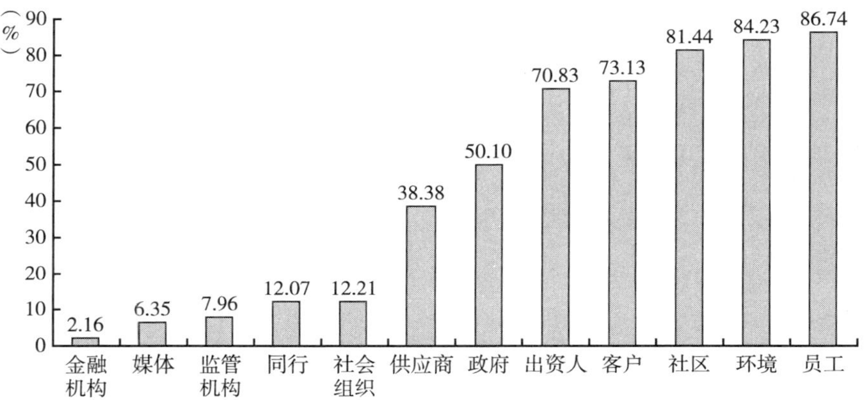


**图41　利益相关方责任绩效的指标覆盖率**

⑧对识别出来的利益相关方的责任理念是否与机构战略相关

识别出资人、员工、客户、环境、社区和政府的责任理念与机构战略相关的指标覆盖率较高，媒体和金融机构指标覆盖率较低，未超过5%。

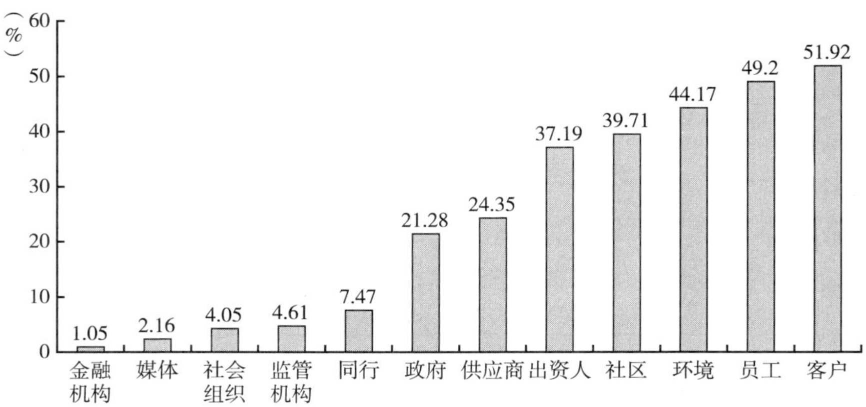


**图42　识别出的利益相关方责任理念和方针与机构战略相关的指标覆盖率**

## 三　金蜜蜂中国企业社会责任报告阶段性特征

### （一）报告总体水平呈现阶段性、台阶式提升态势，高质量报告数量持续较快增长，优秀水平以上报告占总数的1/4以上

2009 年到 2017 年，中国企业社会责任报告水平呈现阶段式提升态势，"十一五"期间报告处于基准水平，"十二五"期间报告平均水平比基准水平增长 20%，"十三五"期间的两年的报告平均水平比基准水平增长 30%。

延续 2016 年的增长态势，2017 年优秀水平以上的报告数量继续快速增长，达到 399 份，占报告总数的 27.8%。交通运输及仓储业、采掘业、综合业、电煤水生产及供应业企业、建筑业优秀报告数量较多，分别占该行业报告总数的 52.11%、42.42%、40.74%、40.66%、34.78%。传播与文化业报告无优秀级别以上报告，是所研究的行业中唯一一个报告整体质量处于起步阶段的行业。

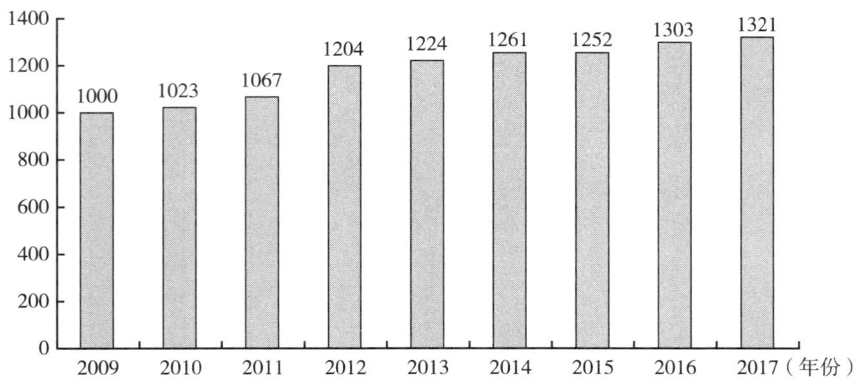


**图 43　综合指数**

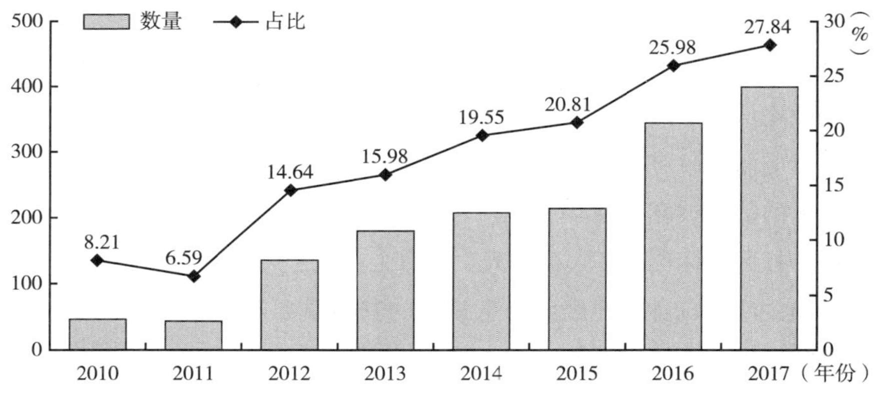


**图 44　优秀水平以上报告数量及占比**

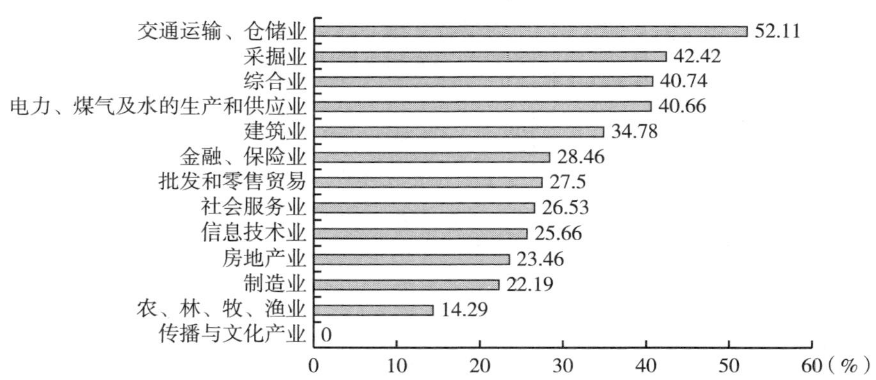


**图 45　优秀水平以上报告占行业报告总数的比例**

## （二）企业更加重视披露社会责任战略及计划信息，企业战略中涉及客户、员工、环境、社区、出资人、供应商、政府等七个利益相关方主体的信息覆盖率较高，社区在战略信息中的披露大幅度增长

2017 年，在社会责任报告中披露企业高管对社会责任的认知、企业战略及社会责任计划的企业比例均有所提升，占比分别为 37.16%、61.97%、41.96%。披露社会责任计划的企业同比增长了 14.36%。说明越来越多的企业开始从整体上思考社会责任对公司的战略意义，制定社会责任工作年度

计划，系统规划社会责任工作。

企业战略中出现的利益相关方信息呈现集中化的趋势。2017 年，企业披露的战略信息中，主要的利益相关方体现为客户、员工、环境、社区、出资人、供应商、政府等主体。同行、监管机构、社会组织、媒体、金融机构等相关方的信息披露则覆盖率相对较低，都在 10% 以下。与 2016 年相比，战略中的社区指标覆盖率大幅提升。表明企业除了关注出资人利益之外，更多地开始关注与自身生产经营息息相关的其他重要利益相关方的期望和诉求，并加强这方面的战略考虑。

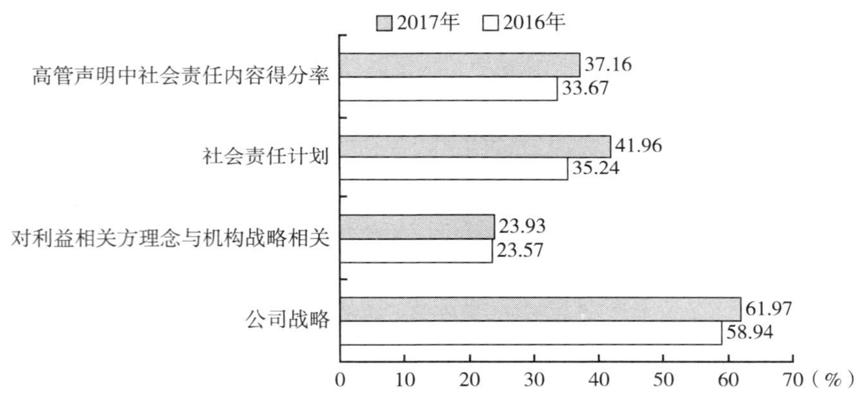


图 46　社会责任战略与计划信息指标覆盖率

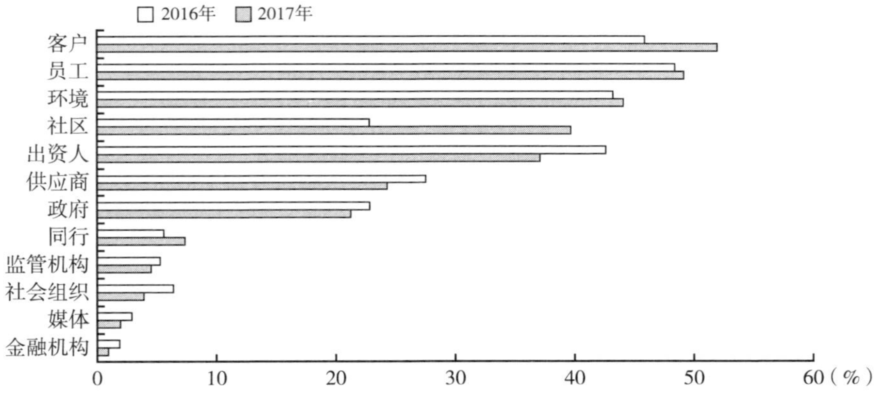


图 47　利益相关方责任理念与机构战略相关的指标覆盖率

## （三）报告的创新性和可读性依然受到高度重视，实质性、完整性、可比性保持平稳发展水平。报告可信性依然不足，同比略有下降

2017 年，报告创新性和可读性仍然受到重视，保持较高的指数水平，实质性、完整性、可比性平稳增长。表明企业注重发挥报告的内外沟通作用，以得到社会各界更多的关注。报告用简洁的文字、丰富的图表展现当年履责的理念、实践和绩效，内容及设计关注当前时代热点，凸显行业特征，展现企业发展理念和文化特色。一批先进企业在报告中将社会责任与国家五大发展理念、“一带一路”、SDGs 等相关联，与时代接轨。

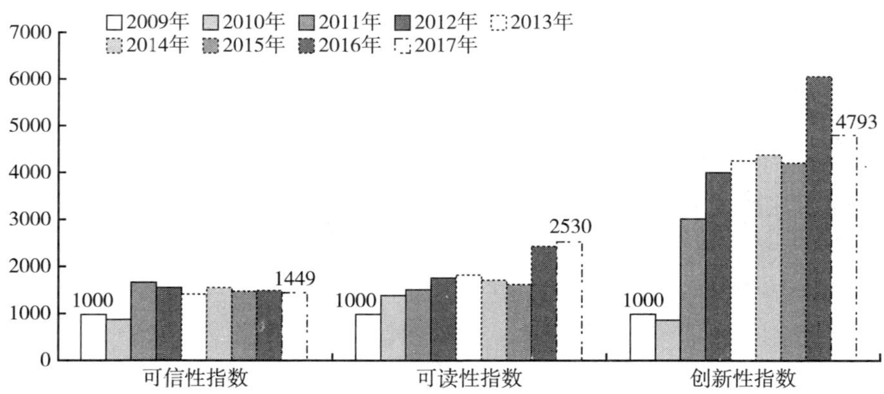


**图 48　历年报告可信性、可读性、创新性指数**

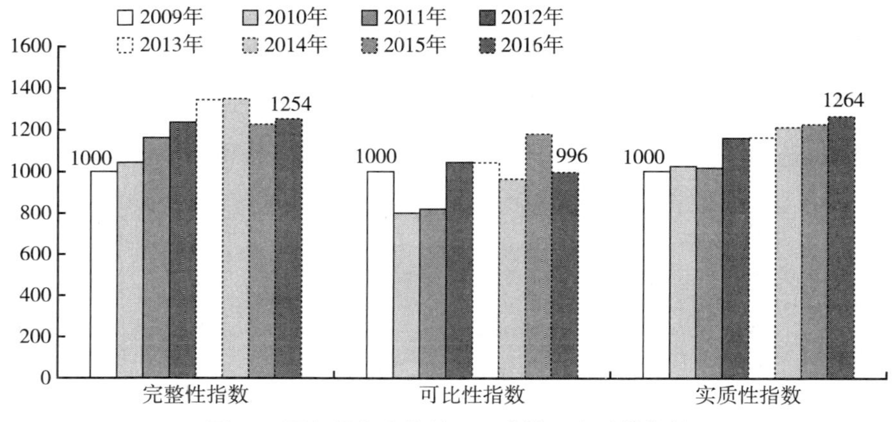


**图 49　历年报告完整性、可比性、实质性指数**

报告可信性指数仍处在较低的发展水平。尽管近九成的企业能够采用中立、客观的语言介绍年度履责实践，但是披露负面信息、利益相关方评价、CSR 专家点评及第三方审验的报告还较少，分别仅有 24.27%、42.26%、10.53%。有利益相关方评价的报告数量占比相对较高，说明企业重视报告与相关方的沟通作用，关注利益相关方对企业社会责任的评价和看法。相比之下，国有企业和外资及港澳台企业的报告可信性指数更高。

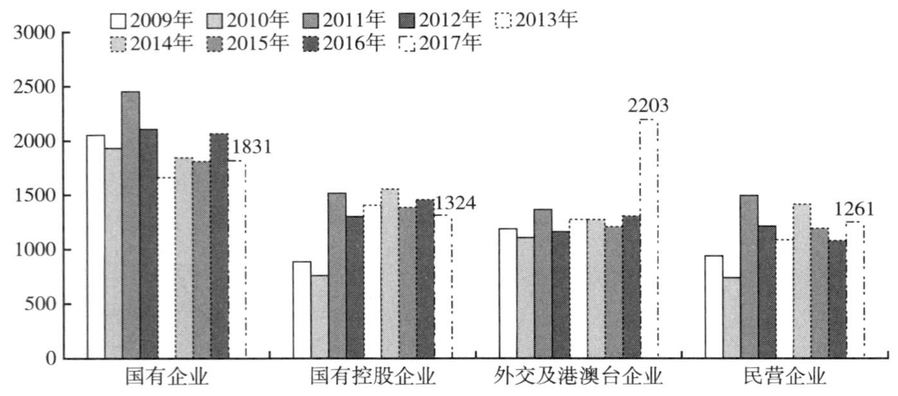


**图 50　不同性质企业可信性指数**

## （四）报告对利益相关方的信息披露与企业战略的匹配度较高，对员工、政府、社区、环境、客户、股东、监管机构的履责信息披露程度高。报告对政府、监管机构的信息披露高于在战略方面的排名。报告注重披露与企业战略相关度高的利益相关方信息

企业战略中包含的主要利益相关方为客户、员工、环境、社区、出资人、供应商、政府。利益相关方信息披露质量较高的是员工、政府、社区、环境、客户、股东和监管机构，两者存在较高的一致性。报告对政府、监管机构的信息披露质量较高，高于其在战略中的排名，这与企业战略普遍与政府政策、发展战略的相关度高，政府机构、监管机构等对企业社会责任信息披露要求相关。

报告对企业必尽责任、应尽责任、愿尽责任信息披露的指标覆盖率依次降低，分别为52.23%、30.87%和19.61%。以员工责任信息披露为例，排名得分最高的前三个指标为“员工技能培训，升迁制度”“依法参与社会保障情况”和“劳动合同签订情况”，得分率分别为82.34%、73.90%和70.55%，说明企业普遍重视员工职业成长发展，员工基本权益保护等员工最为关注的信息披露。而在“员工薪酬合理规划倡导情况”“研发降低健康安全风险的技术或设施”等较高层次的责任信息，以及各项经费支出的信息披露较少。

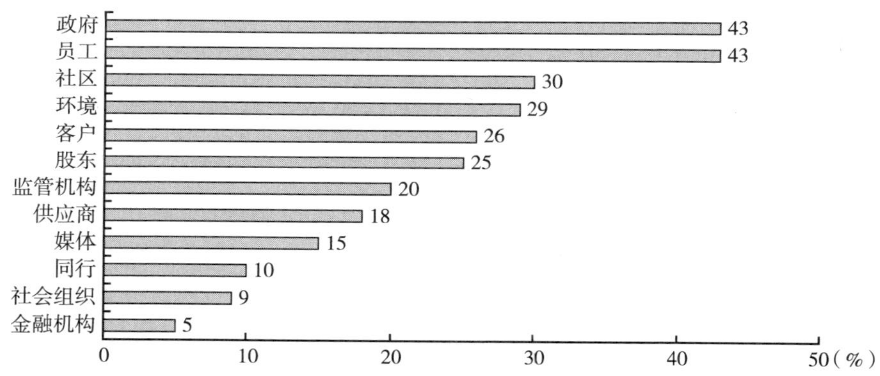


**图51　各利益相关方信息披露指标得分率**

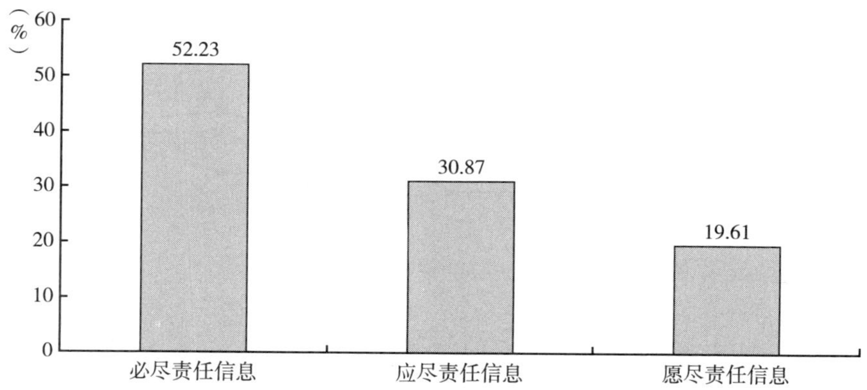


**图52　报告中必尽责任、应尽责任和愿尽责任信息披露覆盖率**

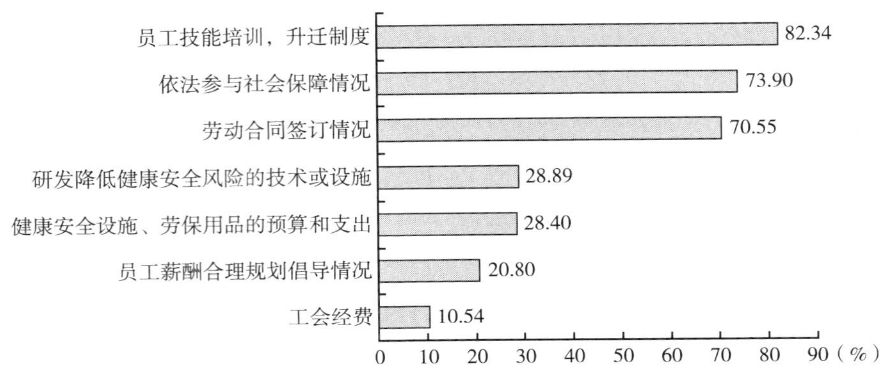


**图 53　员工部分指标覆盖率**

## （五）国有企业报告呈现高水平稳定发展态势，国有控股企业、外资及港澳台企业报告水平提升较快，民营企业报告质量在逐步追赶。领袖型企业和成长型企业的创新性、可读性和可信性指数差距大，综合指数差距有所缩小

2009～2017 年，国有企业综合指数始终居于领先地位，呈现高水平的稳定发展趋势。2017 年，外资及港澳台企业、民营企业综合指数增长较快，分别同比增长 19. 68% 和 12. 53% 。国有控股企业、外资及港澳台企业综合

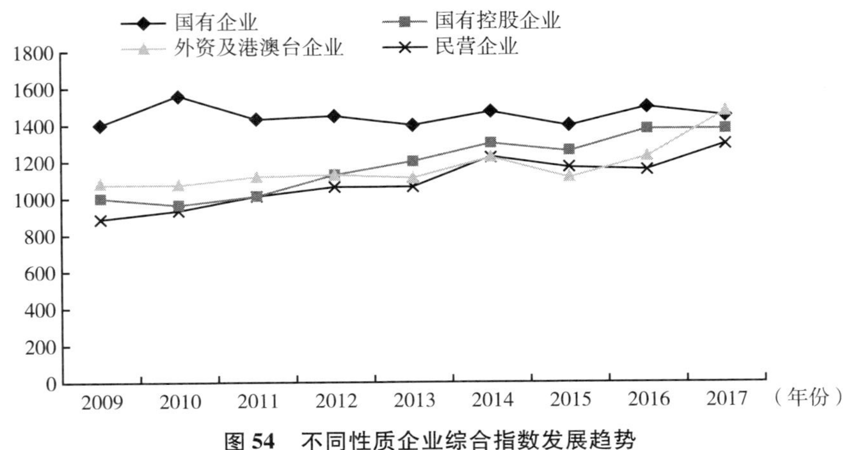


**图 54　不同性质企业综合指数发展趋势**

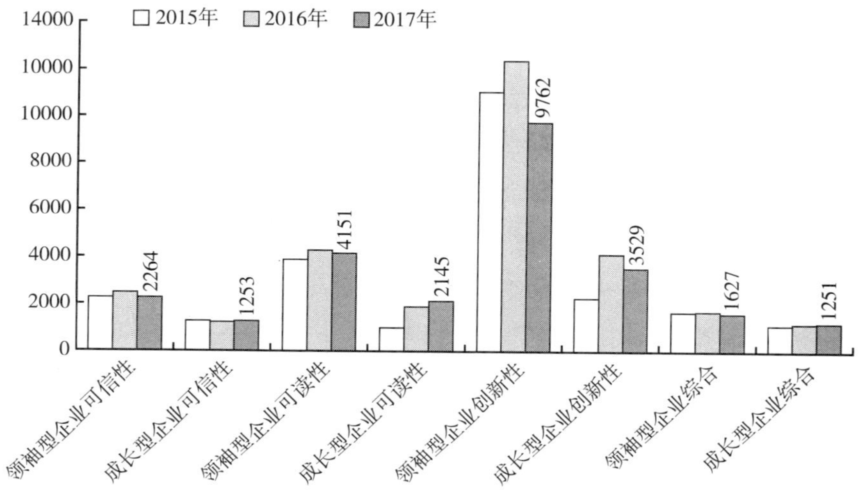


**图 55　领袖型企业和成长型企业部分指数对比**

指数较快增长，与国有企业的差距越来越小。外资及港澳台企业社会责任报告水平近六年来首次超过全国平均水平。民营企业综合指数仍然是四类企业中最低的，但是追赶趋势明显。

领袖型企业社会责任报告质量依然领先于成长型企业，两者的差距有所缩小。领袖型企业在所有类别的指数均高于成长型企业，在可信性、可读性、创新性方面表现尤为突出。

### （六）上市公司综合指数略高于非上市公司，对出资人、金融机构和监管机构的指标得分率较高。港交所上市公司报告平均得分高出沪深交易所25%，员工、环境、供应商信息披露表现突出

2017 年，上市公司综合指数略高于非上市公司，在信息披露的实质性上表现更好，在出资人、金融机构和监管机构的指标得分率上较高。非上市公司报告编制灵活性更好，在可读性、创新性上表现优于上市公司。

港交所上市公司报告平均得分分别高出上交所和深交所上市公司 25. 59 和 25. 34 个百分点。报告在完整性、可信性、可读性、可比性、创新性和实质性方面得分率都较高，且更加注重对环境、员工、供应商、社区、同行等

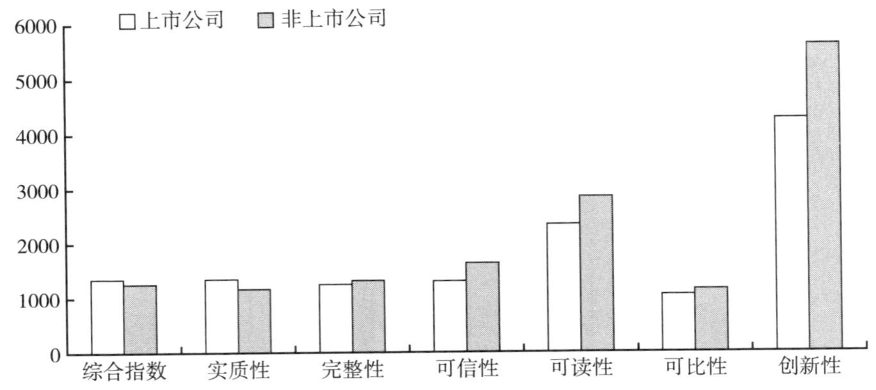


**图 56　上市公司和非上市公司报告指数对比**

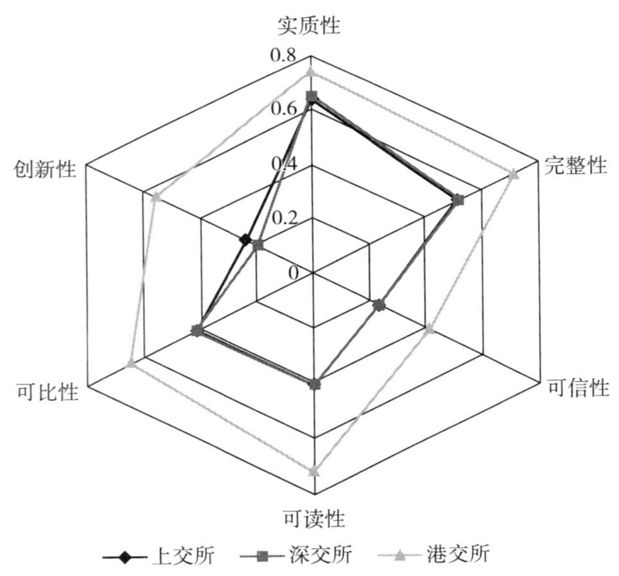


**图 57　上交所、深交所、港交所上市公司报告实质性、完整性、可信性、可读性、可比性、创新性对比**

利益相关方的责任信息披露。港交所 ESG 指引出台后，对港交所上市公司的社会责任信息披露产生了较好的规范和指导作用，有利于利益相关方更好地了解上市公司非财务信息的实际情况。

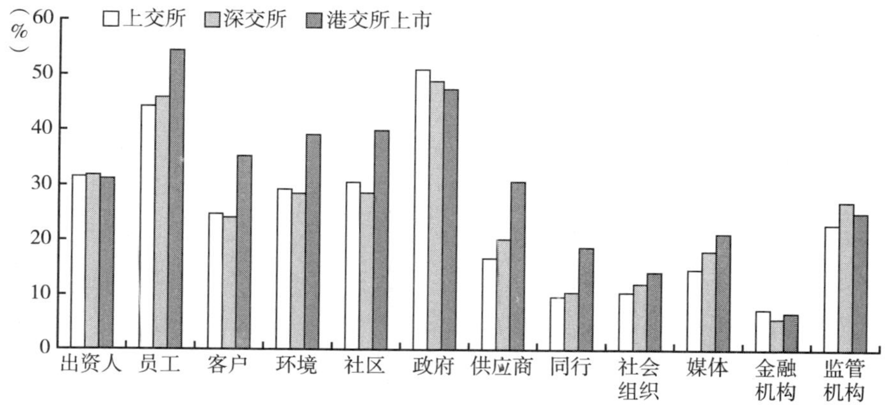


**图 58　上交所、深交所、港交所上市公司利益相关方指标覆盖率**

## （七）储运行业、采掘业、电力行业报告整体质量较高，电力行业报告水平保持领先。金融行业、储运行业、建筑业报告综合指数同比增长明显。各行业对利益相关方信息披露侧重不同

2017 年，行业综合指数排名前三位的是储运行业、采掘业和电力行业，总平均分分别为 69.18、59.38 和 55.97。电力行业企业报告保持高质量水平，同时发布了一批履行社会责任白皮书。金融行业、储运行业和建筑业综

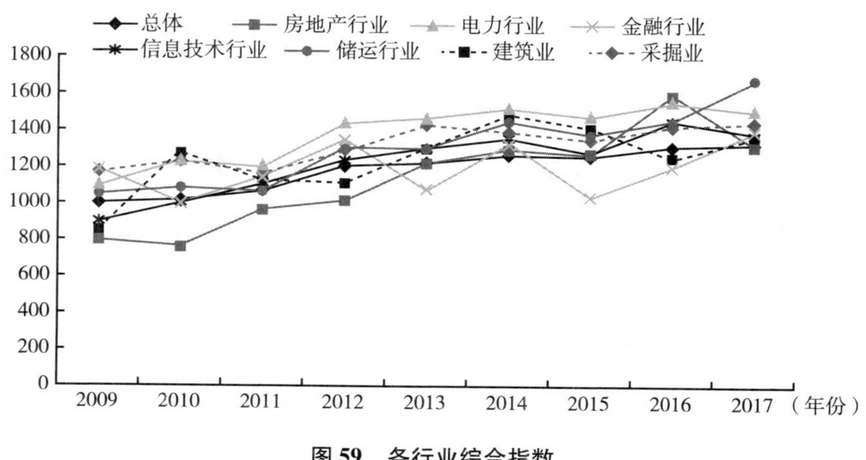


**图 59　各行业综合指数**

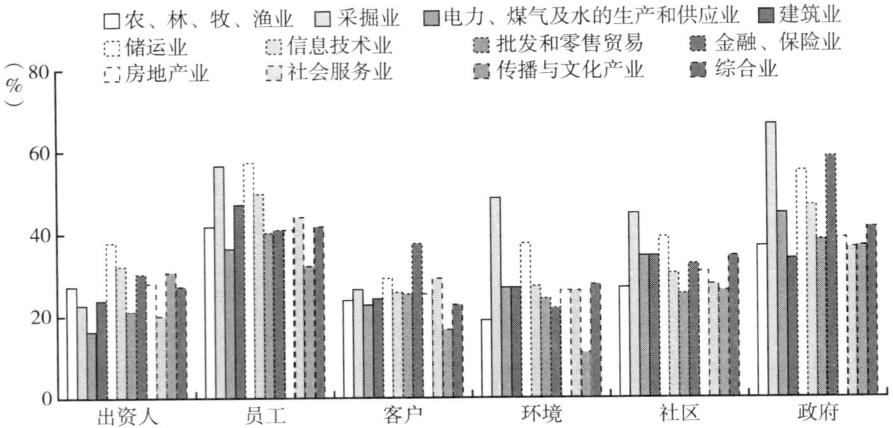


**图 60　主要行业出资人、员工、客户、环境、社区、政府指标得分率**

合指数分别增长了 16.65%、15.91% 和 9.51%。金融行业报告形式和内容实质性进一步提升，对员工、客户、环境的责任信息披露得分率有较大提升。

不同行业对利益相关方信息披露的指标覆盖率存在差异，呈现出一定的行业特点。采掘业关于社区、政府、员工和环境信息披露得分率高，储运业同行信息披露得分率高，金融保险业企业客户、媒体和监管机构信息披露得分率高。

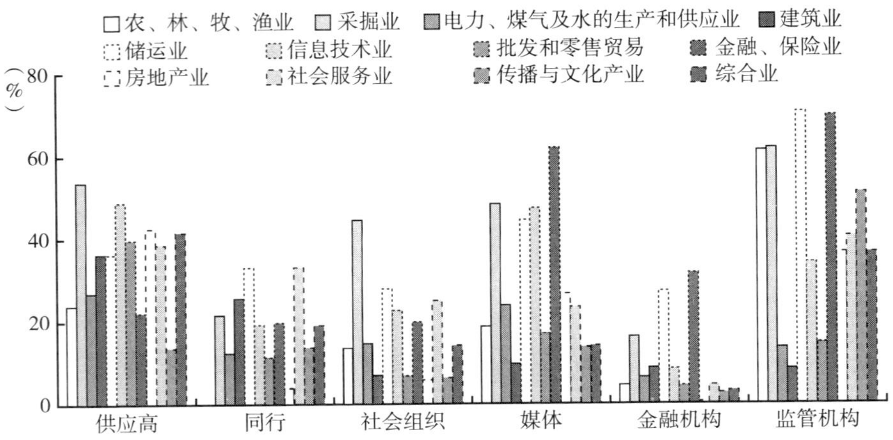


**图 61　主要行业供应商、同行、社会组织、媒体、金融机构、监管机构指标得分率**

### （八）报告国际化程度与2016年同期持平，英文版报告数量增加，参照国际规范的报告略有减少，先锋企业发布了国别或海外项目社会责任报告

2017 年，企业发布的英文版报告数量进一步增长，达到 118 份。参考 GRI、全球契约、ISO 26000 等社会责任国际标准、指南编制的报告数量有所下降。有少数走出去的先锋企业发布了国别或海外项目社会责任报告，如中国石油天然气集团公司《中缅油气管道企业社会责任专题报告》、中国南方电网公司《中国南方电网老挝社会责任报告》、中国路桥工程有限责任公司《肯尼亚蒙内铁路社会责任报告 2016》、中国武夷实业股份有限公司《中国武夷（肯尼亚）社会责任报告 2016》等，专门披露了在项目所在国的责任理念、实践和绩效。

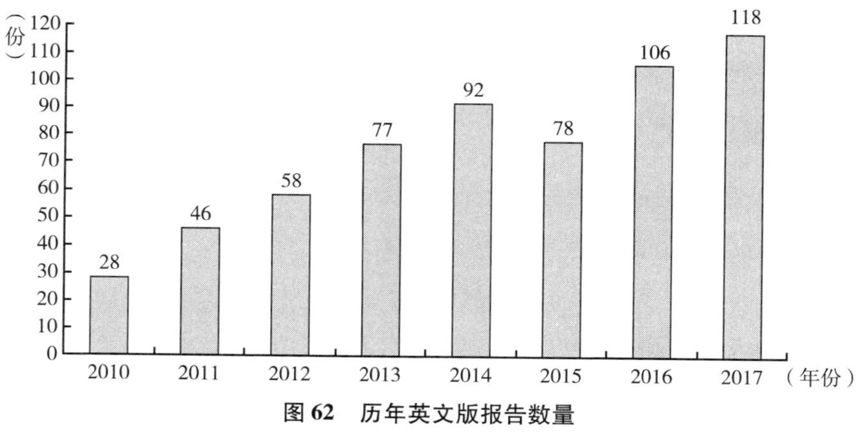


**图 62　历年英文版报告数量**

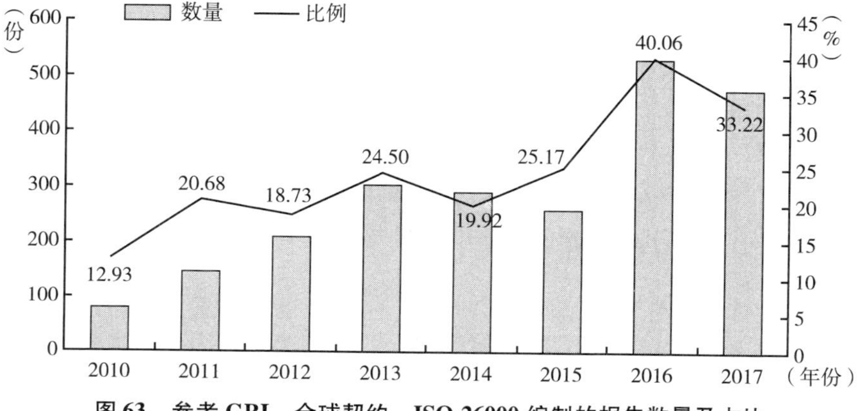


**图 63　参考 GRI、全球契约、ISO 26000 编制的报告数量及占比**

## 四 金蜜蜂中国企业社会责任报告建议

### （一）明确报告编制的规范性，扩大报告强制性范围，推动报告数量和质量的整体提升

得益于政府部门、监管机构、行业组织的积极推动，中国企业社会责任报告的数量和质量不断提升，但是2000份左右的报告数量相对于全国2000多万家企业来说，比例仍然很低，同时报告质量参差不齐，信息披露质量仍有待提高。

港交所发布ESG指引对企业环境、社会及管治信息进行具体约束，促使企业采取措施加强实施指引的培训和导入，企业发布报告的质量快速提升。建议政府部门、监管机构、行业组织等进一步加强对报告编制的规范和指导，促进报告数量和质量的本质提升。

### （二）企业增强对社会责任战略认识，进一步提升社会责任信息披露质量与企业战略的匹配度

从企业发布的社会责任报告中可知，企业对客户、员工、环境、社区、出资人、供应商、政府等利益相关方的战略认识越来越充分，报告中对重要利益相关方的信息披露比较充分，与战略相匹配，但也存在不一致性。建议企业结合战略，进一步提升对客户、员工、环境、社区、出资人、供应商、政府等相关方信息披露的质量和深度，完善对同行、监管机构、金融机构、社会组织等相关方的信息披露。

### （三）保持报告在创新性、可读性方面的优势，加强与利益相关方的互动沟通，增强绩效信息的横向、纵向可比性，提升报告可信性

报告发挥创新性和可读性上的优势，内容及展现形式上关注时代热点，凸显行业特征，展现企业特色，有利于进一步发挥报告在与利益相关方沟通交流的桥梁作用。建议报告在保持创新性和可读性优势的基础上，加强报告

编制过程中与利益相关方的沟通互动，了解和披露利益相关方关注的信息，倾听利益相关方的评价和感受，增强绩效信息的跨年度对比和与同行平均水平的对比，提升披露内容的权威性和真实有效性。

### （四）发挥领袖型企业和优秀报告的示范推动作用，加强报告编制沟通交流，提升报告整体质量

领袖型企业继续发挥示范引领作用，优秀级别以上报告数量进一步增加。建议中国500强企业增强对履行社会责任及发布报告重要性的认识，参考借鉴国际一流企业和先进同行的社会责任报告编制经验，以报告促进运营发展变革。加强报告编制交流，分享借鉴报告编制管理、资料搜集整理、数据信息审核等方面的有益经验，进一步提升报告整体水平。各行业结合对重要利益相关方信息披露的差异化优势，传授利益相关方沟通及管理经验，共同提升对利益相关方的整体信息披露质量和深度。

### （五）采取措施提升企业利益相关方和社会对报告重要性的认识，与企业携手共促经济社会的可持续发展

与利益相关方沟通交流，树立公司责任形象，是企业发布社会责任报告的重要推动因素。建议采取措施，提升消费者、客户、员工、媒体等社会各界加深对企业社会责任报告的认识和重视，政府、监管机构、行业组织等增强对企业社会责任报告的引导和激励，激发企业发布报告的积极性和主动性，营造企业履责的良好氛围，共同推动经济、社会的可持续发展。

### （六）提升报告国际化程度，发挥社会责任作为国际商业新语言的重要作用

随着我国在国际舞台上的影响力增强，中国企业的国际化程度越来越高，企业需要学会运用国际社会责任标准、指南编制社会责任报告。在报告中展现对国际可持续发展目标和国家政策要求的响应、落实，如“一带一路”倡议、联合国2030可持续发展目标（SDGs）等。规模较大或时间较长的“走出去”企业考虑发布国别、项目专项社会责任报告，以运营所在国家利益相关方为目标群体，加强沟通互动，融入当地发展。

# 分　报　告

Theme Reports

## B.2
## 金蜜蜂中国中央企业社会责任报告研究

摘　要：本报告依据“金蜜蜂企业社会责任报告评估体系2017”，对收集到的59家由国务院国资委监管的中央企业2017年发布的社会责任报告进行评估和分析，并提出针对性建议。研究发现，中央企业报告质量领先于总体水平，并具有展示管理路径、回应社会热点、参考国内外标准、突出企业及行业特征和呈现形式多样化等阶段性特征。

关键词：中央企业　社会责任报告　信息披露

中央企业是维护政治稳定、巩固经济基础、促进社会和谐的核心力量，在实施国家战略、落实国家宏观调控、保持市场稳定、促进和谐发展等方面发挥了重大作用。国务院国资委重视企业履行社会责任，2012 年所有中央企业均发布了社会责任报告。2016 年 7 月，国务院国资委印发《关于国有企业更好履行社会责任的指导意见》，以促进国有企业成为社会责任的表率。2017 年 1 月，国务院国资委印发《关于推进中央企业信息公开的指导意见》，帮助中央企业更好地开展社会责任信息发布工作。

## 一　中央企业社会责任报告概况

截至 2017 年 8 月，国务院国资委监管的中央企业共有 98 家。我们通过企业主动寄送、企业官方网站下载及网络查询等方法，截至 10 月底共收集到 59 家中央企业发布的企业社会责任报告，发布报告的中央企业数量占中央企业总数量的 60%。我们依据“金蜜蜂企业社会责任报告评估体系 2017”对这些报告进行评估。

中央企业发布的报告中，有 83.33% 的报告名称为“企业社会责任报告”，15.00% 的报告名称为“可持续发展报告”，另外一份为“社会价值报告”。

在发布报告的中央企业中，有 55 家领袖型企业，占比 93%。制造业企业发布报告 15 份，占比 25%。

中央企业在编制报告时均参考了国务院国资委《关于中央企业履行社会责任的指导意见》；中国社会科学院《中国企业社会责任报告编写指南》（CASS－CSR 3.0）、全球报告倡议组织《可持续发展报告指南》（GRI G4）、ISO-26000 以及社会责任报告国家标准 GB/T 36001《社会责任报告编写指南》是重要的参考标准（见图 1）。

基于报告评估结果，我们对中央企业发布的企业社会责任报告进行整体描述，并结合在企业社会责任报告编制咨询方面的经验，对这些报告的整理质量进行比较、分析和判断，总结中央企业社会责任报告的特点，并在此基础上提出相关建议。

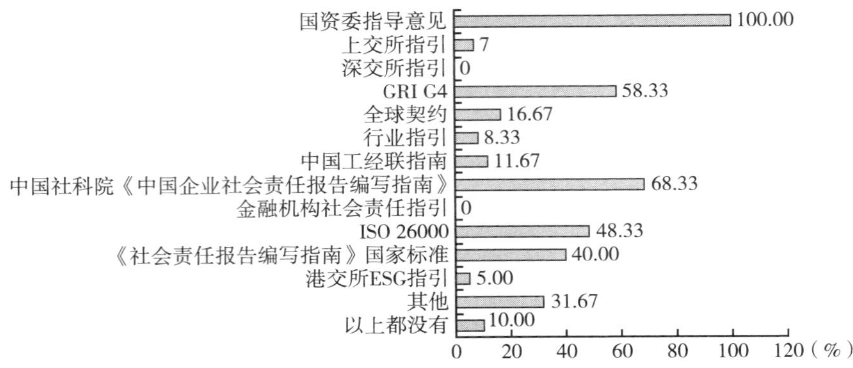


**图1　中央企业报告编制依据**

## 二　中央企业社会责任报告分析

### （一）报告总体情况

中央企业社会责任报告平均得分率为81.71%，是总体得分率的1.5倍。中央企业社会责任报告在六个维度的得分率均明显高于总体报告水平。其中，报告的可读性和创新性方面指数表现尤为突出。由此看出，中央企业普遍注重对报告呈现效果的优化，重视企业社会责任理念展现，表现行业可持续发展特色，整体自成体系，并结合社会最新动向，赋予报告较丰富的时代内涵。同时，注重报告形式和传播渠道的创新，具有较好的沟通功能和阅读体验。

### （二）具体分析

**1. 结构完整性**

报告完整性高，形成相对成熟的信息披露规范。中央企业社会责任报告的完整性方面平均覆盖率为89.39%。其中，战略与治理、高管声明、风险机遇分析和计划内容的覆盖率分别为78.33%、80.42%、76.11%和83.33%，明显高于总体水平。所有的报告在实践内容上都包含经济责任、

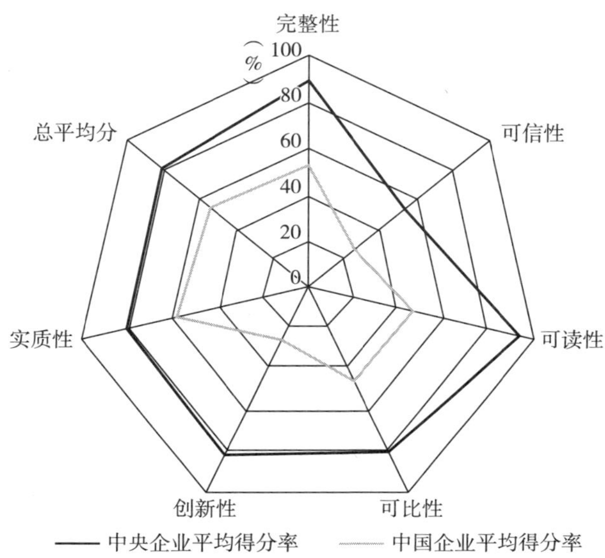


**图2　中央企业社会责任报告六个维度得分**

环境责任和社会责任三部分。由此可看出，中央企业报告普遍注重报告结构和内容的完整性，社会责任信息披露相对成熟和规范。

**2. 报告可信性**

报告可信性略低，负面信息披露有待加强。中央企业社会责任报告的可信性方面平均覆盖率仅为53.50%，是六个维度中得分最低的一项。其中，利益相关方评价覆盖率为80.00%；负面信息披露略有不足，覆盖率为55.00%。有CSR专家评价和第三方审验的报告也较少，分别仅占40.00%和18.33%。

**3. 报告可读性**

报告可读性优秀，促进信息的有效传递。中央企业社会责任报告的可读性方面平均覆盖率为94.50%，为六个维度中得分率最高的。中央企业在报告版式、信息表达、色彩搭配等方面表现出色，报告的表达形式丰富，合理运用文字、图片和表格的搭配，体现企业的文化，使读者能够清晰地理解报告所传达的信息，更好地发挥了报告的沟通价值。

**4. 绩效可比性**

报告可比性良好，发布绩效信息丰富。中央企业社会责任报告的可比性方面平均覆盖率为81.25%。其中，81.67%的报告采用了行业或国家标准，68.33%采用了跨行业标准，具有较强的行业内及跨行业可比性。中央企业注重跨年度的绩效对比，覆盖率高达90%；但对绩效目标实现程度发布不够充分，目前覆盖率为58.33%。

**5. 报告创新性**

报告创新性突出，展现了时代特征和企业特色。中央企业社会责任报告的创新性方面平均覆盖率为82.50%，是总体报告得分率26.25%的3.14倍。中央企业在报告内容、形式和结构上注重创新，结合社会最新动态，展现行业与企业特色，提炼具有企业特点的社会责任理念并对其进行深入解读，体现出企业对社会责任的积极思考。

**6. 报告实质性**

报告实质性强，回应了利益相关方关注。中央企业社会责任报告的实质性方面平均覆盖率为80.53%。报告对各利益相关方的关注度整体情况与中国企业整体基本一致，但对各利益相关方的重视程度均高于总体水平（见图3）。

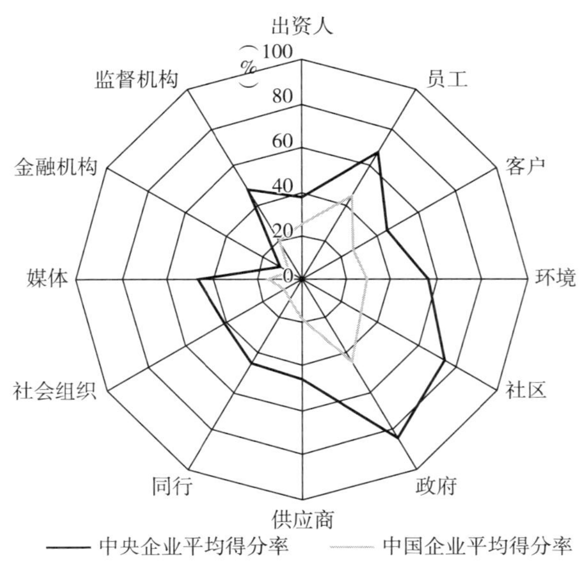


**图3　各利益相关方指标覆盖率**

中央企业侧重对具有明显影响的利益相关方履责信息披露，如出资人、员工、客户、环境、社会、政府、供应商等，而在一定程度上疏忽了具有潜在影响的利益相关方，如同行、社会组织、媒体、金融机构和监管机构等，这可能会给中央企业的社会责任管理带来潜在风险。

## 三　中央企业社会责任报告阶段性特征

### （一）质量领先，整体居于卓越水平

中央企业社会责任报告平均得分率 81.71%，是总体得分率 54.47% 的 1.5 倍左右。所有报告得分率都超过 70%，都在优秀或以上水平，其中处于卓越水平的报告数量占比高达 71%。中央企业社会责任报告的综合指数发展趋势与总体综合指数基本保持一致，虽在 2017 年有所下降，但总体仍呈现平稳上升的态势，且始终保持高于总体的水平，为其他企业做出了良好的示范。

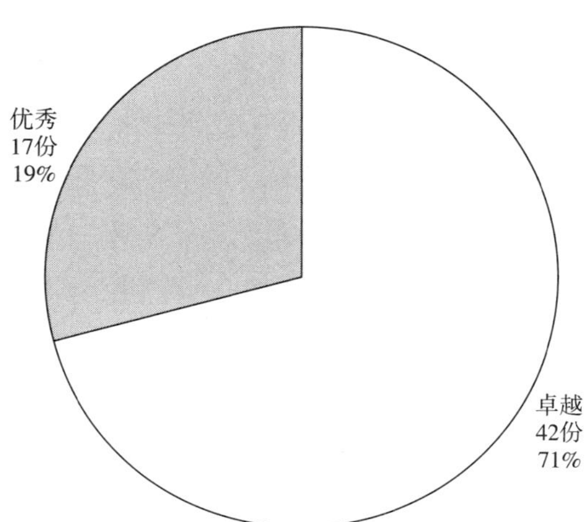


**图 4　中央企业社会责任报告质量**

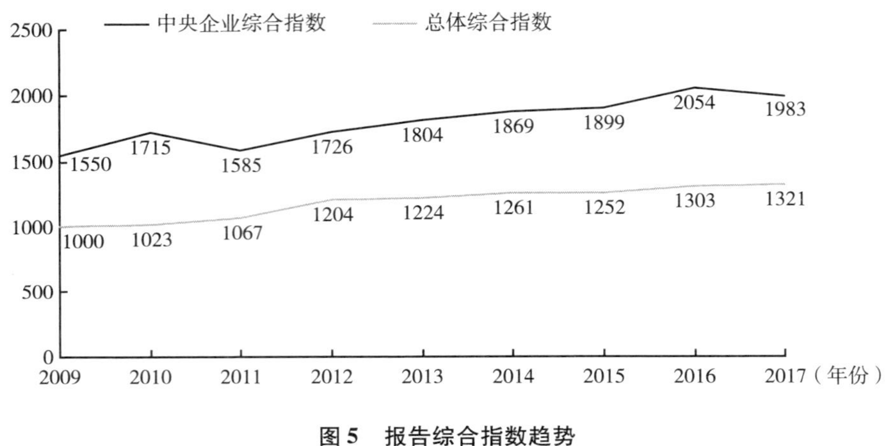


**图5　报告综合指数趋势**

## （二）展示管理，披露企业社会责任管理路径

7成以上的中央企业在报告中发布了社会责任管理信息。其中，71.19%的中央企业报告发布了建立社会责任管理机构的信息，79.66%的中央企业报告发布了制定社会责任管理制度的情况。部分中央企业的报告发布了企业社会责任管理模型或范式，展示了社会责任融入公司战略、企业文化、管理运营等方面的经验，如国家电网公司将社会责任融入战略管理（见图6），中化集团公司、中国五矿等在报告中发布了其可持续发展模型（见图7、图8）。中铝公司在报告中介绍了社会责任融入公司管理的步骤和内容（见图9）。中国节能以“一体两翼”的“蝴蝶”模型，展示了社会责任建设的主要内容（见图10）。神华集团在报告中介绍了其“加强战略引领、强化责任融入、做好责任沟通、提升品牌形象”的社会责任管理思路和内容。

## （三）回应热点，专题报道落实国家战略等实践

中央企业在社会责任报告中设置专题栏目，披露国企改革、精准扶贫等国家战略实践与绩效。中央企业以产业扶贫、教育扶贫、基金扶贫等多种方式开展精准扶贫工作，推动贫困地区经济社会发展，造福当地群众。中央企

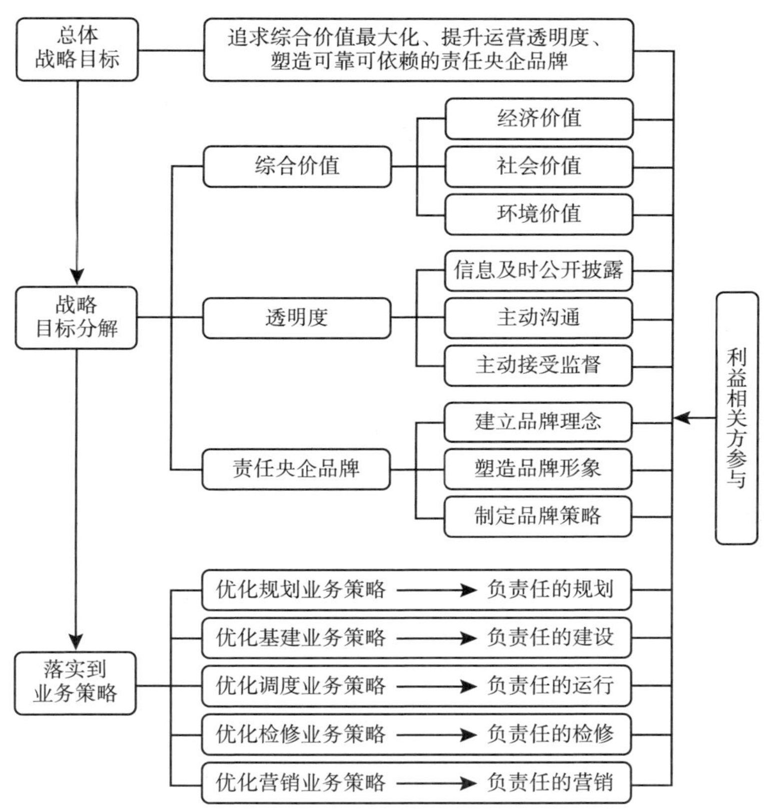


**图 6 《国家电网公司 2016 社会责任报告》责任植于管理**

业根据国家“一带一路”倡议等对企业“走出去”的要求，发布海外运营中的社会责任履责信息。此外，中央企业关注全球热点，发布其社会实践对联合国 2030 可持续发展目标（SDGs）和减缓全球气候变化等的贡献，展示央企的责任担当，如中国广核在报告开篇设置了“董事长答问”专栏，积极回应社会热点议题，针对利益相关方普遍关注的年度关键词如“十三五”、供给侧改革、“走出去”等，集中披露了相关的理念与行动。国家开发投资公司等在报告中以专题披露了其推进国企改革的措施及成效，中国石油化工集团公司、中国大唐集团公司等披露了开展精准扶贫的履责实践（见图 11），招商局集团、中国长江三峡集团公司等以专题形式介绍了“一

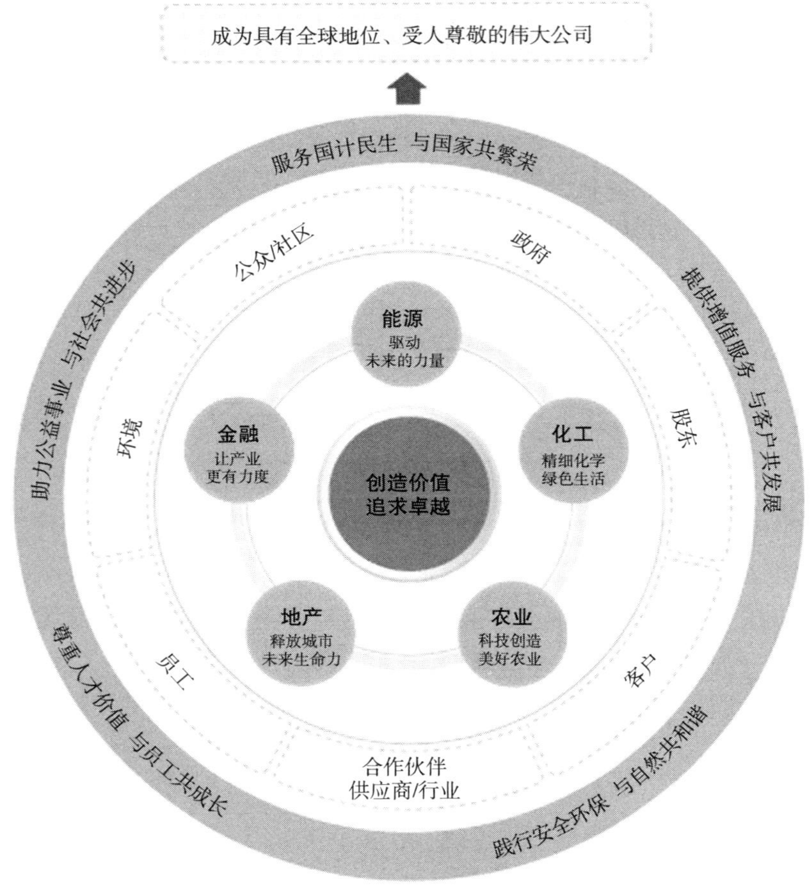


**图 7　中化集团公司可持续发展模型**

带一路”海外履责实践（见图 12），南航在报告中的“国际南航”篇章，详细地介绍了南航在公司国际化转型中积极融入“一带一路”战略要求。中国建筑股份有限公司、中国石油天然气集团公司等在报告中介绍了落实联合国 2030 可持续发展目标的信息（见图 13）。

## （四）注重规范，报告编制参考系列标准

中央企业在注重参考中国社科院《中国企业社会责任报告编写指南》、

世界一流金属矿产企业集团
安全健康
伙伴共建
价值创造
环境保护
员工成长
社会和谐
计划
执行
监测
改进
评估
·责任实践
·责任传播
·责任研究
全程融入
全员参与

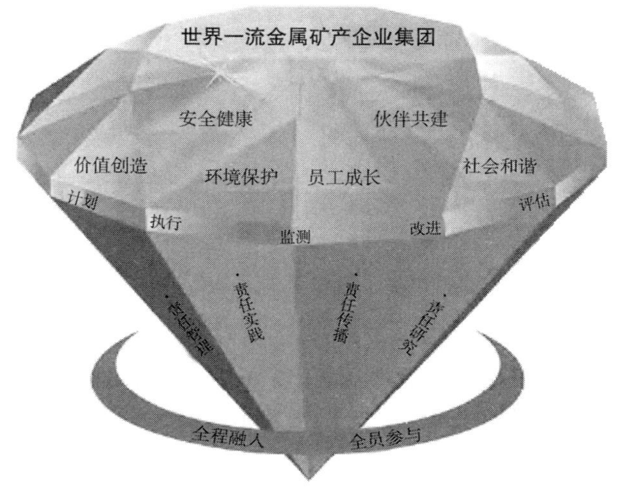

**图 8　中国五矿"价值创造型"可持续发展推进模型**

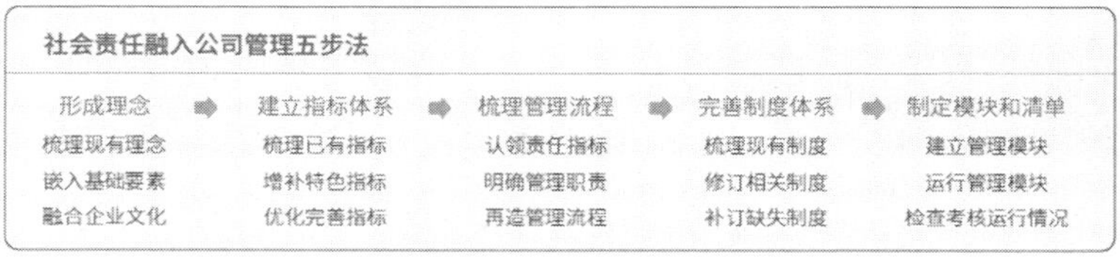

社会责任融入公司管理五步法
形成理念
梳理现有理念
嵌入基础要素
融合企业文化
建立指标体系
梳理已有指标
增补特色指标
优化完善指标
梳理管理流程
认领责任指标
明确管理职责
再造管理流程
完善制度体系
梳理现有制度
修订相关制度
补订缺失制度
制定模块和清单
建立管理模块
运行管理模块
检查考核运行情况

**图 9　《中铝公司 2016 年社会责任报告》披露社会责任融入公司管理五步法**

《社会责任报告编写指南》（GB/T 36001－2015）等国内标准的同时，对全球报告倡议组织《可持续发展报告指南》（GRI G4）、ISO 26000《社会责任国际标准》等国际标准也十分重视。其中，采用香港交易所 2015 年底发布的《环境、社会及治理（ESG）报告指引》的报告占香港联交所上市企业的 20.00%。如中国移动通信集团公司报告不仅参考了国家及行业协会 3 项国内标准，还参考了全球报告倡议组织《可持续发展报告指南》（GRI G4）、联合国全球契约、ISO 26000《社会责任国际标准》等 5 项国际通用标准，东航报告系统整合了相关上市公司指引等监管部门要求、国家标准、国际标准、联合国《2030 年可持续发展议程》等十余项关键性指南或标准要求，表现出其立足行业背景、满足国际要求的企业社会责任信息发布的规范性。

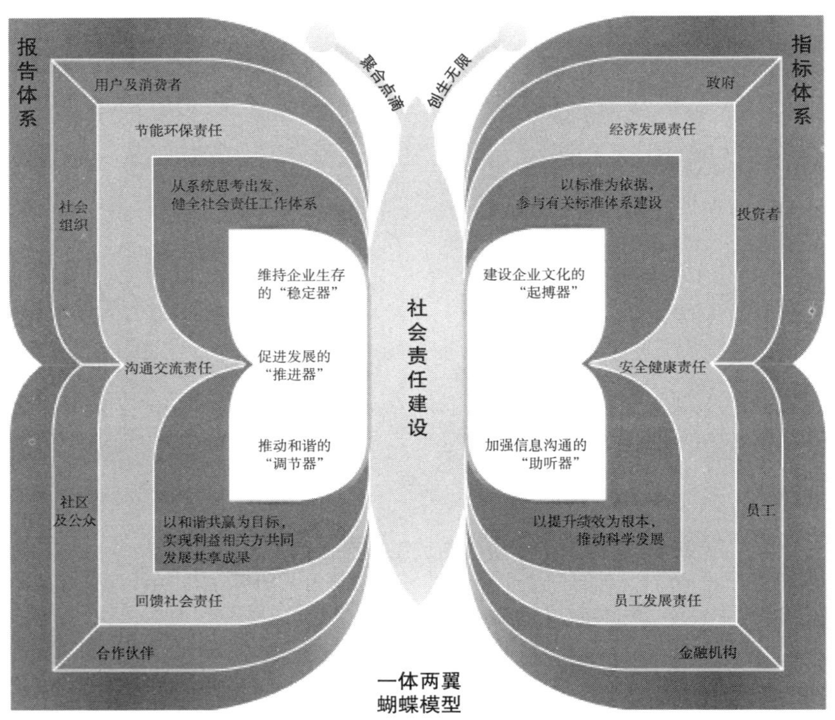


**图 10 《中国节能环保集团公司 2016 企业社会责任报告》披露社会责任建设的“一体两翼”蝴蝶模型**

**专题一 承担央企责任 助力脱贫致富**

大唐集团深入贯彻党中央、国务院关于做好扶贫开发工作的决策部署，全面落实习近平总书记关于精准扶贫重要指示精神，牢固树立共享发展理念，以高度的政治责任感，积极履行央企社会责任，先后规划建设重点扶贫项目30个分布于10个省区市，帮助老少边穷地区脱贫致富，赢得了地方政府和人民群众的高度评价和赞扬。

革命老区扶贫 重在精准施策

大唐集团把革命老区面临的经济下滑、环境污染等多个发展难题结合起来，将扶贫工作精准至点和面，通过项目投资带动,产业帮扶、生态改善等多种精准扶贫手段，实现了扶贫资源的综合利用和扶贫效益最大化。集团公司先后在红色老区延安投资建设了延安热电厂（2X350MW）、梁家河光伏扶贫项目，在原中央苏区抚州投资建设了抚州电厂（2X1000MW），有力改善老区空气质量，有效拉动上下游产业同步发展。项目建成后优先招聘当地少数民族或革命后代，力求实现“一人就业全家脱贫”。特别是延安热电项目定向招聘了50名老红军、老八路、老干部和革命烈士直系后代，为红色电厂融入了红色血脉，中央电视台《新闻联播》、《人民日报》头版等进行了重点报道。

**图 11 《中国大唐集团公司 2016 社会责任报告》“精准扶贫”专题内容节选**

/ 责任专题 /

践行“一带一路”，共建吉布提自贸区

在推动“一带一路”建设的过程中，招商局集团秉承“共商、共建、共享”的合作共赢理念，首次把开发蛇口 30 多年经验总结而成的“前港 – 中区 – 后城”模式引入吉布提，加快规划建设吉布提新自贸区，积极促进区域内资源优化配置和社区综合发展，复制蛇口从小渔村转变成国际新城的辉煌，将吉布提逐步打造成集金融、物流、贸易等为一体的“东非蛇口”。

图 12 《招商局集团 2016 年社会责任报告》“一带一路”专题内容节选

我们支持联合国提出的“确保人人获得负担得起的、可靠和可持续的现代能源”

□ 到2030年，确保人人都能获得负担得起的、可靠的现代能源服务

□ 到2030年，大幅增加可再生能源在全球能源结构中的比例

□ 到2030年，全球能效改善率提高一倍

□ 到2030年，加强国际合作，促进获取清洁能源的研究和技术，包括可再生能源、能效，以及先进和更清洁的化石燃料技术，并促进对能源基础设施和清洁能源技术的投资

□ 到2030年，增建基础设施并进行技术升级，以便根据发展中国家，特别是最不发达国家、小岛屿发展中国家和内陆发展中国家各自的支持方案，为所有人提供可持续的现代能源服务

图 13 《中国石油天然气集团公司 2016 社会责任报告》内容节选

**图 14　《中国长江三峡集团公司 2016 可持续发展报告》“一带一路”专题内容节选**

## （五）特色突出，融合企业及行业特征

很多中央企业社会责任报告中都披露了独具特色的社会责任理念，不仅展现了企业特色，还体现了企业用专业特长开展社会责任实践的能力。此外，部分企业创新报告内容的表现形式，通过一张图、一张表等清晰地展示企业的业务、全年履责重点的内容。如华润（集团）有限公司在报告中用一张图——“业务树”——形象地展示了公司各领域的业务内容；中国建筑股份有限公司在报告中用一张图“数说中国建筑 2016”（见图 15），呈现了公司对各个利益相关方的社会责任履责绩效；中国商飞在报告中的“聚焦 2016”篇章，清晰地列出了年度十大重要事件；中国核建在报告中提出了九大社会责任主题，并以此展开了九个章节的社会责任实践的详细介绍；中国化工集团在报告中通过一张图表“数说 2016”，直观地展示了运营管理、科技创新和和谐共创三方面的绩效数据。鞍钢集团以“跟着郭明义学雷锋，建设鞍钢青年志愿者队伍”为专题介绍了鞍钢工人荣获“当代雷锋”称号的事迹，以及鞍钢青年志愿者协会的发展历程、志愿服务活动与绩效；

国航在报告的每个章节结尾处设置了“我们的故事”栏目，不仅介绍了社会责任实践案例，还展示了来自利益相关方的评价（见图16）。

**表1　中央企业特色社会责任理念示例**

| 企业名称 | 社会责任理念/社会责任观/可持续发展观 |
| --- | --- |
| 中国航天科工集团公司 | 放飞神剑 收获和平 |
| 中国建筑股份有限公司 | 担当时代责任 打造中国名片 |
| 中国南方电网有限责任公司 | 万家灯火 南网情深 |
| 中国石油化工集团公司 | 为美好生活加油 |
| 中国移动通信集团公司 | 大连接 新未来 |
| 国家开发投资公司 | 开发价值 投资未来 |
| 中国五矿集团公司 | 珍惜有限 创造无限 |
| 中国铝业公司 | 点石成金 造福人类 |
| 神华集团有限责任公司 | 呵护绿色生态 专注清洁能源 |

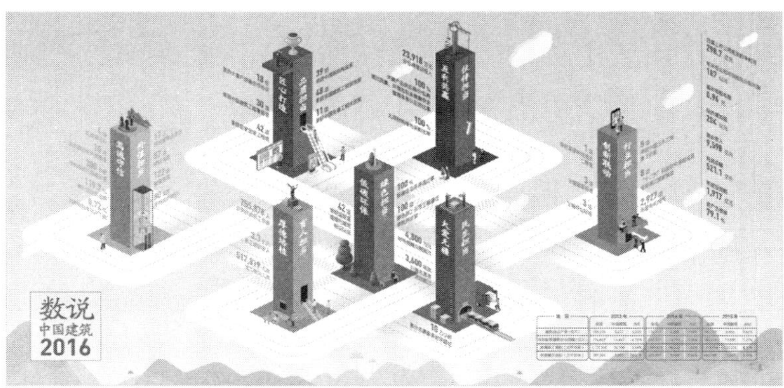


**图15　《中国建筑股份有限公司2016可持续发展报告》内容节选**

**倾听利益相关方声音**

开通的北京—华沙航线是国航顺应新时期大背景，努力实施并推动“空中丝路”建设的重要举措。在“一带一路”战略中，波兰是中国通向欧洲的大门，拥有举足轻重的地缘区位优势。期待这条“空中丝路”为两国社会经济带来更大发展，为往返于中欧两地的旅客提供更加多元化的出行选择。

中航集团副总经理
侯建伦

国航作为中国的载旗航空公司，是汉莎航空集团在中国的理想合作伙伴。这一突破性的联营合作将从根本上增强我们在中欧航线上的竞争地位，并且能为旅客带来更多便利与实惠。中国航空市场是全球最重要的增长型市场之一，我们希望与星空联盟合作伙伴国航一道受益于这一增长。

汉莎航空集团执行委员会主席兼首席执行官
卡斯滕．施波尔（Carsten Spohr）

**图16　《中国国际航空股份有限公司2016社会责任报告》内容节选**

## （六）形式多样，报告呈现形式多样，H5和简版渐成趋势

中央企业通过发布形式多样的报告，满足不同利益相关方的阅读需求。其中，25%的中央企业发布了H5版报告，让社会责任报告内容更加精炼、形式更加活泼、传播更加便捷、形象更加亲和，大大提升了企业与利益相关方沟通的互动效率；8.33%的中央企业发布了简版报告，帮助利益相关方更高效地获取报告的核心信息；41.67%的中央企业发布了英文版报告，为更广泛的利益相关方获取社会责任信息提供便利。如上海诺基亚贝尔股份有限

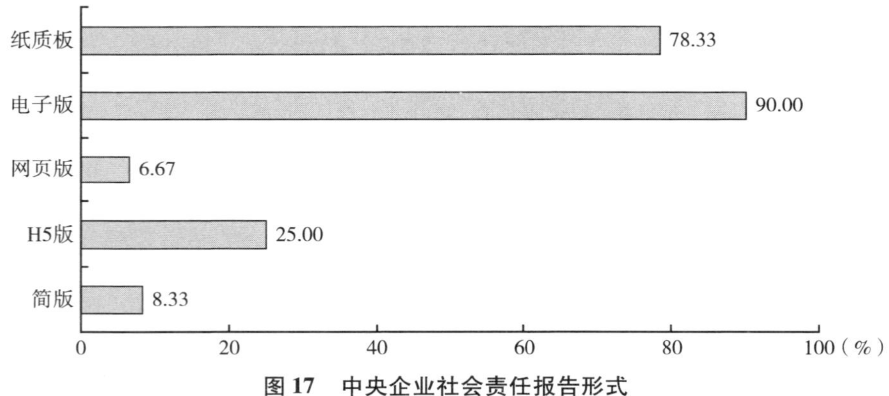


**图17　中央企业社会责任报告形式**

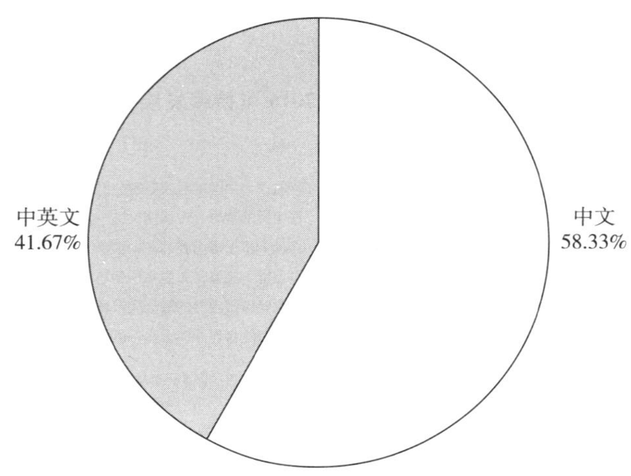


**图18　中央企业社会责任报告语言文字类型**

公司等发布了 H5 版报告，中国南方电网有限责任公司等发布了简版报告（见图 19），为利益相关方带来多样化的阅读体验。

**图 19　《中国南方电网有限责任公司企业社会责任报告》简版封面**

## 四　对中央企业社会责任报告的建议

### （一）增强报告规范性，提高信息披露质量

**1. 兼顾社会责任报告六大原则**

在保持完整性、可读性、可比性、创新性等现有优势的同时，进一步加

强可信性等方面，加强负面信息和利益相关方评价的披露，促进报告的整体水平再创新高。

**2. 加强信息披露职责**

加强以实质性议题为核心的信息披露深度，提升报告的有效性和针对性。同时，还要保障信息披露的及时性，提前计划和安排报告编制工作，把报告发布时间尽量控制在每年6月之前。

## （二）加强立体传播，打造责任品牌

**1. 丰富报告呈现形式**

通过中文版、英文版、简版、H5版、交互版等多种方式丰富报告的呈现形式，满足不同利益相关方群体的阅读需求，更好地发挥报告的沟通作用，打造企业社会责任品牌形象，展示中央企业的综合价值。

**2. 拓宽报告传播渠道**

通过企业官网、新闻媒体、内部刊物、微博、微信等多种方式，充分利用新兴媒体，满足更广泛的传播需求。同时，通过信息反馈表、二维码、网络链接等形式加强与利益相关方的互动，为利益相关方对报告提出意见和建议提供渠道，并对反馈信息进行及时和充分的回应。

## （三）贯彻十九大精神，展示责任担当

**1. 融入新时代新理念**

中央企业是中国企业社会责任发展的先锋，肩负着党和国家赋予的新的时代使命。应通过报告展示中央企业在充分吸取国际先进理念、关注社会前沿动态和要求、紧跟国家与行业的发展形势等方面的责任担当，发挥其在社会责任理念与实践上的标杆作用。

**2. 结合行业及企业发展特点**

报告应紧跟行业及企业的发展动态，探索新颖的报告编制思路，表现所在行业特色，丰富企业文化的表达形式，改善利益相关方对中央企业的刻板印象，提升报告的辨识度，塑造与时俱进、负责任的企业形象。

### （四）重视利益相关方参与，提升报告透明度

**1. 扩大利益相关方识别范围**

把同行、社会组织、媒体、金融机构和监管机构等具有潜在影响的利益相关方纳入识别的范围，充分听取诉求，建立可行的沟通渠道与方式，形成更为全面的利益相关方参与机制及管理体系，拓宽信息披露的广度。

**2. 报告编制过程透明化**

提高报告编制流程的透明度，建立健全报告编制机制，支持利益相关方全流程参与，通过利益相关方沟通会、问卷调查、舆情分析、电话访谈、专家座谈会等多种方式开展利益相关方沟通，让利益相关方参与报告编制的全流程；同时主动发布行业专家、媒体等的评价，提升报告的可信性，赢得更广泛的利益相关方的信任。

# B.3
# 金蜜蜂在华外商投资企业社会责任报告研究

摘　要：本报告依据“金蜜蜂企业社会责任报告评估体系 2017”，对收集到的在华外商投资企业 2017 年发布的 79 份社会责任报告进行评估和分析，并提出针对性建议。研究发现，在华外商投资企业社会责任报告的可读性、创新性等都明显高于中国企业整体平均水平，并呈现出以下阶段性特征：报告质量大幅提升；关键议题的披露程度高于中国企业整体平均水平，全生命周期环境保护信息成为披露重点；注重沟通效果和创新性；重视对本土化社会责任理念和管理的披露。

关键词：在华外商投资企业　可读性　创新性　全生命周期环境保护　本土化

在华外商投资企业（以下简称“外资企业”）是指依照中华人民共和国法律的规定，在中国境内设立的，由中国投资者和外国投资者共同投资或者仅由外国投资者投资的企业。① 当前，中国正处在吸引外资转型升级阶段，国内投资环境不断完善，吸引外资数量持续增长。2016 年，全国新设立外资企业 27900 家，同比增长 5%；实际使用外资金额 8132.2 亿元人民币（未含银行、证券、保险领域数据），同比增长 4.1%。② 中国改革开放近 40

① 外资企业定义来源：《中华人民共和国外商投资企业法》，http：//www.gzwsxh.com/zcfg/wm/2011－11－23/838.html。

② 中华人民共和国商务部：《商务部外资司负责人谈 1～12 月我国吸收外资情况》。

年来，外资企业既是中国对外开放的受益者，也是中国经济、社会发展的贡献者，更是中国发展的命运共同体的一部分。长期以来，外资企业注重履行社会责任，发挥投资、技术、管理等优势，积极为中国经济、社会和环境方面的发展做出贡献，取得了显著成绩，部分企业也成为履行社会责任的标杆。

## 一　外资企业社会责任报告概况

截至2017年10月31日，我们通过企业主动寄送、企业官方网站下载及网络查询等方式，收集到外资企业发布的企业社会责任报告142份（含63份环境专项报告），同比增长12.67%。依据“金蜜蜂社会责任报告评估体系2017”，我们对这些企业社会责任报告进行了评估。①

外资企业作为中国发布社会责任报告的先行者，是中国社会责任报告发展的积极推动力量。自2002年日本朝日啤酒株式会社旗下的朝日啤酒集团发布《与环境对话书》（中文版）以来，外资企业发布社会责任报告数量总体上呈现增长趋势（见图1）。

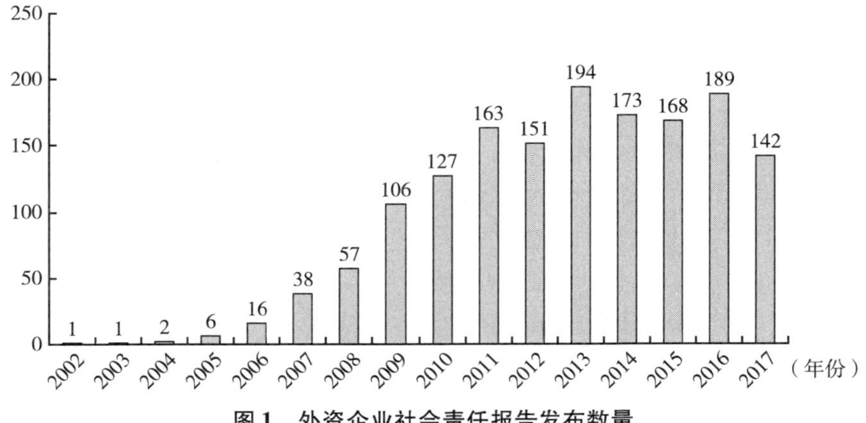


**图1　外资企业社会责任报告发布数量**

说明：2017年数据截至2017年10月31日。本次研究选取的样本原则上为外资企业发布的社会责任报告、可持续发展报告等综合性发布企业经济的、环境和社会绩效信息的报告。

① 因环境专项报告仅针对环境，未面向所有利益相关方全面发布履责信息，会导致数据统计偏差，因此本评估中未包含环境专项报告。

评估样本中46.84%的外资企业已连续五次及以上发布社会责任报告（见图2），连续性较好，表明部分外资企业已逐渐建立社会责任报告发布的常态化机制。

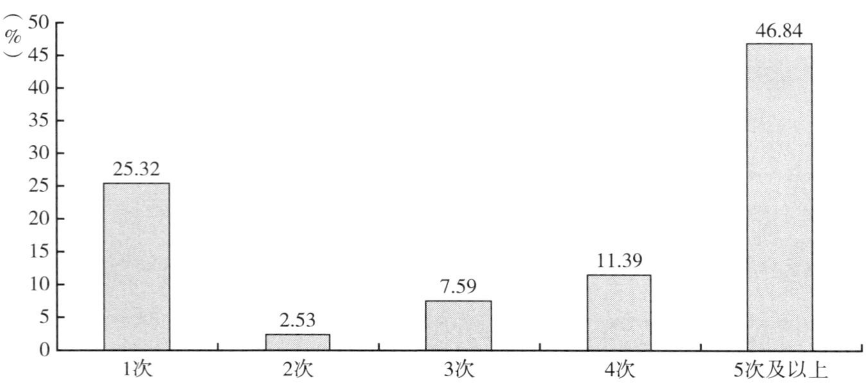


**图2　外资企业社会责任报告发布次数**

在发布社会责任报告的外资企业中，58.23%的企业来自制造业（见图3），凸显外资企业中的制造业企业对社会责任报告机制的重视。

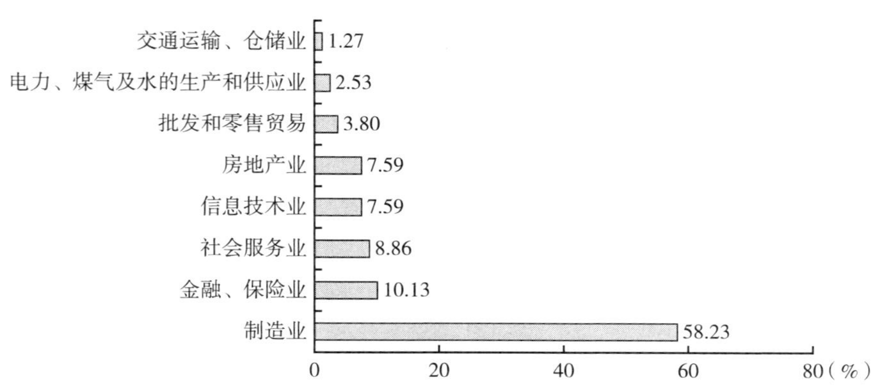


**图3　外资企业社会责任报告行业分布**

近半数的外资企业社会责任报告页数超过50页（见图4），报告内容翔实。

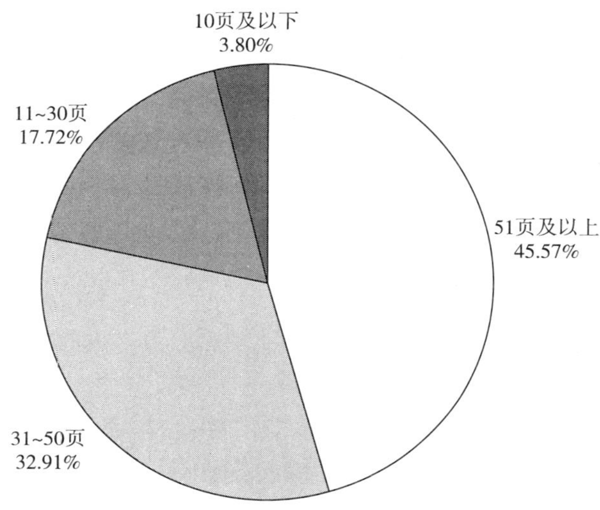


**图 4 外资企业社会责任报告页数**

外资企业在报告参考标准上呈现多元化的特征，除参考国际标准外，选用深交所指引、上交所指引、国资委指导意见、中国工经联指南等国内社会责任标准和指南的比例较大（见表 5），表明外资企业比较重视中国政府和社会对社会责任的发布要求。

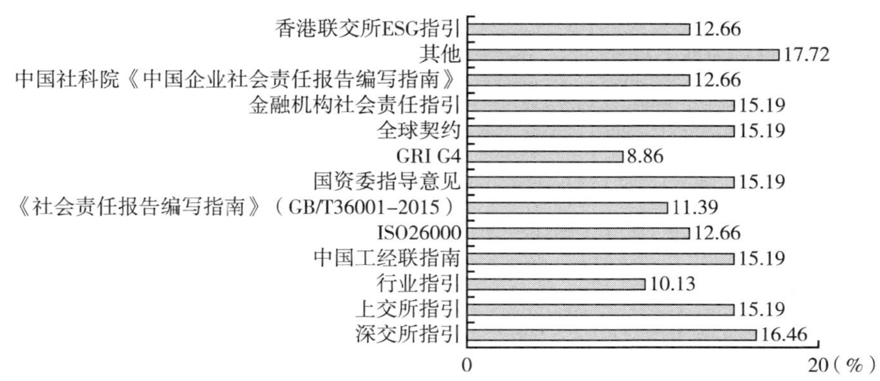


**图 5 外资企业社会责任报告编制参考依据**

近一半的外资企业社会责任报告采用电子版形式，纸质版和 H5 版的采用比例也较高。其中，将近 20% 的外资企业同时采用纸质版和电子版两种报告发布形式，说明外资企业注重报告发布形式多样化。

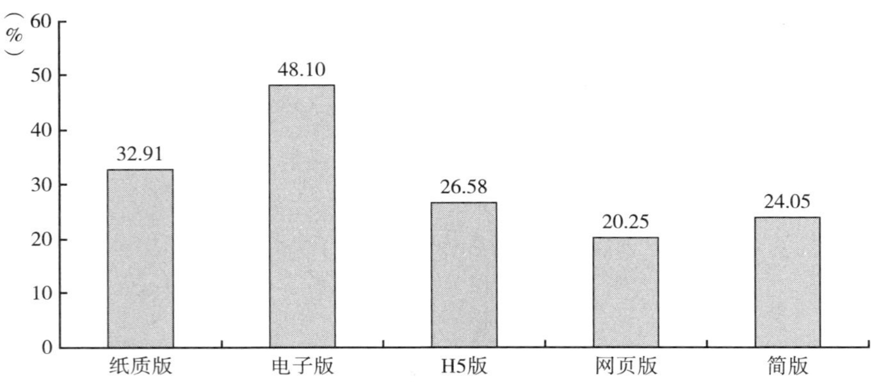


**图 6　外资企业社会责任报告发布形式**

另外，外资企业发挥在报告国际化方面的优势，不但发布全球报告的英文版，13.92% 的外资企业还发布了中国区社会责任报告的英文版本，如伊顿（中国）投资有限公司、沃尔玛（中国）投资有限公司、富士胶片（中国）投资有限公司等。

基于报告数据，我们对外资企业发布的企业社会责任报告进行整体描述，并结合在企业社会责任报告编制咨询方面的经验，对这些报告的整体质量进行比较、分析和判断，尝试总结外资企业社会责任报告的特点，在此基础上提出相关建议。

## 二　外资企业社会责任报告分析

### （一）报告总体情况

外资企业的报告质量整体高于中国企业社会责任报告的平均水平，平均得分率为60.66%，比中国企业报告整体平均得分率54.47%高6.19个百分点。其中，卓越和优秀水平的报告约占50%。

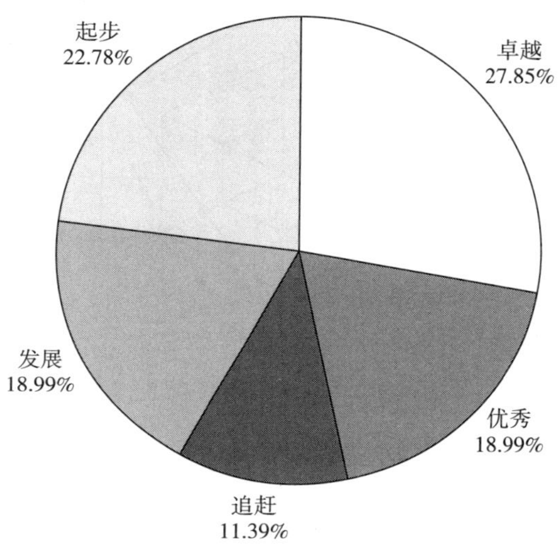


**图7 外资企业社会责任报告各级别占比**

外资企业的社会责任报告在创新性、可读性、可信性、完整性、可比性、可信性六大维度的平均得分率都高于中国企业整体的平均得分率（见图8）。其中可读性较高，表明外资企业注重报告沟通的有效性和读者阅读的友好性。

从利益相关方角度来看，2017年指标覆盖率从大到小依次为员工（40.57%）、环境（39.72%）、社区（35.81%）、客户（32.70%）、供应商（29.67%）、媒体（23.38%）、监管机构（20.81%）、出资人（19.63%）、社会组织（16.16%）、同行（13.22%）、金融机构（1.47%）（见图9）。说明外资企业在报告中披露员工、环境、社区、客户、供应商和媒体等利益相关方的信息较多，而在社会组织、同行和金融机构三个方面的指标得分率较低。

## （二）具体分析

### 1. 结构完整性

外资企业结构完整性高于中国企业整体平均水平，实践内容发布较为完

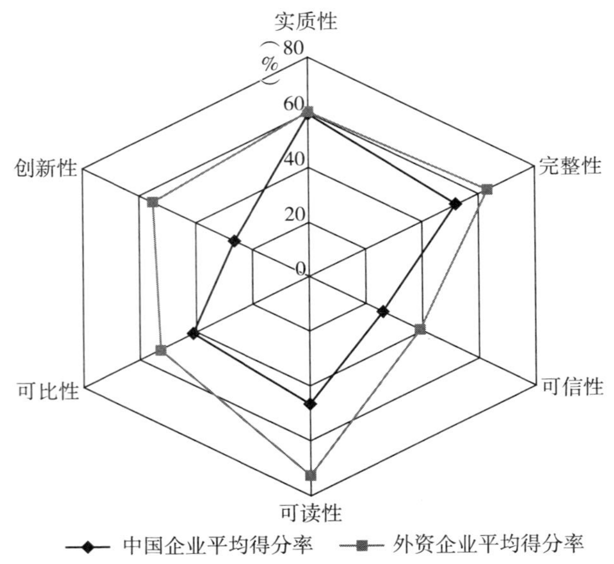


**图 8　外资企业社会责任报告整体质量分析**

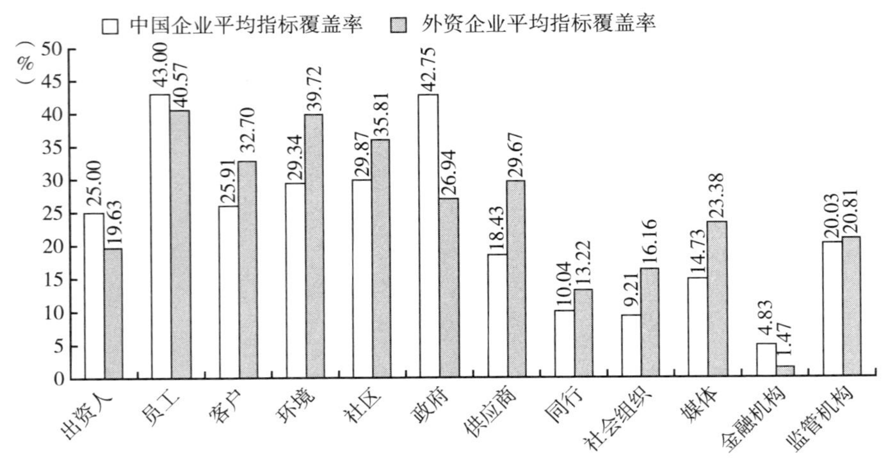


**图 9　外资企业利益相关方覆盖率**

整。外资企业社会责任报告完整性平均覆盖率为 64.33%，比中国企业整体平均水平的 52.94% 高出 11.39 个百分点。其中，战略与治理、高管声明、风险机遇分析、实践内容和计划内容的覆盖率分别为 50.32%、63.61%、

53.16%、93.67%和48.42%（见图10），实践内容部分明显高于报告平均水平。超过90%的外资企业社会责任报告在实践内容发布方面，都涵盖了经济责任、环境责任、社会责任的信息。

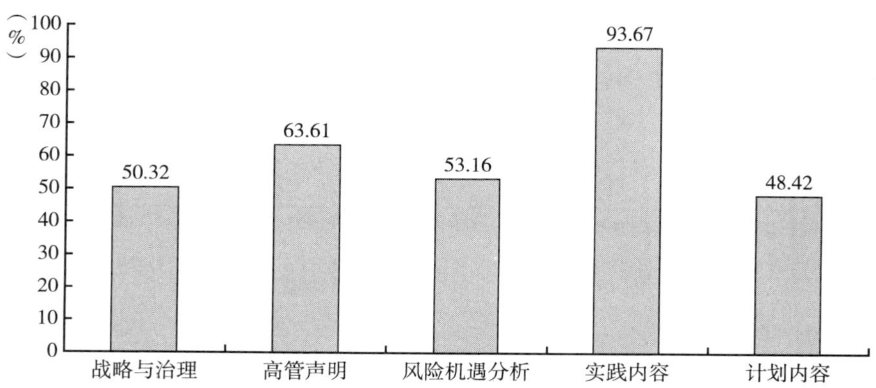


**图10　外资企业报告完整性指标覆盖率**

**2. 报告可信性**

外资企业报告可信性高于中国整体企业平均水平，但与可读性、完整性等方面相比较低。外资企业社会责任报告可信性指标平均覆盖率为39.47%，高出中国企业整体平均水平13.39个百分点。其中，利益相关方评价和表述的客观性两项指标覆盖率最高，分别为67.09%、57.59%；信息来源的覆盖率也较高，为45.57%；CSR专家评价和第三方审验覆盖率略低（见图11）。但相较于可读性（72.80%）和完整性（64.33%）等其他几个维度来看，外资企业社会责任报告的可信性偏低，可信性方面仍有提升空间。

**3. 报告可读性**

外资企业报告可读性较高，履责信息传递和利益相关方沟通效果较好。外资企业社会责任报告可读性平均覆盖率为72.80%，高出中国企业整体平均水平25.99个百分点。其中，信息饱和度、信息清晰表达和版式的覆盖率明显高于报告平均水平。信息导航工具清晰，页面布局合理，色彩搭配能够

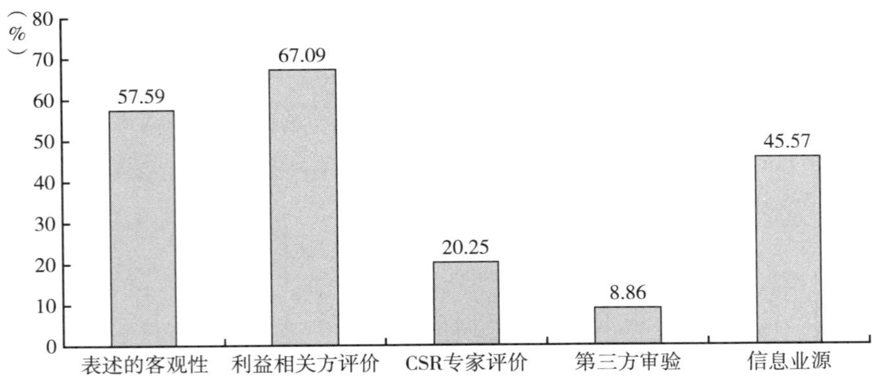


**图 11　外资企业报告可信性指标覆盖率**

较好地体现企业文化，对报告信息的有效传递和利益相关方的有效沟通产生了积极影响。

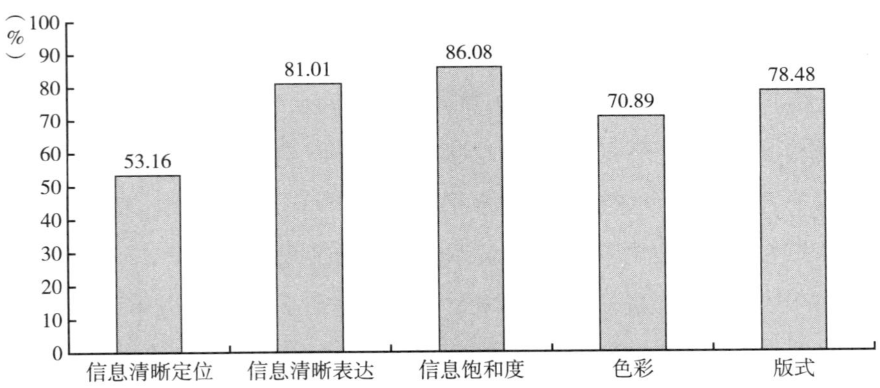


**图 12　外资企业报告可读性指标覆盖率**

4. **绩效可比性**

外资企业绩效可比性高于中国企业整体平均水平，绩效信息发布机制较为完善。外资企业社会责任报告绩效可比性平均覆盖率为 52.24%，高出中国企业整体平均水平 10.82 个百分点。其中，纵向可比指标覆盖率最高，为 55.70%，超过半数的外资企业在报告中发布了跨年度绩效对比和绩效目标的实现程度；行业内可比性和跨行业可比性指标覆盖率分别为53.16%和43.04%（见图13）。

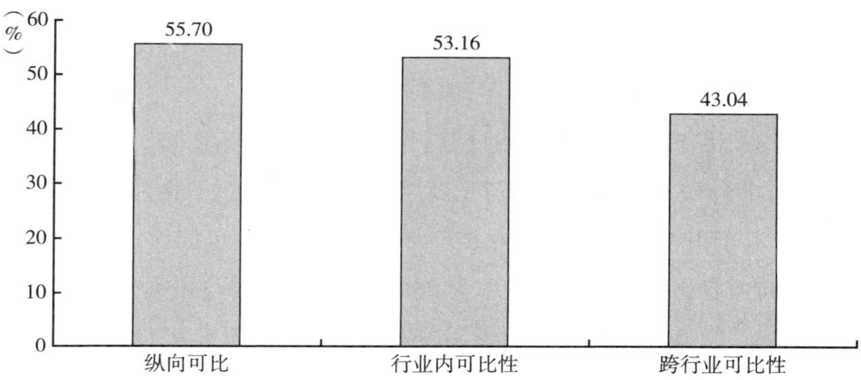


**图13　外资企业报告可比性指标覆盖率**

5. **报告创新性**

外资企业报告创新性优势显著，企业特色和行业特色鲜明。外资企业社会责任报告创新性平均覆盖率为55.56%，高出中国企业整体平均水平29.20个百分点。具体来讲，报告内容创新、结构创新、形式创新指标的覆盖率分别为62.03%、49.79%、44.30%（见图14），都高出中国企业整体

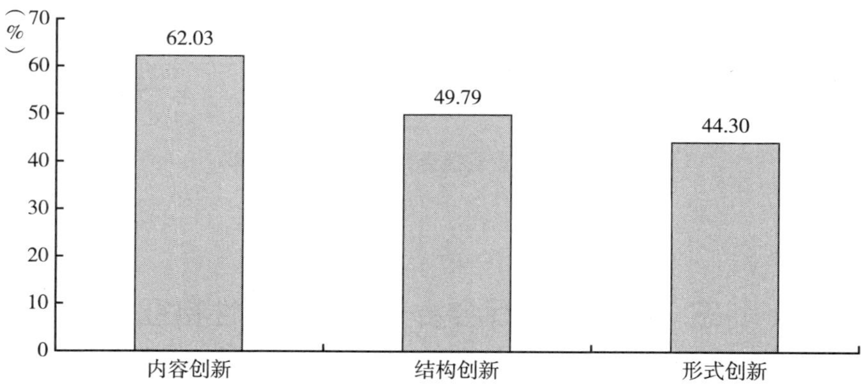


**图14　外资企业报告创新性指标覆盖率**

平均水平，内容创新的优势尤为明显。这说明，外资企业社会责任报告在内容、结构和形式上都具备较为鲜明的企业特色，报告辨识度高。

**6. 报告实质性**

报告实质性相对偏低，对利益相关方要求与期望回应的发布有待加强。外资企业社会责任报告的实质性平均得分率为61.03%，虽然略高于中国企业整体平均水平59.56%，但相对创新性、完整性等仍显偏低。具体来说，外资企业社会责任报告可识别出大部分利益相关方群体，覆盖率为62.97%；对于识别出的利益相关方，大部分外资企业也能够发布有关社会责任信息与内容，这一指标覆盖率为58.02%。但在利益相关方的要求与期望、沟通渠道与方式方面，指标覆盖率分别为40.93%和42.83%，表明外资企业在这两方面的发布程度较低。

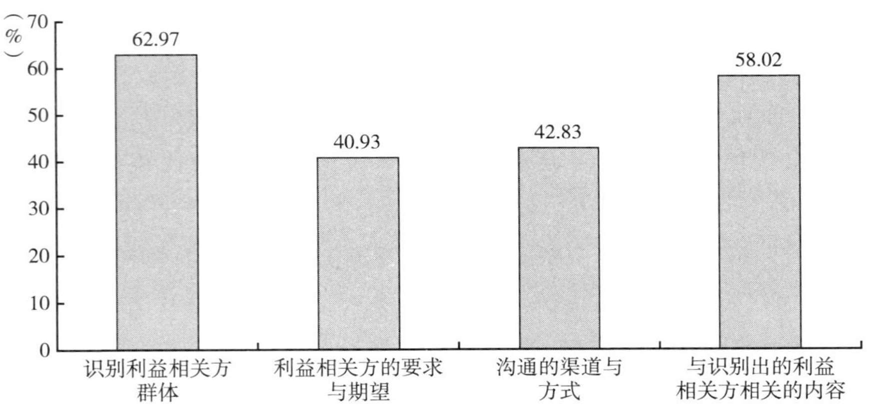


**图15　外资企业报告实质性指标覆盖率**

## 三　外资企业社会责任报告阶段性特征

### （一）质量大幅度提升

2017年外资企业社会责任报告质量大幅度提升，自2012年以来综合指数首次超过中国企业整体水平，突出表现在报告可读性、完整性、创新性、可比性等维度都比中国企业整体平均水平高，实质性略高。2009 年到 2017 年，外资企业社会责任报告综合指数呈现稳步持续增长的态势，与中国整体企业社会责任报告综合指数增长趋势一致，综合指数比 2009 年增长 37.22%。

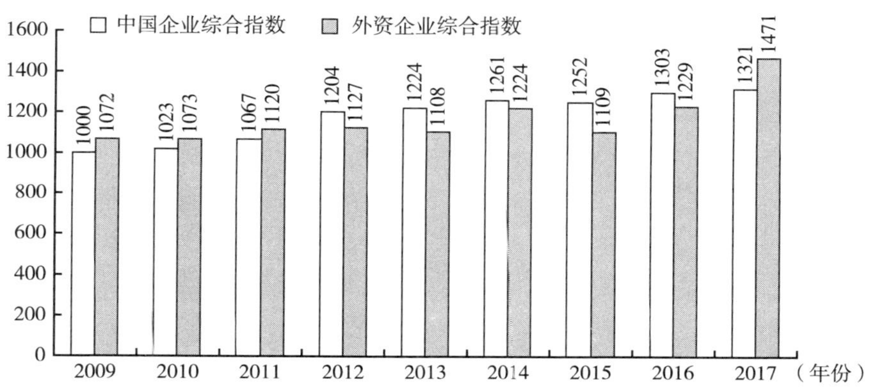


**图 16　外资企业社会责任报告综合指数**

## （二）重点关注员工、环境、社区、客户和供应商等利益相关方

外资企业社会责任报告注重对员工、环境、社区、客户、供应商、政府和媒体等利益相关方履责信息的发布。其中，环境、客户、社区、供应商和媒体等利益相关方的指标覆盖率都高于中国企业平均水平；对环境议题的关注度较高，指标覆盖率为 39.72%，这与评估样本中制造业较多（58.23%）有一定相关性。近年来，中国对绿色制造的关注度较高，政府陆续出台相关政策鼓励外资企业参与中国的智能制造和绿色制造，激发了外资企业的履责积极性。外资企业已经在环境管理方面积累了丰富的经验，通常建立了较为系统的环境管理体系，致力于在全生命周期中降低自身环境影响，并注重环保理念的传递。例如，佳能中国在生产和运营各个

环节都着力提升环境管理水平，不仅通过融入环保理念、实施节能减排降耗举措，在产品设计、生产、使用、回收等全生命周期中降低产品和服务对环境的影响，还将环保要求扩展到供应链，推进绿色采购，打造绿色供应链（见图 17）。再如，英特尔设立了 2020 年环境目标，并为达到这一目标，通过多部门合作，充分调动全体员工的参与性，降低环境影响。另外，重视运营过程中的环境因素，在工厂选址、设计、建设以及新产品的设计、生产等各个环节，都会考虑对环境的影响。

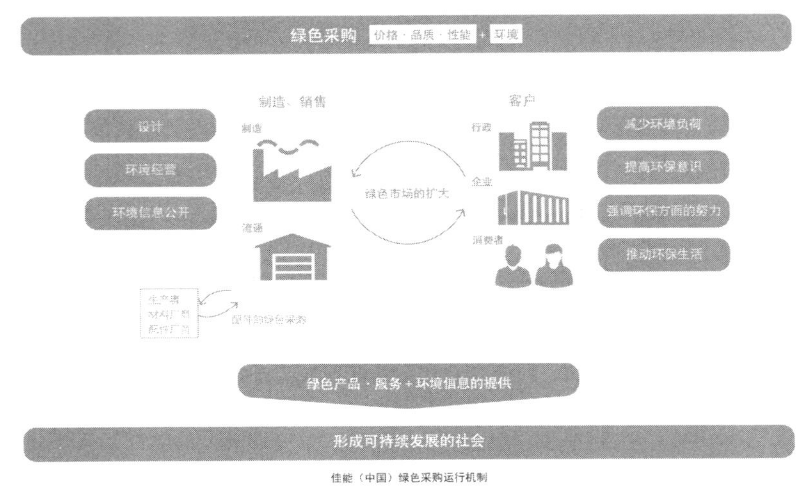


佳能（中国）在采购项目说明中明确注明采购要求、选择供应商的标准等内容，对新引进的供应商要对其在运营、质量、环境等多个方面进行调查，要求自主采购并销售给客户或赠送给客户的商品均符合绿色采购标准，对重要有形产品的采购还会进行生产现场检验，确保产品品质。

**图 17　佳能中国的绿色采购运行机制**

资料来源：《佳能（中国）企业社会责任报告 2016 ~ 2017》。

## （三）注重沟通效果，可读性较高

外资企业的社会责任报告在可读性方面优势显著，比中国企业社会责任报告的平均得分率高出近 30 个百分点，主要体现在信息饱和度、信息清晰表达、版式设计和色彩搭配等方面。外资企业较为重视与利益相关方的沟通效果，追求实用性和审美性，通常表达形式丰富，文字、图片、表格应用合理，报告设计注重与行业性质、企业文化和报告主题相契合，视觉形象的设计也体现出外资企业的履责文化。例如，可口可乐中国的“我们在乎”、苹果公司的“Apple 与您”、松下中国的“智生活 致未来”等报告主题都十分具有亲切感。可口可乐中国还采用可口可乐瓶子作为设计元素，并从第三方的视角讲述责任故事，用一个个故事串联起可口可乐中国的责任旅程，引起读者的共鸣。

### （四）创新性优势显著

评估样本中，外资企业社会责任报告在创新性方面的所有指标覆盖率都远远高于平均水平。与中国企业相比，外资企业在社会责任报告编制方面起步早，注重将创新方面的优势和经验体现在社会责任报告中，在报告内容、结构和形式上追求创意性和创新性，注重体现时代热点、行业特色和企业特色。多数外资企业不仅能够打破以具体履责对象为划分的传统报告结构，还能够在报告中积极回应时代热点，发布行业特色议题和企业自身实践，较好地展示了外资企业在中国的社会责任理念、实践和绩效。例如，伊顿中国创新报告结构和内容，以“新动力，筑城市”“绿动力，续发展”“益动力，人为本”作为报告的主体篇章名，并在二级标题上体现重点议题和实践（见图 18），不仅契合可持续城市、绿色发展、以人为本等当下时代热点，也体现了行业和企业特色。再如，富士胶片中国将“治理卷 · 将社会责任纳入经营与管理”“驱动卷 · 通过专业领域解决社会问题”“融合卷 · 融入社会责任的价值创造”作为报告的主题篇章名，并按照价值链的逻辑重新梳理二级标题，在报告中创新体现社会责任融入企业运营的过程和价值，较好地体现了自身实践（见图 19）。

### （五）部分报告对本土化理念和管理披露较为充分

随着中国本土企业的竞争力越来越大，外资企业要取得竞争优势，就需要深化本土化运营，及时准确地回应中国各利益相关方的需求，构筑良好的

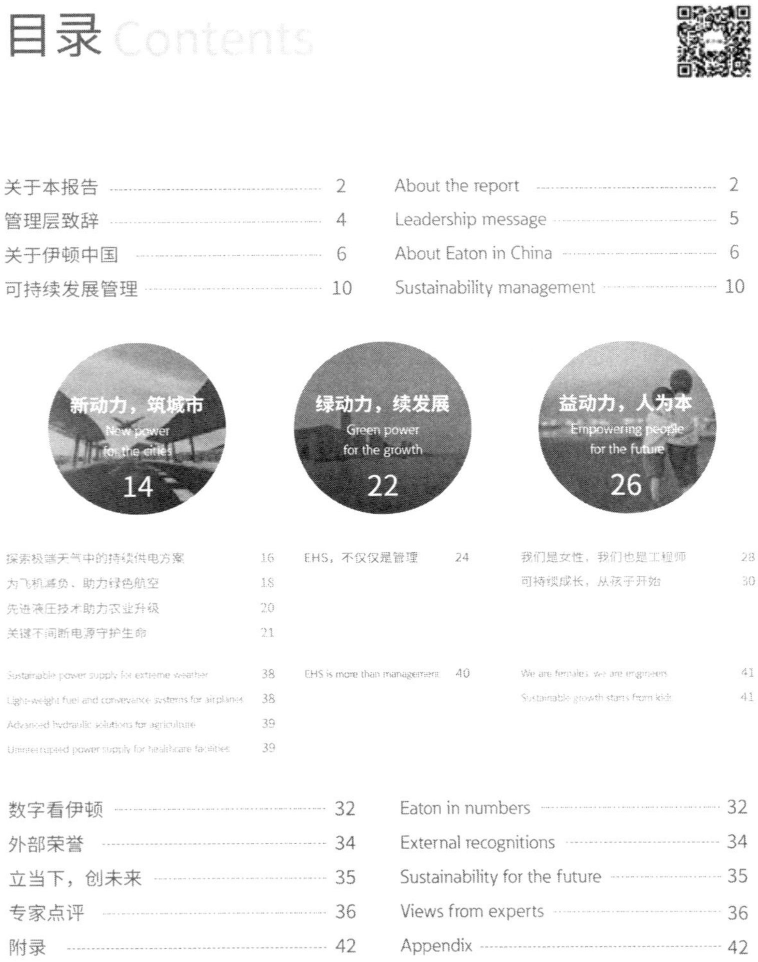

目录 Contents

关于本报告 2
管理层致辞 4
关于伊顿中国 6
可持续发展管理 10

About the report 2
Leadership message 5
About Eaton in China 6
Sustainability management 10

新动力，筑城市 New power for the cities 14
绿动力，续发展 Green power for the growth 22
益动力，人为本 Empowering people for the future 26

探索极端天气中的持续供电方案 16
为飞机减负、助力绿色航空 18
先进液压技术助力农业升级 20
关键不间断电源守护生命 21
EHS，不仅仅是管理 24
我们是女性，我们也是工程师 28
可持续成长，从孩子开始 30

Sustainable power supply for extreme weather 38
Light-weight fuel and conveyance systems for airplanes 38
Advanced hydraulic solutions for agriculture 39
Uninterrupted power supply for healthcare facilities 39
EHS is more than management 40
We are females, we are engineers 41
Sustainable growth starts from kids 41

数字看伊顿 32
外部荣誉 34
立当下，创未来 35
专家点评 36
附录 42

Eaton in numbers 32
External recognitions 34
Sustainability for the future 35
Views from experts 36
Appendix 42

**图 18　伊顿中国用三个“动力”来作为报告的主体篇章**

资料来源：《2016 伊顿中国可持续发展报告》。

外部环境。研究发现，外资企业已经更加重视对本土化社会责任理念和管理的发布，在社会责任管理企业方面做得较好的部分外资企业能够在遵循集团统一理念的基础上，结合中国的经济环境、社会发展特点，进行本土化的管理和应用，并在社会责任报告中呈现。例如，松下中国融合集团理念，结合

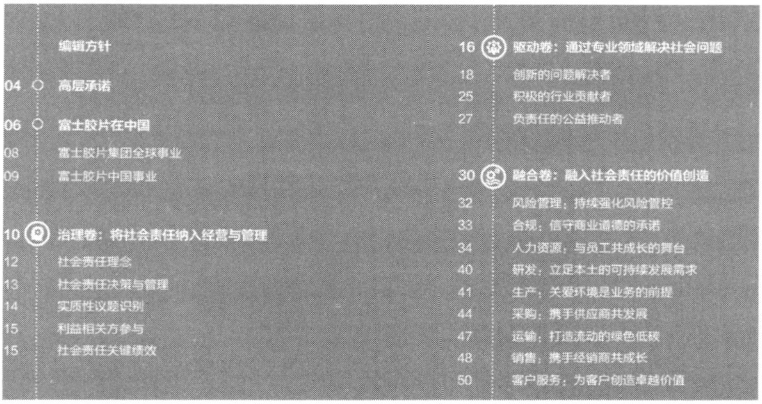

编辑方针
04 高层承诺
06 富士胶片在中国
08 富士胶片集团全球事业
09 富士胶片中国事业
10 治理卷：将社会责任纳入经营与管理
12 社会责任理念
13 社会责任决策与管理
14 实质性议题识别
15 利益相关方参与
15 社会责任关键绩效
16 驱动卷：通过专业领域解决社会问题
18 创新的问题解决者
25 积极的行业贡献者
27 负责任的公益推动者
30 融合卷：融入社会责任的价值创造
32 风险管理：持续强化风险管控
33 合规：信守商业道德的承诺
34 人力资源：与员工共成长的舞台
40 研发：立足本土的可持续发展需求
41 生产：关爱环境是业务的前提
44 采购：携手供应商共发展
47 运输：打造流动的绿色低碳
48 销售：携手经销商共成长
50 客户服务：为客户创造卓越价值

**图 19　富士胶片中国报告框架**

资料来源：《2016 富士胶片中国可持续发展报告》。

中国运营实际情况和可持续发展政策/趋势要求等，设计适合中国的社会责任规划和相应的推进机制，将社会责任管理落到实处；还注重中国式表达，在语言风格上本土化特征鲜明，行文中不时使用中国的成语、俗语等，使报告更加符合中国读者的阅读习惯（见图 20）。

另外，首次发布中国区社会责任报告的外资企业数量增加，外资企业越来越重视回应中国本土利益相关方的期望。

## 四　对外资企业社会责任报告的建议

### （一）重视在中国发布社会责任报告的价值和作用

尽管外资企业的社会责任报告质量高于中国企业的整体平均水平，但与数量庞大的外资企业相比，发布社会责任报告的外资企业还在少数。与此同时，中国社会对于企业发布社会责任信息的要求越来越明确，中国政府也在不断完善企业信息发布的政策和机制，希望企业通过发布企业社会责任报告/可持续发展报告等方式，发布社会责任信息，提高企业运营和决

**中国松下CSR规划**

以责任引领品牌发展，凝聚集团向心力
优化经营环境，提高竞争力

**▌责任推进**

中国松下基于自身实际情况，建立了完善的社会责任推进机制。为确保社会责任得到稳步落实，松下采取科学管理体系作为推动社会责任运行的主要动力，以社会诉求和国内外社会责任的相关标准作为重要参考，结合企业社会责任发展愿景和可持续发展规划，对松下社会责任事业发展的主要任务作出明确界定，并扎实推进，确保任务落实。

中国松下CSR推进机制

智生活，致未来

每个人都有梦想。
每个人都有愿望。
这些人的故事汇聚于此。
想要更好地活出自我，
想要更珍惜与家人在一起的时光，
为了实现大家憧憬向往的生活，
让我们伴随您走向新的人生。

——来源：松下大阪展厅未来生活空间



**图 20　松下中国将集团战略方针与中国本土情况相结合**

资料来源：《中国松下社会责任报告 2016 ~ 2017》。

策透明度。因此，外资企业需要重视在中国发布社会责任报告的价值和作用，对外发布具有企业特点的中国区报告，发布在华运营对经济、环境和社会带来的影响和相关履责信息，并不断提升社会责任报告的质量和水平，通过领先的社会责任理念和实践为中国企业的可持续发展带来新的思考和借鉴。

### （二）更加注重本土化管理和实践的披露，增强实质性和可信性

除部分领先企业外，外资企业的社会责任报告中多沿用集团统一的社会责任/可持续发展战略，对中国本土理念的发布较少。外资企业的社会责任报告需要在沿用集团统一社会责任/可持续发展战略的基础上，注重突出本土理念和实践，发布本土化情况，实现全球战略和报告的本土化管理与应用。外资企业应更好地理解和把握中国本土利益相关方的需求、契合中国的发展特点，我们建议外资企业在编制社会责任报告时邀请利益相关方参与到实质性议题的识别过程中，让社会责任报告更直接、精准地回应利益相关方最关切的内容，进一步提升报告的实质性。另外，建议外资企业中肯地披露报告期内的正面和负面信息，客观地分析经营过程中面临的风险和机遇，增强对 CSR 专家评价和第三方审验的披露，提高报告可信性。

### （三）积极回应中国的政策方针，助力中国社会发展

中国逐渐成为国际企业投资的最大市场，中国的发展战略对在华外资企业影响重大。“创新、协调、绿色、开放、共享”五大发展理念、“一带一路”倡议、“中国制造 2025”、“互联网 + ”、“创新驱动发展”等一系列政策的提出，以及十九大报告中“中国开放的大门不会关闭，只会越开越大”，“凡是在我国境内注册的企业，都要一视同仁、平等对待”等提法，不仅为外资企业在中国的发展提供了机遇，也提出了更多新要求。面对这些可持续发展机遇和挑战，外资企业可以结合自身的实际情况，积极回应中国的国家政策方针，并运用自身的专业优势为中国社会的可持续发展做贡献。

### （四）重视报告的沟通作用，与利益相关方全面互动与沟通

利益相关方的认同和支持是外资企业获得良好的外部发展环境、实现扎根中国发展愿望的必要条件。建议外资企业以编制社会责任报告为契机，全面而系统地与利益相关方沟通，为利益相关方了解、认识外资企业在中国的发展提供更便利的渠道和更全方位的信息，以获得利益相关方更广泛的认同和支持。同时，重视社会责任报告的沟通作用，着力推进创新型和阅读友好型的报告形式及传播方式，将报告亮点向更广范围传播，使社会责任报告成为创造价值的载体。此外，建议外资企业更加主动地披露社会责任信息，加强供应链、公益等社会责任领域相关履责信息的披露，以便加深利益相关方对企业的了解，消除误解，增进认同，塑造责任品牌，积累负责任的企业形象。

**B**.4

# 金蜜蜂中国内地在香港联交所上市企业社会责任报告研究

摘　要：本报告依据"金蜜蜂企业社会责任报告评估体系2017"，对收集到的116份内地在联交所上市企业发布的社会责任报告进行评估。评估发现，内地在联交所上市公司报告平均得分为70.52，达到优秀水平，报告整体质量显著高于中国整体报告平均水平，并呈现以下阶段性特征：普遍遵守ESG指引要求；更注重社会责任管理体系和供应链管理信息披露；出资人信息披露有所加强；报告可信性有待提升。

关键词：ESG指引　联交所　社会责任管理体系　责任供应链　环境信息披露

香港交易及结算所有限公司（Hong Kong Exchanges and Clearing Limited）全资附属公司香港联合交易所有限公司（以下简称联交所），是全球主要交易所之一，截至2017年10月底，在联交所上市的内地公司的成交量达5.99万亿港元[①]。香港作为中国的国际金融中心，具备独特的优势，是中国与环球资本市场的主要联系桥梁，是内地企业在境外最主要的上市地点。联交所于2015年12月21日正式发布《环境、社会及管治报告指引》（以下简称ESG指引），新版ESG指引发布实施一年多以来，已经对联交所上市公司的ESG信息披露产生了直接影响，披露ESG报告（具体名称包括社会责任报

① 数据来源：香港联交所网站。

告、可持续发展报告等）已经从可选项变成了必选项，“不遵守就解释”成为联交所上市公司披露ESG信息的底线。

## 一　内地在联交所上市公司企业社会责任报告概况

截至2017年10月31日，通过企业主动寄送、企业官方网站下载及网络查询等方式，我们共收集到内地在香港联交所上市企业发布的企业社会责任报告116份，同比增长14.9%，其中有91份报告命名为企业社会责任报告。以下依据“金蜜蜂企业社会责任报告评估体系2017”，对这些报告进行评估。

这些企业中有88家企业已发布5次及以上报告，占比75.86%，有12家企业为首次发布企业社会责任报告。

这些企业中有53家企业同时发布了中英对照版报告或英文版报告，占比45.69%。

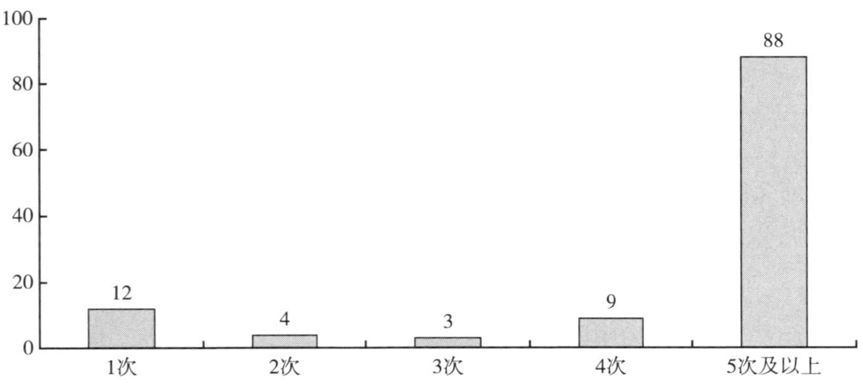


**图1　报告发布次数与发布数量**

制造业发布报告最多，占比24.14%，其次是金融业，占比19.83%。

在发布报告的香港联交所上市公司企业中，有74家领袖型企业，占比63.79%。其中有15家企业进入《财富》世界500强，74家企业进入《财

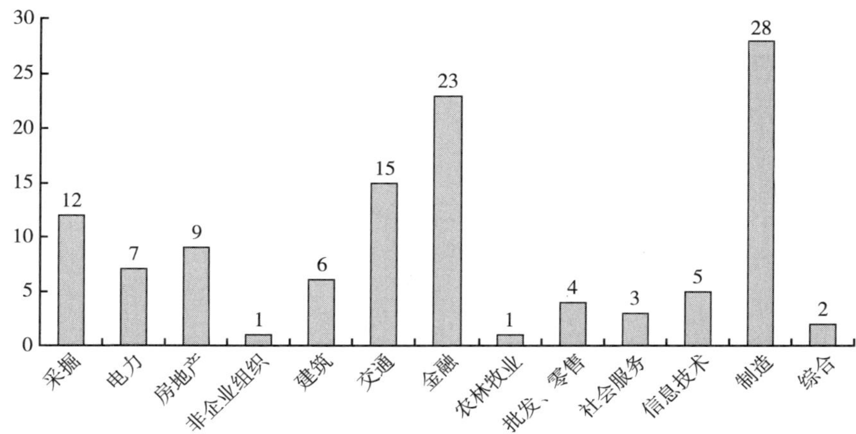


**图 2　发布社会责任报告企业的行业分布**

富》中国 500 强。

在这批香港联交所上市公司的社会责任报告中，有 81 份报告明确说明在编制时采用了香港联交所 ESG 指引，同比增长 76.09%。

## 二　内地在联交所上市公司企业社会责任报告分析

基于报告评估结果，本报告对内地在联交所上市公司发布的企业社会责任报告进行整体描述，并结合在企业社会责任报告编制咨询方面的经验，对这些报告的整体质量进行比较、分析和判断，尝试总结内地在联交所上市公司企业社会责任报告的特点，并在此基础上提出相关建议。

### （一）报告总体情况

依据得分不同将报告分为起步、发展、追赶、优秀和卓越 5 个层次。2017 年，中国内地在联交所上市公司社会责任报告平均得分为 70.52，高于中国整体报告的平均水平，整体水平较 2016 年有所提升，已经达到优秀阶段，达到优秀及以上水平的报告占比已经超过半数，达到 62.07%。

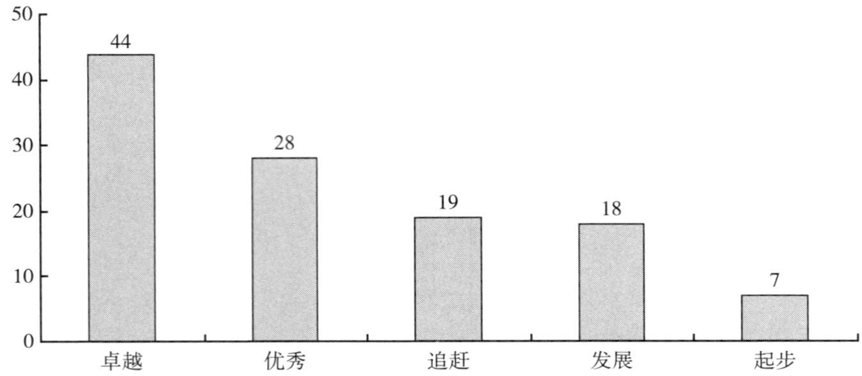


**图3　中国内地在香港联交所上市企业社会责任报告质量分布**

## （二）具体分析

内地在联交所上市公司的社会责任报告在完整性、可信性、可读性、可比性、创新性、实质性六个维度中得分均远高于中国整体报告的平均水平，报告具备较好的完整性和实质性，并在可读性、可比性和创新性上优势显著，得分率分别是中国平均水平的1.5倍、1.5倍和2.1倍。

从利益相关方角度来看，报告企业对各利益相关方的关注度整体趋势与中国企业整体基本一致，但对各利益相关方的重视程度均高于平均水平，2017年利益相关方指标覆盖率从高到低依次为员工（54.42%）、政府（47.76%）、社区（40.21%）、环境（39.24%）、客户（35.41%）、出资人（31.30%）、供应商（31.01%）、监管机构（25.57%）、媒体（21.38%）、同行（18.82%）、社会组织（14.48%）、金融机构（7.08%），说明内地在联交所上市公司更加注重员工、政府、社区、环境等ESG指引要求的指标的披露，以满足资本市场对上市公司的要求和公众期望。

从报告信息质量角度来看，内地在联交所上市公司报告普遍表述中立客观，重视利益相关方评价。从数据上看，99.13%的报告表述中立客观，64.66%的报告关注利益相关方的评价，有接近半数的企业披露了负面信息。

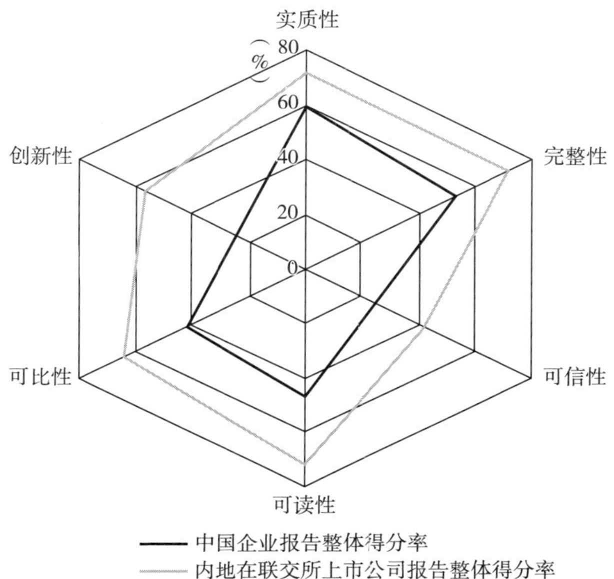


**图 4　企业社会责任报告六个维度整体得分率**

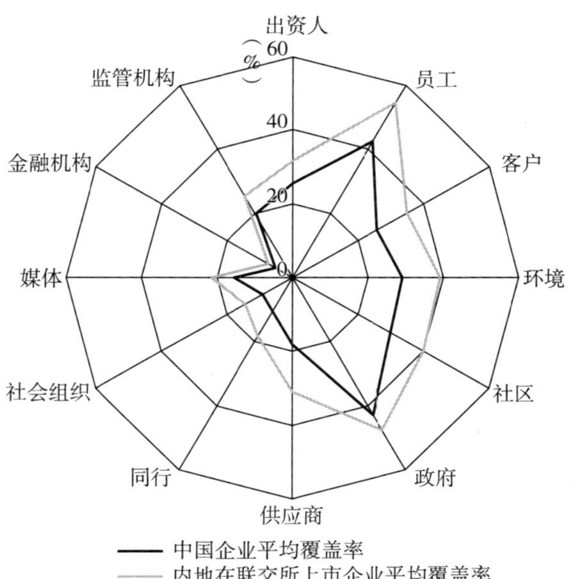


**图 5　利益相关方指标覆盖率**

但是，报告有第三方审验和专家点评的较少，仅有16.38%的报告接受了第三方审验，10.34%的报告有CSR专家点评。与2016年相比，报告可信性在得分上有所提升，但从在联交所上市公司社会责任报告本身来看，报告的可信性仍需进一步加强。

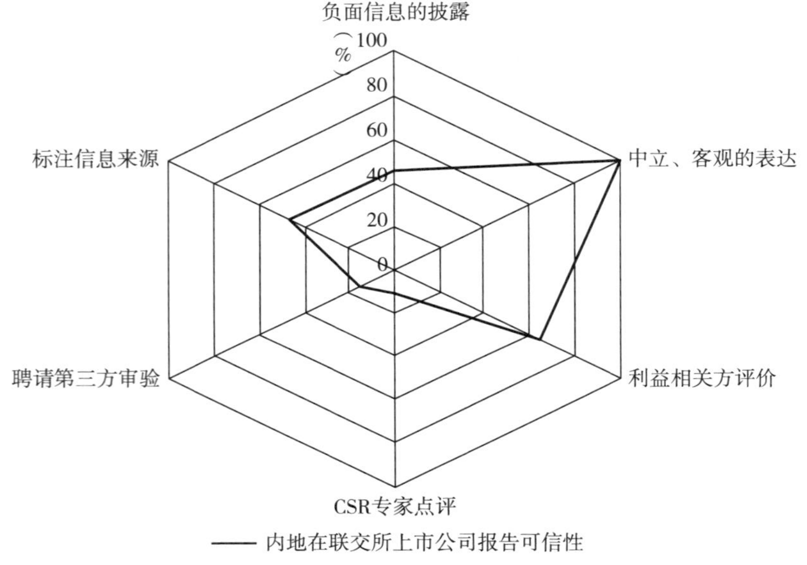


**图6　报告可信性指标**

## 三　内地在联交所上市公司企业社会责任报告阶段性特征

### （一）更加注重披露企业社会责任管理体系，展现社会责任管理的系统性和计划性

内地在联交所上市公司注重将社会责任融入企业发展战略和公司治理中，提炼具有企业特色的社会责任理念，并自成体系。大部分内地在联交所上市的公司建立了完整的社会责任管理体系，包括设置社会责任管理机构、发布社会责任管理制度等，不断推进社会责任管理水平提升。99%的企业披

露了在经济、社会、环境三个层面的履责实践，并有超过五成的企业制定了社会责任规划。例如蒙牛制订了可持续发展2030策略，并建立了由“营养健康行动小组”“成长共赢行动小组”“环境友好行动小组”“有你最美行动小组”组成的可持续发展智库，全力支撑公司可持续发展工作。中国机械设备工程股份有限公司结合行业特色、自身优势和责任实践，在其社会责任报告中披露以“正确义利观”为核心的社会责任管理模型和社会责任组织体系。

### （二）更加注重对供应商的信息披露，展现引领责任供应链工作成效

内地在联交所上市公司的供应商指数是中国企业供应商指数的近1.7倍，这些公司普遍建立了较为完善的供应商管理体系，更加注重责任采购、供应商分级管理、供应商社会责任管理等信息的披露，带动并帮助供应商履行社会责任。例如中石化在其社会责任报告中披露价值链打造和助力价值链成长的举措和成效；华润置地在其社会责任报告中以规范采购和绿色采购方面的举措介绍了责任供应链打造成效；联想在其社会责任报告中披露了联想正协助开发及实施一项全球策略及方案，以在可持续发展及社会责任的广泛标准上改善供应商合规情况。

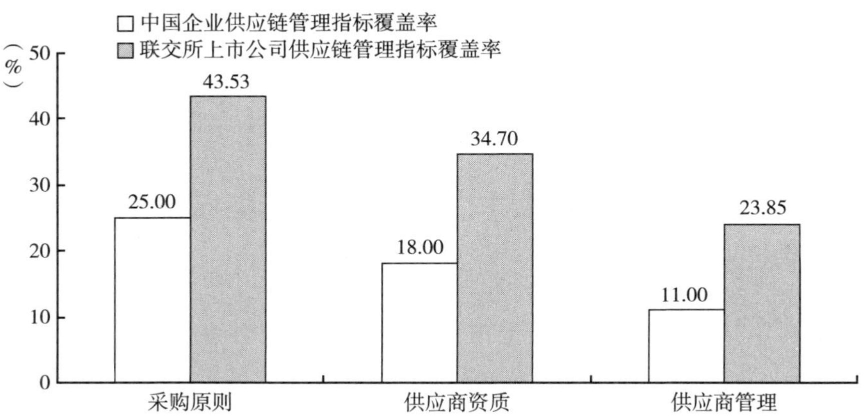


**图7　供应链管理指标覆盖率**

## （三）进一步加强出资人信息披露，展现公司治理能力和股东价值创造

2017年，内地在联交所上市公司的报告中进一步加强了对出资人信息的披露，出资人指数较2016年提升了18%，在所有利益相关方指数中增长最快，且超过中国整体企业平均水平。其中，83.62%的企业在社会责任报告中披露了为出资人带来利润的情况，表明内地在联交所上市公司在非财务报告中也注重对投资者高度关注的公司营利能力的披露。

同时，有81.03%的企业在报告中识别了出资人的要求与期望，并有87.93%的企业在报告中明确了与出资人的沟通渠道和方式。69.83%的企业在报告中披露了企业治理架构，50.86%的企业在报告中披露了公司是否存在法律纠纷。表明内地在联交所上市公司日渐加强对公司治理能力、风险控制能力等非财务指标的披露，以满足投资者全方位考察、评价公司发展能力的需求。例如华润集团在其社会责任报告的首要章节以“做价值创造的先行者”为标题全面披露公司的经营业绩、治理架构和风险管控机制；瑞安地产在其社会责任报告中同时披露公司的治理架构和风险管治架构；中国工商银行在其社会责任报告中重点披露了在公司治理和风险管控方面的具体行动；招商局集团在其社会责任报告中以提升产业核心竞争力、风险管理及内控体系建设、深化国企改革、深化产融结合、推进创新转型等议题体现其为股东创造的价值（见图8）。

## （四）遵守ESG指引要求进行报告编制，指标覆盖全面，议题选择具有行业特色

2017年有近七成的联交所上市公司参照ESG指引编制企业社会责任报告，大部分企业满足社会和环境范畴内的披露要求，并且能对未遵守的指标做出解释，但不同行业的企业在议题选择方面各有侧重。

在社会范畴方面，金融业和交通运输业注重客户服务信息的披露，例

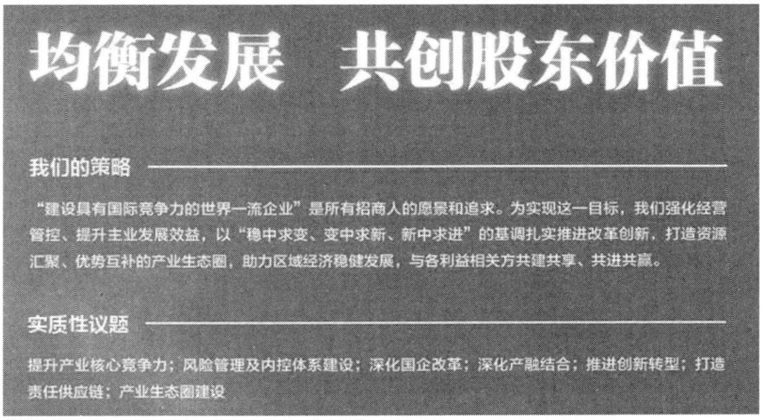

均衡发展 共创股东价值

我们的策略

"建设具有国际竞争力的世界一流企业"是所有招商人的愿景和追求。为实现这一目标，我们强化经营管控、提升主业发展效益，以"稳中求变、变中求新、新中求进"的基调扎实推进改革创新，打造资源汇聚、优势互补的产业生态圈，助力区域经济稳健发展，与各利益相关方共建共享、共进共赢。

实质性议题

提升产业核心竞争力；风险管理及内控体系建设；深化国企改革；深化产融结合；推进创新转型；打造责任供应链；产业生态圈建设

**图 8　招商局在其社会责任报告中披露为股东创造价值**

资料来源：《招商局集团 2016 企业社会责任报告》。

如中国人寿在其报告中披露了国寿紧密关注客户需求和服务体验，着力提升前端业务能力、加强中后台技术支持、优化服务管理系统的举措和成效；中信银行在报告的第四章节用坚持"客户为尊"理念披露在客户服务和产品创新方面的成效；中国南方航空披露在购买机票、办理乘机、候机等待、空中服务、中转服务等五方面的全流程服务链。食品行业注重产品质量和食品安全信息的披露，青岛啤酒注重信息披露的延续性，以"113 年只为酿造好啤酒"为主题在 2016 年的基础上继续披露覆盖供应链的产品管理体系。

在环境范畴方面，报告企业能按照要求披露各种排放物、资源能耗、节能减排方面的数据，以及企业的环境管理体系和为环境保护做出的各方面努力。制造业注重绿色技术的应用和产品的研发，如东风汽车公司在其社会责任报告中披露不同产品线的新能源汽车。中国金茂在其社会责任报告中披露了金茂坚持绿色战略、传播绿色理念、积极推进绿色建筑认证的实践和成效；北控在其报告中以"净化源泉，上善之水"为主题披露北控水务以城镇水务和水环境综合治理为核心业务，通过技术创新、严格的品质管制不断改善生态环境的成效（见图 9）。

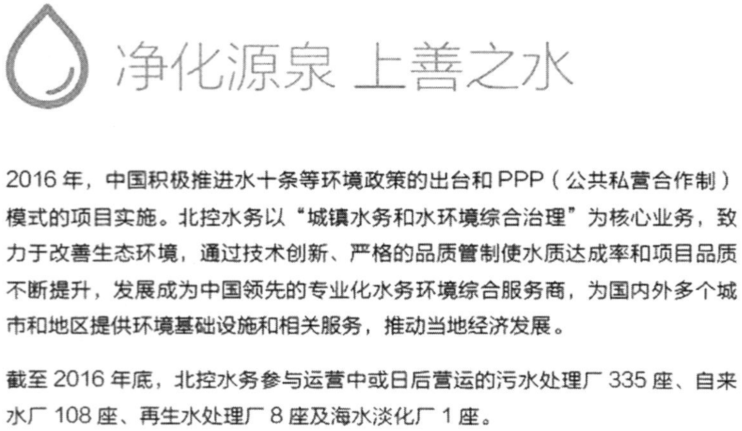

净化源泉 上善之水

2016年，中国积极推进水十条等环境政策的出台和PPP（公共私营合作制）模式的项目实施。北控水务以"城镇水务和水环境综合治理"为核心业务，致力于改善生态环境，通过技术创新、严格的品质管制使水质达成率和项目品质不断提升，发展成为中国领先的专业化水务环境综合服务商，为国内外多个城市和地区提供环境基础设施和相关服务，推动当地经济发展。

截至2016年底，北控水务参与运营中或日后营运的污水处理厂335座、自来水厂108座、再生水处理厂8座及海水淡化厂1座。

**图9　北控在其社会责任报告中披露水环境治理**

资料来源：《北京控股有限公司2016社会责任报告》。

### （五）报告负面信息披露不够充分，可信性仍有待进一步加强

2017年内地在联交所上市公司在可信性得分上有所提升，主要是因为企业在报告中加强了对利益相关方评价的披露，但可信性在报告评估的六个维度中仍然相对较低，这与多数报告仍然缺乏CSR专家点评、负面信息披露不够充分有关，同时，联交所上市公司在报告中对相关信息的主要来源缺乏清晰的标注也是导致报告可信性较低的主要原因。

## 四　内地在联交所上市公司企业社会责任报告建议

### （一）发挥报告沟通价值，传播报告编制与责任管理经验

内地在联交所上市公司大部分属于各自行业内的领先者，从2017年已发布的报告情况来看，这些企业报告整体质量较高，也体现出优秀报告背后企业较为完善的企业管理水平。建议企业应将社会责任报告作为利益相关方了解企业的窗口，通过多种方式、多种渠道增加报告的曝光度和影响力，以

传播优秀报告编制经验为基础，带动同行业内其他企业社会责任报告编制水平的提升，并最终促进同行业社会责任管理水平的提升。

### （二）全面落实联交所 ESG 指引要求，对于不适用或未统计的指标应在报告中予以说明

建议内地在联交所上市公司在编制报告时严格参照 ESG 指引，优化指标披露方法，以达到联交所对上市公司的要求，例如在社会范畴方面，当“因工死亡人数”等关键而敏感的指标不为 0 时，企业需要为此做出解释；特别关注“知识产权保护”等 G4 中没有的指标。在环境范畴方面，企业需要注重掌握温室气体排放总量及密度、所产生有害废气物总量及密度、所产生无害废弃物总量及密度、业务活动对环境及天然资源的重大影响及已采取管理相关影响的行动等 4 项难点指标的披露方法和适用范围，更好地实现信息的有效披露。

同时，企业在编写社会和环境部分时应对照 ESG 指引检查是否有遗漏，特别是“一般披露项”和 G4 中并无明确对应的指标，对于不适用或者未统计的指标应在报告中予以说明，避免未遵守也未解释。

### （三）加强报告信息披露平衡性，提高信息披露质量

在继续保持完整性、可信性、可读性、可比性、创新性、实质性六个维度优势的同时，建议企业进一步提升在可信性方面的不足，主动加强负面信息披露以及企业针对负面情况开展的补救措施、处理结果和改进信息，提升报告整体信息的平衡性，促进报告质量再创新高。

### （四）创新 ESG 信息披露方式，提升内外部利益相关方知晓与认可

精心披露是 ESG 导入的重要一环，也是 ESG 导入成果为内外部利益相关方知晓和认可的重要途径。建议内地在联交所上市公司的 ESG 信息披露可以采取多种形式，除定期发布年度 ESG 报告外，也可以采取发布 ESG 季

刊、双月刊、月刊、数字版简报等方式披露。在 ESG 管理过程中，建议不定期召开利益相关方沟通会，及时了解和回应利益相关方的合理诉求。

### （五）契合时代热点，提升报告国际化水平

在报告内容和形式上，建议内地在联交所上市公司报告编制时不仅要对照相关社会责任国际国内各项标准和指南，同时还要结合社会责任领域最新动态，增加披露对联合国 2030 年可持续发展目标（SDGs）的承诺与践行，更加契合时代热点。

在报告语言选择上，建议内地在联交所上市公司发布英文版报告，适当发布繁体版报告，以适应香港当地文化氛围，促进与当地利益相关方的沟通交流，提升报告国际化水平。

# 行 业 报 告

Industrial Reports

## B.5
## 金蜜蜂中国采掘行业企业社会责任报告研究

摘　要：本报告应用“金蜜蜂企业社会责任报告评估体系 2017”，对收集的 65 份采掘业社会责任报告进行评估与分析，并提出针对性建议。研究发现采掘业社会责任报告呈现以下阶段性特征：报告整体质量高于中国平均水平，可信性较高；重视对职业健康与安全、生态系统保护和社区发展的信息披露；“国际化”程度有待提高。

关键词：采掘业　职业健康与发展　生态系统保护　社区发展

根据《国民经济行业分类》定义：采掘业指对固体（如煤和矿物）、液体（如原油）或气体（如天然气）等自然产物的矿物的采掘。包括地下或地上采掘、矿井的运行，以及一般在矿址或矿址附近从事的旨在加工原材料的所有辅助性工作，例如碾磨、选矿和处理均属于本类活动。还包括使原料得以销售所需的准备工作。2017 年 4 月国务院发文同意国家发改委《关于2017 年深化经济体制改革重点工作的意见》，该意见提出要深化混合所有制改革，采掘业外资准入将进一步放宽，这对于中国采掘业来说，既是机遇，也是挑战。

## 一　2017年中国采掘业报告概况

截至 2017 年 10 月 31 日，搜集到中国采掘业发布的企业社会责任报告（含可持续发展报告、环境报告等）共 65 份，与去年同期基本持平。其中，以“社会责任报告”为名称的报告有 54 份，占比达 81. 82%。

采掘业报告发布主体以国有企业和国有控股企业为主，共发布 56 份报告，占比达 86. 15%；外资及港澳台企业仅发布 1 份报告，占比 1. 54%；民营企业共发布 7 份报告，占比 10. 77%。

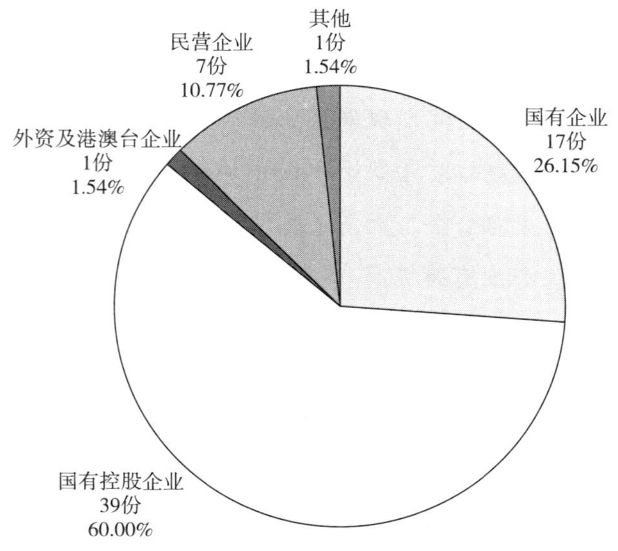


**图 1　采掘业报告发布主体性质、结构**

过半数采掘业发布报告次数在 5 次及以上，占比为 63.04%。65 份报告中，有 27 份报告采用多种编制依据，占采掘业报告总数的 41.54%；参考单一编制依据的报告有 25 份，占采掘业报告总数的 38.46%。另有 13 份报告未说明对标的编制依据。深交所的“深圳证券交易所上市公司社会责任指引”引用率最高，为 20%；位列前三的 6 种编制依据中有 4 种为本土行业指引，占比为 66.16%。

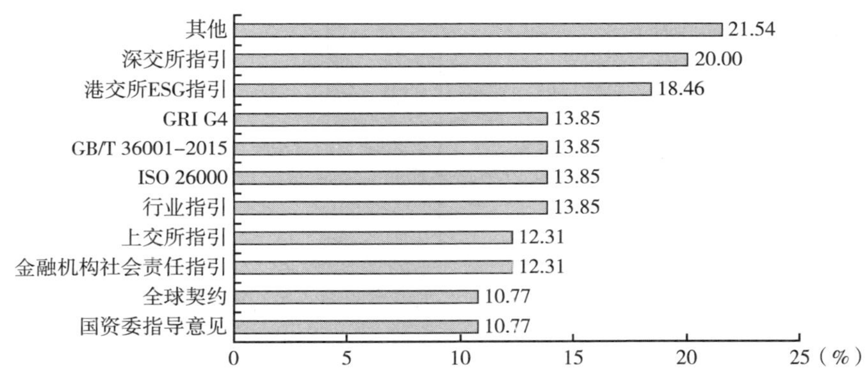


**图 2 报告编制依据引用率**

报告篇幅在 51 页及以上共有 31 份，其发布主体中领袖型企业有 21 家，这说明规模越大的企业在社会责任信息披露方面也越充分。此外，有 3 家企业报告篇幅在 10 页以下，内容较单薄。69.23% 的企业能够在据财年时间 4 个月以内发布报告，时效性强。

## 二 2017年中国采掘业报告分析

### （一）报告总体情况

2017 年采掘业报告平均得分为 59.38，高于中国企业报告平均得分 54.47，整体质量较高。采掘业报告“六性”得分率最高的是实质性（63.20%），其次为完整性（61.4%），得分率第三、第四、第五的分别为可比性（58.58%）、可读性（53.03%）和可信性（31.21%），创新性得分率只有21.80%，在六性中得分率最低。

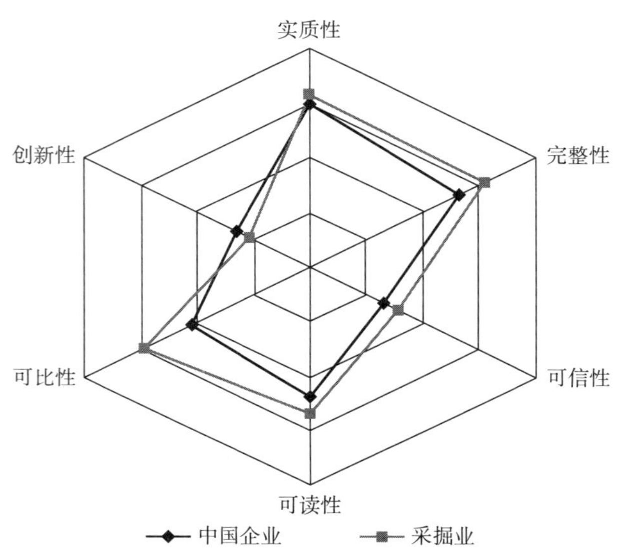


**图3　采掘业和中国企业报告六性得分率**

## （二）具体分析

### 1. 结构完整性

采掘业报告结构完整性整体优于中国企业报告水平。得分率过半的指标有公司概况（77.85%）、报告参数（56.15%）、利益相关方（60.51%）、风险机遇分析（50.77%）、实践内容（98.97%）和计划内容（53.08%）。战略与治理（47.69%）和高管声明（45.38%）的得分率较低，说明采掘业报告对社会责任融入企业管理相关信息披露不够。

### 2. 报告可信性

报告整体可信性较优，表述的客观性和利益相关方评价的得分率达到63.08%和67.69%。但指标CSR专家评价（7.69%）、第三方审验（3.08%）

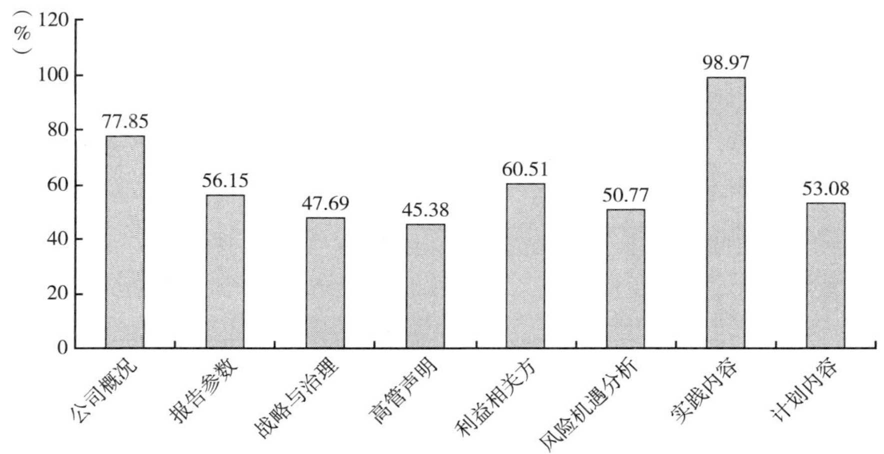


**图4　结构完整性指标得分率**

和信息来源（16.92%）的得分率较低，采掘业企业未来编制报告时要加强对这三个指标的信息披露。

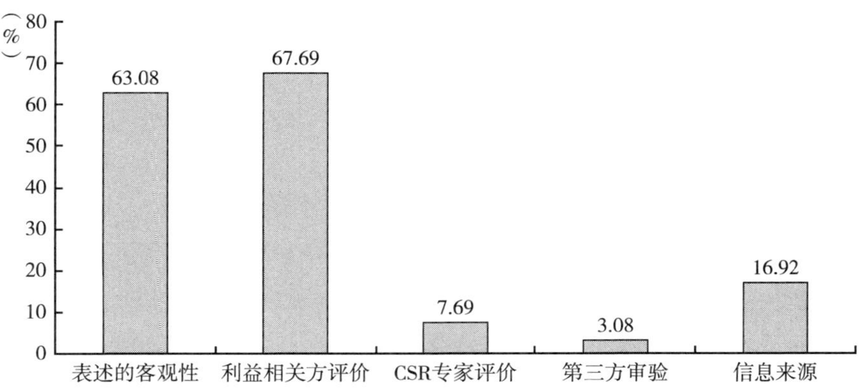


**图5　报告可信性指标得分率**

### 3. 报告可读性

近八成采掘业报告能够在版式上做到字体、大小、行间距、页面布局合适；有60%的报告篇幅适中，信息饱和度较高；但超过五成的采掘业报告对色彩、信息清晰表达和信息清晰定位没有足够关注，影响了报告的可读性。

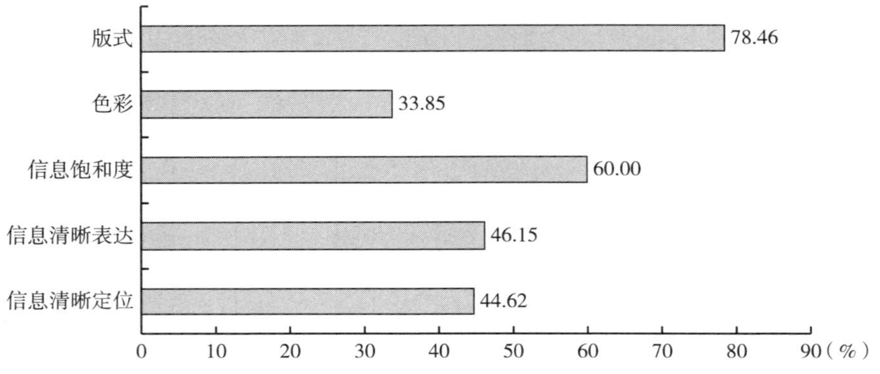


**图6　报告可读性指标得分率**

4. **报告可比性**

报告可比性显著优于中国企业报告水平。采掘业报告在编制时注重自身发展的纵向对比和参考行业或国家的标准，纵向可比性和行业内可比性指标得分率分别为56.92%和72.31%。但跨行业标准的对标工作稍显不足，跨行业可比性得分率仅为44.62%，有待进一步提升。

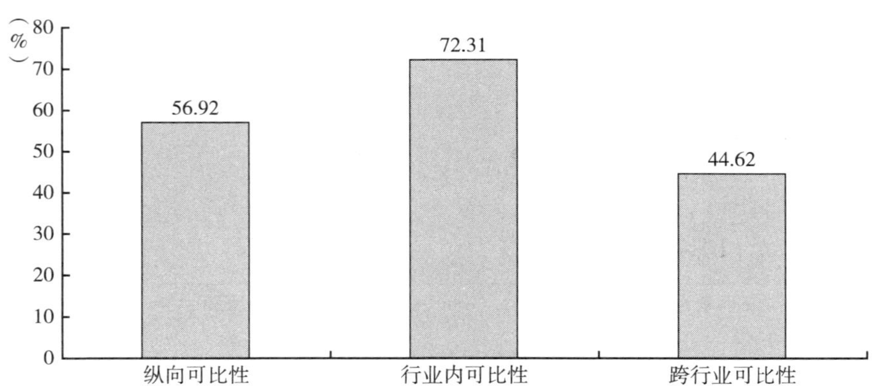


**图7　报告可比性指标得分率**

5. **报告创新性**

采掘业报告在内容、结构和形式方面的指标得分率都不超过四成，平均指标得分率比中国企业报告水平低4%，报告整体创新性有待提高。从报告内容看，行业特色（35.38%）和企业特色（32.31%）较鲜明，对时代热点契合（20%）不够；从报告结构和形式看，报告的企业特色最鲜明，但时代热点和行业特色不够突出。综合看，采掘业报告具有一定的企业特色，但缺少时代热点和行业特色的内容和形式展现。

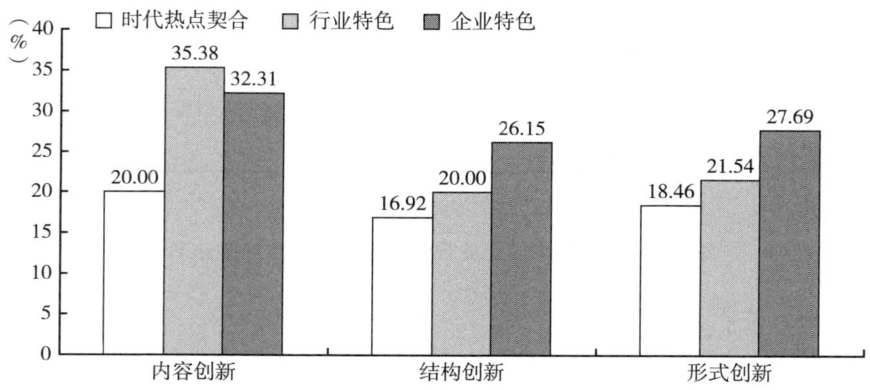


**图8　报告创新性指标得分率**

### 6. 报告实质性

2017年采掘业报告对利益相关方的信息披露工作整体优于中国企业报告平均水平，采掘业报告对环境（48.34%）、社区（45.36%）、政府（67.05%）、员工（56.57%）、供应商（26.86%）、监管机构（31.06%）、媒体（24.24%）和社会组织（22.47%）的信息披露比中国企业报告平均水平更加充分；在金融机构（8.33%）、同行（11.11%）和客户（26.77%）方面则略胜于中国企业报告平均水平；采掘业报告对出资人（23.11%）的信息披露不如中国企业报告水平。报告指标得分率最高的五大利益相关方分别为政府、员工、环境、社区和监管机构，说明采掘业报告中对这五大利益相关方信息披露充分。但仍需进一步加强对同行、客户、金融机构等利益相关方的信息披露。

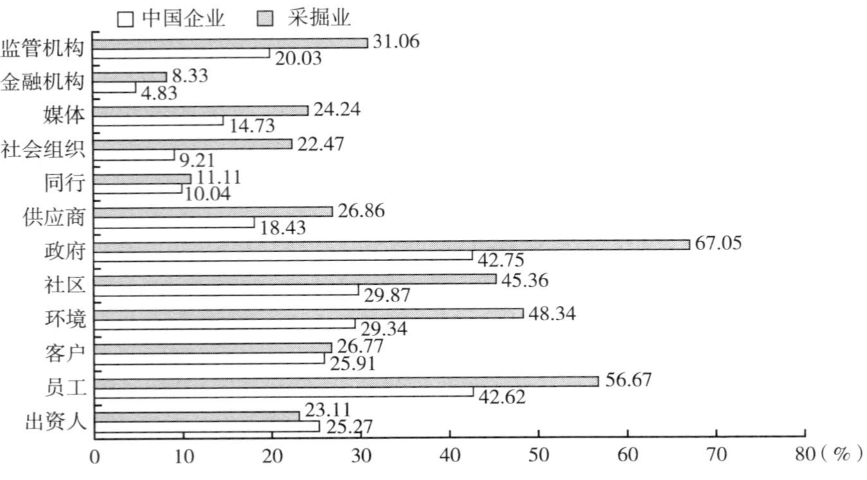


**图 9　采掘业与中国企业报告利益相关方指标得分率**

## 三　2017年中国采掘业报告阶段性特征

### （一）报告质量整体高于中国平均水平，高质量报告发布主体以国有企业和领袖型企业为主

采掘业报告质量整体高于中国平均水平。2017 年采掘业报告平均得分为 59. 38，高于中国企业报告平均得分 54. 47。且采掘业报告达到优秀以上水平的共有 26 份，占采掘业报告总数的 40%；而中国企业报告达到优秀水平的报告比例为 26. 72%，可见采掘业高质量的报告比例显著高于中国企业报告。

采掘业高质量报告发布主体主要为国有企业和领袖型企业。达到优秀水平以上的 26 份采掘企业报告发布主体中，国有企业 14 家，占比为 53. 85%；领袖型企业 21 家，占比为 80. 77%。说明国有企业和领袖型企业在社会责任报告编制方面具有较高的水平，其发布的社会责任报告在利益相关方和议题识别、披露内容、结构布局、呈现形式等各方面都有值得借鉴的亮点。

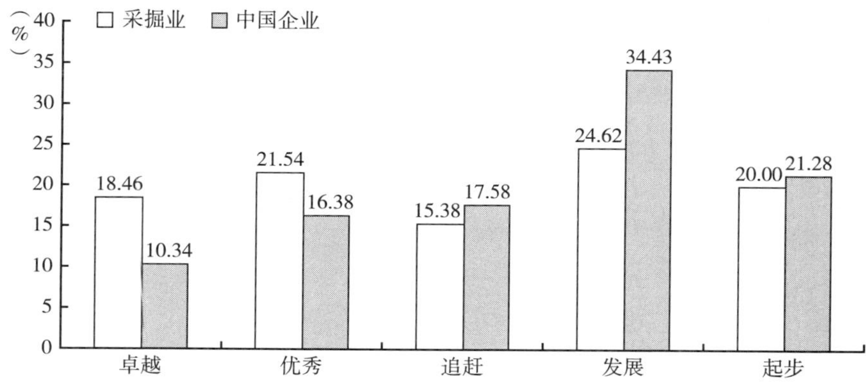


**图 10　采掘业与中国企业报告质量对比**

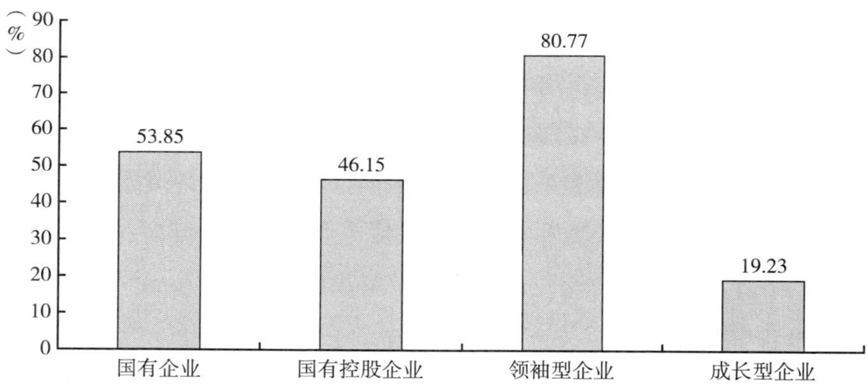


**图 11　采掘业高质量报告主体企业性质分析**

《中国石油天然气股份有限公司 2016 可持续发展报告》结构完整，议题覆盖重要利益相关方，内容丰富饱满，报告质量较高。

## （二）报告可信性比中国企业报告平均水平高，对负面信息和利益相关方评价披露更充分

采掘业报告可信性平均得分为 1.25，比中国企业报告可信性平均得分高 19.68%，具有更高的可信性。

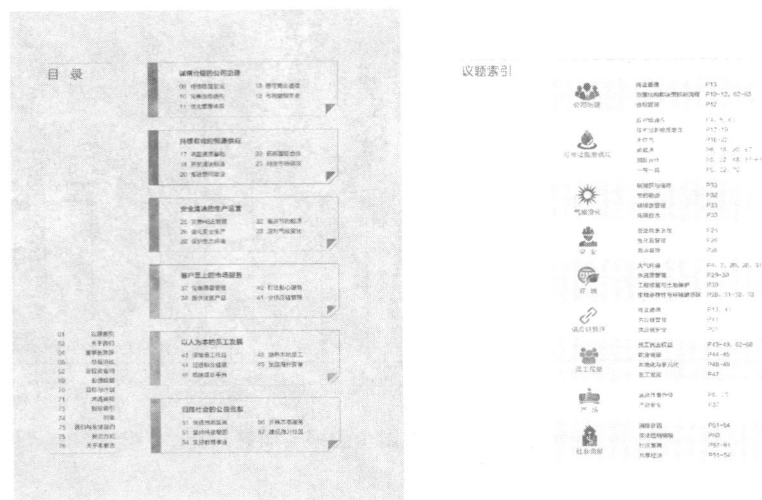


**图 12　中国石油天然气股份有限公司目录和议题索引**

40%的采掘业报告中披露企业的负面信息，而中国企业仅有 25.75%的报告提及企业的负面信息。采掘业勇于披露在安全生产、环境保护和社区和谐等方面的不足，认真反思和总结，并披露企业将采取的行动，显示了采掘业真诚与各界利益相关方交流的态度以及解决问题的决心。此外，67.69%的企业报告中提及利益相关方评价，显著高于中国企业报告的 41.1%，说明采掘业与各界利益相关方互动良好，在编制报告过程中鼓励利益相关方参与，如《中国中煤能源集团有限公司 2016 社会责任报告》。采掘业报告对负面信息和利益相关方评价的披露，大大增加了采掘业报告的可信性，加强了企业与利益相关方的有效沟通。

## （三）报告对员工履责信息披露充分，最重视“职业健康与安全”和“社会保障”

采掘业报告对员工信息的披露具有行业特色，最重视“职业健康与安全”和“社会保障”，这两项指标得分率达到 62.12%；而中国企业报告对员工信息的披露更关注“社会保障”和“培训与发展”。采掘业生产过程会

近几年，煤炭产能过剩，煤炭需求下降，煤炭企业生产经营困难。面对严峻形势，中煤集团在重视创造价值、追求可持续发展的同时，坚持企地共赢，积极支持地方经济建设，开展扶贫帮困、捐资助学、赈灾救危等活动，为所在地区经济社会发展做出了应有的贡献。

责任感言：

"自从中煤工作组来到我们村以后，给村里困难家庭送来了温暖，给我们提供就业平台，帮助我们走上致富路，让我们感受到了生活的美好。"

新疆维吾尔自治区阿克苏地区村民 亥尼濡·斯迪克

**惠泽地方民生**

中煤集团运用自己的资金、人力、技术积极主动参与地方经济建设，在项目建设、生产、销售等各产业环节为社区提供帮助，助推地方产业升级、经济发展，实现了与当地政府的和谐共建，互利共赢。2016年，中煤集团包括上交税费、支付人工成本、实现净利润及利息支出等各项社会贡献总额282.5亿元。其中，全年缴纳各种税费91.2亿元，占营业收入的比重11.73%。2016年对外捐赠及扶贫资金413.5万元。

**促进当地就业**

中煤集团长期坚持公开招聘和劳务派遣等形式，积极为企业运营所在地创造并提供就业机会。中煤陕西公司坚持贯彻落实当地有关政策，优先引进当地人才作为公司正式员工，促进陕西省及榆林市当地就业。目前公司在册员工中，陕西籍员工480余人（包括榆林籍员工360余人），约占公司员工总数的一半。陕西公司还与当地劳务公司合作，外委运营等业务优先招聘当地劳务工，其中榆林籍劳务工占比40%。

**图 13　中国中煤能源集团有限公司收到村民评价**

涉及爆破、井下开采等危险系数高的工作内容，且会生成对健康有害的物质，威胁到员工的身体健康和人身安全。为了安全生产、安心生产，采掘业在职业健康与安全和社会保障方面采取更多措施，采掘业报告中也十分重视对职业健康与安全和社会保障的信息披露。且采掘业报告中有关员工劳资、工会、培训与发展等指标也高于中国企业平均水平。

中国石油天然气集团公司重视员工的职业健康和心理健康，通过一系列政策和措施为员工提供健康的工作环境。陕西煤业重视培育安全文化，系统开展安全培训教育，推动安全培训工作科学化、制度化、信息化、规范化。

### （四）环境议题得分率高于中国平均水平，生态系统保护得分优势最显著

采掘行业报告对环境管理、环境保护意识和能力建设、降污减排、资源节

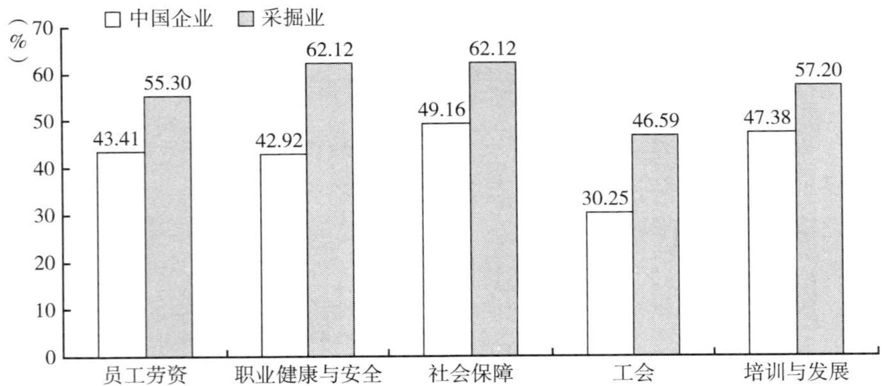


**图 14　采掘业报告员工指标得分率**

约与利用和生态系统保护的信息披露整体高于中国企业平均水平，尤其是对生态系统保护的信息披露。采掘业报告中生态系统保护指标得分率为 34.47%，是中国企业报告平均水平的 5 倍。采掘业报告重视对环境履责信息的披露，重视向各界利益相关方通报企业环境行动和绩效，说明采掘业企业的经营理念正由“对股东负责”转变为“对股东和环境负责”，对环境履责更加积极主动。

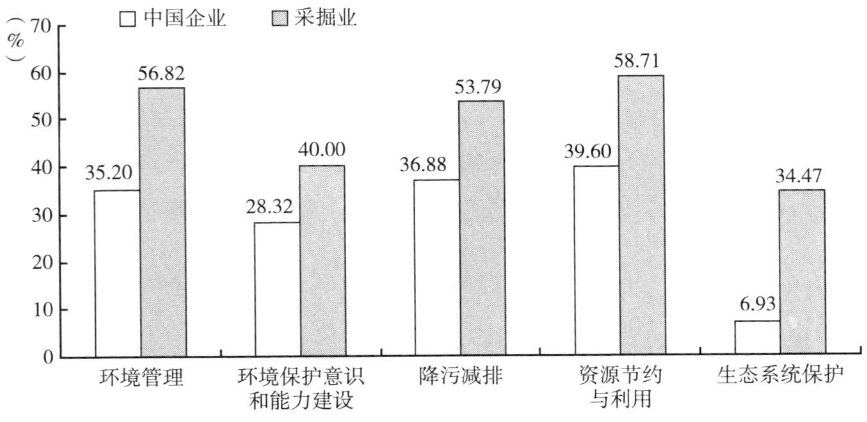


**图 15　采掘业报告环境指标得分率**

《中国神华能源股份有限公司 2016 社会责任报告》中，披露公司将生态系统保护工作融入具体的项目管理过程中，场景化开展防风固沙、沉陷区治理、复垦绿化等工作，采取具体措施降低项目开展对生态系统的影响，积极保护并改善矿区、厂区、铁路沿线生态环境。云南铜业（集团）有限公司

**推动生态建设**

公司继续扎实开展水土保持、防风固沙、沉陷区治理、复垦绿化、生态建设等工作，保护并改善矿区、厂区、铁路沿线生态环境。

井工矿区

公司依据矿区生态承受能力，坚持"开采前治理、开采中保护、开采后恢复稳定"的生态治理模式，持续抓好沉陷区防治、排矸(土)场治理、矿区复垦绿化与绿化管护，全面改善矿区生态环境。截至2016年底，累计已有10家煤矿入选国家级绿色矿山试点单位。

大柳塔煤矿采煤沉陷区生态经济林试验示范区

露天矿区

公司坚持开采与复垦绿化同步，大力推进露天煤矿排土场复垦工程，探索发展矿区生态农业，打造特色生态矿区。2016年，准能集团投入资金1,192万元，专项用于生态修复和环境绿化。截至2016年底，准能集团累计完成复垦总面积2,308公顷，种植各种乔灌木6,440万株。

樟子松防风林带

铁路沿线

公司持续抓好铁路沿线生物防沙、绿化布置和养护工作，保护并显著改善沿线生态。2016年，包神铁路投入190多万元，种植各类树木11,000余株、绿篱1,069平方米，榆树墙80平方米。

**案例：珠海煤码头公司开展生态补偿项目**

珠海煤码头公司按环评及批复要求，投入1,172.8万元用于增殖放流和效果跟踪监测。2016年9月至10月，共进行了三次增殖放流，增殖放流黑鲷等物种12,931.76万尾。

此外，珠海煤码头公司还注资1,000万元与珠海市海洋农业与水务局共同进行珠海市庙湾岛人工鱼礁群的建设，投放1,000个礁体。人工鱼礁有助于改善水生生物栖息环境，阻碍破坏性捕捞行为，为鱼类等生物提供索饵、繁殖、生长发育等场所。

增殖放流现场

**图16　中国神华能源股份有限公司生态系统保护措施**

将生物多样性保护贯彻到项目全生命周期，在勘探阶段即避开生物多样性丰富区域，对于已确定的开发矿区，通过建设期生态保护、运营期生态养护及闭矿后生态发展等多种举措，保持矿区开发前和开发后的生物多样性。

### （五）社区议题信息披露充分，社区发展和文化教育信息较多

采掘业企业社区各项指标得分率依然显著高于中国企业平均水平，“社区发展”和“文化教育”两项指标得分率最高，分别为 57.07% 和 49.49%。社区发展方面，有 70.77% 的企业报告披露“支持社区公共基础设施建设”信息；文化教育方面，有 67.69% 的报告说明“支持社区教育发展，增加社区儿童和弱势群体受教育机会”。采掘业企业对矿物的开采、生产和销售工作往往是在远离主城区的偏僻地方，周边社区往往发展较为落后，群众文化教育水平不高，因此大多数采掘业企业选择从推动社区发展和提升社区文化教育水平这两个维度来对社区履责。《中国石油化工集团公司 216 社会责任报告》中，系统披露公司精准帮扶甘肃省东乡县的责任举措。

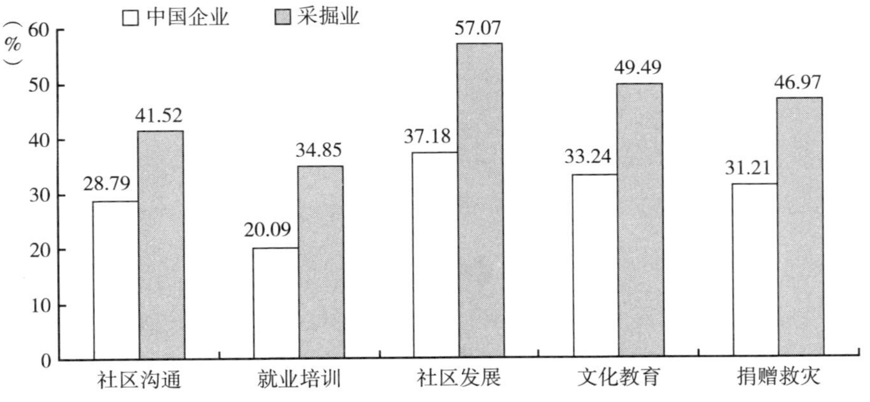


**图 17　采掘业和中国企业报告社区指标得分率**

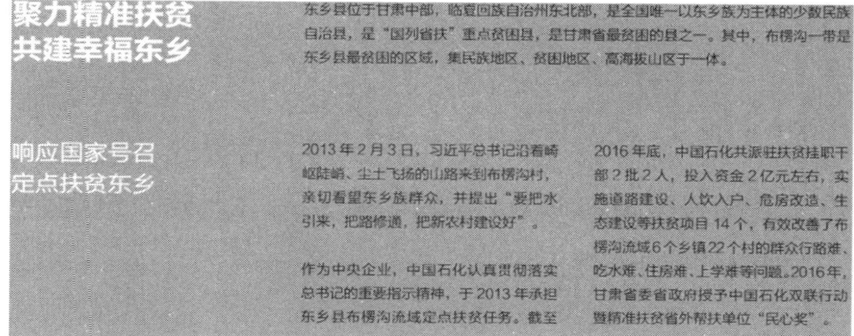

聚力精准扶贫
共建幸福东乡

东乡县位于甘肃中部，临夏回族自治州东北部，是全国唯一以东乡族为主体的少数民族自治县，是“国列省扶”重点贫困县，是甘肃省最贫困的县之一。其中，布楞沟一带是东乡县最贫困的区域，集民族地区、贫困地区、高海拔山区于一体。

响应国家号召
定点扶贫东乡

2013年2月3日，习近平总书记沿着崎岖陡峭、尘土飞扬的山路来到布楞沟村，亲切看望东乡族群众，并提出“要把水引来，把路修通，把新农村建设好”。

作为中央企业，中国石化认真贯彻落实总书记的重要指示精神，于2013年承担东乡县布楞沟流域定点扶贫任务。截至2016年底，中国石化共派驻扶贫挂职干部2批2人，投入资金2亿元左右，实施道路建设、人饮入户、危房改造、生态建设等扶贫项目14个，有效改善了布楞沟流域6个乡镇22个村的群众行路难、吃水难、住房难、上学难等问题。2016年，甘肃省委省政府授予中国石化双联行动暨精准扶贫省外帮扶单位“民心奖”。

**图18　中国石油化工集团公司精准扶贫内容节选**

### （六）报告“国际化”程度不够，国别报告和英语版报告发布待增加

采掘业报告中，国别报告仅2份，占比3.07%；英语版本报告仅占一成。国别报告是以当地的语言向当地各利益相关方披露企业社会责任信息，有利于增强“走出去”企业与当地各利益相关方的沟通和交流，帮助企业更快、更好地融入当地，与社区建立和谐的发展氛围。英语目前是国际交往中充当会话媒介的语言，具有较高的通用程度，英语版报告能促进国际社会对中国采掘业社会责任的认识和感知，有效提升中国采掘业企业社会责任形象。

## 四　中国采掘业报告建议

### （一）国有企业和领袖企业应发挥示范引领作用，分享报告编制经验，共同促进采掘行业整体报告水平提升

企业社会责任报告是社会各利益相关方了解企业社会责任理念、管理、实践和绩效的有效途径。行业整体社会责任报告水平会影响外界对行业社会责任治理水平的判断，也会影响到行业内的每一个企业。我们建议、鼓励采掘行业内的国有企业和领袖企业发挥示范引领作用，向中小型采掘业分享报

告编制的经验与方法，帮助已经发布报告的中小型采掘业提高社会责任报告编制水平，带动尚未发布报告的企业发布社会责任报告，共同促进采掘行业整体报告水平的提升，树立负责任的行业形象。

### （二）兼顾报告内容创新、结构创新和形式创新，增强企业报告创新性，发布精彩的责任报告

采掘业报告创新性为“六性”中得分最低的，且低于中国企业报告平均水平。我们建议采掘业关注“一带一路”倡议、十九大会议等时代热点，结合企业自身的战略发展布局，有针对性地披露企业在履行社会责任过程中采取的行动和取得的绩效。在报告结构和报告形式上，我们鼓励企业根据报告要披露的内容和行业或企业特有的形象和特点，突破传统报告布局方式，如《中国铝业公司 2016 社会责任报告》通篇采用问答的形式来披露企业履责信息，新颖而独特。我们希望采掘业报告能够做到内容创新、结构创新和形式创新，形成具有行业特色、企业特色的报告。

### （三）加强对供应商社会责任履责信息的披露，传递责任价值链塑造的决心

采掘业重视对员工、环境和社区履责信息的披露，却忽视了对供应商相应履责的信息披露，尤其是对供应商管理相关信息的披露。企业社会责任是将责任融入企业并践行于各利益相关方关系之中，是为了实现企业、利益相关方和社会等多方的可持续发展。供应商是企业产业链中的重要环节，是企业发展过程中的重要合作伙伴，与企业有着共荣共辱的密切联系。供应商社会责任的治理水平和责任绩效也会对企业产生影响。采掘业应在报告中加强对供应商采购、供应商资质和供应商管理等信息的披露，对外传递企业塑造责任价值链的决心。如《中国石油化工集团公司 2016 社会责任报告》，披露公司在推进责任采购、完善供应商与承包商管理等方面采取的措施。

### （四）采掘业应重视对标国际报告编制依据，加强海外信息披露，用多种语言发布企业报告，提升报告“国际化”程度

随着国家“一带一路”倡议的践行和开展，越来越多的采掘业会沿着“丝绸之路”走出国门、走向世界。社会责任报告是企业与项目所在地各利益相关方沟通的重要有效载体，因此我们鼓励有需求且有实力的采掘业使用国际化的“语言体系”发布企业社会责任报告，包括对标国际报告编制依据、发布国别报告、发布多语言版本报告等，向国际社会展示中国采掘业对社会责任的履责信息，促进国际社会对中国企业履行社会责任行动和绩效的认知，树立中国采掘业在海外负责任运营的形象。如《中国冶金科工股份有限公司2016社会责任报告》以中文简体、中文繁体和英文三种文字书写，并在报告中披露公司海外社会责任履责信息，有效提升了报告的“国家化”程度。《中国五矿集团公司2016可持续发展报告》回应了“联合国可持续发展2030年可持续发展目标”，与国际规则接轨，提升企业报告国际影响力与沟通效力。

# B.6 金蜜蜂中国汽车制造企业社会责任报告研究

摘　要：　本报告依据“金蜜蜂企业社会责任报告评估体系2017”，对收集到的汽车制造企业2017年发布的44份社会责任报告进行评估和分析，并提出针对性建议。研究发现，汽车制造企业报告整体质量优于中国企业平均水平，对关键利益相关方的信息披露趋于稳定，环境管理、新能源汽车的信息披露成为重点，公益实践回应国家大政方针，行业特色突出。

关键词：　汽车制造企业　信息披露　环境管理　新能源

改革开放以来，中国汽车行业保持着量大速高的增长态势。2016年，中国汽车产量达到28000多万辆；中国自主品牌汽车产销量达到1398万辆[①]，创历史新高，汽车行业已成为中国的支柱产业之一，在国民经济中占据重要地位。进入21世纪以来，我国汽车行业高速发展，产业集中度不断提高，产品技术水平明显提升。在方便人们出行，加快城市化进程等方面，都发挥着显著、积极的作用。但汽车产业的高速发展，在一定程度上消耗了资源；汽车尾气的排放也给人们的身心健康和生活质量带来了一定的影响。同时，交通事故、道路拥堵、城市用地侵占等社会问题逐渐凸显。对此，越

① 中国产业发展研究网：《2017年全球及中国汽车行业发展现状及前景预测分析》，http://www.chinaidr.com/tradenews/2017-09/115749.html，最后访问时间2017年11月30日。

来越多的企业认识到社会责任的重要性与紧迫性，他们立足自身技术、品牌、产品优势，在各项社会问题的解决方面，做出了一系列崭新的尝试，也取得了较为显著的成绩。

## 一　中国汽车制造企业社会责任报告概况

截至 2017 年 10 月 31 日，通过企业主动寄送、企业官方网站下载及网络查询等方式，我们共收集到汽车制造整车企业发布的社会责任报告、可持续发展报告 44 份。本研究报告希望通过对汽车制造企业发布的社会责任报告进行整体描述，对报告的整体质量进行比较、分析和判断，尝试总结汽车制造企业社会责任报告的特点，并提出相应的对策和建议。

统计数据显示，国有控股企业、外资及港澳台企业发布社会责任报告的比例均占总数的 29.5%，各约占总数的 1/3（见图 1）。这一方面表明国有汽车制造企业在发布社会责任报告方面更为积极主动；另一方面表明外资及港澳台汽车企业更加重视社会责任报告发布。

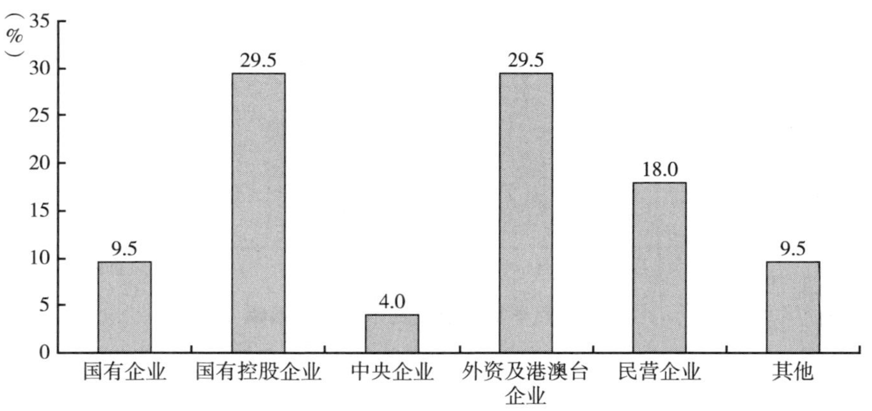


**图 1　发布报告的汽车制造企业类型**

发布 5 次及以上社会责任报告的企业达到 47.75%（见图 2），说明部分汽车制造企业已将社会责任报告作为企业社会责任理念和实践的常态披露渠道。

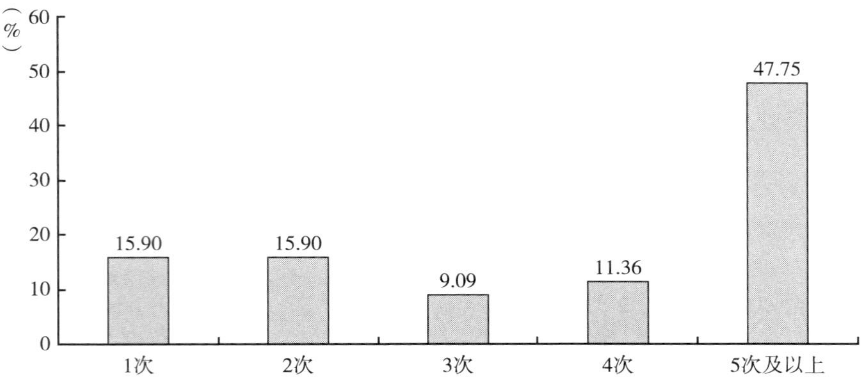


**图2　汽车制造企业发布报告的次数**

篇幅在51页以上的报告占比为47.72%，约占总数的一半（见图3）。说明汽车制造企业披露的社会责任信息越来越多，更加完整、全面，同时也表明其一年内开展了较为丰富的社会责任实践。

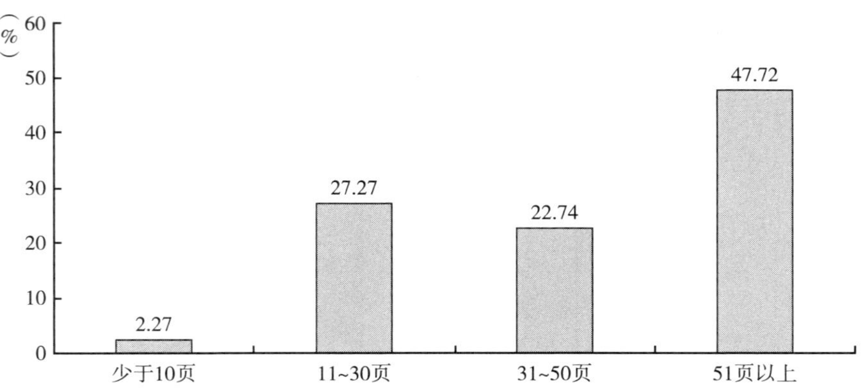


**图3　汽车制造企业发布报告的篇幅**

在汽车制造企业社会责任报告中，无反馈渠道的企业占63.63%（见图4）。说明利益相关方反馈机制缺乏，不利于企业社会责任报告的改进与提升。

汽车制造企业发布的社会责任报告，语言以中文为主，仅有11.37%的企业发布了中英双语报告（见图5），表明汽车制造企业在报告的国际化方面有所欠缺。

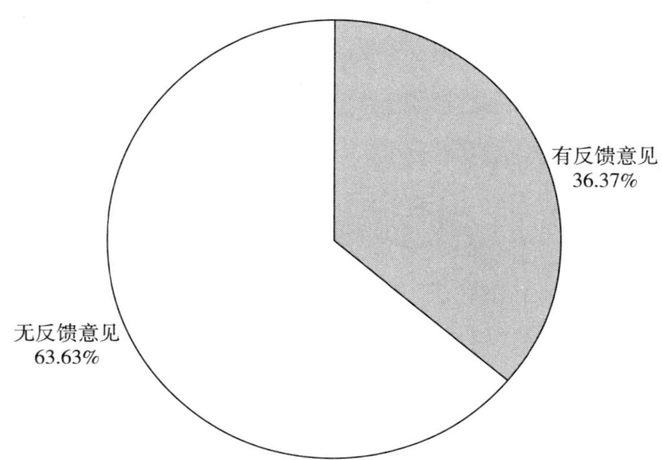


**图 4　汽车制造企业报告反馈意见情况**

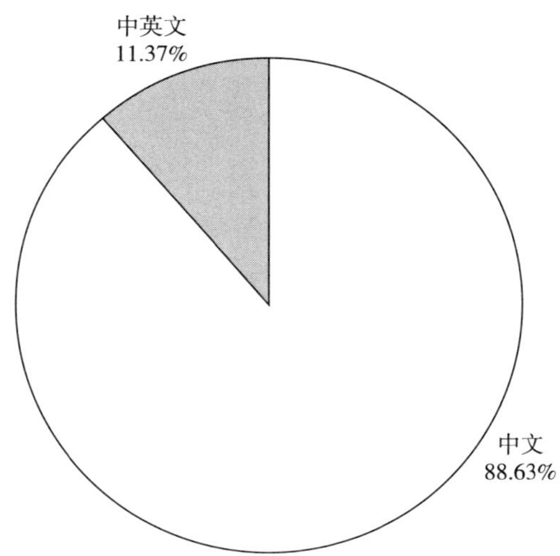


**图 5　汽车制造企业发布报告的语言**

在报告中披露了社会责任负面信息的汽车制造企业占比为 72.73%（见图 6），说明汽车制造企业的社会责任报告的客观性、中立性较强。

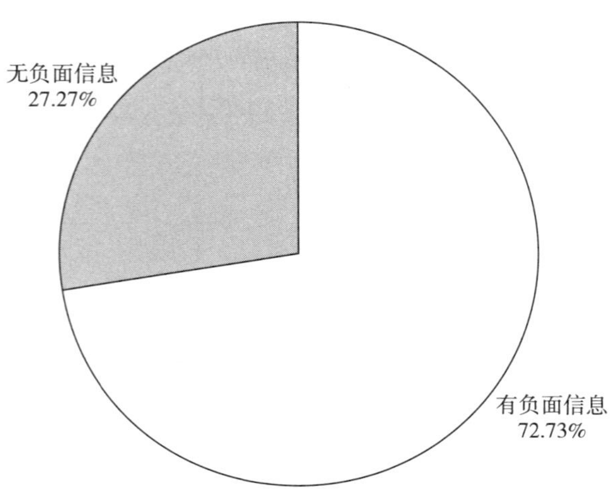


**图 6　汽车制造企业发布报告负面信息披露情况**

## 二　2017年中国汽车制造企业社会责任报告分析

### （一）报告总体情况

2017 年，发布 5 次及以上报告的汽车制造企业占比达 47.75%。依据得分不同，我们将报告分为起步、发展、追赶、优秀和卓越 5 个级别（见图 7）。中国汽车制造企业报告的平均得分为 59.4 分，整体水平处于发展阶段，接近追赶水平。但同时，仍有 20.45% 的企业社会责任报告处于起步水平，和行业内其他优秀的汽车制造企业的社会责任报告质量存在一定的差距，在质量方面还有较大的提升空间。

整体而言，汽车制造企业的社会责任报告在完整性、可信性、可读性、可比性、创新性、实质性六个维度得分均高于全部报告的平均水平（见图 8）。这表明，汽车制造企业重视将社会责任报告作为一个与社会各界沟通的有力工具，通过发布翔实的社会责任信息与数据，展示社会责任领域内各类优秀实践，促进与利益相关方的良好沟通。报告在实质性与可读性方面虽高于中国企业整体情况，但仍有提升空间。

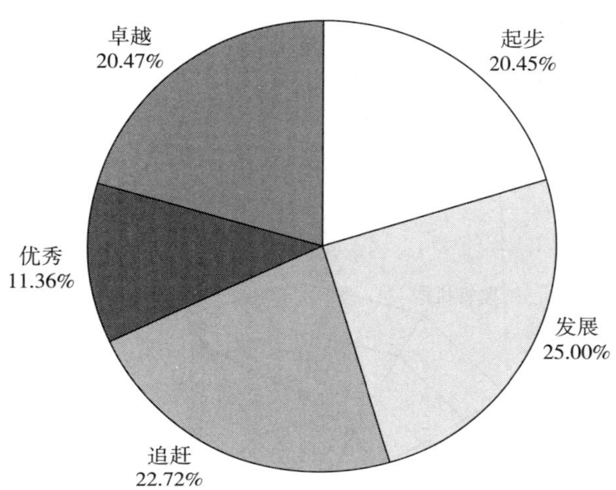


**图 7　汽车制造企业报告类型分布**

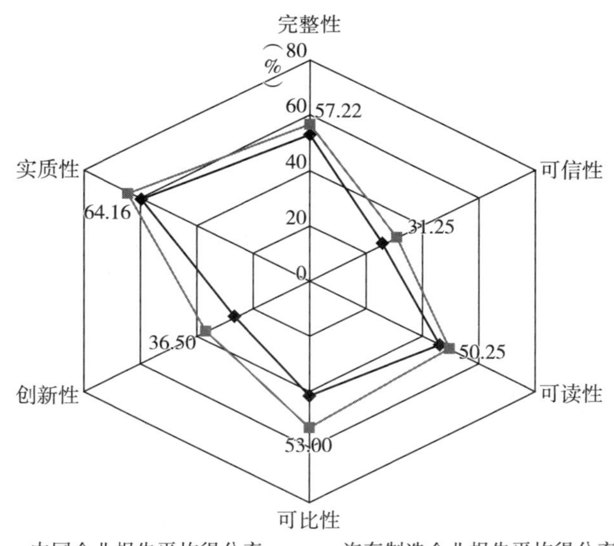


**图 8　汽车制造企业社会责任报告整体质量**

从利益相关方角度来看，2017 年指标覆盖率从大到小依次为员工（46.85%）、环境（42.28%）、政府（42.21%）、出资人（34.04%）、社区（31.88%）、客户（28.43%）、供应商（25.12%）、媒体（16.93%）、同行（10.04%）、社会组织（6.18%）（见图9）。说明汽车制造企业在报告中披露员工、环境、政府、出资人等利益相关方的信息较多，在金融机构、同行、社会组织三个方面的指标得分率较低。

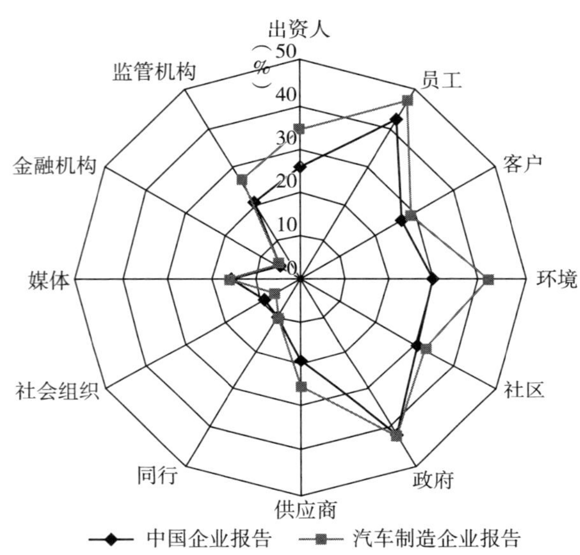


**图9　汽车制造企业报告利益相关方指标得分率**

## （二）具体分析

### 1. 结构完整性

中国汽车制造企业社会责任报告的完整性高于中国企业社会责任报告的平均水平，报告对企业社会责任的实践内容披露最多。汽车制造企业社会责任报告完整性平均覆盖率为57.22%。其中，公司概况、战略与治理、高管声明、风险机遇分析、计划内容的覆盖率分别为81.36%、47.72%、58.52%、50.00%、48.29%（见图10）。实践内容的指标覆盖率达到87.12%，几乎所有汽车制造企业社会责任报告在实践内容披露方面，都涵盖了经济责任、环境责任、社会责任信息。

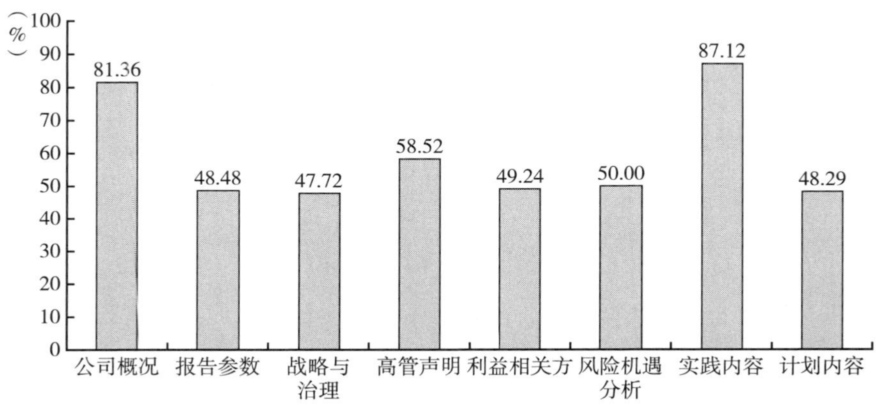


**图 10　报告完整性指标覆盖率**

### 2. 报告可信性

中国汽车制造企业社会责任报告在可信性方面表现优异，具有较强的中立性和客观性。汽车制造企业社会责任报告可信性平均覆盖率为 31.25%，高于中国企业社会责任报告的平均水平（26.00%）。从报告可信性指标覆盖率来看，CSR 专家评价覆盖率最高，为 68.18%；表述客观性、利益相关方评价覆盖率分别为 59.09% 和 52.27%。第三方审验和信息来源标注指标覆盖率略低，分别为 45.45% 和 38.63%（见图 11）。

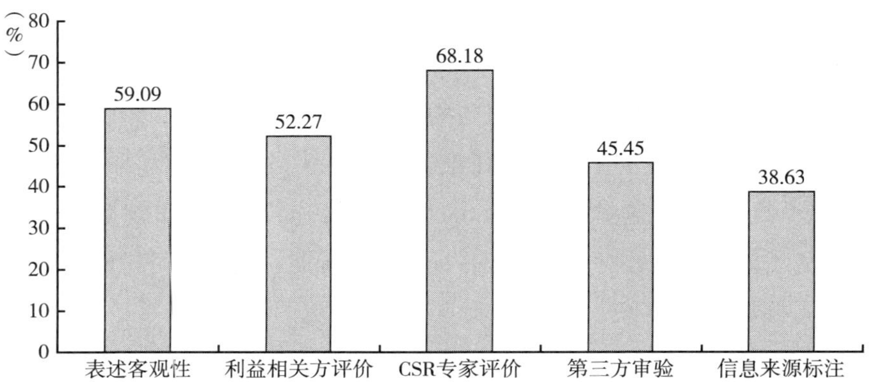


**图 11　报告可信性指标覆盖率**

3. **报告可读性**

中国汽车制造企业社会责任报告的可读性得分一般，影响了履责信息的有效传递。汽车制造企业社会责任报告可读性平均覆盖率为50.00%。其中，报告的信息清晰定位、清晰表达的指标覆盖率都为50%，信息饱和度为63.63%，说明汽车制造企业在报告中披露了较多的信息；但在色彩搭配和版式方面，覆盖率较低，分别为38.63%和40.28%（见图12）。总体来说，汽车制造企业社会责任报告能够清晰地说明信息，但色彩搭配没有很好的体现企业文化，报告的版式设计也相对不足，对报告信息的有效传递产生了影响。

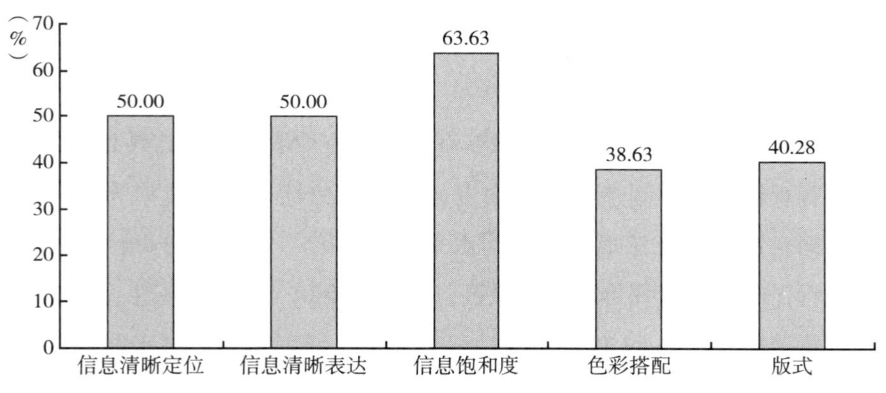


**图12　报告可读性指标覆盖率**

4. **绩效可比性**

中国汽车制造企业社会责任报告的绩效可比性较为完善，绩效信息披露相对丰富。汽车制造企业社会责任报告可比性平均覆盖率为50.00%。其中，纵向可比指标覆盖率最高，为63.63%，超过半数的汽车制造企业在报告中披露了跨年度绩效对比和绩效目标的实现程度；行业内可比性和跨行业可比性指标覆盖率分别为59.09%和40.90%（见图13）。

5. **报告创新性**

中国汽车制造企业社会责任报告的创新性较高，报告能结合时代热点，展现行业特色。汽车制造企业社会责任报告创新性平均覆盖率为36.50%，

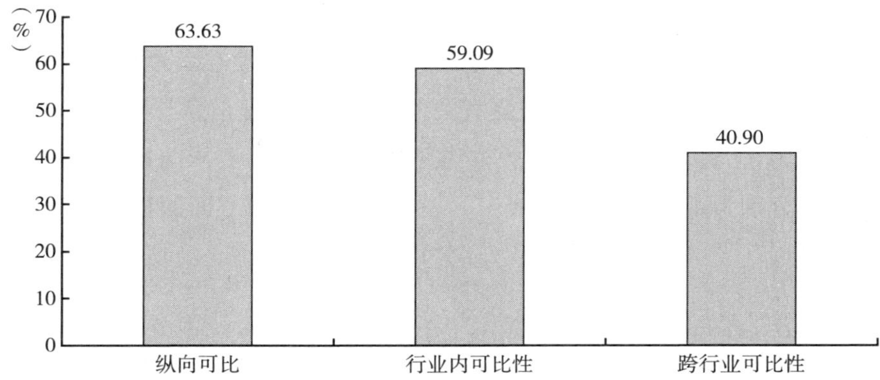


**图 13　报告可比性指标覆盖率**

高于中国企业社会责任报告的整体水平（26.25%）。具体来讲，报告在披露内容、结构方面的指标覆盖率分别为 44.69% 和 40.09%，表明近一半的汽车制造企业社会责任报告在这两个方面能够契合时代热点，展现企业特点和行业特色；报告形式的指标覆盖率为 36.36%，略低于前两项，说明报告在具体内容的呈现方面还需加强（见图 14）。

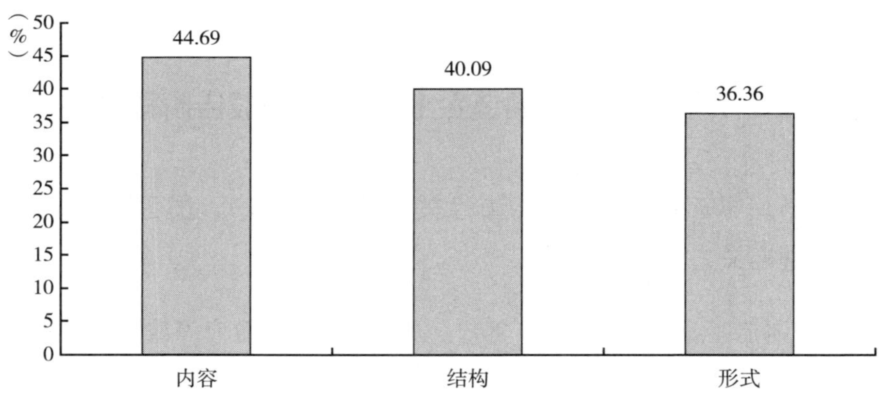


**图 14　报告创新性指标覆盖率**

### 6. 报告实质性

中国汽车制造企业社会责任报告在实质性方面表现优异，能够披露较多的利益相关方信息。汽车制造企业社会责任报告实质性内容平均覆盖率为64.16%。报告能够识别出大部分利益相关方群体，覆盖率为62.68%，对于识别出的利益相关方，都能披露有关他们的社会责任信息与内容，这一指标覆盖率为57.95%；在利益相关方沟通渠道和方式、要求与期望方面，指标覆盖率分别为47.53%和46.96%，表明企业在这两方面的披露程度不够（见图15）。

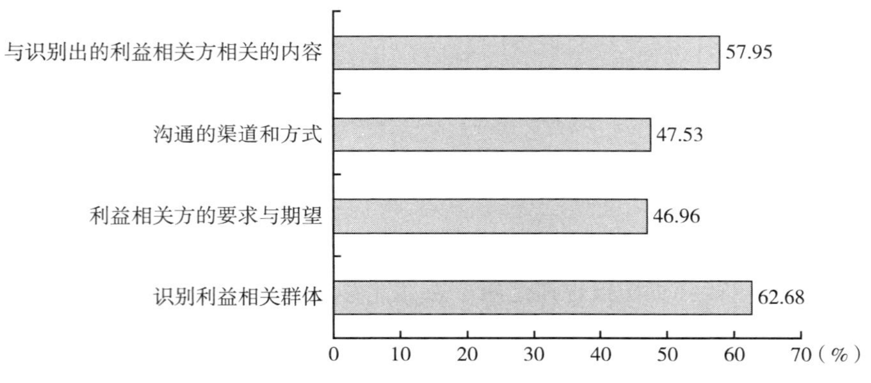


**图15　报告实质性指标覆盖率**

## 三　2017年中国汽车制造企业社会责任报告阶段性特征

### （一）汽车制造企业报告重点关注股东、客户、员工、环境、政府等利益相关方

汽车制造企业注重对股东、客户、员工、环境、政府等重要利益相关方履责信息的披露。

在44家汽车制造企业的社会责任报告中，股东、员工、客户、环境、政府的指标覆盖率均超过参评企业指标覆盖率的平均水平。汽车制造企业社会责任报告对环境、员工议题的关注度较高，指标覆盖率分别达42.28%、46.85%。

另外，汽车制造企业社会责任报告披露的客户指标覆盖率为28.43%，略高于中国企业社会责任报告在这一议题方面的整体表现。这与近年来汽车制造企业连续发生的因产品安全、质量问题等被召回的事件有关。有此类情况出现的汽车制造企业，在其社会责任报告中，能积极针对问题进行回应并提出解决措施。就整体而言，汽车制造企业社会责任报告对产品质量、客户售后服务等信息能够进行全面、完整的披露，也体现出汽车制造企业履行社会责任的决心与努力。

在2017年发布的社会责任报告中，本田（中国）有限公司就安全气囊问题召回事件进行了回应，提出了针对性解决措施，并对未来避免此类事件的发生做出承诺。

但同时，中国汽车制造企业社会责任报告对于同行、社会组织、媒体等议题覆盖率略低于中国企业社会责任报告的整体平均水平，这一结果与汽车制造企业较注重自身的产品研发与生产的特性相关。另外，在媒体方面，多为被动的报道、采访，并未建立积极、主动的媒体关系。

### （二）报告在环境管理方面指标覆盖率高于中国企业社会责任报告的平均水平

十九大报告把绿色发展、生态文明建设放在了更加突出的位置，提出构建市场导向的绿色技术创新体系，推进能源生产和消费革命，构建清洁低碳、安全高效的能源体系，还指出，要着力解决突出环境问题，持续实施大气污染防治行动等，这些都对汽车制造企业提出了更高的发展要求，也为其环境方面的履责实践提供了指引。对此，汽车制造企业在社会责任报告中，分别就环境管理、资源节约与利用、降污减排，对中国政府的相关要求进行了回应。这三个方面的指标覆盖率均达到50%以上，最高为57.50%（见图16）。

实际上，这也与汽车制造企业自身的行业性质密切相关。随着汽车行业不断发展壮大，多数汽车制造业企业已经意识到自身的发展对社会、环境带来的影响，并已采取多项措施，例如加强环境管理体系、制度的建立与完善，在降低污染物排放、循环利用等方面投入资金，积极开发、利用新能源，推动清洁生产，以尽可能减少对于环境方面的负面影响。这一系列的努力都说明，汽车制造企业对于环境问题的关注度不断提升，在此方面的社会责任履责能力逐步提高。但是，汽车制造企业社会责任报告对环境保护意识提升与能力建设、生态保护方面的披露指标覆盖率略低。

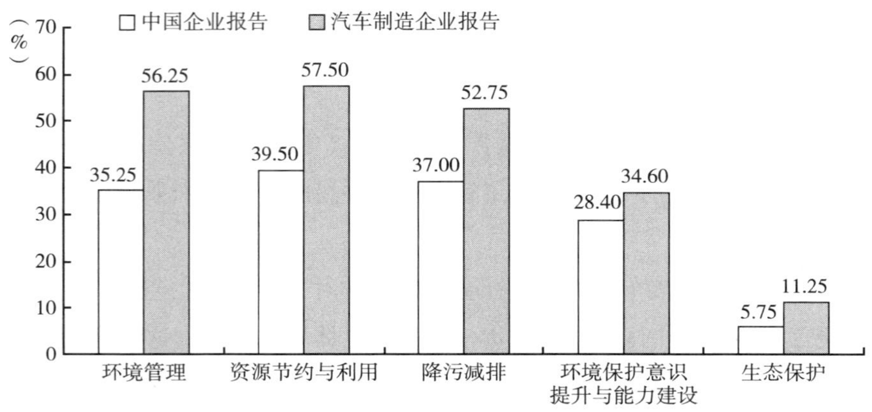


**图16　报告在环境方面的指标覆盖率**

中国一汽在环境领域，围绕绿色工厂、绿色产品、绿色供应链、绿色厂房四个方面展开工作，并制定了一系列措施，致力于在产品各个生命周期实现绿色管理与可持续发展。东风汽车在新能源应用领域，推出了一系列务实举措，在降污减排方面做出了贡献。

### （三）报告对供应商管理履责信息的披露达到基本要求，管理机制等方面的信息披露仍需加强

企业的发展离不开供应商、客户的帮助，对于汽车制造企业更是如此，因而对供应商的管理也成为汽车制造企业社会责任报告信息披露的关键领域，这也是提升企业自身社会责任履责水平的重点之一。在与供应商签订采购合同方面，中国汽车制造企业社会责任报告的指标覆盖率高达61.36%，高于中国企业社会责任报告的整体水平（45.37%）；报告中提到对供应商资质有要求的企业达到45.45%；报告中提到帮助供应商提升社会责任水平

的汽车制造企业有 43.18%，这些数据体现出汽车制造企业在供应商管理和信息披露方面，已经达到基本的要求，但仍有一定的提升空间。例如，汽车制造企业在“供应商因社会责任审核认证所增加的成本的分担”方面的指标覆盖率为 0。供应商社会责任管理机制、供应商社会责任管理信息披露的指标覆盖率仅为 20.45% 和 9.09%。见图 17。

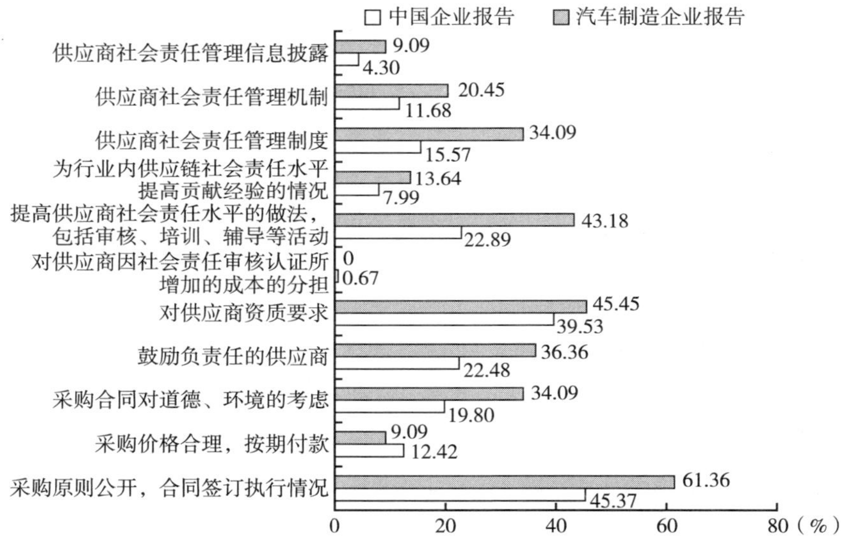


**图 17　报告在供应商方面的指标覆盖率**

在供应链管理方面，比亚迪建立了一系列针对供应商的认证与考核标准，并积极推动供应商企业履行社会责任。安徽江淮汽车集团股份有限公司开展线上经销商满意度调查工作，深入调查各级经销商对合作环节的意见和建议，实现互利共赢。此外，举办劳动竞赛和技能服务大赛，提高经销商运营能力。

### （四）报告重视新能源汽车开发、生产信息披露

发展新能源汽车是我国从汽车大国迈向汽车强国的必经之路。近年来，国家高度重视新能源汽车产业的发展，仅在 2017 年一年，国家累计出台 32 项新能源汽车相关政策（包括征求意见稿 5 项），涉及补贴、基础设施、安全管理、技

术研发、智能网联等诸多方面。不仅如此，国家还颁布了许多利好政策，例如对新能源车辆免征车船税等。在这一大背景下，汽车制造企业及时把握经济发展新常态，全面贯彻和落实新发展理念，大力实施创新驱动发展战略，将企业在综合实力、自主创新、新能源汽车、转型升级等诸多方面取得的成就在报告中进行披露。可以看出，汽车制造企业社会责任报告在研发可持续产品、服务方面的覆盖指标达到54.54%，高于中国企业社会责任报告在此方面的指标覆盖率(38.93%)，见图18。报告在新能源、新材料使用方面的指标覆盖率为36.36%，反映了汽车制造企业在研发新型、可持续产品方面的努力（见图19）。

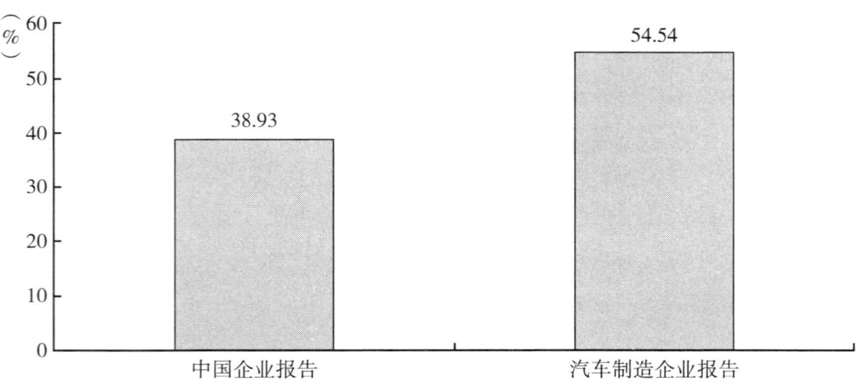


**图18　报告在研发可持续产品、服务方面的指标覆盖率**

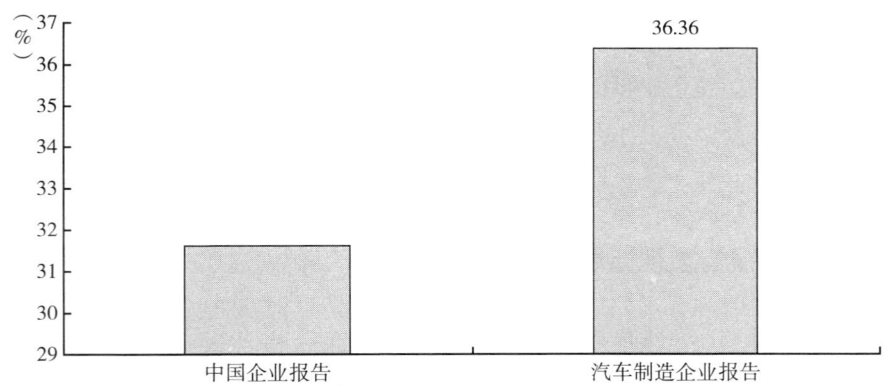


**图19　报告在新能源、新材料使用方面的指标覆盖率**

例如，上汽集团在新能源研发与产业化建设方面持续加大投入，先后推出了10余款乘用车和商用车产品，其新能源技术水平在国内居于领先地位。江铃汽车股份有限公司同样高度重视节能环保技术开发和运用以及新能源事业。公司致力于研究各类提高热效率的先进技术，投入大量人力物力，创新研发新能源插电式油电混合动力SUV。目前已掌握新能源汽车至关重要的三电系统（电池、电机、电控）核心技术。

### （五）报告反映出汽车制造企业在公益领域的实践具有鲜明的行业特色，能够积极回应中国国家战略方针

汽车制造企业社会责任报告关注社区内的各项实践。从报告中可以看出，汽车制造企业积极关注道路、行车安全等领域。通过开展一系列的教育、科普、传播活动，致力于加强公众，尤其是青少年群体的安全意识与自我保护意识，以最大程度地减少各类交通安全事故的发生。

现代汽车开展了“安全守护”计划进校园的行动，提升青少年群体出行的安全意识。丰田中国在汽车安全领域，致力于打造人、车、交通环境“三位一体”的和谐社会，通过多种社会活动的举办，促进交通安全常识的传播。

近年来，中国政府大力施行精准扶贫战略，鼓励企业依据自身优势，加入到精准扶贫的工作中。联合国可持续发展目标（SDGs）中，提出了优质教育的目标。对此，部分汽车制造企业积极响应国际、国内政策，关注社区教育、扶贫等领域，已形成一系列常态化、符合企业、社区协同发展的特色项目，即“教育扶贫”。例如，比亚迪慈善基金会长期开展“圆梦行动”，在为贫困高中生提供学费的同时，安排志愿者进行“一对一”的帮扶，体现了汽车制造企业在公益领域社会责任实践的引领性与创新性。这些内容，都在汽车制造企业社会责任报告中有所体现。

北京汽车集团有限公司积极响应国家援藏号召，先后组织青年员工志愿者与四川甘孜、西藏拉萨的藏族贫困学生签订长达12年的“一对一”帮扶协议，探索出一条企业“定向精准帮扶”的新模式。

## 四　对中国汽车制造企业社会责任报告的建议

### （一）对标行业先进企业，提升报告实质性

汽车制造企业的社会责任报告整体水平较高，但在实质性方面的表现仍需加强。建议重视披露社会责任管理实践进展和社会责任目标实现情况，进一步增强报告的实质性。建议企业设立年度社会责任目标，推进社会责任工作融入职能管理和业务流程，推进社会责任绩效考核，并通过社会责任报告披露这些目标的年度实现情况，让利益相关方能够获得企业对社会责任工作的计划和计划实现情况等实质性信息。

### （二）应用国际化语言，提升报告国际化水平

社会责任报告是与利益相关方沟通的重要渠道。近年来，在“一带一路”“中国制造 2025”倡议的引导下，中国自主汽车品牌实现了从“引进来”到“走出去”的蜕变，不仅海外品牌认知度逐渐提升，还摆脱了低质、低价的品牌形象。但目前发布英文报告的企业数量却十分有限，缺乏与海外利益相关方的沟通渠道。对此，建议汽车制造企业发布英文版报告，注重海外利益相关方关注的重点信息披露。同时在报告设计风格和传播手段等方面，应尽量考虑属地化的特点，以满足海外利益相关方阅读需要。有条件的企业还可考虑发布国别报告，推动企业在当地的可持续发展。

### （三）增加报告反馈渠道，增强与各利益相关方的沟通

在汽车制造企业社会责任报告中，有反馈渠道的仅占 36. 37%，远远低于中国企业社会责任报告的平均水平。反馈渠道的缺乏，不利于企业自身社会责任报告的改进，并会阻碍与各利益相关方的沟通与交流。建议汽车制造企业在报告中，加入包括信息反馈表、二维码、网络链接、微信等多种形式的反馈渠道，加强与利益相关方的沟通，及时掌握利益相关方对于社会责任

报告披露内容、形式等方面的意见与建议，并据此做出改进，以不断提升社会责任管理水平和报告披露水平。

### （四）注重对供应商管理机制等内容的披露

汽车制造企业社会责任报告对于供应商这一议题的关注度较高，整体表现优于中国企业报告的平均水平。舍弗勒由于下游零部件生产工厂发生环境问题，被当地政府限制生产，导致舍弗勒自身利益与形象严重受损。此类事件一方面说明，良好的供应商管理和沟通机制对于企业自身发展的关键作用。另一方面，也为企业敲响警钟，未来应将供应商的社会责任信息披露作为工作的一大重点。基于供应商对于汽车制造企业生产、发展的重大意义，在汽车制造业企业发布的社会责任报告中，应增加对各供应商信息披露的内容，包括管理机制、供应商的社会责任等，也可适当增加部分优秀供应商实践的案例，以此提升供应商信息披露水平。

### （五）优化报告的图文呈现方式，增强报告可读性，使报告设计体现行业特色

汽车制造企业的社会责任报告，在可读性方面仍有一定的提升空间。建议汽车制造企业丰富报告整体的设计与版式，可以融入汽车的元素，充分体现行业特征；在报告的形式方面，可突出企业自身特色，注重色彩的合理搭配与运用，继续优化报告图片、文字、数据等信息的呈现方式，不断提升社会责任报告的阅读体验。

# B.7
# 金蜜蜂中国电力行业企业社会责任报告研究

摘　要：　本报告依据“金蜜蜂企业社会责任报告评估体系 2017”，对收集到的电力企业 2017 年发布的 56 份社会责任报告进行评估和分析，并提出针对性建议。研究发现，电力行业企业报告的可读性和创新性明显高于中国企业报告的平均水平，并呈现出以下阶段性特征：关键议题的披露趋于稳定；新能源、生态保护和电力扶贫的信息披露成为重点；主动回应国际可持续发展倡议。

关键词：　电力行业　可读性　创新性　新能源　生态保护　电力扶贫

电力行业企业一般涉及发电、输电、供电三个领域，通过将自然资源转化为电能，再经输电、变电和配电过程，将电能输送到千家万户。我国经济社会的快速发展，对电能的需求越来越强烈。在新旧增长动力交替之际，作为影响国计民生和经济社会发展的重要企业，电力行业企业面临着推进节能降耗、电力体制改革、供给侧结构调整等机遇和挑战，其发展对国民经济的稳定增长和社会进步有重要的推动和支撑作用。

## 一　电力行业企业社会责任报告概况

截至 2017 年 10 月 31 日，通过企业主动寄送、企业官方网站下载及网络查询等方式，我们共收集到电力行业企业发布的社会责任报告 56 份。我们依据“金蜜蜂企业社会责任报告评估体系 2017”对这些报告进行评估。

电力行业企业发布报告的主体均为国有及国有控股企业，其中 7 家为中央企业。

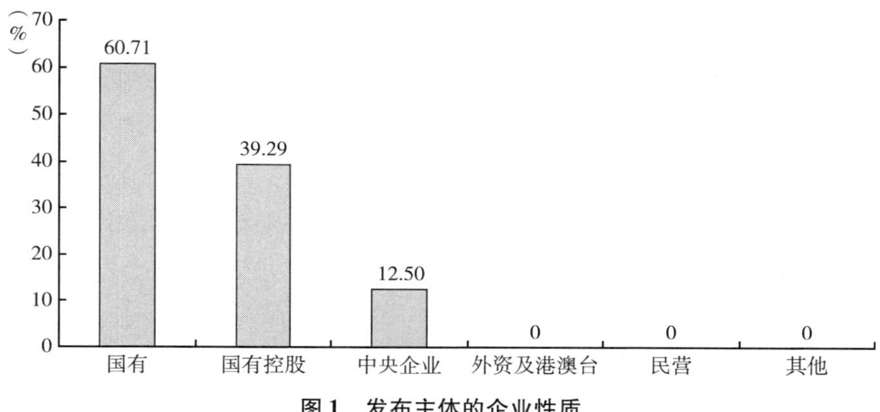


**图 1　发布主体的企业性质**

连续五年及以上发布报告的电力行业企业占比为 64.29%。这表明大部分的电力行业企业已经将发布社会责任报告作为常态化工作持续推进。其中，国家电网公司已经连续 12 年发布企业社会责任报告，是电力行业中连续发布报告次数最多的企业。

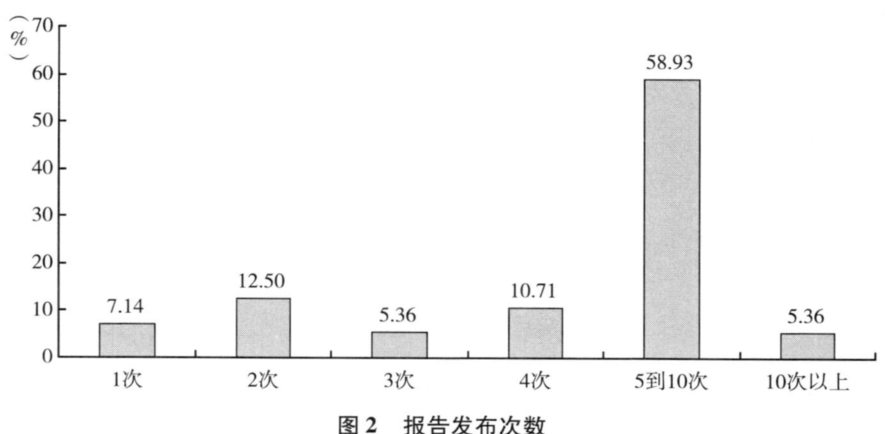


**图 2　报告发布次数**

八成电力行业企业的社会责任报告的篇幅在 31 页及以上（中国六成企业社会责任报告的平均篇幅均在 31 页及以上），篇幅在 51 页及以上的报告占比最大，为51.79%，不存在10页及以下情况。随着电力行业企业不断加深对社会责任工作的重视程度，其披露的社会责任信息也越来越丰富。

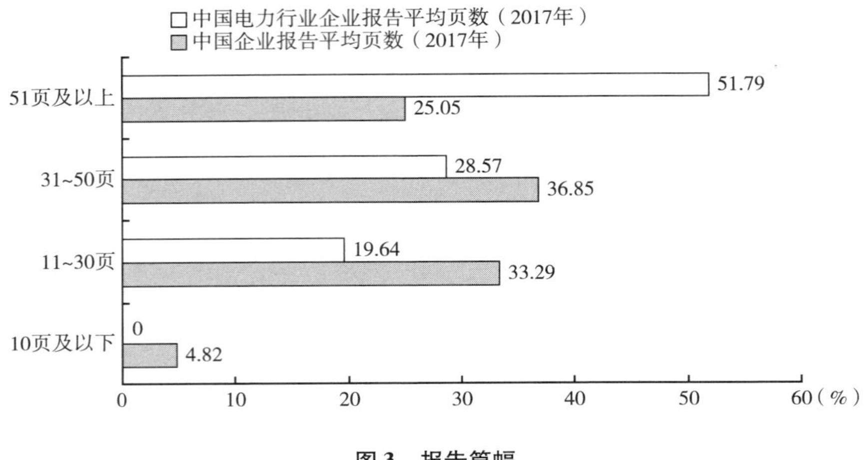


**图3　报告篇幅**

51.79%的电力行业企业依据多个标准进行报告编制，其中以中国社会科学院发布的《中国企业社会责任报告编写指南》和以全球报告倡议组织（GRI）发布的《可持续发展报告指南》（G4）占比最高，分别为26.79%和21.43%。

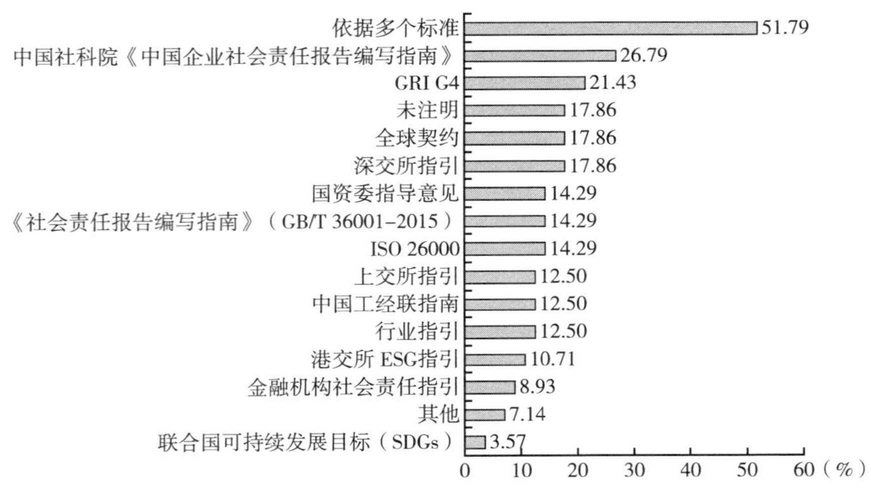


**图4　报告编制依据**

基于报告评估结果，我们对电力行业企业发布的社会责任报告进行整体描述，并结合在企业社会责任报告编制咨询方面的经验，对这些报告的整体质量进行比较、分析和判断，尝试总结电力行业企业社会责任报告的特点，并在此基础上提出相关建议。

## 二　电力行业企业社会责任报告分析

### （一）报告总体情况

电力行业企业社会责任报告的平均得分为61.82分，高于中国企业平均得分54.47分。其中，处于卓越[①]和优秀水平的报告占比达47.36%，信息披露水平较高。不过，仍有40.35%的报告处于起步和发展阶段，报告质量还有很大的提升空间。

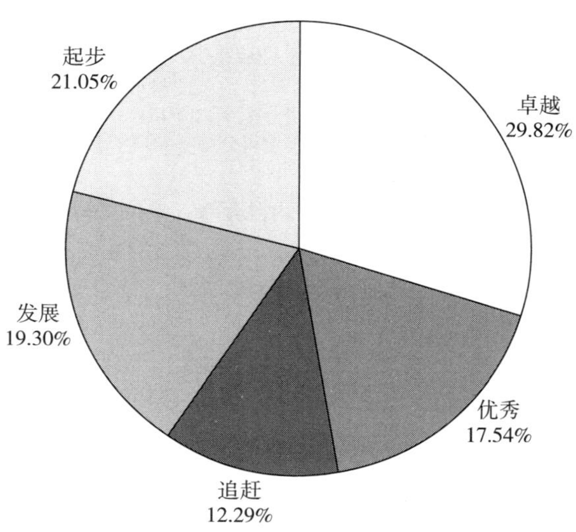


**图5　报告质量分级**

① 依据《金蜜蜂中国企业社会责任报告评估体系2017》，我们将报告分为起步、发展、追赶、优秀和卓越5个级别。

从整体来看，电力行业企业社会责任报告在创新性和可读性方面的得分率明显高于中国企业的平均水平，其中可读性超出平均水平 30%，创新性超出 21.75%。电力行业企业社会责任报告的可信性高出中国企业平均水平 10.75%，但得分率仅为 36.75%，在 6 个维度中得分率最低。

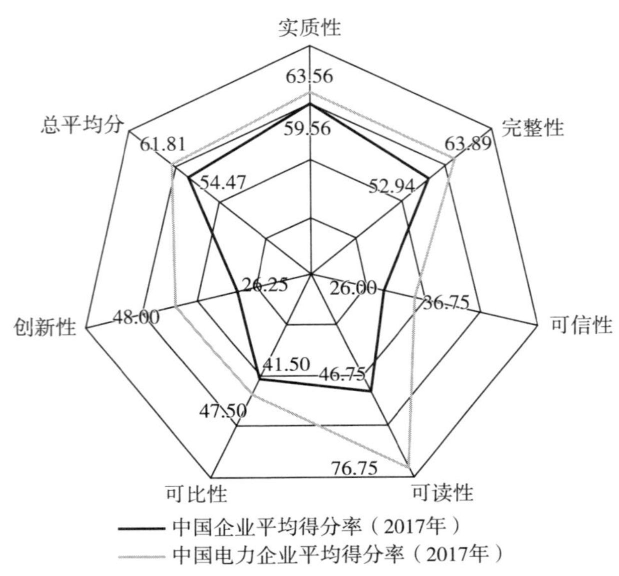


**图 6　报告六维度平均得分率（单位：%）**

## （二）具体分析

**1. 结构完整性**

报告的信息披露基本涵盖了企业在经济、社会和环境三个方面的实践内容。电力行业企业社会责任报告完整性平均得分率为 63.89%，高出中国企业平均水平 10.95%。除实践内容外，电力行业企业注重制定企业社会责任规划，描述企业履行经济、环境和社会责任的计划。

**2. 报告可信性**

报告在企业社会责任专家评价和第三方审验两项指标上的得分率较低。

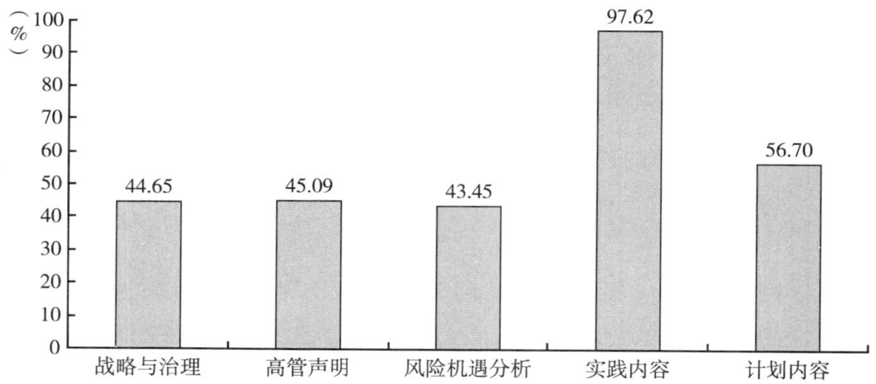


**图 7　结构完整性指标得分率**

电力行业企业社会责任报告可信性平均得分率为 36. 75%，比中国企业平均水平高 10. 75%。具体来看，电力行业企业更多地采取客观、中立的态度进行表述，较少采用第三方机构的审验和企业社会责任专家的评价。

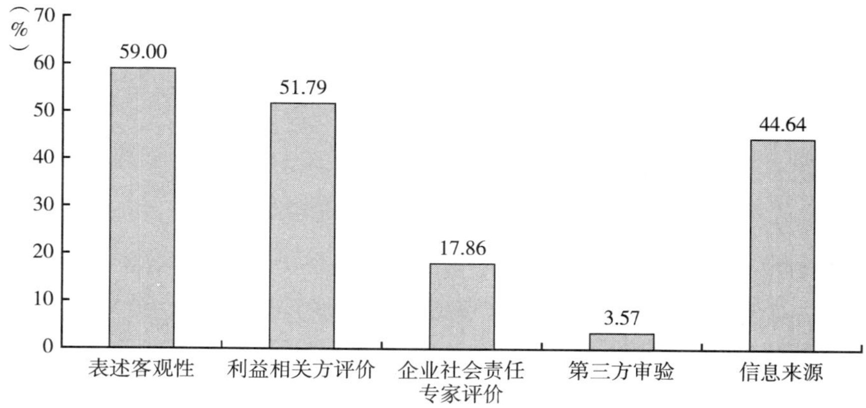


**图 8　报告可信性指标得分率**

**3. 报告可读性**

报告可读性各指标得分率较高。电力行业企业社会责任报告可读性平均得分率为 76. 75%，高出中国企业平均水平 30%。电力行业企业报告注重页面的布局和设计，篇幅适中，表达形式丰富，文字、图片、表格应用合理。

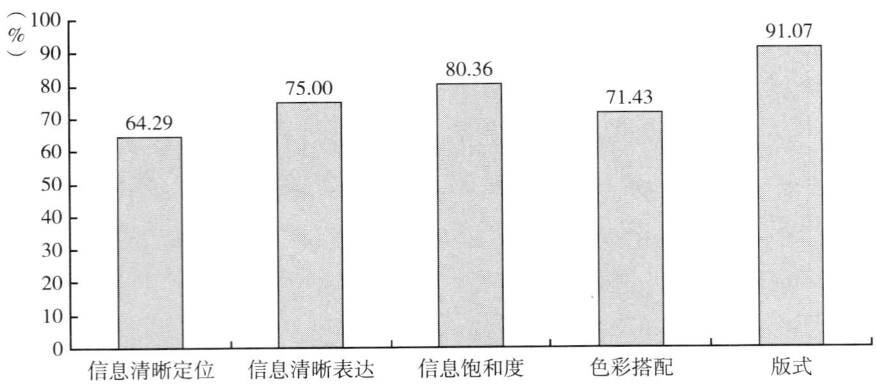


**图 9　报告可读性指标得分率**

4. **绩效可比性**

报告较少采用行业标准、国家标准和跨行业标准。电力行业企业社会责任报告可比性平均得分率为 47.50%，高出中国企业平均水平 6.00%。其中，纵向可比指标得分率最高，为 68.75%，大部分的电力行业企业在报告中披露了跨年度绩效对比和绩效目标的实现程度，但行业内可比性和跨行业可比性得分率较低。

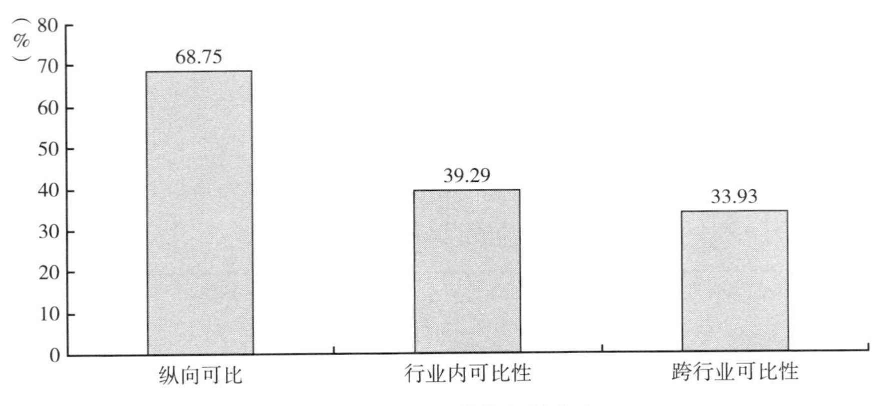


**图 10　绩效可比性指标得分率**

5. **报告创新性**

报告内容比较注重突出企业特点。电力行业企业社会责任报告创新性平均得分率为 48.00%，比中国企业平均水平高 11.75%。具体来看，在内容、结构和形式3个方面，披露内容具有企业特点得分率最高，达到60.71%，在契合时代热点、体现行业特色方面还有较大提升空间。

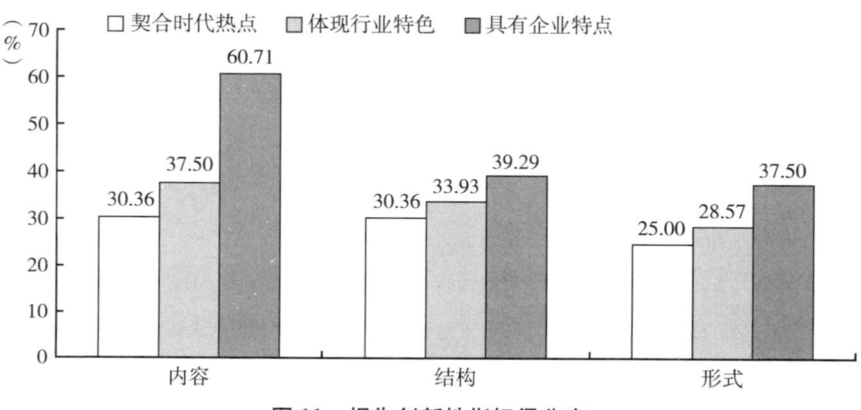


**图11 报告创新性指标得分率**

**6. 报告实质性**

报告实质性仅政府、社区和环境三个方面的信息披露程度高于中国企业平均水平。作为国有及国有控股企业和社会公共服务主体，电力行业企业注重在政府和社区方面的信息披露，其得分率分别高出中国企业平均水平9.41%和10.76%，在同行、监管机构、金融机构等利益相关方的信息披露方面则远低于中国企业的平均水平。

## 三 电力行业企业社会责任报告阶段性特征

### （一）关键议题的披露趋于稳定

由于电力行业企业自身业务属性，电力行业企业对"安全、经济、社会、环境"等重点责任议题给予了持续稳定的关注。如国家电网公司，近年来始终围绕"保障可靠可信赖的能源供应、负责任地对待每一个利益相关方、努力做绿色发展的表率、负责任地开展国际化运营、保证运营透明度和接受社会监督"五个方面开展履责实践；华润电力控股有限公司近年来持

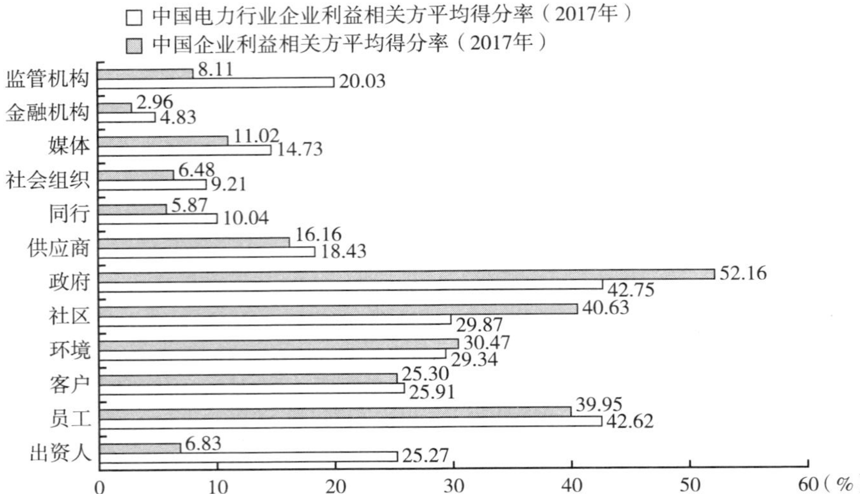


**图 12　利益相关方得分率横向比较**

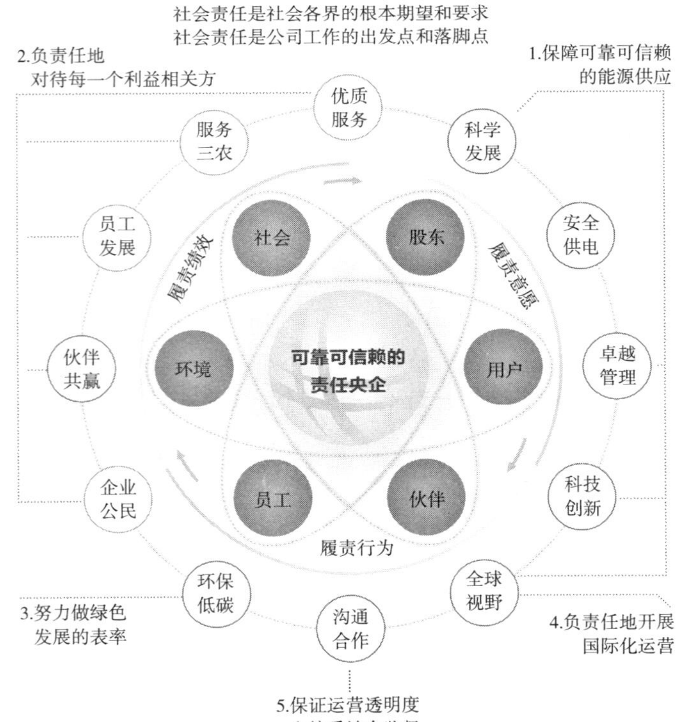


**图 13　《国家电网公司 2016 社会责任报告》社会责任模型**

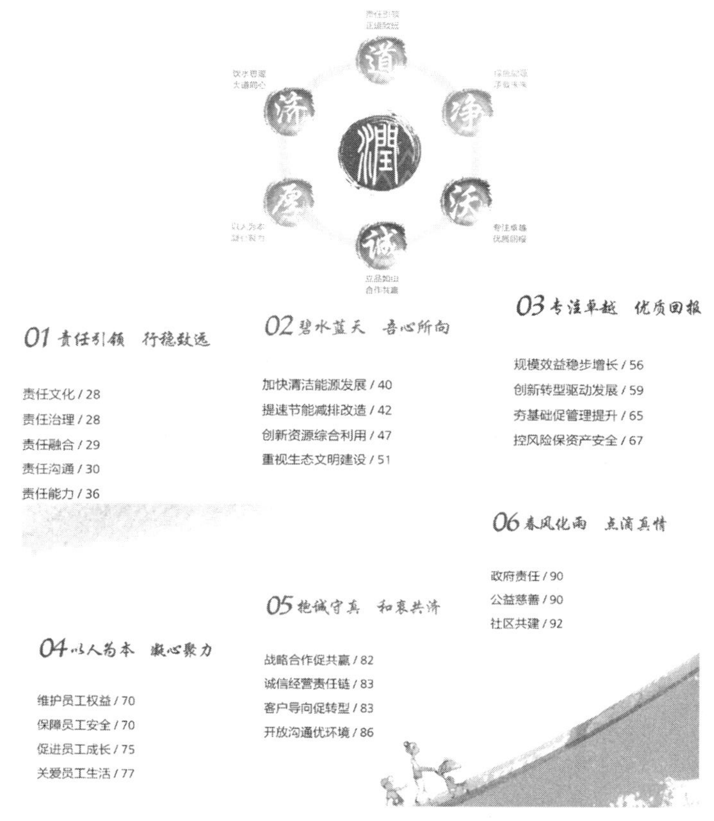


**图 14　《华润电力控股有限公司 2016 社会责任报告》关键议题**

续从责任引领、生态环境、经济绩效、合作共赢、员工成长、社会和谐六个方面识别关键议题，并从主要行动策略和核心管理绩效两个方面进行系统披露。

## （二）新能源、生态保护等成为重点披露议题

电力行业作为公众眼中高耗能和高污染的行业代表，一直以来都将环境议题作为企业社会责任报告的重点披露议题。近年来，随着新能源的发展与人们对生态保护的关注，许多电力行业企业将新能源、生态保护等新兴环境子议题纳入社会责任报告披露内容中，既回应了利益相关方的关注，也展现电力行业企业对于环境可持续发展更为深入的理解与

实践。2017 年发布的电力行业企业社会责任报告中，新能源、新材料与生态保护相关议题的得分率均高于中国企业平均水平，尤其是减少运营对生物多样性产生影响的项目以及使用新材料、新能源方面，远远领先于中国企业平均水平。例如，大唐国际发电股份有限公司在报告中将企业开展的水电、风电、光伏项目以及珍稀动植物保护行动作为企业环境议题披露的重要内容，中国广核集团披露了清洁能源与生态保护内容。（见图 16、图 17）

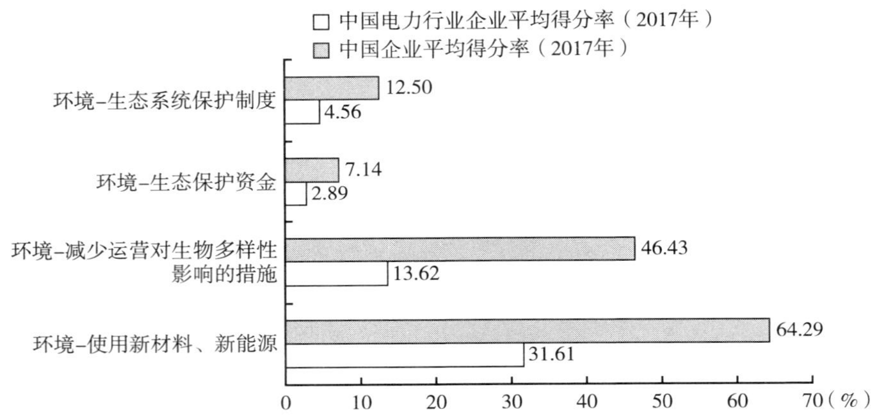


**图 15　生态保护与新材料、新能源得分率**

## 清洁能源

清洁能源的大力推广对能源多样化与环境改善作用显著。我们以结构调整为动力，坚持风光并重、海陆并重，加快提升非水可再生能源发电量比重，大力发展新能源。2016 年，清洁能源和可再生能源占公司总装机容量的 25.71％。

打造西南水电基地。长河坝水电站采用数字化技术建成世界级高坝，是大唐国际目前最大的水电项目，总装机容量 260 万千瓦。与总装机 85 万千瓦的黄金坪水电站共同构成了大唐国际在大渡河上的两级电站，成为大唐国际电源结构调整与水电产业升级的重要缩影，滔滔的大渡河水通过机组化作电流，点亮了川西藏区人民的新生活。

增殖放流，以鱼护水

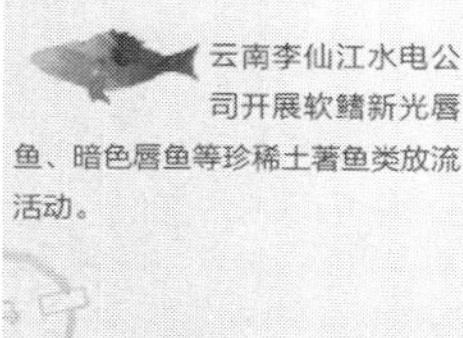

云南李仙江水电公司开展软鳍新光唇鱼、暗色唇鱼等珍稀土著鱼类放流活动。

云南李仙江水电公司对流域库区珍稀保护植物幼苗进行移栽，共完成越南龙脑香、河内坡垒、干果榄仁、大叶木兰、合果木、滇南风吹楠、云南肉豆蔻、董棕、红椿、四数木、东京桐、勐仑翅子树等共计12个珍稀雨林树种幼苗移栽和育种繁殖。

四川甘孜水电公司在黄金坪水电站与下游梯级泸定水电站之间保留11km天然河段，保持河道的景观功能完整性，防止河道减水，为区段鱼类提供了天然的生存空间。2016年放流2足龄野生亲本子一代裂腹鱼30万尾，补偿因水电站修建对大渡河天然水域渔业资源的影响。

**图16 《大唐国际发电股份有限公司2016社会责任报告》披露清洁能源与生态保护内容**

## 核电

| 截至2016年年底在运 | 截至2016年年底在建 |
| --- | --- |
|  19 台机组 |  9 台机组 |
| 保持国内第一<br>世界前五 | 保持世界最大核电建造商地位 |
| 总装机容量 | 装机容量 |
| 2038 万千瓦 | 1136 万千瓦 |

**风电**

**截至 2016 年年底**

在运装机

**1063** 万千瓦

继续保持全国第五

**光伏发电**

**截至 2016 年年底**

发电装机

**189** 万千瓦

总装机容量 **4371** 万千瓦　2016 年清洁能源上网电量 **1788** 亿度

减少标煤消耗约 **5728** 万吨

等效于

减排二氧化硫约 **137** 万吨

减排氮氧化物约 **88** 万吨

减排二氧化碳约 **13985** 万吨

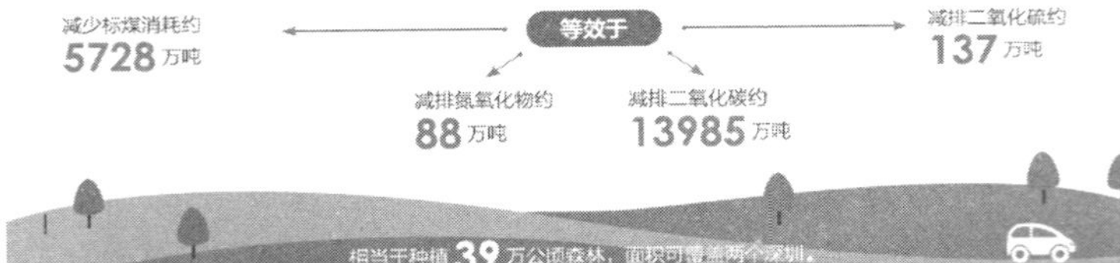


## 保护生物多样性

我们在项目规划设计、建设、运营过程中注重生物多样性保护，通过生态修复、制定动植物保护对策等举措，充分展示公司积极履行社会责任的良好形象。

**中广核故事** 七夕佳节，粉海豚组团访问阳江核电

中华白海豚素有“美人鱼”和“海上大熊猫”的美誉，对生存环境有较高要求。2016 年 8 月 9 日，是中国传统的七夕佳节，两只粉色的白海豚带领一只灰色的小海豚游到了阳江核电基地周边海域，玩耍很久才返身离去。

**图 17　《中国广核集团 2016 企业社会责任报告》披露清洁能源与生态保护内容**

## （三）注重电力扶贫信息披露，彰显“精准扶贫”成效

2016年是“十三五”脱贫攻坚的开局之年，整体来看，各类企业都表现出对扶贫工作更高的关注度。对于以国有和国有控股企业占绝对主力的电力行业企业来说，更是在扶贫工作方面开展了更深入的思考和更广泛的实践，表现出对国家“精准扶贫”战略的积极响应和快速落实。据统计，超过六成的电力行业企业披露了自身开展产业扶贫和基础设施建设工作的情况。例如，中国三峡集团通过专题阐述了企业助力川滇两省部分少数民族按期脱贫行动；中国核能电力股份有限公司将精准扶贫作为关键议题，披露了企业多方面开展精准扶贫工作的举措和成效（见图19）。

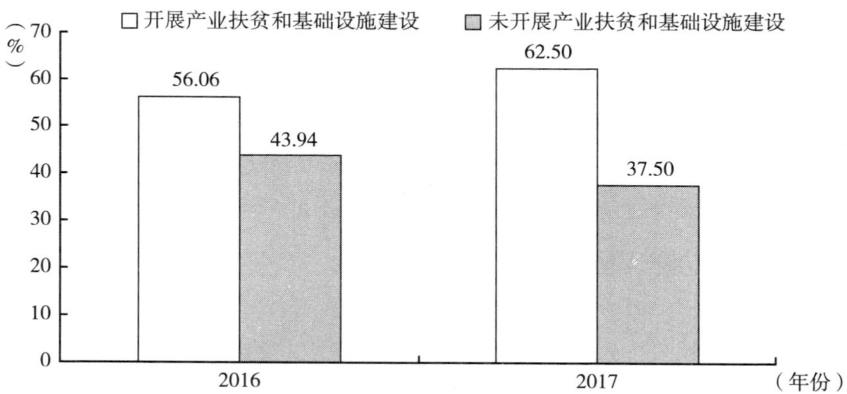


**图18　扶贫信息披露情况**

### 推进精准扶贫

公司以投身公益诠释央企担当，常年开展定点结对帮扶活动，从基建扶贫、产业扶贫、扶贫捐赠三个方面扎实开展精准扶贫工作，弘扬互帮互助、扶贫帮困的爱心文化。2016年，公司扶贫资金投入金额309.9378万元，帮助建档立卡贫困人口511人。共资助贫困学生115人，投入金额38.3062万元。

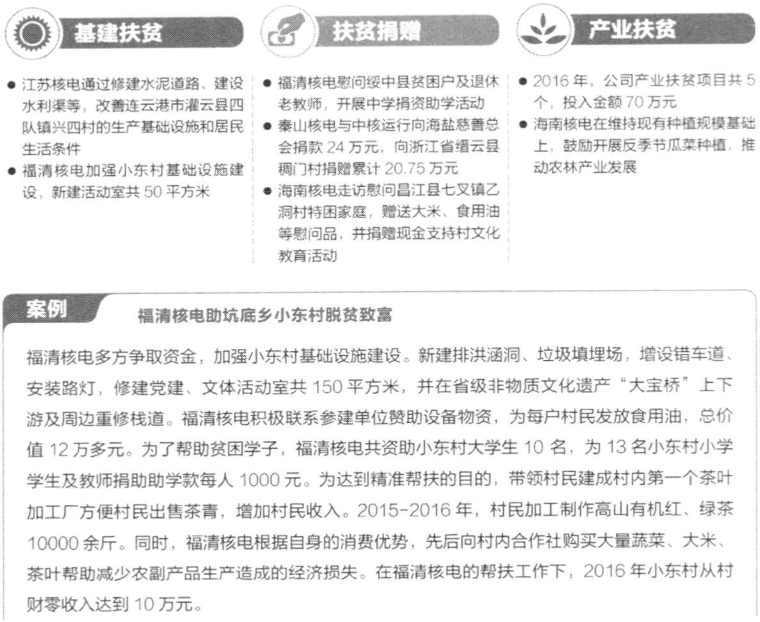

- 江苏核电通过修建水泥道路、建设水利渠等，改善连云港市灌云县四队镇兴四村的生产基础设施和居民生活条件
- 福清核电加强小东村基础设施建设，新建活动室共 50 平方米

- 福清核电慰问绥中县贫困户及退休老教师，开展中学捐资助学活动
- 秦山核电与中核运行向海盐慈善总会捐款 24 万元，向浙江省缙云县稠门村捐赠累计 20.75 万元
- 海南核电走访慰问昌江县七叉镇乙洞村特困家庭，赠送大米、食用油等慰问品，并捐赠现金支持村文化教育活动

产业扶贫

- 2016 年，公司产业扶贫项目共 5 个，投入金额 70 万元
- 海南核电在维持现有种植规模基础上，鼓励开展反季节瓜菜种植，推动农林产业发展

**案例**　**福清核电助坑底乡小东村脱贫致富**

福清核电多方争取资金，加强小东村基础设施建设。新建排洪涵洞、垃圾填埋场，增设错车道、安装路灯，修建党建、文体活动室共 150 平方米，并在省级非物质文化遗产“大宝桥”上下游及周边重修栈道。福清核电积极联系参建单位赞助设备物资，为每户村民发放食用油，总价值 12 万多元。为了帮助贫困学子，福清核电共资助小东村大学生 10 名，为 13 名小东村小学学生及教师捐助助学款每人 1000 元。为达到精准帮扶的目的，带领村民建成村内第一个茶叶加工厂方便村民出售茶青，增加村民收入。2015-2016 年，村民加工制作高山有机红、绿茶 10000 余斤。同时，福清核电根据自身的消费优势，先后向村内合作社购买大量蔬菜、大米、茶叶帮助减少农副产品生产造成的经济损失。在福清核电的帮扶工作下，2016 年小东村从村财零收入达到 10 万元。

**图 19　《中国核能电力股份有限公司 2016 社会责任报告》披露推进精准扶贫举措和成效**

## （四）主动回应国际可持续发展倡议

作为影响国计民生和经济社会发展的重要企业，电力行业企业很多位居世界 500 强，电力行业社会责任具有极强的国际可比性，而且相当一部分中国电力行业企业都开展了国际化经营，因此，电力行业企业融入全球话语体系的步伐也日益加快，越来越重视将自身的经营置身于全球可持续发展进程之中，通过回应、对接国际可持续发展倡议，并制定具体的行动策略和实施路径，为全球可持续发展做贡献。联合国可持续发展目标（SDGs）自提出以来，已成为全球企业发展和管理的重要语境。2017 年发布的电力行业社会责任报告中，有 3.57% 的电力行业企业将 SDGs 作为编制参考标准，有 8.93% 的电力行业企业开展了 SDGs 对标，有 14.29% 的电力行业企业在报告中阐述了落实 SDGs 的相关情况。例如，中国电力建设集团有限公司主动对标 SDGs，积极制定行动框架、开展履责实践，体现了电力行业企业积极融入全球可持续发展进程中的思考、行动和绩效。

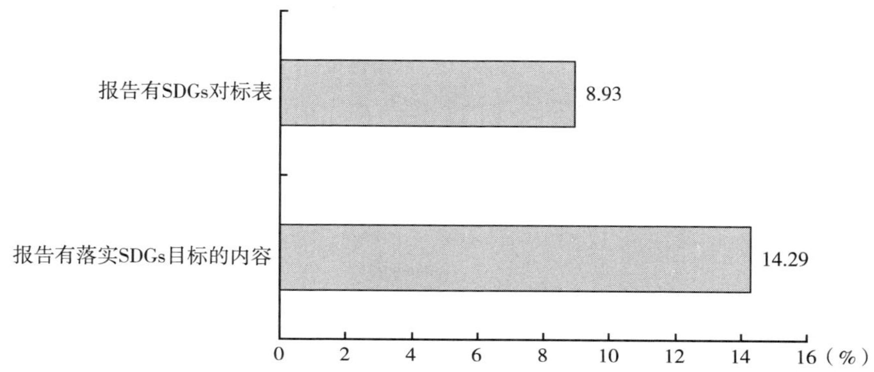


**图 20　电力行业企业对标联合国可持续发展目标（SDGs）情况**

## （五）报告表达方式更加多元和丰富，可读性较高

近三年来，电力行业企业发布社会责任报告的可读性得分率持续提升，与往年相比，有相当一部分电力行业企业通过在报告中采取二维码技术、改变传统内容呈现方式的做法，提高报告可读性。例如，中国电力建设集团有限公司在报告中置入二维码，读者通过扫描可观看中电建人扎根印尼 20 年

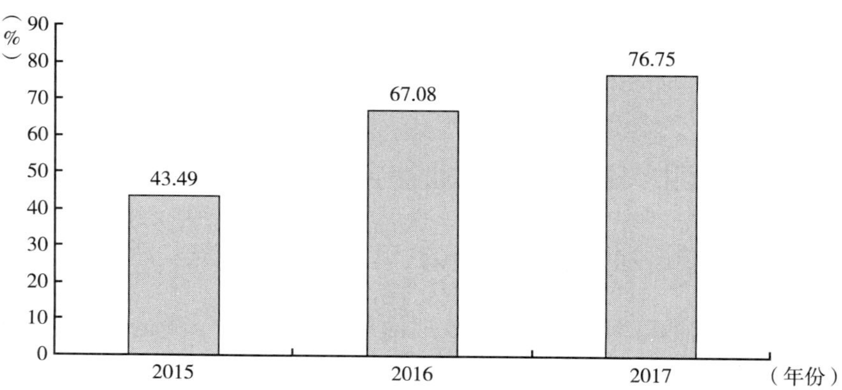


**图 21　近三年报告可读性得分率与平均水平对比**

来的履责故事，获得更加丰富的信息与多样化的阅读体验；中国南方电网公司则采用可持续发展生态圈的概念图来统领四大主体篇章，通过生态圈的方式展现公司履责领域、主要利益相关方及主要议题，彰显公司与利益相关方共同参与、共同努力、共同行动、共建共享的社会责任理念；此外，南方电网还将十年来输送西部水电至广东的数据与广东地区灰霾天数相对比，生动直观地展现企业在助力空气污染治理、回应公众关注问题方面的卓越绩效。

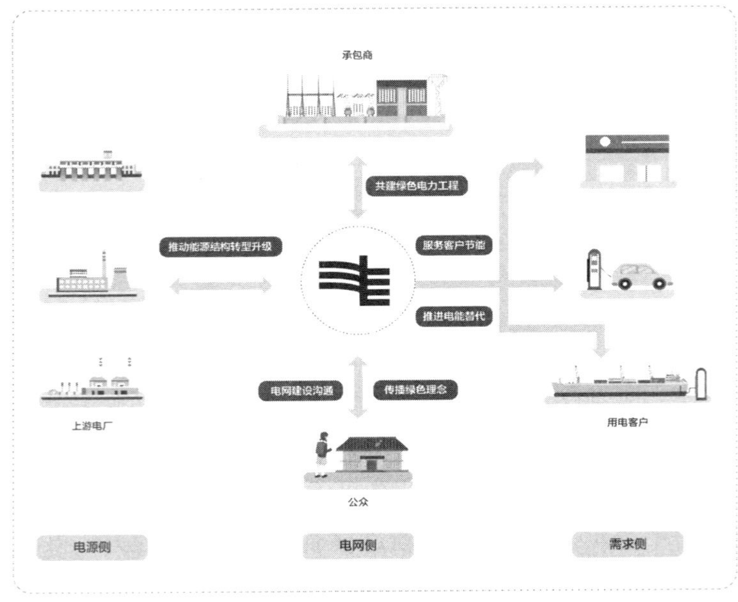


**图 22 《中国南方电网 2016 企业社会责任报告》绿色环保生态圈**

# 四 电力行业企业社会责任报告建议

## （一）精准识别利益相关方核心诉求，提高报告实质性

随着生产力的巨大飞跃和人类文明的重大进步，新一轮的能源变革悄然兴起。能源变革是贯彻“四个革命、一个合作”的能源战略思想、推进能源生产和消费革命的创造性实践。能源变革归根结底就是要推动能源发展的

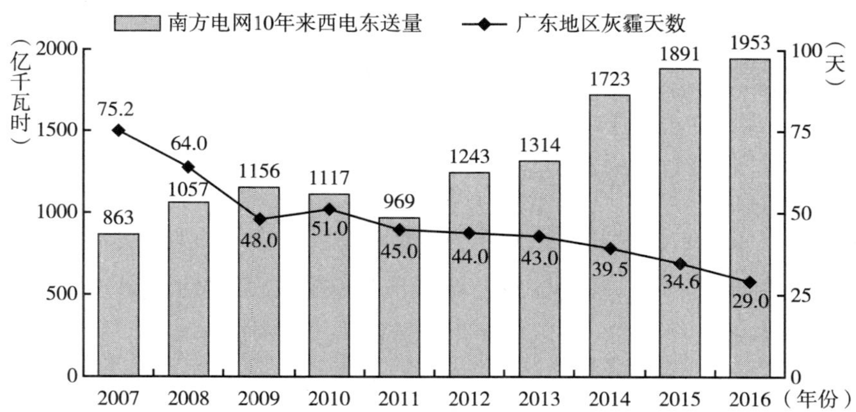


**图 23 《中国南方电网 2016 企业社会责任报告》西电东送与广东地区灰霾天气对比图**

广东地区灰霾天数数据来源：广东省气象局（数据不包括霾天）。

清洁化、全球化、智能化。以太阳能、风能、水能等清洁能源代替化石能源的能源开发，以电能替代化石能源的能源开发，以电能替代煤炭、石油、天然气等化石能源的能源消费导向，是推动生产清洁化、低碳化的重要途径。基于当前形势，社会各界对电力行业企业关注的议题也发生变化。社会责任报告作为企业与利益相关方之间沟通的桥梁和传播企业责任理念的起点，应该充分识别利益相关方核心诉求，披露当前利益相关方重点关注以及对电力行业企业自身产生重大影响的能源变革问题，突出责任信息披露重点，从而更加有的放矢地回应利益相关方的期望，展示企业负责任的形象。

### （二）发布国别报告，适应国际化经营趋势

近年来，越来越多的电力行业企业积极开拓国外市场并取得了一定成绩。此外，随着中国大力推进“一带一路”建设，电力行业企业在海外运营受到的关注和期望也越来越高。而不同国家和地区不尽相同的政情、社情、民情和文化特质，也对电力行业企业海外履行社会责任提出了更高要求。电力行业企业应该逐步发布海外重点区域社会责任报告或国别报告，总

结并披露在服务当地经济社会发展过程中的责任实践和成效，加强与运营地利益相关方的交流与沟通，回应海外利益相关方的期望和诉求，展示企业良好的履责形象，创造更好的海外运营环境。

### （三）注重社会化表达，建立与公众的亲密联系

社会责任报告作为利益相关方了解企业的重要途径，除了为利益相关方提供企业客观、全面的履责信息，保证信息披露的完整性、充分性和真实性，还要优化表达方式，使用社会化的语言，以利于读者理解，拉近与读者之间的距离。电力行业企业的业务具有高度专业性，尤其是发电类企业与公众的直接联系相对较少，因此在报告内容的表达和展现形式上需要从利益相关方角度出发，多考虑内容的易读性、可理解性，不仅让利益相关方看得到报告，还要看得懂报告，从而理解企业、认同企业、支持企业。例如，1 度电的价值能让普通电风扇运行约 15 小时，西电东送量与东部城市雾霾天数建立联系，可增强公众对电力行业企业履责实践与美好生活关联的认识，拉近与公众的距离。

### （四）促进利益相关方参与，提升企业透明度

电力行业企业作为与人们生活息息相关的企业，既要主动发布社会责任报告，在提升企业透明度、增强社会责任信息披露的主动性等方面发挥表率作用，也要重视利益相关方参与报告的编制和发布。一是报告编制过程拓宽利益相关方的反馈渠道，充分收集利益相关方的期望；二是报告发布过程主动邀请主要利益相关方包括政府、伙伴、媒体等走进电力行业企业，向各个利益相关方汇报、展示、沟通交流履责实践，进一步提升电力行业企业的运营透明度。

# B.8 金蜜蜂中国建筑行业企业社会责任报告研究

摘　要：本报告依据“金蜜蜂企业社会责任报告评估体系 2017”，对收集到的69份建筑企业社会责任报告进行研究和分析，并在此基础上提出相关建议。研究发现，建筑企业社会责任报告整体处于发展阶段，报告可信性和创新性不足。其阶段性特征主要表现为：国有做示范，领袖质量高，专项成亮点，员工受重视。

关键词：建筑行业　社会责任报告　专项报告　员工责任

建筑业是专门从事土木工程、房屋建设和设备安装以及工程勘察设计工作的生产部门，其产品是各种工厂、矿井、铁路、桥梁、港口、道路、管线、住宅以及公共设施的建筑物、构筑物和设施。建筑业是我国国民经济的重要支柱产业之一，其关联度高、产业链长、就业面广，在国计民生和社会发展中发挥着重要作用。

## 一　建筑企业社会责任报告概况

截至2017年10月31日，通过企业主动寄送、企业官方网站下载及网络查询等方式，我们共收集到建筑行业发布的企业社会责任报告69份。依据“金蜜蜂企业社会责任报告评估体系 2017”，对这些报告进行评估。

建筑企业发布的报告中，有66份（占95.65%）报告名称为企业社会责任报告，另外3份分别为可持续发展报告、项目社会责任报告和职工发展报告。

发布报告的建筑企业中，国有及国有控股企业共54家，占比78.26%，是报告发布的主要群体。发布报告的建筑企业中，接近三成的企业为领袖型企业，共有23家（见图1）。

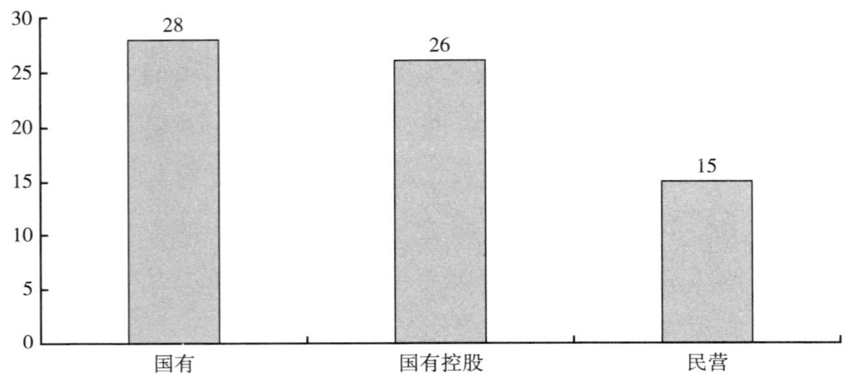


**图1　报告发布主体的企业性质**

13份报告在编制时参考了全球报告倡议组织（GRI）的《可持续发展报告指南》（G4），占比18.84%；参考社会责任报告国家标准GB/T 36001《社会责任报告编制指南》和《中国企业社会责任报告编写指南》（CASS - CSR 3.0）的报告各有12份（见图2）。

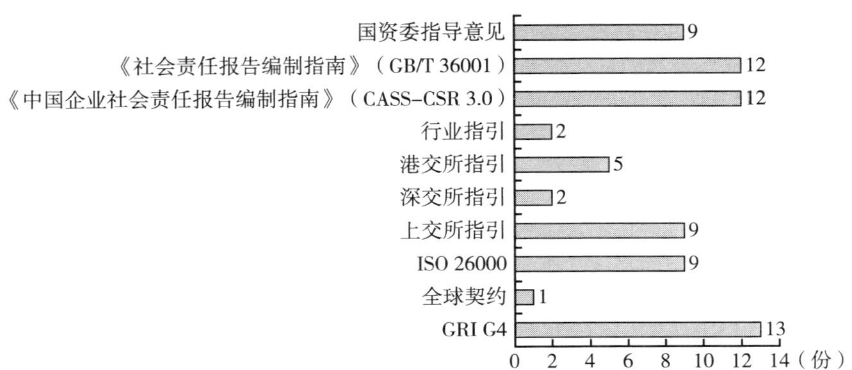


**图2　报告编制依据**

基于报告评估结果，我们对建筑企业发布的社会责任报告进行整体描述，并结合在企业社会责任报告编制咨询方面的经验，对这些报告的整体质量进行比较、分析和判断，尝试总结建筑企业社会责任报告的特点，并在此基础上提出相关建议。

## 二　建筑企业社会责任报告分析

### （一）报告总体情况

从整体上看，建筑企业社会责任报告的平均得分为56.11分，略高于中国企业社会责任报告的平均水平。其中，报告的实质性、完整性、可比性、可读性表现略好，可信性和创新性得分较低（见图3）。

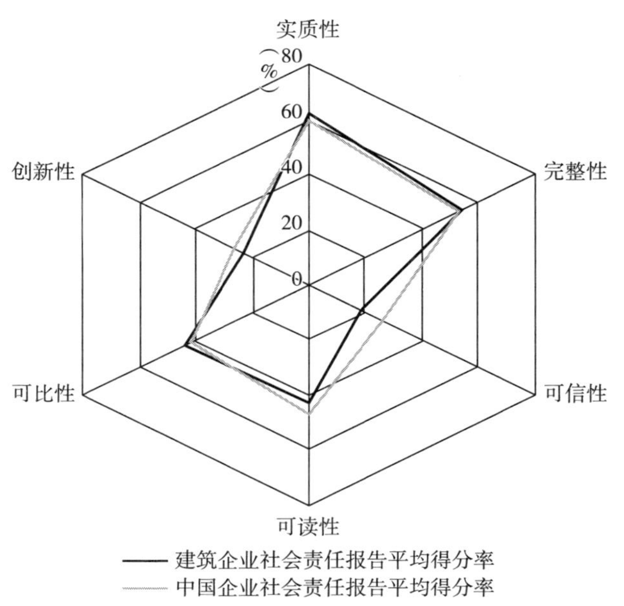


**图3　建筑企业社会责任报告六维度平均得分率**

## （二）具体分析

### 1. 结构完整性

结构完整性略高于中国整体企业水平，实践内容披露最多。建筑企业社会责任报告完整性平均覆盖率为 54.78%，比中国整体企业水平略高 1.84%。其中，战略与治理、高管声明、风险机遇分析、实践内容和计划内容的覆盖率分别为 38.41%、40.22%、26.57%、98.55%和 44.20%，只有实践内容部分明显高于总体报告水平。几乎所有建筑企业报告在实践内容披露方面，都涵盖了经济责任、环境责任、社会责任的信息（见图 4）。

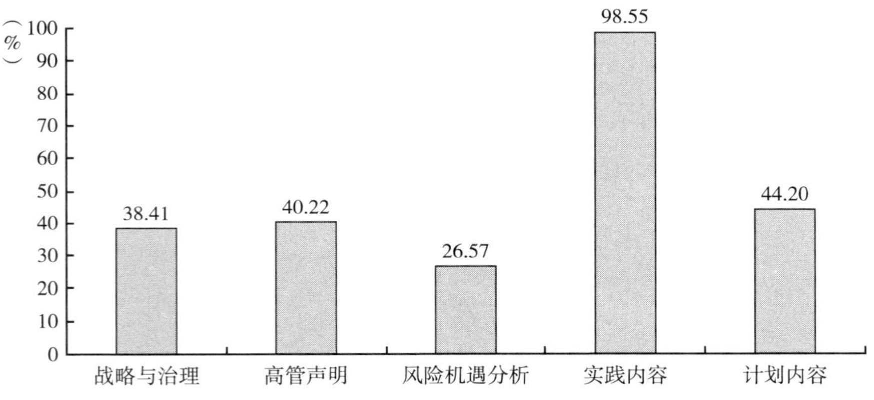


**图 4　结构完整性指标覆盖率**

### 2. 报告可信性

报告可信性亟待加强，负面信息披露仍需深化。建筑企业社会责任报告可信性平均覆盖率仅为 18.70%，比中国整体企业水平低 7.38%。从报告可信性指标覆盖率来看，表述客观性最高，为 50.00%；利益相关方评价、企业社会责任专家评价、第三方审验和信息来源覆盖率分别为 20.98%、5.80%、1.49%和 7.25%。其中，负面信息披露覆盖率仅为 13.04%（见图 5）。

### 3. 报告可读性

报告可读性得分不佳，影响履责信息的有效传递。建筑企业社会责任报

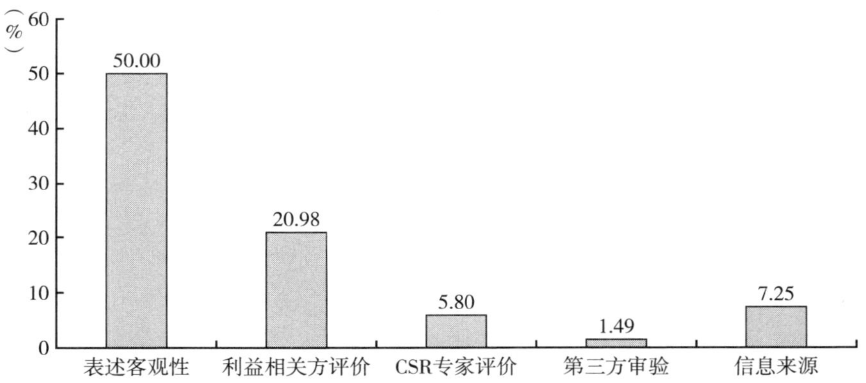


**图 5　报告可信性指标覆盖率**

告可读性平均覆盖率为 42. 90%，略低于中国整体企业水平，相差 3. 91%。其中，信息饱和度和版式的指标覆盖率都在 50% 以上，但是信息清晰定位、色彩搭配等指标覆盖率相对较低。说明建筑企业报告篇幅较为适中，页面布局相对比较合适，但是缺少清晰的信息导航工具，色彩搭配没有很好地体现企业文化，对报告信息的有效传递产生影响（见图 6）。

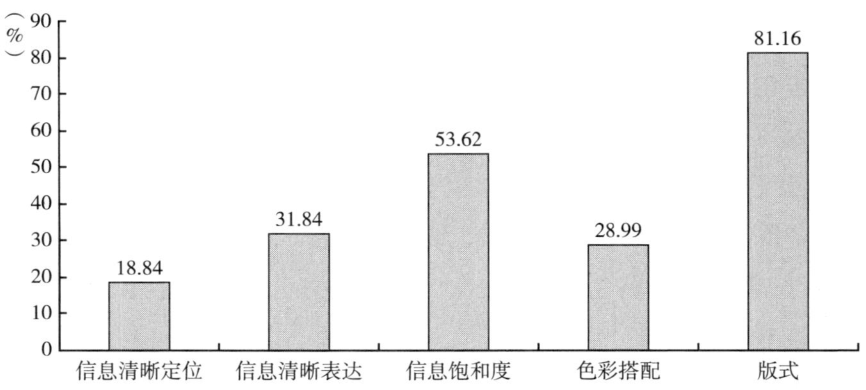


**图 6　报告可读性指标覆盖率**

**4. 绩效可比性**

绩效可比性较为完善，绩效信息披露相对丰富。建筑企业社会责任报告可比性平均覆盖率为 43. 74%，高于中国整体企业水平 2. 32%。其中，纵向可比指标覆盖率最高，为51.45%，超过半数的建筑企业在报告中披露了跨年度绩效对比和绩效目标的实现程度；行业内可比性和跨行业可比性指标覆盖率分别为40.58%和39.13%，低于总体报告水平，还存在较大的提升空间（见图7）。

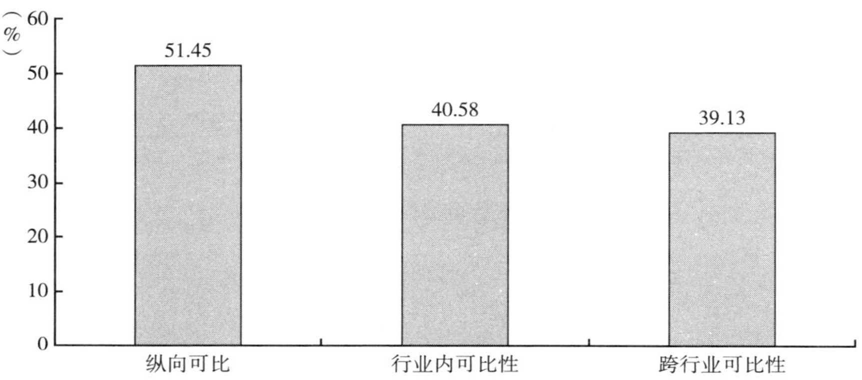


**图7　绩效可比性指标覆盖率**

**5. 报告创新性**

报告创新性略显不足，缺少时代热点和行业特色的展现。建筑企业社会责任报告创新性平均覆盖率为22.72%，比中国整体企业水平低3.64%，仍有很大的提升空间（见图8）。具体来讲，只有披露内容具有企业特点这一指标覆盖率超过50%，说明建筑企业报告内容具备一定的企业特色，但是不具备鲜明的企业特色，报告辨识度低。另外，内容、结构、形式在契合时代热点、体现行业特色的分数较低，说明报告的内容、结构和形式在这两方面略显不足。

**6. 报告实质性**

报告内容实质性较好，信息披露广度待提升。建筑企业社会责任报告实质性平均覆盖率为62.31%，略高于中国整体企业平均水平。从利益相关方角度来看，2017年指标覆盖率从大到小依次为员工（47.3%）、社区（35.1%）、政府（34.4%）、环境（27.3%）、客户（25.1%）、出资人（24.3%）、供应

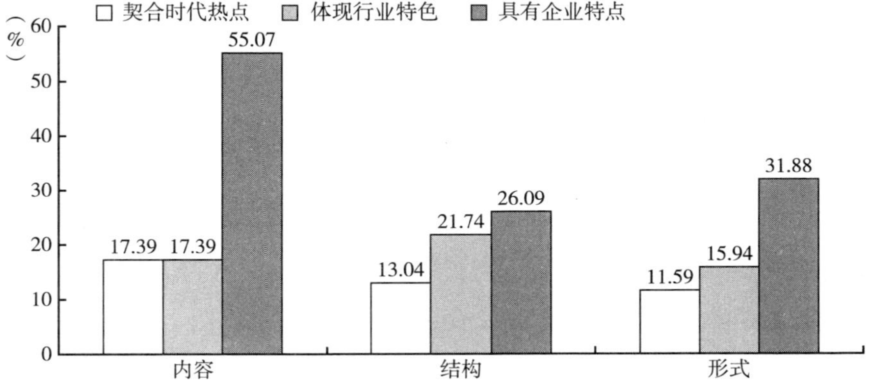


**图 8　报告创新性指标覆盖率**

商（18.4%）、媒体（14.7%）、同行（13.0%）等，说明建筑企业在报告中披露与建筑工程活动密切相关的员工、社区、政府等利益相关方的信息较多，但信息披露的广度有待提升，在媒体、同行、监管机构等方面的信息披露还需加强（见图 9）。

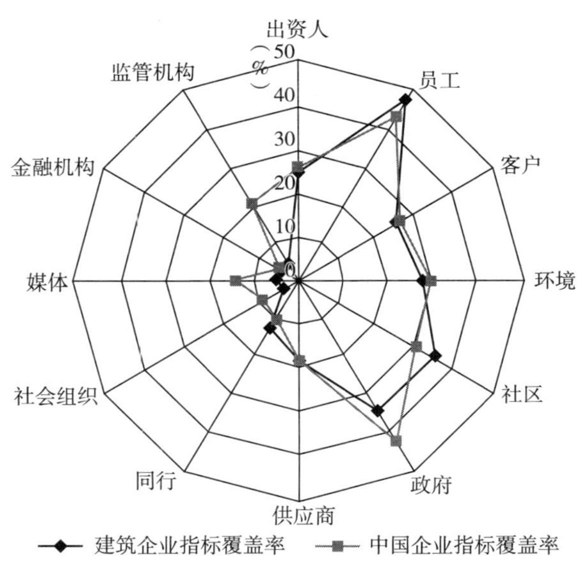


**图 9　利益相关方指标覆盖率**

## 三　建筑企业社会责任报告阶段性特征

### （一）国有做示范——国有及国有控股企业是发布报告的主要群体

2017 年，国有及国有控股企业在建筑企业报告主体中占比达到 75% 以上，相比于 2016 年的 70.69%，增长了 7.57%（见图 10）。其中，第一次发布报告的企业中，国有及国有控股企业占比达到 85%。国有及国有控股企业是建筑企业发布报告的主要群体，并以较快的速度增加发布报告的数量，但其对建筑行业民营企业信息披露的带动作用还需进一步增强。

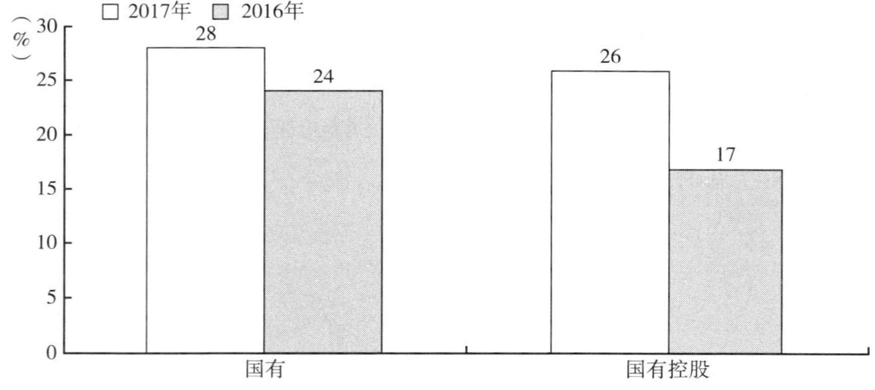


**图 10　报告发布主体中国有及国有控股企业的数量**

### （二）领袖质量高——报告质量整体处于发展阶段，领袖型企业报告质量高于平均水平

2017 年，建筑企业报告的平均得分为 56.11 分，建筑企业综合指数同比增长了 9.58%，但整体还处于发展阶段[①]（见图 11、图 12）。23 家领袖型

① 依据《金蜜蜂中国企业社会责任报告评估体系 2017》，我们将报告分为起步、发展、追赶、优秀和卓越 5 个级别。

企业的报告平均得分为66.78，高于建筑企业的平均水平。其中，62.50%的领袖型企业的报告处于优秀及以上水平，远高于建筑企业34.78%的优秀报告比例。领袖型企业已经形成相对成熟的报告机制，对建筑企业报告整体质量有着引领作用。如《中国建筑股份有限公司2016可持续发展报告》以“担当时代责任，打造中国名片”为主题，将“联合国2030年可持续发展议程”（SDGs）融入战略制定和运营管理，从责任天成、履责能力和责任重托三个维度向利益相关方披露了公司的履责实绩。《中国机械设备工程股份有限公司2016社会责任报告》以“贡献全球，责任相伴”为主题，系统披露了企业在转型升级、合理同行、幸福家园、安全环保、和谐社区等方面的履责信息（见图13）。

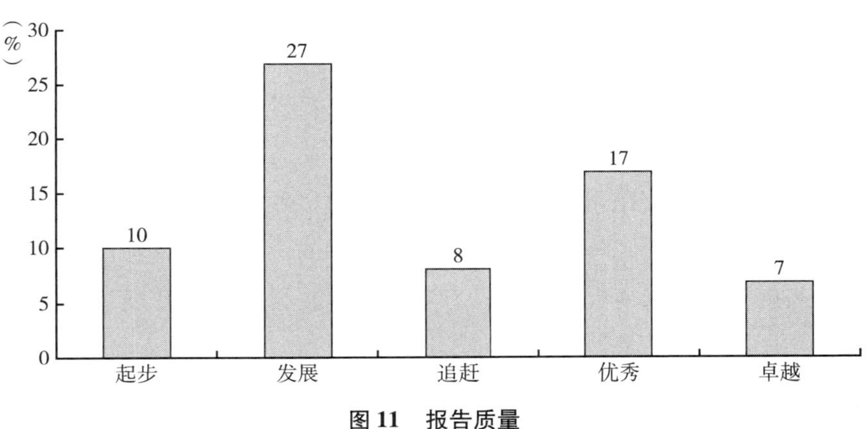


**图11　报告质量**

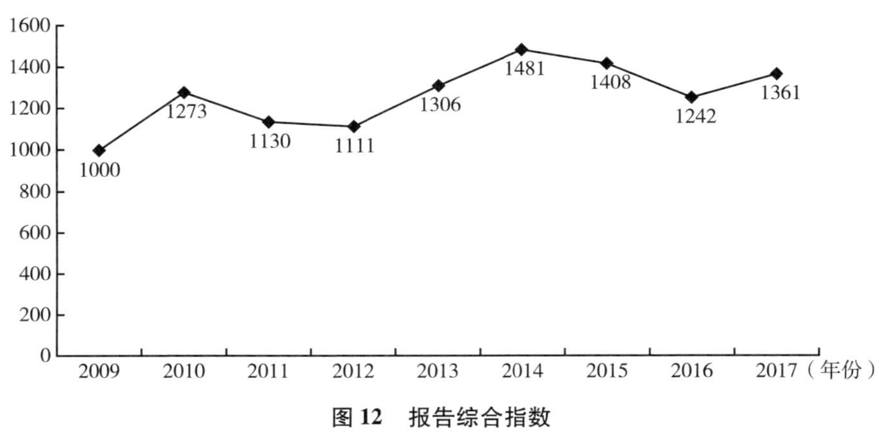


**图12　报告综合指数**

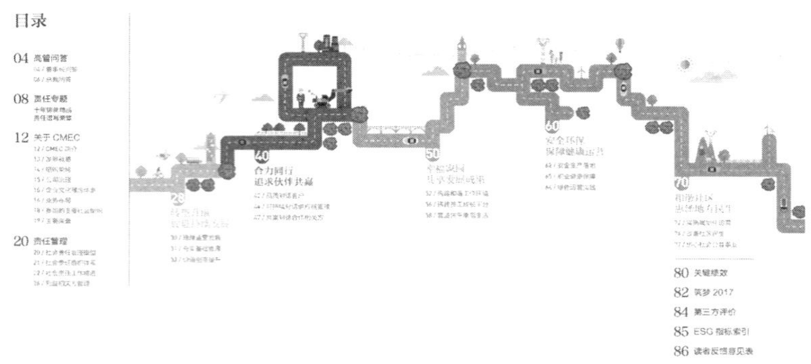


**图 13 《中国机械设备工程股份有限公司 2016 社会责任报告》内容节选**

## （三）专项成亮点——专项报告成为服务建筑项目新工具

今年评估的建筑企业报告中，有 2 份专项报告。其中 1 份是项目社会责任报告，同时也是海外分报告；1 份是职工发展报告。专项报告更加全面系统地披露了企业在相关领域的履责理念、实践和绩效信息，很好地发挥了与当地政府、社区等特定利益相关方群体的沟通作用，获得了利益相关方的高度评价。专项报告可能成为建筑企业在相关领域开展沟通的有效方式。

如中国路桥工程有限责任公司在《2016 蒙内铁路项目社会责任报告》中，详细地介绍了在肯尼亚建设蒙内铁路的经验、为运营蒙内铁路所做的准备等，全面阐述了中国路桥在落实蒙内铁路项目的过程中对当地经济、社会、环境的影响（见图 14）。

## （四）员工受重视——员工议题信息披露得分率相对较高

建筑企业报告中员工议题指标覆盖率最高，且均超过中国整体企业平均水平，其中社会保障、培训与发展两个议题的指标覆盖率均超过 50%，分别为 56% 和 50.25%，职业健康安全、劳资、工会的指标覆盖率分别为 45.25%、44.25% 和 40.50%，建筑企业对员工信息披露的重视程度相对较高（见图 15）。如《北京建设（控股）有限公司 2016 社会责任报告》披露

2016 中国路桥工程有限责任公司
China Road and Bridge Corporation
蒙内铁路项目社会责任报告
**Social Responsibility Report 2016 on Mombasa-Nairobi SGR Project**

**图 14 《中国路桥工程有限责任公司 2016 蒙内铁路项目社会责任报告》内容节选**

了公司积极引进各类人才、保障员工权益、关爱员工身心健康与职业发展等履责信息。《中国交通建设股份有限公司 2016 社会责任报告》详细介绍了公司在民主管理、农民工权益、员工发展、员工关爱、工作生活平衡等方面的内容。《中国电力建设集团有限公司 2016 社会责任报告》披露了企业通过保障员工基本权益、助力员工职业发展、丰富员工业余生活等方式加强人才建设的信息。

此外，有企业发布员工专项报告，显示了对员工这一利益相关方的高度重视。如中国能源建设集团有限公司发布《转型期的选择——中国能建职工发展报告 2011～2016》（见图 16）。报告以反映职工队伍与时俱进、开拓创新的精神品质和发展趋势为主线，详细披露了 2011～2016 年员工队伍基本情况、员工素质工程建设、职业健康安全环境、民主管理、工会组织建设等方面的履责信息。

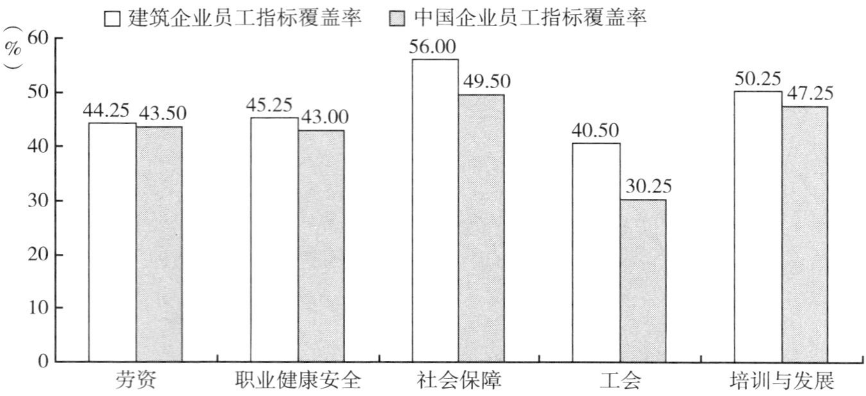


**图 15　员工指标覆盖率**

**图 16　《转型期的选择——中国能建职工发展报告 2011 ~ 2016》内容节选**

### （五）报告可信性较低——负面信息和利益相关方评价披露不充分

2017 年建筑企业社会责任报告可信性得分率是六个维度当中最低的，也是与中国整体企业水平差距最大的。建筑企业报告对行业企业日常运营和项目进展过程中发生概率较高的员工离职率、安全事故等负面信息披露较少。此外，利益相关方评价的指标覆盖率虽高于建筑企业报告可信性平均水平，但相比于总体报告平均水平还存在一定的差距。由此看出，与企业有密切联系的各个利益相关方没有积极参与到建筑企业报告编制的过程中，造成利益相关方评价的缺失。建筑企业在报告中没有清晰地标注报告相关信息的主要来源，也是导致建筑企业报告可信性较低的主要原因。

### （六）报告创新性不足——行业特色和时代热点融合不够

建筑企业报告创新性整体表现不足，与中国企业平均水平还存在差距。在报告的内容、结构和形式上，部分企业能够在报告中融入和披露自身的战略、文化理念、核心价值观等信息，展示企业对社会责任的理解和思考。但多数报告对行业特色和时代热点等回应不足。

## 四　建筑企业社会责任报告建议

### （一）发挥国有企业的示范效应和领袖型企业的引领作用，带动更多企业发布高质量报告

发挥国有企业示范效应，带动更多企业发布报告。国有及国有控股企业应以自身的可持续发展带动整个价值链的可持续发展，鼓励和帮助包括同行、承建商等在内的合作伙伴系统披露社会责任信息，并借助信息披露促进行业社会责任管理和实践水平。

发挥领袖型企业引领作用，促进建筑行业报告质量提升。领袖型企业宜

借助行业平台，积极交流、分享报告编制经验，促进更多建筑企业增强报告编制水平，提升建筑企业报告整体质量。

### （二）将社会责任和利益相关方管理融入报告，提升信息披露的广度和深度

加强对媒体、同行、监管机构等利益相关方的信息披露，拓展信息披露广度。建筑企业宜与和自身生产经营密切相关的每一个利益相关方主动交流，在保证员工、社区、政府等重要利益相关方信息完整披露的基础之上，加强企业对于媒体、同行、监管机构、社会组织等利益相关方在经济、社会和环境领域履责信息的披露。

全面披露议题的管理、实践和绩效等信息，提升信息披露深度。建筑企业宜与各利益相关方展开充分的沟通，倾听利益相关方的关切和期望，识别重要利益相关方和核心议题，加强对企业发展具有重大影响的核心议题的披露。通过规划社会责任专题等方式，深入开展社会实践，在更高层级的履责方面有所提升。

### （三）发布重点项目专项报告，全面系统地展示建设所在地的履责信息

在发布传统综合性年度社会责任报告的基础上，积极尝试和发布专项报告。建筑企业宜结合企业建筑工程项目的实际情况，针对企业运营中的重点项目，通过发布项目社会责任报告的形式披露项目前期筹备到后期运营全过程中，对利益相关方诉求的考虑与回应，以及项目的主要进展、实施中的履责亮点以及创造的综合价值。借助项目报告加强与利益相关方沟通，助力企业社会责任形象的树立，促进建设工程的顺利进行。

### （四）补足报告质量短板，提升报告可信性和创新性

重视利益相关方参与，客观披露负面信息，改善报告可信性。一方面，企业应重视利益相关方对报告编制的参与，在报告中借助利益相关方的视角，解读企业的履责信息。另一方面，企业宜尝试坦诚、适度地披露负面信

息，如针对员工离职率、安全生产事故等发生概率较高的事件进行披露，或以负面案例解决措施为导向，在报告中披露企业针对负面情况开展的补救措施和处理结果以及在管理制度、机制等方面的改进信息。此外，标注报告信息来源扩展阅读以增强报告内容的可追溯性。

优化报告内容和结构，融合行业属性及时代发展特征，增强报告创新性。一方面，结合企业自身的战略、文化和履责实践等，总结提炼出具有企业特色的社会责任理念作为报告主线贯穿全文，并对其进行深入、细致的解读。另一方面，结合联合国2030可持续发展议程（SDGs）、五大发展理念、“一带一路”、中国品牌等社会责任领域新理念、新发展，优化报告结构，赋予报告更丰富的时代内涵。此外，创新报告内容的表现形式，通过一张图、一张表、H5等形式简明扼要地表达企业的业务、全年履责重点等内容。

# B.9
# 金蜜蜂中国信息通信技术行业企业社会责任报告研究

摘　要：本报告依据“金蜜蜂企业社会责任报告评估体系 2017”，对收集到的信息通信技术企业 2017 年发布的 113 份社会责任报告进行评估和分析，并提出针对性建议。研究发现，信息通信技术行业企业报告的完整性、实质性以及可信性明显高于中国企业报告的平均水平，并呈现出以下阶段性特征：关键议题的披露趋于稳定；供应链、生态保护和依托技术优势助力社区发展成为披露重点；主动回应联合国可持续发展目标。

关键词：信息通信技术行业企业　供应链　生态保护　技术支持

随着信息通信技术（Information Communication Technology，简称 ICT）在经济发展过程中的渗透性不断加强，ICT 已然成为驱动经济发展的重要齿轮。2016 年我国电子信息产业主营业务收入达到 17 万亿元，是 2012 年的 1.55 倍，年均增速 11.6%，其中电子信息制造业为 9.5%，软件业为 18.1%，增速始终居各主要行业前列，有力地支撑了国民经济的稳定增长。

党的十九大报告提出，我国社会主要矛盾已经转化为人民日益增长的美好生活需要和不平衡不充分的发展之间的矛盾，而作为推动传统产业不断升级，提升社会劳动分工协作效率的重要核心，ICT 行业更将成为解决这一矛盾的重要力量。“十三五”时期，ICT 产业将依托全球创新最活跃、带动性最强、渗透性最广等特点，在各行业边界逐渐模糊的进程中，不断推动云计算、物联网、移动互联网以及大数据等新兴领域发展，深化信息技术与交通、医疗、能源、金融等传统领域进一步融合，助力“中国制造 2025”“互联网 +”等国家重大战略实施。在这一时代背景下，ICT 企业的社会责任，尤其在企业社会责任报告中如何展示 ICT 企业对中国经济发展做出贡献的社会责任理念和实践，就显得尤为重要。

## 一　中国 ICT 企业社会责任报告概况

截至 2017 年 10 月 31 日，通过企业主动寄送、企业官方网站下载及网络查询等方式，我们共收集到 ICT 企业发布的社会责任报告 113 份，高于 2016 年的 89 份（见图 1）。我们依据“金蜜蜂企业社会责任报告评估体系 2017”对这些企业社会责任报告进行评估。基于报告参数，我们对 ICT 企业发布的企业社会责任报告进行整体描述，并结合在企业社会责任报告编制咨询方面的经验，对这些报告的整体质量进行比较、分析和判断，尝试总结 ICT 企业社会责任报告的特点，并在此基础上提出相关建议。

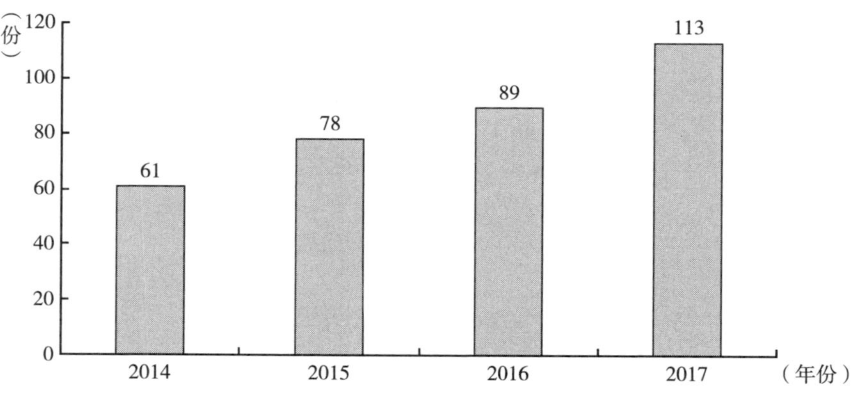


**图 1　ICT 企业社会责任报告四年收集情况**

连续 5 年及以上发布企业社会责任报告的 ICT 企业数量最多，为 44 家，占比 38.94%。首次发布的企业数有 35 家，占整体的 30.97%，可见 ICT 企业对社会责任报告重要性的认识逐步加深，越来越多的企业通过社会责任报告披露自身履责情况（见图 2）。

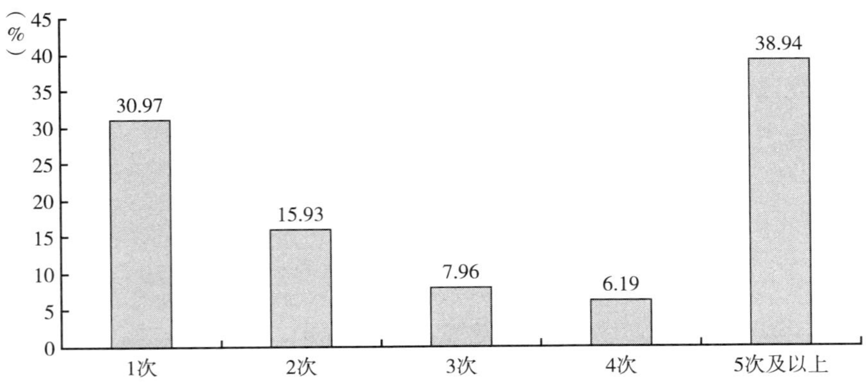


**图2　ICT 企业社会责任报告发布次数**

在篇幅方面，31～50 页的 ICT 企业社会责任报告占比最大，占总体的 37.17%；11～30 页的占比 35.4%；篇幅在 51 页及以上的报告占比只有 22.12%。整体来看报告披露的信息量增大（见图 3）。此外，规模较大的企业，报告的页数也相对较多。例如，《2016 中国电信集团社会责任报告》主体部分达 80 页以上。

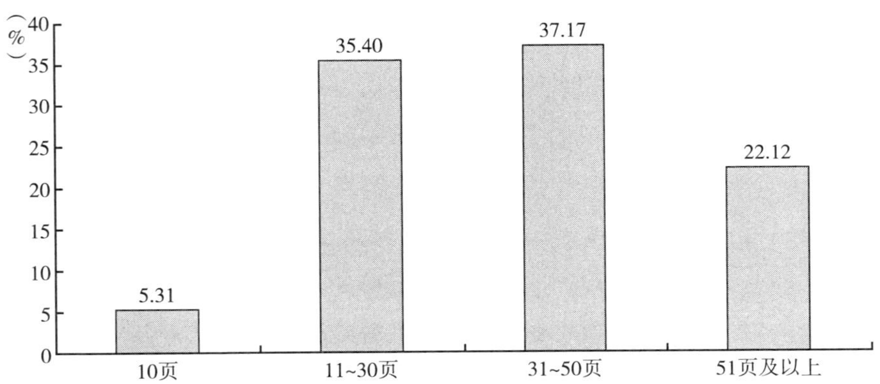


**图3　ICT 企业社会责任报告篇幅**

ICT 企业社会责任报告编写参照了多种指引、指南，其中国资委指导意见为主要参考依据，占比 12.26%，其次为港交所 ESG 指引，占比 9.68%。

部分 ICT 企业参照了工业和信息化部在 2016 年发布的 SJ/T 16000－2016《电子信息行业社会责任指南》编制报告（见图 4）。

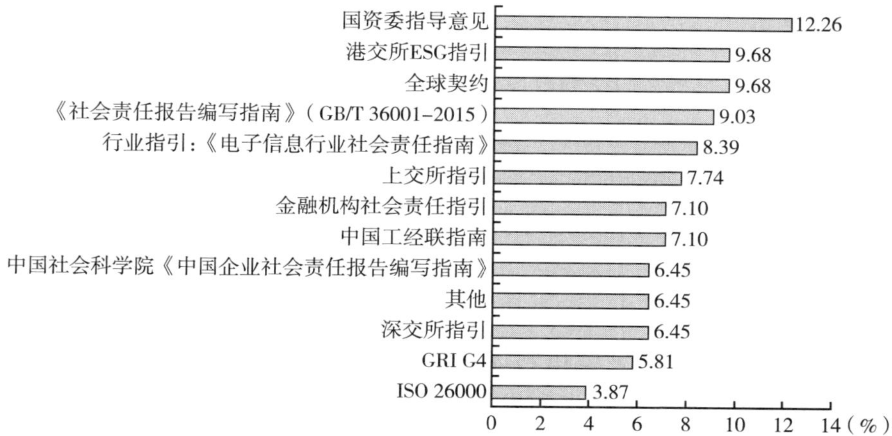


**图 4　ICT 企业社会责任报告编制依据**

作为报告发布第一大主体，国有性质企业（包括国有、国有控股、中央企业）在 ICT 企业社会责任报告发布中有 48 家，占比 42.47%。其次是民营与外资及港澳台企业，分别占比 21.24%、20.35%（见图 5）。在发布

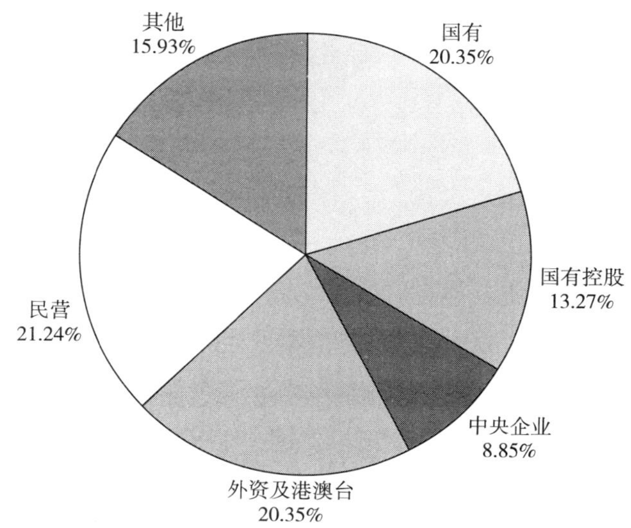


**图 5　ICT 企业发布社会责任报告的企业性质分布**

报告的民营与外资及港澳台企业中，大多数为科技型公司，其中有 23 家发布报告的次数不低于 4 次。

## 二 ICT 企业社会责任报告分析

### （一）报告总体情况

我们依据得分的不同将报告分为起步、发展、追赶、优秀和卓越 5 个层次。ICT 企业社会责任报告的平均得分为 57.93 分，整体处于发展阶段。其中，24.77% 的报告质量已达到优秀以上水平，具有较高的水准。然而，超过半数的报告还处于起步和发展阶段，报告质量仍有很大的提升空间（见图 6）。

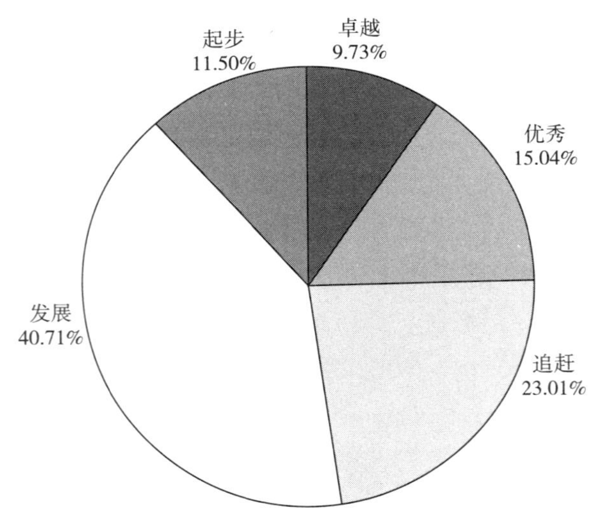


**图 6 ICT 企业社会责任报告类型分布**

ICT 企业社会责任报告对各利益相关方的关注与中国企业整体趋势基本一致，重视对股东（32.74%）、员工（49.82%）、政府（46.68%）、供应商（24.54%）、媒体（23.89%）、客户（26.70%）、环境（27.43%）、社区（30.75%）等利益相关方的履责信息披露，但在其他方面较中国企业社会责任报告还存在一定差距，在披露的范围方面还需进一步加强（见图7）。

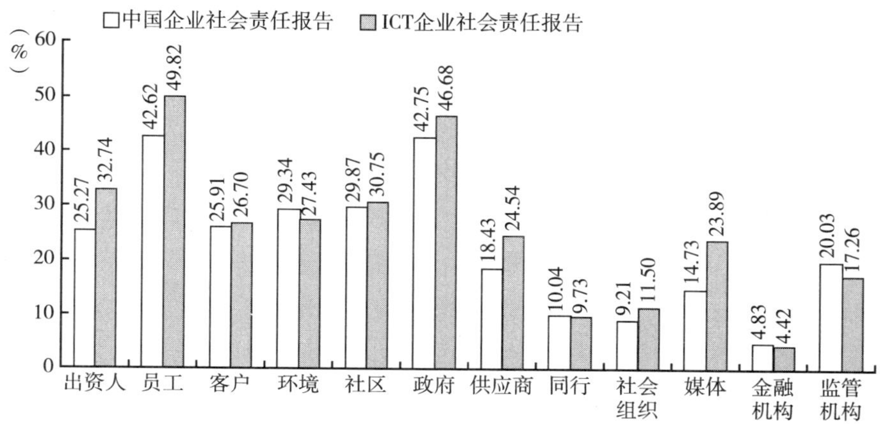


**图7　ICT企业社会责任报告与中国企业社会责任报告披露的相关内容比较**

ICT企业社会责任报告在完整性、实质性以及可信性方面优势显著。完整性得益于ICT企业在社会责任报告撰写方面多年来的探索，不断完善报告结构；实质性得益于ICT企业报告中主动呈现利益相关方切实关心的问题，并全面披露具体信息，便于利益相关方了解，有效提升报告的实质性；可信性的提高主要得益于多数报告能保证中立、客观的表达以及有利益相关方的评价。此外，通过各方努力，报告在逐年完善并有所提高。作为起步较早的ICT企业已然起到示范带头作用，有力推动了中国企业社会责任意识的整体提高。未来，ICT企业社会责任报告还需在报告内容创新性、披露信息的延续性，以及报告设计等方面继续加强，实现进一步的突破（见图8）。

## （二）具体分析

### 1. 结构完整性

报告完整性略高于中国企业平均水平。ICT企业社会责任报告完整性平

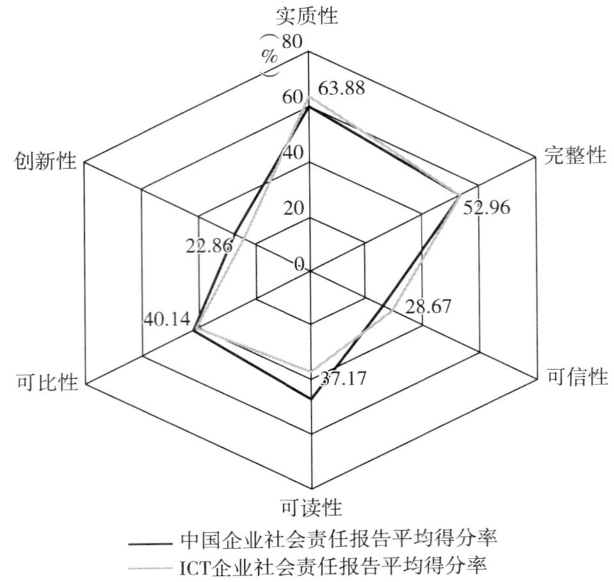


**图 8　ICT 企业社会责任报告整体质量分析**

均覆盖率为 52.96%。其中，战略与治理、高管声明、风险机遇分析、实践内容和计划内容的覆盖率分别为 43.14%、36.06%、28.32%、98.23% 和 47.79%。几乎所有 ICT 企业社会责任报告在实践内容披露方面，都涵盖了经济责任、环境责任、社会责任的信息（见图 9）。

**2. 报告可比性**

报告可比性仍需完善。ICT 企业社会责任报告可比性平均覆盖率为 40.14%。其中，纵向可比指标覆盖率最高，为 49.56%，几乎半数的 ICT 企业在报告中都披露了跨年度绩效对比和绩效目标的实现程度；行业内可比性和跨行业可比性指标覆盖率分别为 41.59% 和 29.20%，还存在较大的提升空间（见图 10）。

**3. 报告可读性**

报告可读性得分不佳，影响履责信息的有效传递。ICT 企业社会责任报告可读性覆盖率为 37.17%。其中，报告的信息饱和度和版式的覆盖率都在

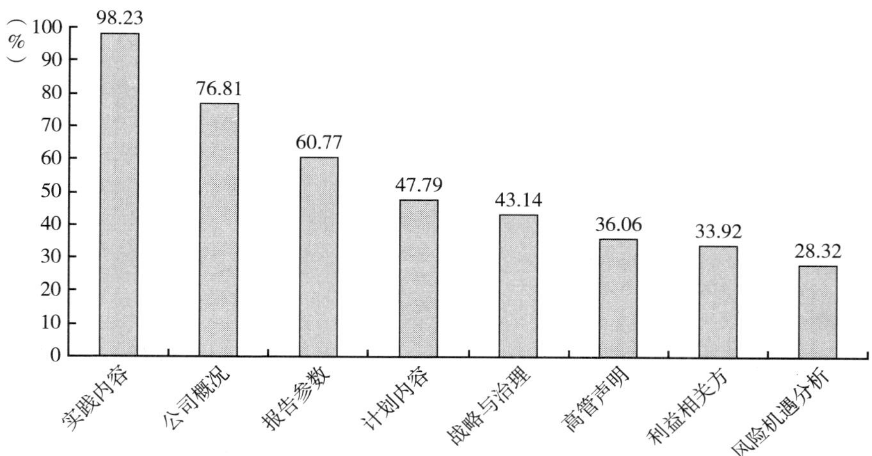


**图 9　ICT 企业社会责任报告完整性指标覆盖率**

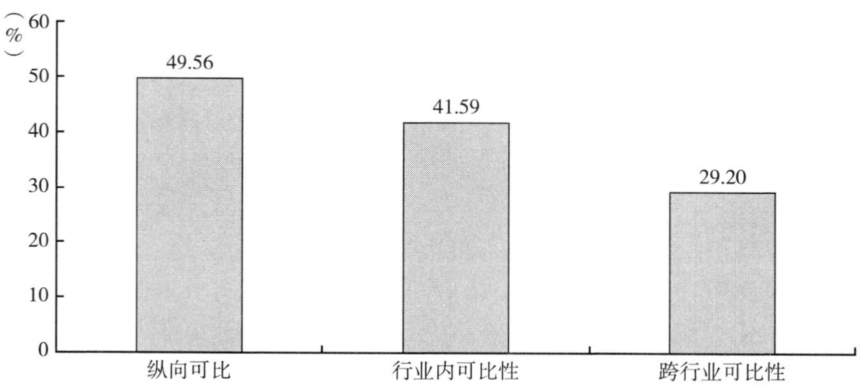


**图 10　ICT 企业社会责任报告可比性指标覆盖率**

50%以上，但是信息清晰定位、信息清晰表达和色彩搭配相对较低（见图11）。说明 ICT 企业社会责任报告篇幅适中，页面布局较为合理，但由于没能通过较好的色彩搭配，突显企业自身文化，以及缺少信息导航栏工具，致使重点信息未能有效传达给读者，使报告可读性降低。

**4. 报告可信性**

报告可信性较高，负面信息披露仍需完善。ICT 企业社会责任报告可信

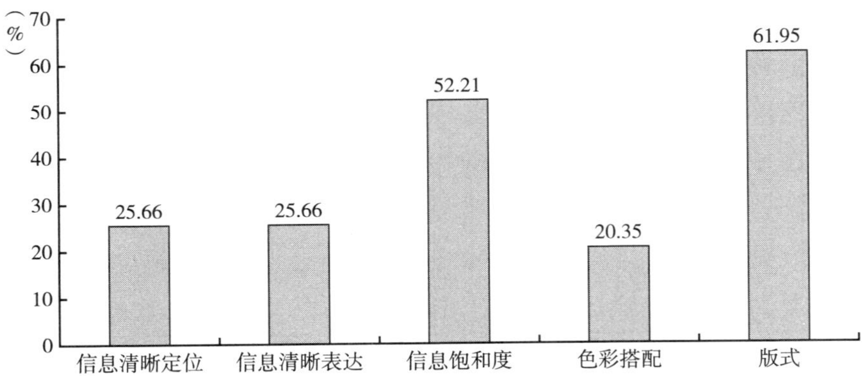


**图 11　ICT 企业社会责任报告可读性指标覆盖率**

性平均覆盖率为 28.67%。从报告可信性指标覆盖率来看，表述客观性最高，为 54.87%；利益相关方评价、CSR 专家评价、第三方审验和信息来源覆盖率分别为 53.10%、4.42%、6.19% 和 26.55%（见图 12）。其中，负面信息披露覆盖率也较低，仅为 19.47%。

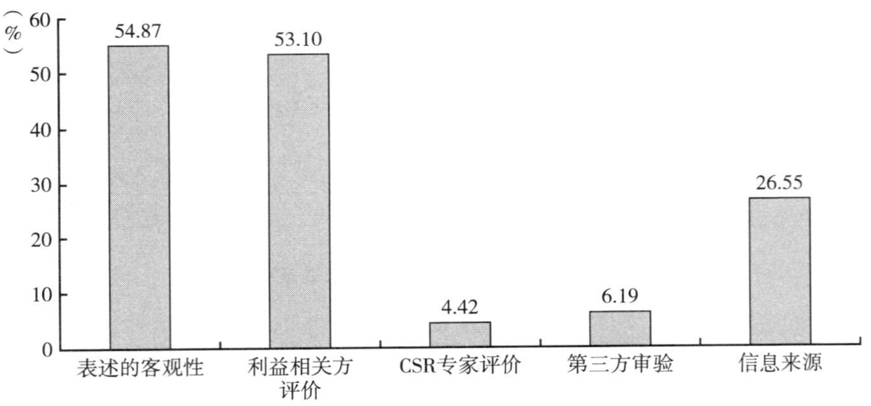


**图 12　ICT 企业社会责任报告可信性指标覆盖率**

### 5. 报告创新性

报告创新性较差。ICT 企业社会责任报告创新性平均覆盖率为 22.86%，仍有很大的提升空间。从报告中可以看出，ICT企业社会责任报告在结构方面创新较好，而在内容和形式方面创新较弱，有待加强（见图13）。

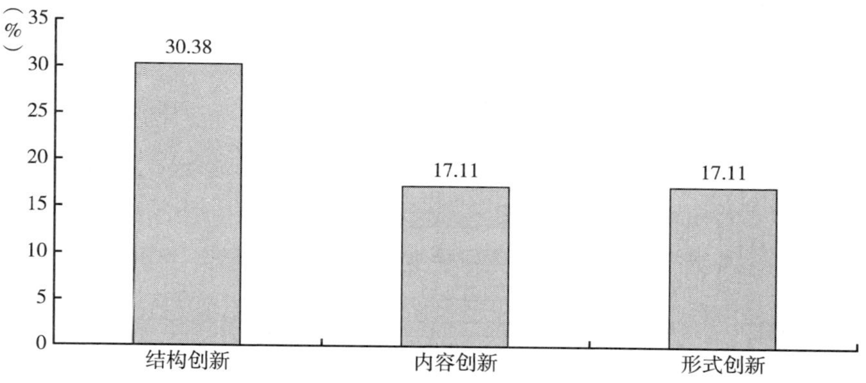


**图13　ICT企业社会责任报告创新性指标覆盖率**

## 三　ICT企业社会责任报告阶段性特征

### （一）报告数量逐年递增，报告质量仍有待提高

近年来，我国企业社会责任研究不断与国际接轨，越来越多的企业参与到社会责任管理之中，通过国际和行业标准完善自身的管理制度，披露自身履责信息，共同推动社会责任发展。通过多年数据比较不难发现，作为推动行业融合、经济发展的重要力量，ICT企业发布的社会责任报告逐年增多，但质量达到优秀以上的报告，仅占本次收集报告的24.77%。此外，ICT企业社会责任报告的可比性较平均水平低1.28%，可读性较平均水平低9.64%，创新性较平均水平低3.50%。由此可见，ICT企业社会责任报告在报告质量方面仍有待进一步加强。

### （二）创新性有所提高，但仍有较大差距

ICT企业社会责任报告创新性整体较低，与中国企业社会责任报告整体

相比，仍有较大差距。仅有“披露内容具有企业特点”一项指标有超过半数企业达到，其他内容均仅有少数企业达到。其中，体现行业特点和契合时代热点最低，无法展示 ICT 企业通过社会责任实践，在助力国家战略发展、响应国家号召方面的努力与思考（见图 14）。

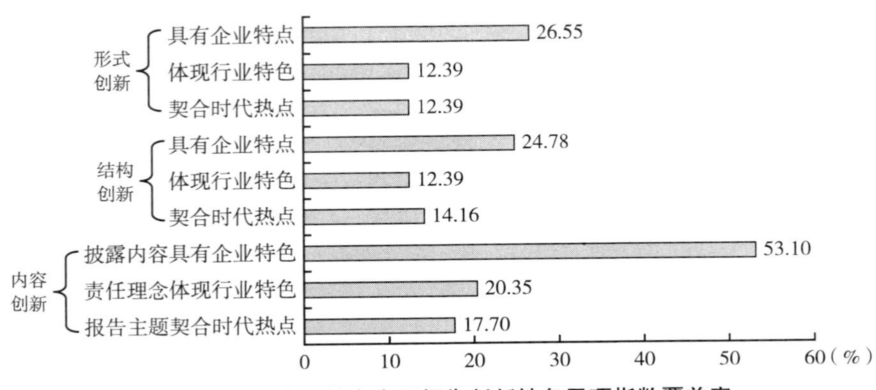


**图 14　ICT 企业社会责任报告创新性各子项指数覆盖率**

## （三）聚焦披露技术创新，推进行业交叉互融

随着人们对美好生活的需求不断增加，知识经济推动人类社会进步已成为普遍认知。而与知识经济增长密切相关的 ICT 企业，更是以可持续的技术与创新为驱动，不断推进社会发展，满足人们日益增长的需求。研究发现，ICT 企业不仅强调用技术改变人们的生活，更强调用可持续发展的技术促进社会进步，例如智能技术、大数据技术、云端技术等创新科技的逐渐兴起，加快推进了各行业的融合与发展。

以中国电信为例，它们在报告中披露了产品创新的举措，不仅面向移动互联网建立了 8 个产品基地，同时还与政务、教育、医疗等 16 个相关 ICT 行业建立了应用产品基地以及孵化基地，利用协同创新，实现交叉互融，共同促进社会的可持续发展。

## （四）注重供应链信息披露，突显绿色供应链成效

随着科技发展，全球分工合作越来越细，协作共赢已然成为社会发展的

主题。研究发现，ICT 企业不仅对供应链议题进行了详细而全面的披露，同时无论是采购原则、供应商资质，还是供应商管理指标，均较前一年与中国企业社会责任报告整体水平有较大提升，均高出整体 1 倍以上（见图 15）。

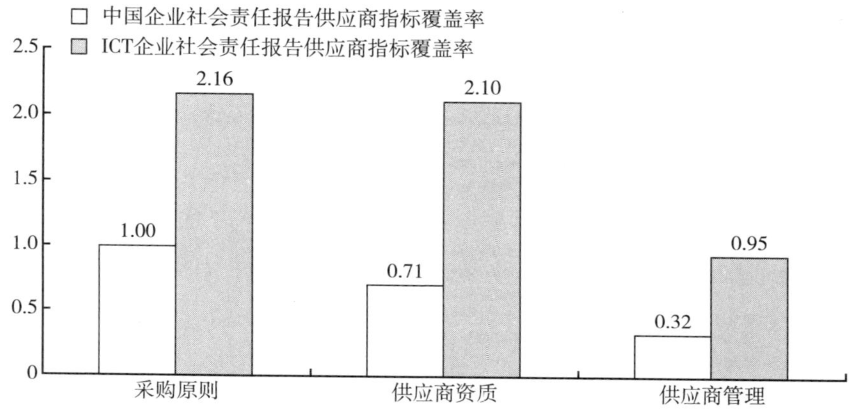


**图 15　ICT 企业社会责任报告与中国企业社会责任报告在供应商指标覆盖率方面的比较**

例如，《华为投资控股有限公司 2016 年可持续发展报告》在“可持续的供应生态链”章节中不仅详细地披露了关于供应商管理战略、无冲突矿产、绿色供应链等议题，并通过数据、逻辑图和案例等形式生动展现了华为在打造责任供应链方面的努力与实践（见图 16）。在《佳能（中国）企业社会责任报告 2016～2017》中，佳能通过在产品设计、生产、使用、回收等全生命周期降低产品和服务对环境的影响，实现全生命周期的环境管理。

## （五）关注电子废弃物管理，体现行业特色

急剧增加的电子垃圾是一个日益严重的全球问题，中国面临的挑战尤为严峻，ICT 企业不断通过回收再利用，以及研制新材料、新技术等方式对此问题进行改善。从责任报告中所以发现，ICT 企业更加注重新材料、新能源的使用率，以及资源节约与利用的专项资金的投入，希望以技术的手段，从最初的研发设计着手，降低产品对环境的影响。例如英特尔在电子废弃物管理方面，不

2016年，华为深化落实“质量优先”战略，将可持续发展作为大质量的组成部分，逐步提升可持续发展在物料认证、供应商认证、绩效评估和采购决策等环节的权重，深化与客户、供应商和行业组织合作，加大推动“三化一稳定”（即管理IT化、生产自动化、人员专业化和关键岗位人员稳定），落实可持续发展红线要求，通过采购业务推动供应商可持续发展，降低供应风险，提升客户满意，提升供应链竞争力。

2016年，华为供应链可持续发展聚焦以下几个方面：

- 深化客户合作，扩大联合审核，提升供应链透明度。2016年与3家客户合作对10家供应商进行现场审核,与客户共享审核结果。我们与2家客户合作对10家供应商进行LABORLINK员工调研，通过移动技术改善供应链劳资沟通。2016年4月，我们与德国电信联合举办“供应链可持续发展研讨会”，邀请行业专家与客户和供应商探索供应链可持续发展的商业创新模式。

- 深化供应商合作，将可持续发展融入采购和供应商生命周期。2016年对所有57家拟引入供应商进行可持续发展审核，其中12家因为审核不合格被拒绝。对938家供应商进行可持续发展风险评估，对53家供应商进行现场审核，对951家供应商进行绩效评估，对可持续发展绩效不合格的2家供应商进行业务限制。

- 深化与政府和非政府组织合作，强化市场驱动的绿色供应链机制。我们将公众环境研究中心（IPE）环保检索融入供应商审核工具和流程，2016年定期检索500家重点供应商环境表现，发现15条环保违规记录，与IPE合作对10家供应商进行现场审核，确保限期整改达标。2016年我们多次参与绿色供应链研讨会并交流可持续绿色供应链三脚凳模型，我们还参与制定国家标准绿色供应链管理导则和工信部绿色供应链管理评估要求。

- 深化行业合作，参与制定行业标准，推动行业共同行动。2016年我们作为核心专家成员参与制定了中国信息通信行业企业社会责任管理体系标准，牵头制定了IPC-1401供应链社会责任管理体系指南国际标准，两个标准都将社会责任作为客户要求融入产品及其生命周期，融入价值链运作，推动行业合作和供应链上下游企业合作转型，将社会责任转化为企业竞争力。

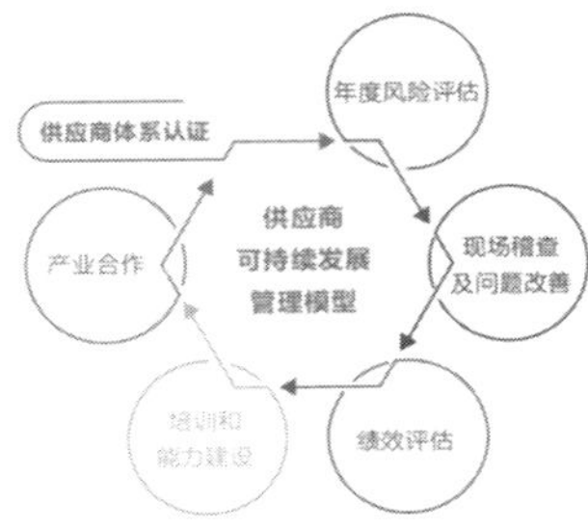


**图 16　华为的供应商可持续发展管理模型**

资料来源：《华为投资控股有限公司 2016 年可持续发展报告》。

仅携手利益相关方共同探索废弃电子解决方案、在产品中考虑环境因素，而且通过完善电子废弃物管理方法，以及制定电子产品环境评估工具评估系统，实现对电子废弃物的有效处置，以期将电子垃圾的环境影响降到最低（见图 17）。

## （六）注重绿色环保议题，提升生态系统保护

ICT 企业始终将环境作为发展过程中的重点关注对象，在通过绿色全生命周期管理企业研发、设计、生产等环节的同时，以技术手段为依托，分别从气候变化、环境污染、资源浪费等方面，不断完善相应制度以及绿色技术创新，实现绿色发展。同时，ICT 企业还在企业内部积极开展绿色生态宣传，并利用自身平台，号召更多的利益相关方加入，共担绿色责任。从报告中也不难发现，ICT 企业在生态系统保护方面所做的努力远远高于中国企业的整体水平，可见 ICT 企业在生态系统保护方面的承诺与努力（见图 18）。

**电子废弃物管理**

电子废弃物管理已经成为全球关注的问题。英特尔依据全球电子废弃物管理法律法规，与初级设备生产商、零售商、客户等一起探索废弃电子产品的共享解决方案，在产品设计中增加环境考量，以期将电子垃圾的环境影响降至最低。

许多规定明确了全球电子废弃物的管理方法。我们的大部分产品——包括主板、微处理器和其他组件，当被初级设备生产商制造成终端产品时，均处于电子废弃物法律管理范畴之内。在一些国家，我们的分销商在法律允许范围内为这些电子废弃物产品提供再次使用的机会。

电子产品环境评估工具（EPEAT*）评估系统，旨在帮助买家根据产品对环境的影响，评价、比较、选择笔记本电脑、台式机和显示器。我们也为渠道合作商和客户提供 EPEAT 相关信息。

**图 17　英特尔电子废弃物管理**

资料来源：《2016 英特尔中国企业社会责任报告》。

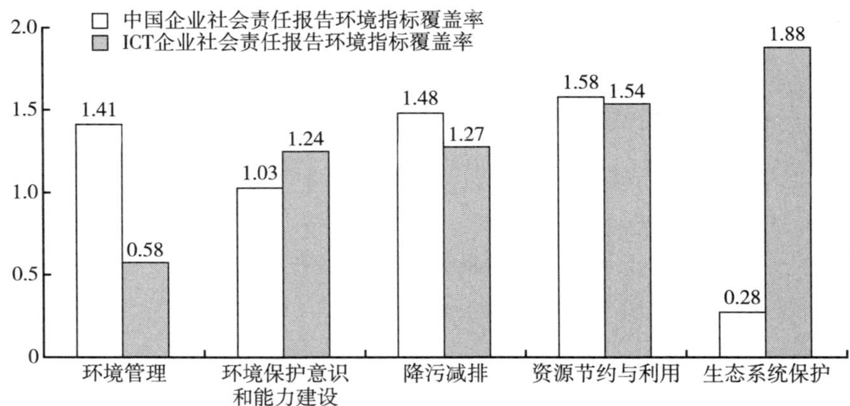


**图 18　ICT 企业社会责任报告与中国企业社会责任报告在环境指标覆盖率方面的比较**

例如，Apple 公司在《Apple 中国企业责任报告 2016～2017》中的环境保护议题方面披露了企业的理念与实践，不仅通过利用可再生能源，提高资源利用率，减少对气候的影响，同时凭借自身在行业的影响力，号召更多的利益相关方参与到生态保护的队列中，用最大的努力换取对环境最小的伤害，为建设蓝天碧水的美好家园共同努力。

## 我们的行动

Apple 对创新的热忱不仅限于产品，更融入对环境保护的承诺。我们建立环境管理体系，在全球多个国家和地区设立负责环境事务的专属部门，将环境保护纳入整个业务运营和供应链管理。

我们关注可以为环境做出改变的三个领域，包括通过使用可再生能源和提高资源利用效率减少对气候变化的影响，保护珍贵的资源，使用更安全的材料。

我们是否可以，使用太阳能、风能和水能来驱动全球业务？我们对此充满自信。正因如此，我们数据中心 100% 的用电，以及我们全球所有设施 96% 的用电，均来自太阳能、水能和风能发电。你发送的每一条 iMessage，向 Siri 提出的每一个问题，都是由可再生能源驱动的。

我们是否可以，让 100% 的供应链，100% 使用可再生能源？我们当然希望如此。作为千里之行的第一步，我们首先致力于帮助供应商在 2020 年前实现 4 千兆瓦的可再生能源项目。

我们是否可以，终有一天完全停止开采地球的矿物？这听起来简直天方夜谭，但事实上，我们正实实在在地为之奋斗。我们正逐步打造一个闭环供应链。我们希望终有一天，新产品的生产完全能够由循环利用材料来实现，这当然也包括你手上的各种旧产品。

我们是否可以，使包装用纸 100% 来自循环利用和负责任的采购？我们可以做到。我们已经实现了目标的 99% 以上：我们负责任地采购原生纸，不遗余力地保护可再生的森林。而 iPhone 7 的包装盒正是由受到负责任管理的纸张、竹子和甘蔗残渣制造的。

我们是否可以，在卓越的材料上更精益求精？当然。我们的化学专家一直致力于让产品使用的材料变得更安全。他们用来反复检测材料的激光诱导击穿光谱仪，甚至与火星探测器上用的是同款。

环境问题，并非任何一家企业能独立解决。因此，我们激励他人，共同推动全球环境目标的实现。

**图 19　Apple 生态环保具体行动**

资料来源：《Apple 中国企业责任报告 2016 ~ 2017》。

### （七）依托专业技术优势，助推和谐美好社区

ICT 企业发挥技术和设备优势，参与社区防灾减灾活动指标覆盖率为 73.45%，高出中国企业整体水平 58.82 个百分点（见图 20）。从本次研究中也可看出，ICT 企业为帮助更多需要帮助的人，实现个人价值，不断提升社会整体幸福指数，不仅高层管理者带头，鼓励更多的员工参与到周边社区帮扶，为社区提供志愿服务，更是结合社区实际情况，利用自身技术优势及

影响力，帮助公益组织将相应的资金、技术、人力等资源投入到社区，展开针对性的社区服务能力提升。

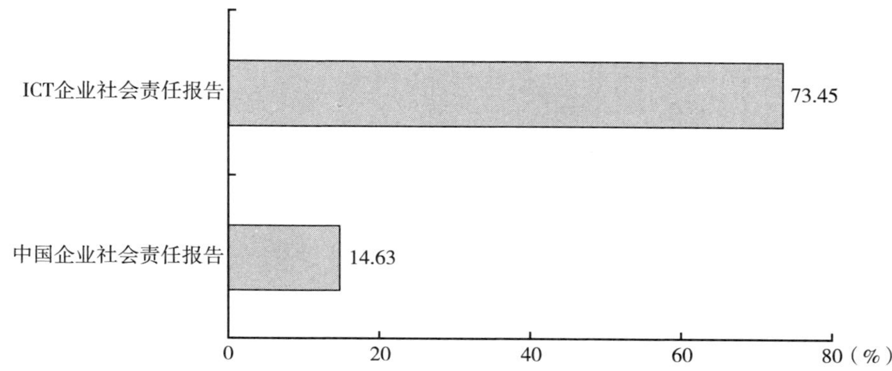


**图 20　ICT 企业社会责任报告与中国企业社会责任报告在发挥技术和设备优势，参与社区防灾减灾活动指标覆盖率方面的比较**

例如，百度公司在《2014～2016 百度企业社会责任报告》中提到，为了让更多的视障人群能够重新“看”到世界、感受世界，百度依托百度大脑的图像和语音技术，将图像识别转化为语音播报，着力打造 DuLight 技术，使识别准确率提升到 99.7%，用科技的力量赋能更多有需要的人，让他们从不同的角度重新感知世界，感受科技的温暖。为更好地满足人们的美好生活需求，腾讯在《2015/16 腾讯企业社会责任报告》中披露，腾讯不仅致力于提升一个企业的长期价值，更发挥自身优势，开放四大“互联网 +”基础能力，布局医疗、人社、交通等领域，用实际行动回馈社会。通过互联网 + 医疗，打破“信息孤岛”；通过互联网 + 警务，为民众提供安全保护；通过互联网 + 乡村，高效连接惠民服务等。

## 四　2017年 ICT 企业社会责任报告建议

### （一）发挥中电标协会、通信协会推动作用，提升报告整体质量

有效提升报告整体质量，中电标协会、通信协会应充分发挥自身推动作

用，鼓励 ICT 企业将社会责任理念融入企业的使命、价值观和愿景，形成具有企业特色的社会责任观，形成“政府引导、行业搭台”的良好外部环境，让 ICT 企业意识到履责的重要性与必要性，促使更多企业在发布报告的同时，注重报告质量的提升。

### （二）关注行业特色议题，加强信息披露质量

作为推进传统产业融合的重要力量，建议 ICT 行业社会责任报告应重点突出技术创新、供应链管理、电子废弃物管理以及虚拟社区管理等具有行业特点的议题，使利益相关方充分了解到具有 ICT 企业特色的社会责任履责实践，进而推动企业社会责任理念的传播，加强信息披露质量。例如 ICT 企业在责任供应链管理方面的信息披露，相较于中国企业责任报告整体更为完善，不仅体现出 ICT 企业的供应链管理水平，同时也为更多的企业在披露供应链信息时提供了方向，为我国企业社会责任报告编制水平的整体提升提供了有力支持。

### （三）紧跟行业趋势，增强报告创新性

随着我国企业社会责任的不断发展，整体水平逐年升高，作为企业社会责任报告的先行者，ICT 企业在创新方面与其他企业已无较大差异。为此，ICT 企业需根据自身特点，持续加强与利益相关方合作，以负责任的态度、创新的思维，通过对标如全球倡议组织（GRI）的《可持续发展报告指南》，以及工业和信息化部在 2016 年发布的 SJ/T 16000－2016《电子信息行业社会责任指南》在内的国际国内最新标准，将社会、经济、环境三个方面的议题融入日常企业决策和管理之中，促使 ICT 企业从多个角度全面阐述企业社会责任的理念、价值观，以及具体行动，完善并丰富 ICT 企业社会责任报告编撰。

### （四）加强关键绩效连续披露，提升报告可比性

各领域关键绩效的连续披露，以及与同行信息的对比，关系着报告有效

性程度。然而从本次研究分析来看，仅有部分 ICT 企业披露了年度绩效对比，以及绩效目标的实际落实情况。因此，为进一步提高报告可比性，ICT 企业社会责任报告应从经济、社会、环境三方面入手，分别从目标管理、措施等跨年度绩效方面进行披露与对比，展现 ICT 企业在客户满意度、节能减排、技术创新等领域的责任绩效，使利益相关方通过报告对 ICT 企业社会责任履行实践，有一个更为全面直观的了解。

### （五）借鉴优秀设计经验，提高报告可读性

作为有效传递企业责任信息的重要途径，ICT 企业仍需多借鉴行业内外的优秀报告撰写经验，加强报告设计，提升报告可读性。一方面，结合报告结构，将每一章节以导航的形式，分布在每一页中，使利益相关方在了解 ICT 企业责任实践的过程中，能够一一对应，便于阅读。另一方面，通过色彩的合理搭配，将 ICT 企业在我国当前“一带一路”“互联网 +”，以及联合国 2030 年可持续发展议程（SDGs）的新形势、新发展下的履责实践绩效，有效传递给利益相关方。

# B.10
# 金蜜蜂中国银行业金融机构社会责任报告研究

摘　要：本报告依据“金蜜蜂企业社会责任报告评估体系 2017”，对收集到的 56 份银行业金融机构发布的社会责任报告进行评估分析，并提出针对性建议。研究发现，银行业报告质量较往年有所提升，整体水平高于中国企业责任报告的平均水平；不同类型的银行业金融机构报告质量和数量相差较大；银行业整体关于社会责任管理方面的议题披露情况仍有提升空间；注重对经济社会发展热点议题的披露。

关键词：银行业金融机构　社会责任/可持续发展报告　报告评估　得分率

银行业金融机构在我国是指中国人民银行、监管机构、自律组织，以及在中华人民共和国境内设立的商业银行、城市信用合作社、农村信用合作社等吸收公众存款的金融机构、非银行金融机构以及政策性银行。截至 2016 年底，我国银行业金融机构共有法人机构 4399 家，从业人员 409 万人。银行是经营货币和信用业务的金融机构，通过发行信用货币、管理货币流通、调剂资金供求、办理货币存贷与结算，充当信用的中介人，是现代金融业的主体，是资金活动的中枢神经，是国家宏观调控的关键部门，是整个经济活动的总枢纽，能掌握和反映社会经济活动的信息，对国民经济发展具有重大作用。

## 一 银行业金融机构社会责任报告概况

我们通过企业主动寄送、企业官方网站下载及网络查询等方式，收集银行业金融机构发布的2016年企业社会责任/可持续发展报告。依据“金蜜蜂企业社会责任报告评估体系2017”，我们对这些企业社会责任报告进行评估，基于评估参数进行整体描述，结合在企业社会责任报告编制咨询方面的经验，对这些报告的质量进行比较、分析和判断，尝试总结银行业金融机构社会责任报告的特点，并在此基础上提出相关建议。

截至2017年10月31日，中国银行业金融机构共发布2016年企业社会责任报告/可持续发展报告共56份，与2016年的66份相比，减少了10份①。发布报告的银行业金融机构包括大型商业银行5家（及其中两家银行的支行）、股份制商业银行9家、城市商业银行26家、外资银行5家、农村中小金融机构7家、邮政储蓄银行和民营银行各1家，共计56家。

根据中国银监会2016年年报披露，截至2016年底，中国银行业金融机构包括1家国家开发银行、2家政策性银行、5家大型商业银行、12家股份制银行、134家城市商业银行、1114家农村商业银行、8家民营银行、40家农村合作银行、1125家农村信用合作社、1家邮政储蓄银行等在内的法人机构4399家。就2016年银行业金融机构社会责任报告收集情况来看，仅有100%的大型商业银行、75%的股份制商业银行及部分城市商业银行连续多年发布了社会责任报告，其他大部分银行业金融机构均尚未发布社会责任报告。

在发布社会责任报告的银行类型中，占比最大的是城市商业银行，共有26家城市商业银行发布了社会责任报告，在所有发布报告的银行中占比46.4%。

---

① 减少的10份多为5家大型商业银行的支行报告，按照往年经验，支行报告篇幅均在10页以内，对其总行的信息披露情况影响不显著。

21 家银行聘请了第三方机构对报告进行审验，在所有发布报告的银行中占比 37.5%，较去年的 30% 有所提升。相较于中国 2016 年企业社会责任报告整体 6.21% 的审验占比而言，银行业审验报告占比较高，可看出银行业金融机构较为重视报告的可信度。

## 二　银行业金融机构社会责任报告分析

### （一）报告总体情况

我们依据报告得分，将报告分为起步、发展、追赶、优秀和卓越 5 个类型[①]。2017 年，银行业金融机构发布的 2016 年社会责任报告的平均得分为 61.38 分。与上年度报告相比，有较大提升，整体水平处于追赶阶段。究其原因，一方面是企业发布报告的整体质量有所提升，另一方面是多数往年发布报告的分支行未发布报告，减小了对整体报告质量的影响。

在所有银行报告中，14% 的报告（浦发银行、工商银行、厦门国际银行、恒生银行、华夏银行、上海银行、重庆农村商业银行、招商银行）质量已达到“卓越”，具有较高的水准；34% 的报告处于优秀阶段，在所有报告类型中占比最高，披露水平也较高；追赶及以下阶段的报告占 57%，多半报告还处于起步和发展阶段，报告质量还有很大的提升空间（见图 1）。

从报告的整体质量来看，银行业金融机构社会责任报告质量整体高于中国企业社会责任报告的平均水平，尤其在创新性方面表现优异，说明银行业金融机构普遍重视对报告的理念创新、结构创新和形式创新。若要提升整体质量，可比性和可信性仍是需要重点关注的方面（见图 2）。

相较于 2014 年、2015 年，银行业社会责任报告在社区、政府、客户等三类利益相关方相关的指标方面覆盖率较高，数据显示，2016 年银行业社

① 80 分以上为卓越，70～79 分为优秀，60～69 分为追赶，40～59 分为发展，40 分以下为起步。

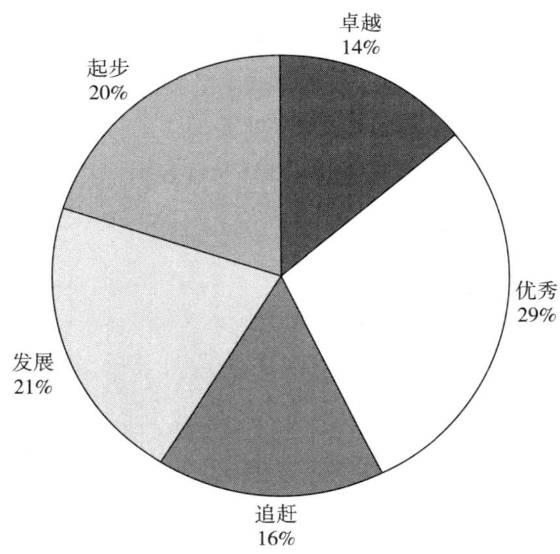


**图 1　银行业 2016 年社会责任报告类型分布**

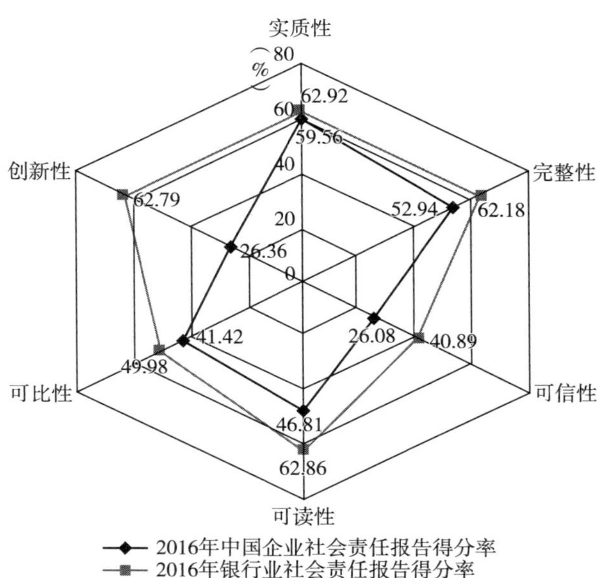


**图 2　银行业 2016 年社会责任报告整体质量**

会责任报告重点利益相关方有政府、媒体、监管机构、客户、社区和员工等，指标覆盖率分别为62.05%、44.64%、42.86%、42.71%、33.93%和36.79%（见图3）。

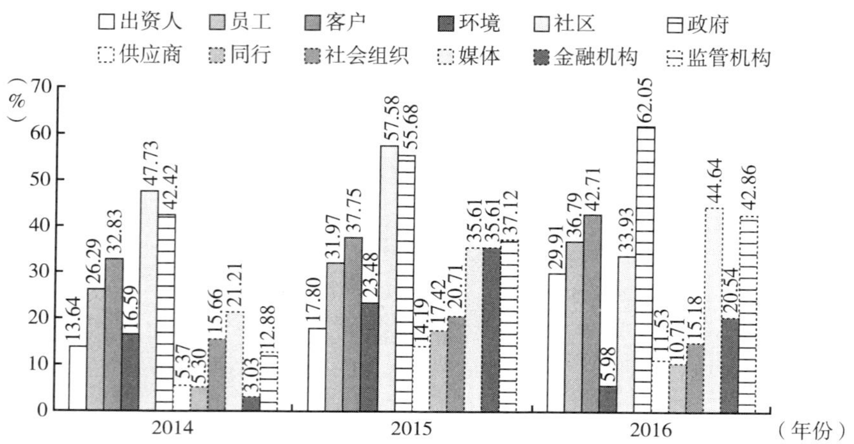


**图3　银行业2014～2016年社会责任报告利益相关方实质性指标平均覆盖率**

## （二）具体分析

近三年来，银行业金融机构社会责任报告的实质性、完整性、可信性、可读性、可比性及创新性得分率全部呈逐年上升趋势，其中实质性、完整性得分率稳步上升，可读性和创新性则实现了飞跃提升，2016年以上四个方面得分率均超过60%（见图4）。

**1. 结构完整性**

2016年银行业金融机构社会责任报告结构完整性得分率为62.18%，较2014年、2015年有所提升。从报告实际情况来看，银行业金融机构在利益相关方及重要议题的识别和排序、公司风险机遇分析、社会责任计划内容等方面的信息披露仍有待提高。

**2. 报告可信性**

2016年银行业金融机构报告可信性得分率为40.89%，在六个方面中得

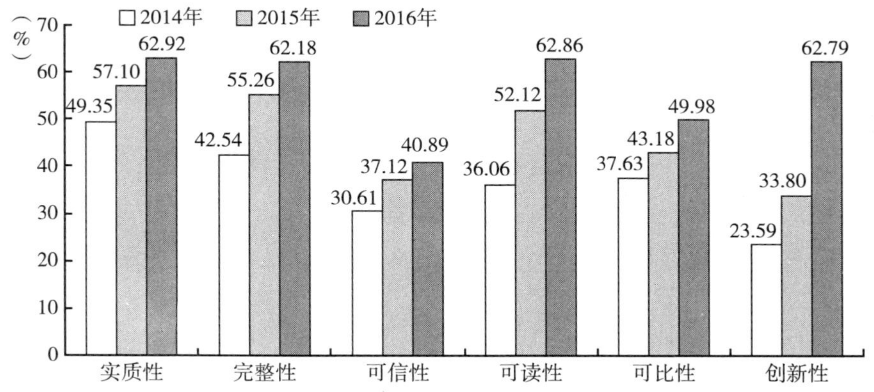


**图 4　银行业 2014～2016 年社会责任报告质量趋势**

分率最低，但仍高于中国企业社会责任报告整体可信度（26.08%）。银行业金融机构可在目前基础上更多地引入第三方审验及专家评价，增加对信息来源的说明和负面信息的披露等。

**3. 报告可读性**

2016 年银行业金融机构报告可读性得分率达到 62.86%，较 2014 年的 36.06% 实现大幅度上升。信息定位清晰、表达形式丰富、篇幅适中、色彩搭配和谐、页面布局合适的报告更有利于读者抓取核心信息，更好地展现企业所披露的信息。

**4. 绩效可比性**

银行业金融机构报告的可比性逐年稳步上升，但 2016 年可比性得分率仅优于报告可信性，为 49.98%。从报告实际情况来看，银行业金融机构在公司的跨年度可比方面得分较好，在行业可比、跨行业可比方面仍有提升的空间。

**5. 报告创新性**

纵向上来看，报告创新性的得分率（62.79%）较上一年（33.80%）几乎提高了 1 倍，可见银行业金融机构在报告的内容、结构、形式创新上都有较大提升；横向上来看，2016 年中国企业社会责任报告整体创新性得分仅为 26.36%，远低于银行业平均得分率。相对于其他行业报告，银行业金融机构报告都能较好地把握企业发展与时代脉搏的一致性，报告主题都较为契合时代热点，责任理念也更能凸显行业和企业特色。

**6. 报告实质性**

银行业金融机构报告的实质性逐年稳步上升，且历年得分都高于其他五个方面。2016 年银行业金融机构报告实质性得分率 62. 92%，较 2016 年中国企业社会责任报告整体水平（得分率 59. 56%）略高一筹。显然，报告实质性仍然是各企业编制社会责任报告最为关注的一个方面。从报告实质性的整体情况来说，银行业金融机构能够较好地把握利益相关方及有关重要议题的信息披露。2016 年银行业社会责任报告在各利益相关方相关的指标覆盖方面相较于往年发生了较大变化，详见后文。

## 三　银行业金融机构社会责任报告阶段性特征

### （一）银行业金融机构的社会责任报告总体质量水平提升显著

银行业金融机构的高质量报告数量大幅增加，平均得分率从 2014 年的 45. 34% 逐年提升到 2016 年的 61. 38%，优秀和卓越报告合计从 2014 年的 16. 67% 增加到 2016 年的 42. 86%，起步水平的报告由 2014 年的 42. 42% 减少到 2016 的 19. 64%（见图 5、图 6）。

从整体发展水平来看，2016 年银行业总体呈稳健运行状态，资产负债稳定增加，盈利能力持续增强，风险抵御能力保持稳定。在此背景下，发布报告的银行更加注重提升社会责任工作和社会责任信息披露的质量和专业性。需要注意的是，2016 年分支行报告数量大幅减少，一定程度上减小了对行业整体报告质量的影响。

### （二）城市商业银行在社会责任报告数量和质量方面的表现都较为突出

2016 年，城市商业银行依然是银行报告发布的主力军。城市商业银行

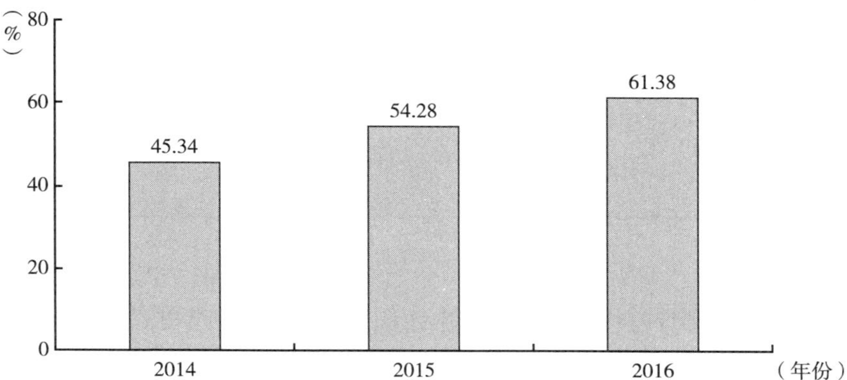


**图 5　银行业 2014～2016 年社会责任报告平均得分率趋势**

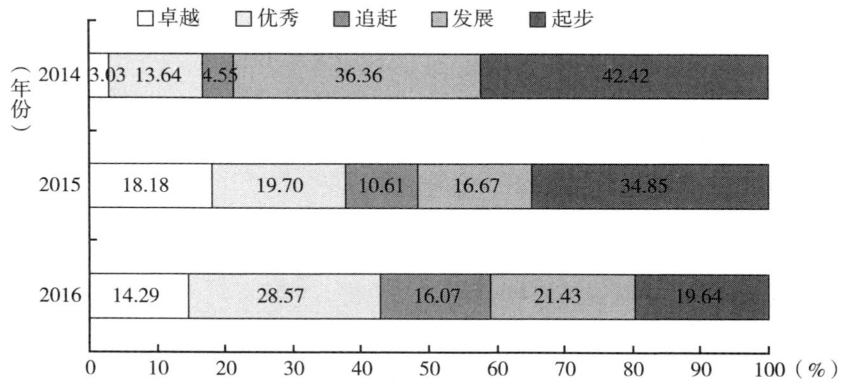


**图 6　银行业 2014～2016 年社会责任报告类型分布趋势**

坚持服务本地的定位，围绕服务地方经济发展、推动城镇化、帮扶小微企业等开展战略和业务转型，成为城市普惠金融服务的主要提供者。

近两年城市商业银行报告发布情况较为稳定，平均得分率在 55% 左右，反映了其近几年管理和经营稳健发展，注重加强规范化的管理和信息披露，具体情况可参考表 1。珠海华润银行、重庆银行等多家城市商业银行在报告中披露了近三年的关键绩效指标。

**表 1　城市商业银行社会责任报告概况**

| | 2014 年 | 2015 年 | 2016 年 |
|---|---|---|---|
| 企业总数(家) | 133 | 133 | 134 |
| 发布份数(份) | 9 | 25 | 26 |
| 平均得分率(%) | 44.33 | 56.01 | 55.08 |

### （三）农村中小金融机构在社会责任报告质量方面的表现较好，但发布报告的企业数量仍然较少

从统计数据可以看到，近三年农商行社会责任报告平均得分率持续提升，2015 年和 2016 年分别为 49.08% 和 65.34%，分别比上年提升了 10.94 个百分点和 16.26 个百分点；2016 年也超过了银行业社会责任报告平均得分率（61.38%），其中，上海、重庆等农村商业银行连续发布报告已达 5 年以上，披露信息详实，跨年数据可比性高，且非常注重信息披露对利益相关方诉求的回应（参见表 2）。

**表 2　农村中小金融机构社会责任报告概况**

| | 2014 年 | 2015 年 | 2016 年 |
|---|---|---|---|
| 企业总数(家) | 3566 | 3676 | 3783 |
| 发布份数(份) | 8 | 6 | 7 |
| 平均得分率(%) | 38.14 | 49.08 | 65.34 |

然而，相较于农村中小金融机构的企业总数，发布报告的企业数量仍然较少。截至 2016 年底，农商行数量已突破千家。已经成立且发展逐步成熟的农商行在健全公司治理结构、提升服务质量、保障员工权益等方面持续完善和发展。农村中小金融机构应当更加重视企业在成立、转型过程中的利益相关方沟通和信息披露，向外界展示企业在支持本地经济社会发展方面所做出的努力。

### （四）民营银行自企业成立起连续发布社会责任报告，将社会责任融入企业发展战略

2014 年以来，中国银监会按照“成熟一家，设立一家”的原则，稳步推进民营银行试点工作。阿里巴巴、腾讯、均瑶、复星等民营资本参与民营银行试点工作；同年 7 月，首批 5 家民营银行（分别是浙江网商银行、前海微众银行、上海华瑞银行、天津金城银行和温州民商银行）获批筹建并开业。2016 年，新获批筹建的民营银行共 12 家（4 家已开业），而首批 5 家银行 2016 年上半年盈利均在百万元至千万元之间。近三年，民营银行发展良好，区别于传统银行的市场定位日渐清晰，如首批 5 家中的 4 家就定位于互联网金融领域或中小微企业服务。

2016 年首批 5 家民营银行之一的天津金城银行，至今已连续两年发布社会责任报告，是第一家发布社会责任报告的民营银行。换言之，天津金城银行自成立之初就将社会责任融入企业发展战略，虽然整体得分率没有达到银行业平均水平，但相较于上一年，在完整性、实质性上均有所提升；在数据披露和案例阐述方面也更加重视以外部视角加以解读；在绿色金融、供应商管理方面的信息披露也具有相当的实质性。不过，民营银行社会责任报告在创新性和可读性等方面仍旧有很大的进步空间，银行本身特色与社会责任管理和实践的结合程度还有待加深，并应当进一步提升信息披露和利益相关方沟通的成效。

### （五）在社会责任管理方面，银行业金融机构的整体指标覆盖率较低，且不同类型银行业金融机构间存在较大差距

股份制商业银行和大型商业银行社会责任管理相关指标覆盖率较高，分别为 70% 及 60% 以上，远超行业整体水平。股份制商业银行在“社会责任管理制度”指标方面覆盖率达 77.78%，是行业水平的两倍以上。相对而言，城市商业银行及农村中小金融机构的社会责任管理水平还有很大的提升空间（见图 7）。

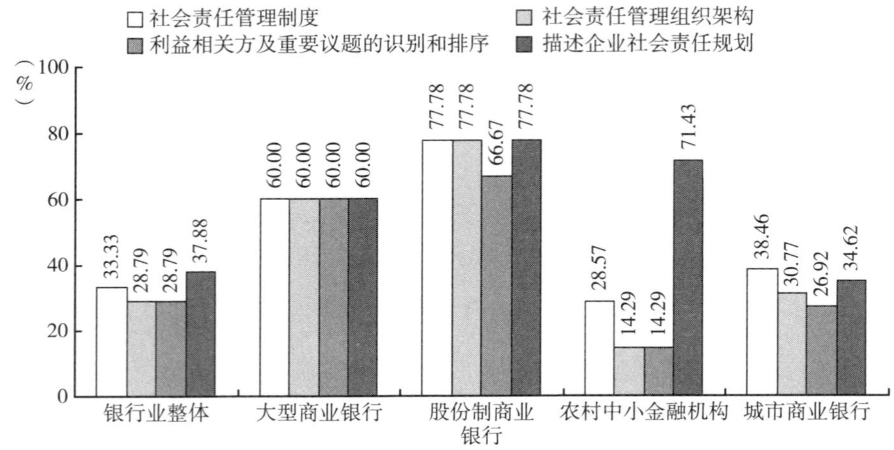


**图 7　银行业 2016 年社会责任报告社会责任管理相关指标覆盖率**

大型商业银行及股份制商业银行具有多年社会责任管理经验积累，且大多都已经连续发布社会责任报告达五年甚至十年以上，社会责任管理制度和架构清晰且在不断优化中。而对于城市商业银行、农村中小金融机构这些后起之秀来说，企业自身处于快速发展过程中，其发展途径也异于传统模式，企业管理处于“模仿”与“创新”的混合模式状态，企业管理及企业社会责任管理均处在尚未定型的阶段，仍需时日加以完善。由此也可看到，银行业社会责任报告并不仅仅只是利益相关方沟通的手段、信息披露的载体，更是反映企业运营背后的社会责任管理情况的重要途径（可参考图 8 所示）。

## （六）注重对经济社会发展热点议题的披露

无论大型商业银行还是城市商业银行、农村商业银行，都非常重视对国家发展战略（如“一带一路”等）及国计民生重点议题（如三农服务、中小微企业服务）的落实和回应（可参见图 9）。2016 年以来，监管机构对银行业风险管理和规范经营等提出了更为严格的要求，颁布了一系列监管措施，引导商业银行强化服务实体经济的功能，支持经济结构调整和可持续发展①。

① 毕马威：《2017 年中国银行业调查报告》。

**图 8　交通银行 2016 年社会责任报告披露责任管理信息**

2016 年是“十三五”规划的开局之年，也是银行业改革图存、转型求变和创新超越的关键之年。银行业金融机构主动对接国家战略，积极服务“一带一路”、自贸试验区改革创新等重大战略，主动回应供给侧改革，大力加强对“中国制造 2025”的金融服务，为实体经济转型升级持续提供针对性强、附加值高的金融服务（可参见图 10）。

发展绿色金融是实现绿色发展的重要措施，也是供给侧结构性改革的重要内容。2016 年 8 月 31 日中国人民银行、财政部、国家发展和改革委员会、环境保护部、中国银行业监督管理委员会、中国证券监督管理委员会、中国保险监督管理委员会联合印发了《关于构建绿色金融体系的指导意见》，发展绿色金融已成为我国银行业金融机构转型升级的一大趋势，也是各企业重点披露的一项议题。如浦发银行 2016 年社会责任报告中介绍了企业绿色信贷政策和绿色金融产品体系，并详细披露了绿色信贷近三年绩效。

脱贫攻坚是供给侧结构性改革的重要内容，金融扶贫是脱贫攻坚的关键之举。2016 年以来，银行业金融机构积极推进乡村营业网点布设，进一步加大信贷投放扶持力度，推动金融扶贫模式创新，运用专业化手段实现“精准滴灌”，为打赢脱贫攻坚战提供了巨大的金融支持。从银行业社会责

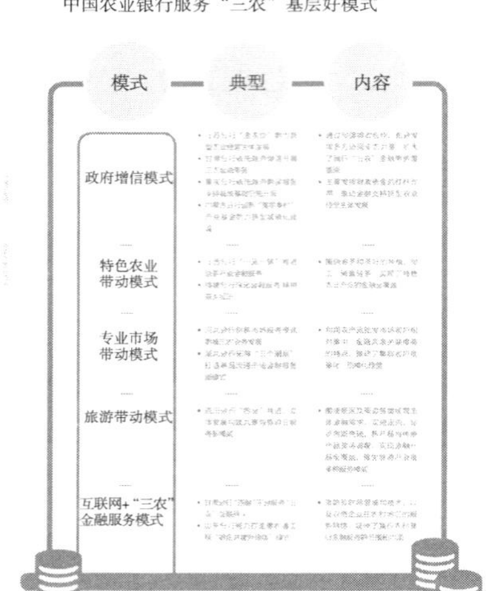

图 9　中国农业银行 2016 年社会责任报告披露"三农服务"

图 10　兴业银行 2016 年社会责任报告披露推进供给侧金融

任报告来看，精准扶贫是披露程度很高的一个议题，各银行对精准扶贫主要思路、措施和绩效进行披露。中国建设银行 2016 年社会责任报告披露了其金融扶贫的创新举措；中国工商银行和中国银行则均以专题形式对扶贫策略和实践经验进行了详细说明。

## 四　银行业社会责任报告建议

### （一）发挥中国银行业协会指导作用，扩大银行业机构报告发布覆盖面

根据银行业金融机构整体发布报告的情况可以看出，仍有少数股份制银行、大部分城市商业银行及农村中小金融机构尚未发布报告。对于这些企业来说，一方面受到自身发展阶段限制，需要更多时间逐步提升企业管理和运营，另一方面也更需要中国银行业协会指导及业内优秀企业引领，更快地将社会责任理念和方法融入企业发展，同时针对企业发展过程中对于经济、社会及环境方面的影响信息进行初步披露。

### （二）发布履责专项报告，增强社会责任信息披露的针对性，提升报告可读性和可信性

企业社会责任报告形式呈现出多元化发展的趋势。建议银行业在发布传统综合性年度社会责任报告的基础上，发布专项报告。一是面向银行业金融机构的重点利益相关方，如政府、媒体、监管机构等发布专项报告，针对利益相关方的关注点具体介绍企业在综合价值创造方面的措施和成效，提升企业在特定利益相关方群体中的影响力。同时，发布利益相关方专项报告亦是提升报告可读性的方法之一，能够更加准确地选择和使用更适于特定利益相关方的报告形式和传播方式。二是针对当下社会热点议题，结合企业年度重要履责实践，如就“金融支持‘一带一路’”“金融扶贫”等项目或议题发布专项报告，展现企业以专业优势促进行业可持续发展，推动地区、国家重大发展战略的实践措施和价值贡献。在报告形式上，针对特定议题的专项报告可以使用更加灵活多变的形式，如利用二维

码链接音频或者视频、互动游戏等多媒体手段，增加报告可读性和可信性。

### （三）对接 SDGs，凸显以金融资源优势主动服务全球可持续发展，增强报告实质性

2015 年 9 月，作为未来 15 年各国发展工作指导性体系的可持续发展目标（SDGs）在联合国峰会上被正式推出，包括了贫困、教育、妇女和儿童权益、治理等 17 个目标和 169 个细分测量指标。2016 年 9 月，中国全面启动《中国落实 2030 年可持续发展议程国别方案》，其中指出，“形成分工合理、相互补充的金融机构体系，引导金融行业服务向可持续发展领域倾斜，发展普惠金融”，将成为中国落实 2030 年可持续发展议程的重要资源保障之一。

目前，中国的银行业金融机构参与国际银行业竞争获得历史性的机遇，大型商业银行、股份制商业银行和部分城市商业银行均不同程度开展国际化业务。因此，银行业金融机构更有必要在促进自身国际化业务开展的同时，关注和回应全球可持续发展趋势，更有效、更有序地开展境外机构建设和境内外业务联动，更好地支持中国经济的开放和发展。

遗憾的是，2016 年发布的社会责任报告中，大部分银行均未对 SDGs 作出回应，仅有少数银行在报告中对照 SDGs 的 17 个目标披露了相关社会责任实践。

金融是撬动和引领实业发展的重要手段之一，银行业金融机构实质上可以贡献可持续发展目标中的大部分，如“经济适用的清洁能源”“产业、创新和基础设施”“可持续城镇”“全球伙伴关系”等。建议银行业金融机构更加关注 SDGs 与自身业务的联系，更加紧密对接全球可持续发展趋势，并将之融入企业管理和运营。在此基础上，银行业金融机构需要进一步加强在社会责任报告中对于 SDGs 等全球可持续发展趋势的回应，这也是报告持续提升实质性的重要途径之一。

### （四）城市商业银行、农村中小金融机构更应关注社会责任管理的顶层设计，提升报告完整性

前文提到，大型商业银行及股份制商业银行具有多年社会责任管理积累，且大多都已经连续发布社会责任报告达五年甚至十年以上。城市商业银行、农村中小金融机构可直接学习和借鉴成熟的银行业金融机构社会责任实践经验，更多关注社会责任管理的顶层设计，建立和完善社会责任管理机构、制度、工作机制、社会责任指标体系等，并相应地在社会责任报告中披露工作进展，提升报告信息覆盖程度，同时主动接受社会监督，共同推动企业的社会责任实践和信息披露工作。

# B.11
# 金蜜蜂中国房地产行业企业社会责任报告研究

摘　要：　本报告依据“金蜜蜂企业社会责任报告评估体系2017”，对收集到的房地产企业2017年发布的82份社会责任报告进行评估和分析，并提出针对性建议。研究发现，房地产企业社会责任报告总体数量大幅增长，民营企业成业发布报告的先锋力量。报告质量整体处于发展阶段，责任管理、行业特色议题、供应商等信息披露较好，安全议题、负面信息、海外履责等信息披露有待加强。

关键词：　房地产　企业社会责任报告　创新性

房地产业是指以土地和建筑物为经营对象，从事房地产开发、建设、经营、管理以及维修、装饰和服务的集多种经济活动为一体的综合性产业，是具有先导性、基础性、带动性和风险性的产业。房地产业作为国民经济新的增长点，为中国经济的快速增长做出了重要贡献。随着政府、行业调控力度的不断加码以及市场环境的快速变化，房地产行业加速分化，品牌房成为核心竞争优势之一。社会责任报告作为与利益相关方沟通的载体和窗口，对于打造品牌形象具有积极的促进作用。

## 一　房地产企业社会责任报告概况

截至2017年10月31日，通过企业主动寄送、企业官方网站下载及网络查询等方式，我们共收集到房地产行业企业社会责任报告（包括企业社会责任报告，可持续发展报告，环境、社会及管制报告）82 份，较去年同期增加 20 份。依据“金蜜蜂企业社会责任报告评估体系 2017”对以上报告进行评估分析。基于报告参数，我们对房地产行业企业发布的社会责任报告进行整体描述，并结合在企业社会责任报告编制咨询方面的经验，对这些报告的整体质量进行比较、分析和判断，尝试总结房地产行业企业社会责任报告的特点，并在此基础上提出相关建议。

报告发布主体中民营企业、国有企业、国有控股企业占比接近，其中民营企业占比最大，达到 29.23%，已成为房地产行业企业发布社会责任报告的先锋力量（见图 1）。

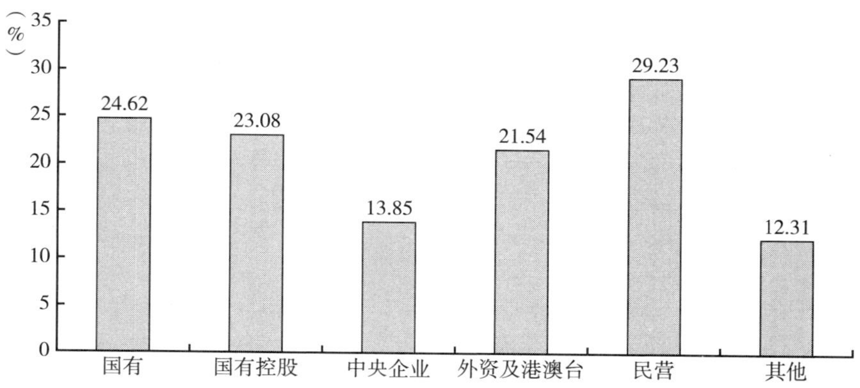


**图 1　房地产行业报告发布主体**

评估样本中，75.61% 的报告名称为企业社会责任报告。随着港交所《环境、社会及治理报告指引》（ESG）的发布，使用环境、社会及治理报告作为报告名称的企业大幅提升，由 2016 年的 1.61% 增加到 2017 年的 12.20%（见图 2）。

评估样本中，连续五年发布报告的企业占比达 60.98%，发布年度社会

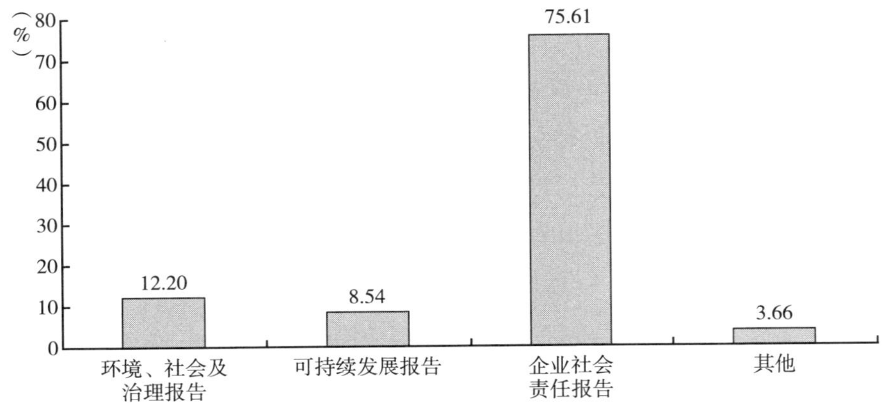


**图 2　房地产行业报告名称**

责任报告已成为房地产企业披露社会责任管理与实践信息的重要工具和常态化信息披露机制（见图 3）。

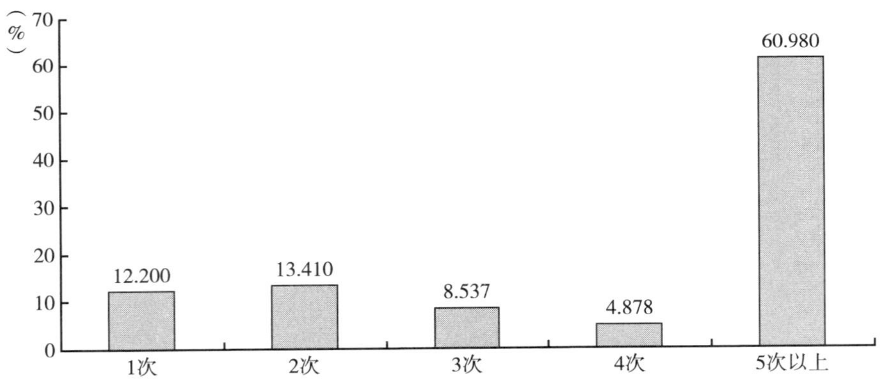


**图 3　房地产企业社会责任报告发布次数**

报告页数为 51 页及以上的占比为 31.7%，报告页数为 31 ~ 50 的占比为 21.95%，超过 53% 的报告页数在 30 页以上，报告篇幅适中，完整性较好（见图 4）。

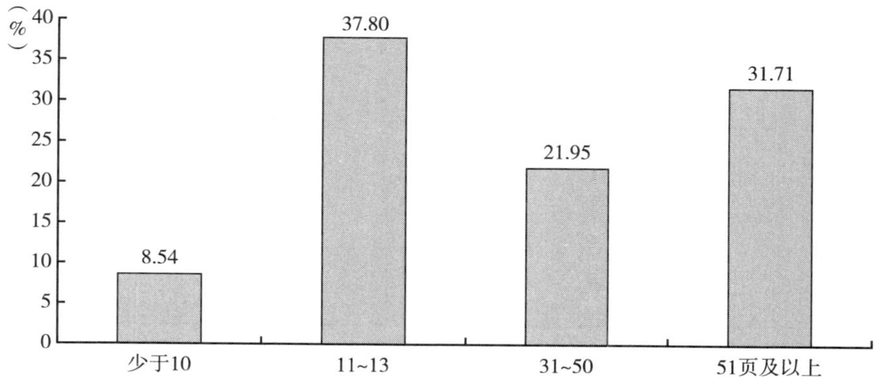


**图 4　房地产企业社会责任报告篇幅**

## 二　房地产企业社会责任报告分析

### （一）报告总体情况

依据得分的不同将报告分为起步、发展、追赶、优秀和卓越 5 个层次。房地产企业社会责任报告的平均得分为 54.01 分，整体处于发展阶段。其中，仅有 4.88% 的报告质量处于卓越水平，具有较高的水准；18.29% 的报告处于优秀阶段，披露水平较高；多数报告处于起步与发展阶段，报告质量还有很大的提升空间（见图 5）。

房地产企业社会责任报告质量整体几乎与中国企业社会责任报告的平均水平持平，在创新性、可读性、完整性方面相对突出；从房地产企业报告自身水平来看，实质性方面较为突出，可信性和可比性还有待加强（见图 6）。

### （二）具体分析

**1. 结构完整性**

房地产企业社会责任报告结构完整性较好，得分为 9.71，略高于中国

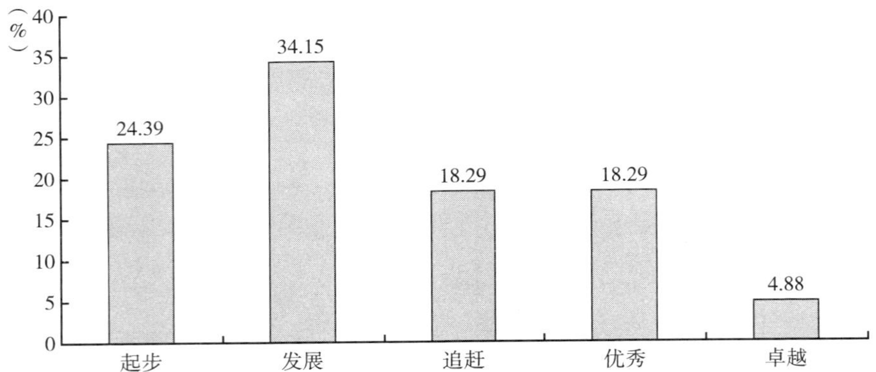


**图5　房地产企业社会责任报告质量**

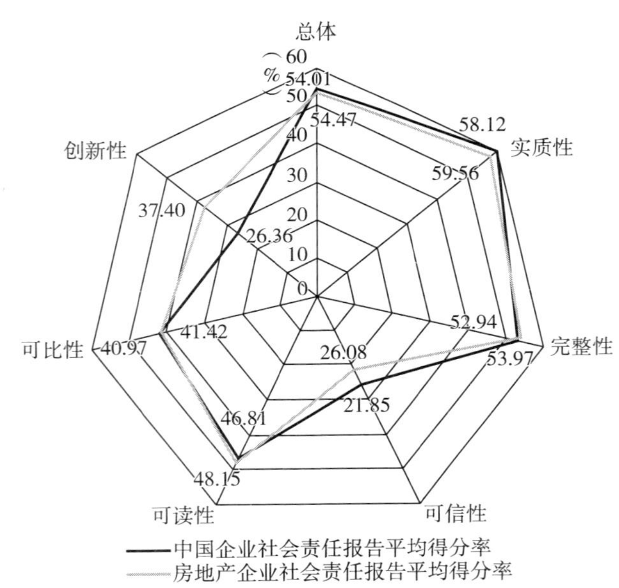


**图6　房地产企业社会责任报告六大维度得分率**

企业社会责任报告（得分为9.53）。其中，几乎所有的房地产企业报告都覆盖了经济、社会、环境方面的实践内容，对公司概况、报告参数、战略治理的指标覆盖率都高于45%，但大部分房地产企业报告都缺乏公司风险机遇分析，利益相关方参与较弱（见图7）。

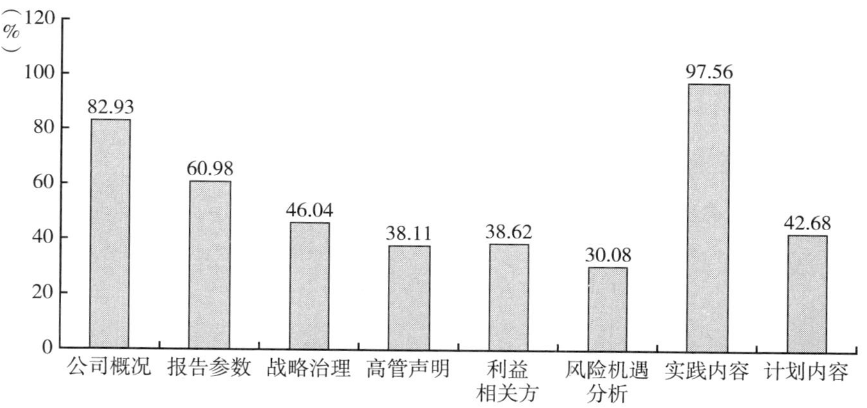


**图 7　报告完整性各指标覆盖率**

**2. 报告可信性**

房地产企业报告可信度得分为 0.87，其中，96.34% 的报告都采用了客观、中立的表述方式阐述公司履责实践，但只有 14.63% 的报告中包含公司负面信息的披露，负面信息的坦诚披露有待加强。在收集到的所有房地产报告中，仅有一份报告包含 CSR 专家评价、仅有 2 份报告采用了第三方审验，包含利益相关方评价、信息来源说明的报告分别占 17.23%、31.71%，报告整体可信性较低（见图 8）。

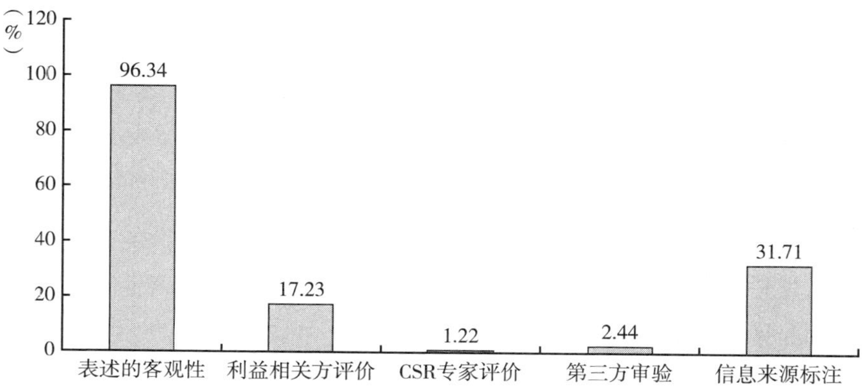


**图 8　报告可信性各指标覆盖率**

**3. 报告可读性**

房地产企业报告可读性得分为 1. 93，其中，报告版式、报告信息饱和度的得分率都在 60% 以上，整体版式协调，信息饱和度适中。但在表达形式、色彩搭配、信息定位方面，报告得分率都低于 50%，报告在文字、图片、表格应用合理以及色彩搭配和谐方面有待加强，绝大部分报告都缺乏明晰的信息定位（见图 9）。

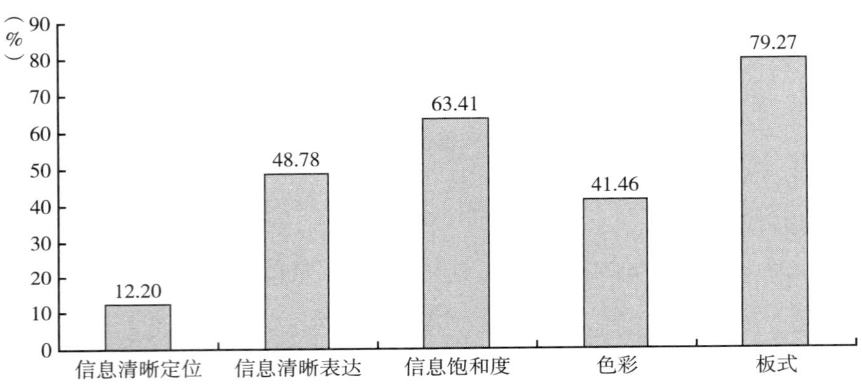


**图 9　报告可读性各指标覆盖率**

**4. 绩效可比性**

房地产企业报告可读性得分为 1. 64，报告纵向可比性、横向可比性（包括行业内可比及跨行业可比）得分率分别为 50. 61%、37. 20%，大部分报告包含跨年度的绩效对比，采用了行业或国家标准，但缺乏对绩效目标实现程度的描述以及跨行业的可比数据（见图 10）。

**5. 报告创新性**

房地产企业报告创新性得分为 1. 50，高于中国企业报告 42. 86%，报告创新性突出。在内容创新方面，75. 61% 的报告披露内容具有企业特色；在结构创新方面，58. 54% 的报告具有鲜明的企业特点；在形式创新方面，45. 12% 的报告披露内容具有企业特点。报告整体行业特色、企业特色鲜明、突出（见图 11）。

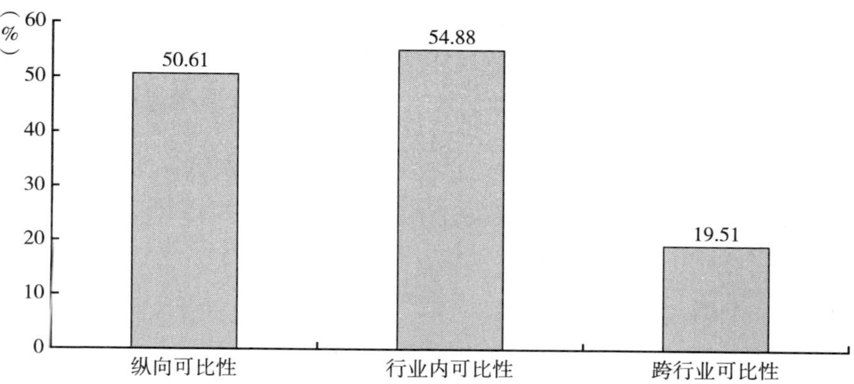


**图 10　报告可比性各指标覆盖率**

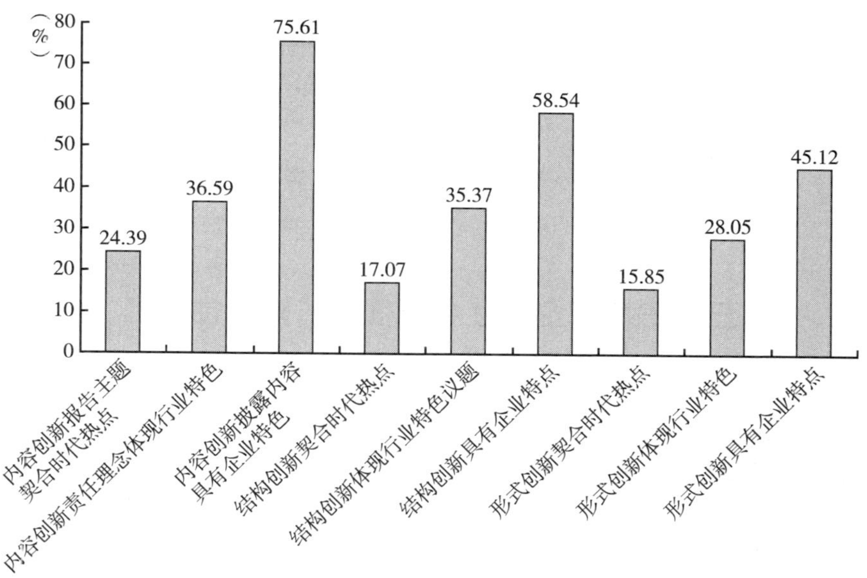


**图 11　报告创新性各指标覆盖率**

## 6. 报告实质性

房地产企业报告实质性得分为 38.36。房地产企业报告对各利益相关方的关注度整体趋势与中国企业整体基本一致，对出资人、社区、供应商的履责信息披露优于中国企业报告，但对同行、社会组织、金融机构的履责信息披露分别仅为 2.06%、3.09%、0.62%，平均披露指标为中国企业报告的 1/5 左右，披露程度有待提高（见图 12）。

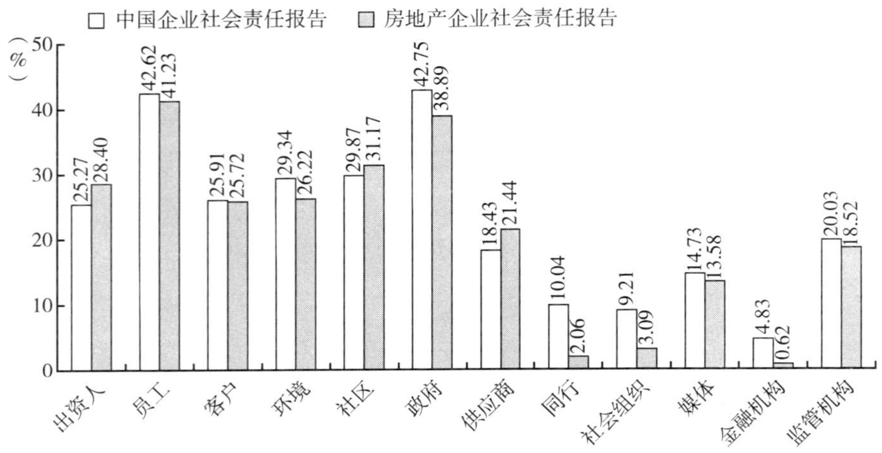


**图 12　报告对利益相关方的披露程度**

## 三　房地产企业社会责任报告阶段性特征

### （一）报告总体数量大幅增长，民营企业报告数量占第一位，民营企业社会责任披露更为积极

在报告发布主体中，民营企业报告发布数量占第一位，共有 24 家民营企业发布了社会责任报告，与上年同期相比增加了 6 家，民营企业已成为房地产行业企业发布社会责任报告的主体力量（见图 13）。随着社会责任报告逐渐成为企业与利益相关方沟通的重要工具，越来越多的民营企业主动发布社会责任报告，以更积极的态度回应利益相关方需求，促进双方坦诚、透明沟通，为民营企业的可持续发展奠定了坚实的基础。

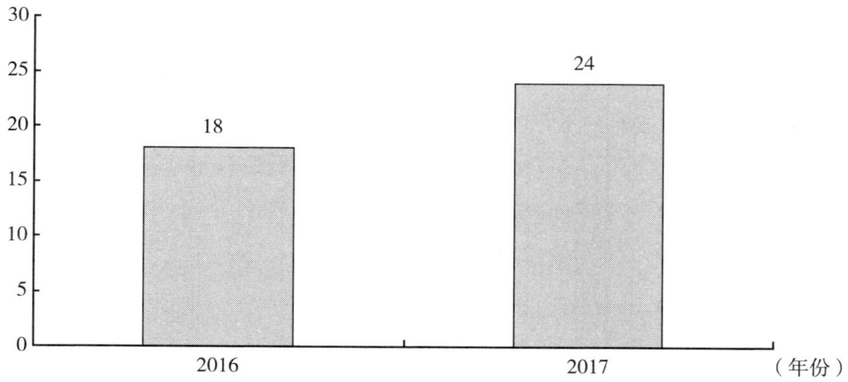


**图 13　民营企业社会责任报告发布数量**

## （二）与基期相比报告质量水平大幅提升，但总体质量水平不高，尚处在发展阶段

综合来看，2009 年（基期）到 2017 年，房地产报告综合指数呈现稳步增长的态势（2017 年略有下降）。相较 2009 年，2017 年综合指数增长 63.55%，2017 年报告质量较 2009 年有大幅度的提升（见图 14）。但报告质量整体水平不高，其中仅有 4.88% 的报告质量处于卓越水平，同比下降 50%；仅有 18.29% 的报告处于优秀阶段，同比下降 37.5%，卓越报告和优秀报告数量大幅下降，报告总体得分不高，整体尚处于发展阶段，报告质量水平还有很大的提升空间。

## （三）报告对责任管理的披露程度加强，逐渐形成体系化的责任管理战略

在责任管理披露方面，39.02% 的房地产企业披露了公司社会责任管理制度，24.39% 的房地产企业披露了公司社会责任管理机构，房地产企业报告对责任管理的披露逐渐加强，开始形成责任文化、责任组织架构、责任模型为一体的责任管理体系。例如，华润置地围绕企业使命、愿景、价值观、

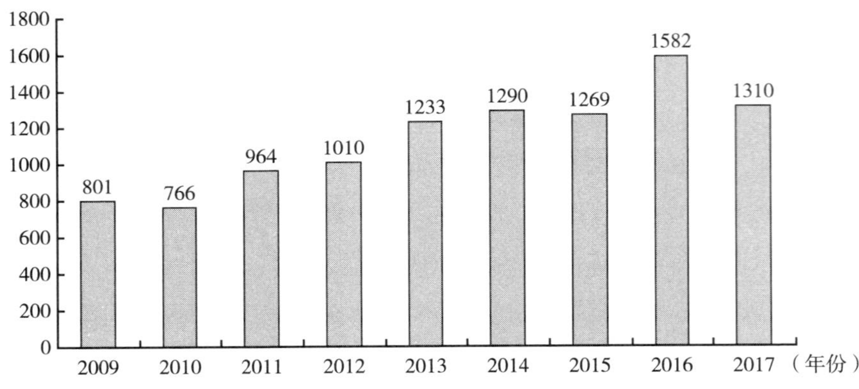


**图 14　2009～2017 年房地产企业社会责任报告综合指数**

发展理念、企业精神，形成了具有华润特色的“品质筑美生活”社会责任理念，并建立了以利益相关方为框架的社会责任模型，促进社会责任理念融入日常管理（见图 15）。信达地产股份有限公司围绕“建筑传递梦想”（信达地产以提供宜居产品、品质生活为己任，将梦想中的建筑家园和生活希冀传递给千家万户）的企业愿景，形成核心为“实践中国人居梦想”的社会责任理念，并建立“四级联动”的社会责任架构，持续为利益相关方创造价值。

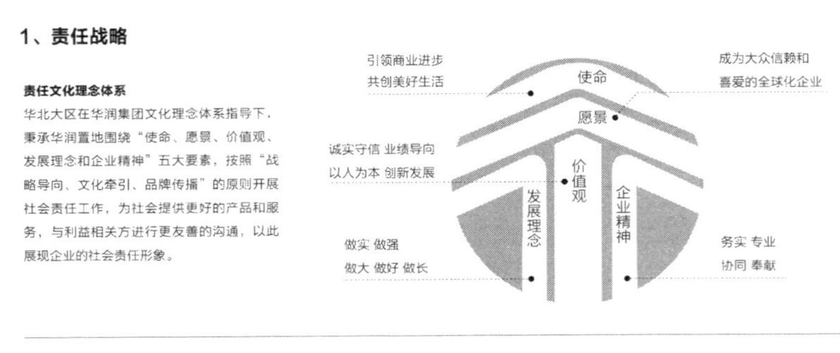


**图 15　《华润置地 2016 年社会责任报告》中的社会责任战略**

## （四）报告创新性表现良好，创新性得分高于中国企业报告平均得分（42.86%）

内容创新方面，报告紧抓地产行业特色，对“社区服务”“绿色建筑”等议题的披露较为深入。例如《远洋集团2016年度可持续发展报告》在社区服务中，以人口老年化比例加重为背景，阐述公司引入国外先进管理和服务体系，打造“椿萱茂”老年公寓，实现“老有所依，老有所乐”。《万科2016年社会责任报告》从如何推进住宅产业化、住宅产业化面积、住宅产业化绿色效益等方面阐述了万科推进住宅产业化的举措、成效，议题披露较为全面（见图16）。

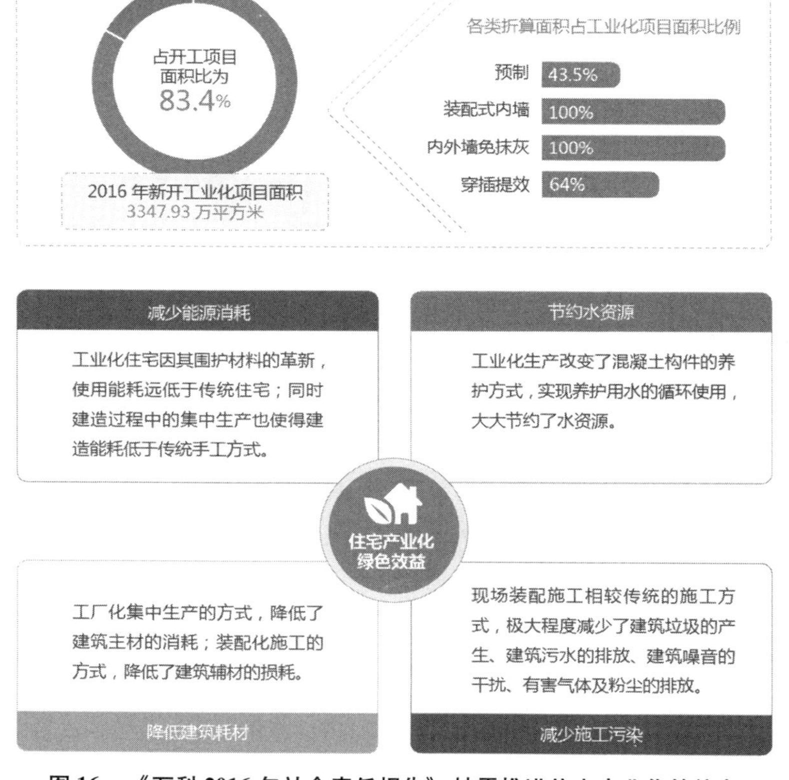


**图16　《万科2016年社会责任报告》披露推进住宅产业化的信息**

结构创新方面，报告紧跟时代热点，将热点议题和理念融入报告，形成独具特色的报告框架。例如《北京控股集团有限公司 2016 年社会责任报告》将习近平在“和平共处五项原则”发表 60 周年纪念大会上的言论“各美其美，美人之美，美美与共，天下大同”引申为报告框架大纲，形成了“美己之美”“美人之美”“美美与共”三大篇章，阐述自身管理、产品服务、绿色环保、社会和谐等方面的内容（见图 17）。《广州珠江实业开发股份有限公司 2016 年社会责任报告》也采用了类似的“经营之美”“环境之美”“社会之美”作为报告框架。

**图 17 《北京控股集团有限公司 2016 年社会责任报告》框架**

形式创新方面，报告逐渐减少了文字使用量，开始采用大图、逻辑图等形式呈现内容，缓解了大版面文字带来的阅读疲劳，感染力和冲击力增强。例如《招商蛇口 2016 年社会责任报告》采用大图 + 少量文字的呈现方式展示篇章专题，减少了文字阅读量，可读性强（见图 18）；《万科 2016 年社会责任报告》在保护生物多样性议题下采用跨页大图的方式呈现公司对雪豹的保护，图片冲击力大，感染力强。

### （五）报告对供应商的披露程度逐渐细化、深入，对供应商的履责水平不断提升

在披露对供应商的履责信息时，除披露常规公开、透明采购外，跨

**图18 《招商蛇口2016年社会责任报告》大图＋文字展示**

年度的供应商数量、跨年度的供应商合格率、按地区划分的供应商数量等内容也在报告中有所呈现，披露数据形式逐渐向G4、ESG的要求靠拢。同时，供应商的环境、质量、职工健康等要求也被逐渐纳入对供应商的考核评估范围，企业对供应商的履责能力不断提升（见图19）。

供应链管理

我们在与供应商开展良好业务合作的过程中，保障供应商的权益，加强供应商管理，携手在更广阔的发展空间中创造更大的价值。

| 1,520 家 | 3,193 家 | 425 家 | 473 家 | 298 家 |
|---|---|---|---|---|
| 北京区域 | 上海区域 | 长沙区域 | 青岛区域 | 丽江区域 |
| 731 家 | 38 家 | 856 家 | 871 家 | 117 家 |
| 重庆区域 | 三亚区域 | 广州区域 | 南京区域 | 总部 |

中国金茂各区域供应商数量

**图 19　《中国金茂 2016 年社会责任报告》披露按地区分布的供应商数量**

## 四　中国房地产企业社会责任报告建议

### （一）对照金蜜蜂优秀企业社会责任报告六个维度的要求，提升报告总体质量

在完整性方面，增加公司对目前面临的风险机遇分析，在高管声明中强化对社会责任承诺和计划的描述，并提升利益相关方参与度，保障与利益相关方的常态化沟通；在可信性方面，引入 CSR 专家、第三方审验机构等专业外部人员和机构对报告进行客观、专业评价；在可读性方面，设置清晰的信息定位，优化报告文字、图片、表格应用及色彩搭配；在可比性方面，增加对绩效目标实现程度的描述，帮助利益相关方形成对公司整体发展态势的直观了解；在创新性方面，结合时代热点、行业特点、企业特点，促进报告在结构创新、形式创新、内容创新全方位落地；在实质性方面，加强对同行、社会组织、金融机构的履责信息披露。

在行业引领方面，增加卓越报告、优秀报告的数量，打造行业标杆报告，形成示范效应，带动行业中处于追赶阶段、发展阶段、起步阶段的企业提升报告质量，进而提升行业报告总体质量。

## （二）加大对安全生产议题的披露

房地产行业在运营过程中涉及房屋建造，安全是利益相关方关注的重要议题，但评估报告中关于员工职业健康安全议题的得分率仅为24.39%，其中仅有19.51%的报告中披露了关于健康安全设施、劳保用品的预算和支出，仅有9.76%的报告披露了关于研发降低健康安全风险措施的内容，安全生产内容披露较少。企业应加大关于安全管理、安全运营等方面的内容，主动回应利益相关方关切，增强报告实质性和完整性（见图19）。

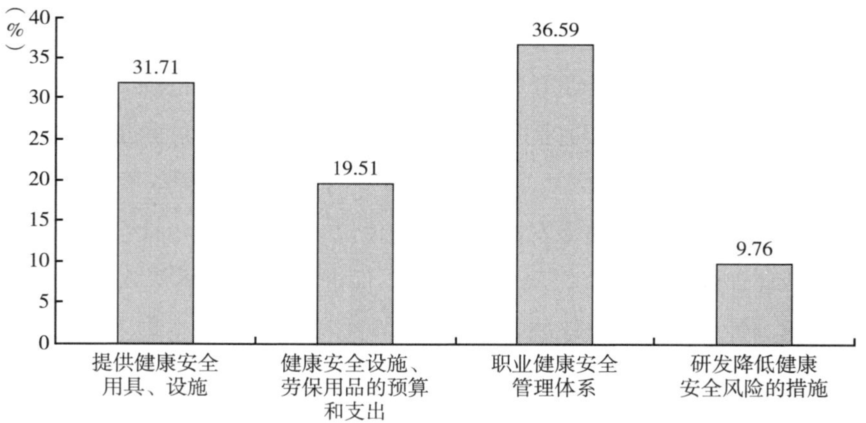


**图20　房地产企业社会责任报告中关于安全议题的披露**

## （三）增强负面信息披露，以坦诚、透明的态度与利益相关方沟通

在评估报告中，58.51%的房地产企业社会责任报告采用了中立、客观的表达披露了企业经营过程中面临的风险机遇和企业履行社会责任的正面信息，但只有24.43%的报告披露了公司的负面信息。负面信息披露是增强报告可信性、增强企业透明度的重要途径，企业应以客观、坦诚的态度正视负面信息，并对负面事件的发生原因、改进措施进行详细披露，以获得利益相关方的理解和支持。

### （四）提升报告国际化水平

2015 年 9 月，联合国发布《2030 年可持续发展议程》（SDGs），确定了 17 项可持续发展目标，为未来 15 年全球经济、社会和环境的可持续发展提出了明确方向，成为全球可持续发展的纲领性文件。在房地产企业社会责任报告中，关于 SDGs 部分的内容得分率仅为 1.85%，绝大多数报告中未披露企业关于 SDGs 的实践。企业应按照了解 SDGs、确定优先事项、设定目标、整合、报告和沟通的步骤积极践行 SDGs，参与全球可持续发展，在为全球可持续发展贡献企业力量的同时提升企业品牌形象，实现长远发展。

随着“一带一路”建设的持续推进，房地产行业的国际化经营步伐也逐渐加快，越来越多的企业开始进军海外，不断拓宽业务范围。在海外业务拓展中，良好、透明的沟通是与国外业务伙伴实现共赢发展的重要因素。在房地产企业社会责任报告中，仅有 10.98% 的企业同时发布了中英文版报告，报告在海外沟通方面未发挥其应有的价值。企业应利用社会责任报告这一通用载体加强与海外合作伙伴的沟通，促进双方实现更深入的交流与合作。同时，针对国外热点议题，例如应对气候变化、保护生物多样性等给予回应，提升报告国际性色彩。

# 附 录

Appendix

# B.12
# 2017年中国企业社会责任报告名录

| 序号 | 公司名称 | 序号 | 报告类型 |
|---|---|---|---|
| 1 | Apple 中国 | 1 | 社会责任报告 |
| 2 | IBM 中国有限公司 | 2 | 社会责任报告 |
| 3 | LG 化学(中国)投资有限公司 | 3 | 社会责任报告 |
| 4 | LG 中国 | 4 | 社会责任报告 |
| 5 | PPG 涂料(天津)有限公司 | 5 | 环境报告 |
| 6 | SEW－传动设备(天津)有限公司 | 6 | 环境报告 |
| 7 | SEW－工业减速机(天津)有限公司 | 7 | 社会责任报告 |
| 8 | TCL 集团股份有限公司 | 8 | 社会责任报告 |
| 9 | 阿克苏诺贝尔涂料(天津)有限公司 | 9 | 环境报告 |
| 10 | 阿里巴巴集团 | 10 | 社会责任报告 |
| 11 | 爱达(天津)汽车零部件有限公司 | 11 | 环境报告 |
| 12 | 爱尔眼科医院集团股份有限公司 | 12 | 社会责任报告 |
| 13 | 爱和谊日生同和财产保险(中国)有限公司 | 13 | 社会责任报告 |
| 14 | 爱茉莉太平洋中国 | 14 | 社会责任报告 |

续表

| 序号 | 公司名称 | 序号 | 报告类型 |
|---|---|---|---|
| 15 | 安诚财产保险股份有限公司 | 15 | 社会责任报告 |
| 16 | 安费诺科技(珠海)有限公司 | 16 | 环境信息公开表 |
| 17 | 安徽安凯汽车股份有限公司* | 17 | 社会责任报告 |
| 18 | 安徽宝翔建设集团有限责任公司* | 18 | 社会责任报告 |
| 19 | 安徽晨阳橡塑股份有限公司* | 19 | 社会责任报告 |
| 20 | 安徽楚江高新电材有限公司 | 20 | 环境报告 |
| 21 | 安徽楚江科技新材料股份有限公司 | 21 | 可持续发展报告 |
| 22 | 安徽楚江特钢有限公司 | 22 | 环境信息公开资料 |
| 23 | 安徽大洋电器有限公司* | 23 | 社会责任报告 |
| 24 | 安徽大洋机械制造有限公司 | 24 | 社会责任报告 |
| 25 | 安徽丰原集团有限公司* | 25 | 社会责任报告 |
| 26 | 安徽古井贡酒股份有限公司* | 26 | 社会责任报告 |
| 27 | 安徽光太实业集团有限责任公司* | 27 | 社会责任报告 |
| 28 | 安徽海螺集团有限责任公司 | 28 | 社会责任报告 |
| 29 | 安徽海螺水泥股份有限公司 | 29 | 社会责任报告 |
| 30 | 安徽行星机械科技股份有限公司* | 30 | 社会责任报告 |
| 31 | 安徽合力股份有限公司 | 31 | 社会责任报告 |
| 32 | 安徽华尔泰化工股份有限公司* | 32 | 社会责任报告 |
| 33 | 安徽华茂集团有限公司* | 33 | 社会责任报告 |
| 34 | 安徽华信国际控股股份有限公司(华星化工) | 34 | 社会责任报告 |
| 35 | 安徽淮南矿业(集团)有限责任公司* | 35 | 社会责任报告 |
| 36 | 安徽环新集团有限公司 | 36 | 社会责任报告 |
| 37 | 安徽建工集团* | 37 | 社会责任报告 |
| 38 | 安徽江淮汽车集团股份有限公司 | 38 | 社会责任报告 |
| 39 | 安徽江淮银联重型工程机械有限公司* | 39 | 社会责任报告 |
| 40 | 安徽金诚复合材料有限公司* | 40 | 社会责任报告 |
| 41 | 安徽金禾实业股份有限公司* | 41 | 社会责任报告 |
| 42 | 安徽金种子酒业股份有限公司 | 42 | 社会责任报告 |
| 43 | 安徽晋煤中能化工股份有限公司 | 43 | 社会责任报告 |
| 44 | 安徽科大讯飞信息技术股份有限公司 | 44 | 社会责任报告 |
| 45 | 安徽青松工具有限公司* | 45 | 社会责任报告 |
| 46 | 安徽全柴动力股份有限公司 | 46 | 社会责任报告 |
| 47 | 安徽泉盛化工有限公司* | 47 | 社会责任报告 |

续表

| 序号 | 公司名称 | 序号 | 报告类型 |
|---|---|---|---|
| 48 | 安徽三星化工有限责任公司* | 48 | 社会责任报告 |
| 49 | 安徽省安庆市曙光化工股份有限公司* | 49 | 社会责任报告 |
| 50 | 安徽省锦瑞汽车部件有限公司* | 50 | 社会责任报告 |
| 51 | 安徽省能源集团有限公司 | 51 | 社会责任报告 |
| 52 | 安徽省投资集团控股有限公司 | 52 | 社会责任报告 |
| 53 | 安徽省皖北煤电集团有限责任公司* | 53 | 社会责任报告 |
| 54 | 安徽省盐业总公司* | 54 | 社会责任报告 |
| 55 | 安徽水利开发股份有限公司 | 55 | 社会责任报告 |
| 56 | 安徽四创电子股份有限公司 | 56 | 社会责任报告 |
| 57 | 安徽天康(集团)股份有限公司* | 57 | 社会责任报告 |
| 58 | 安徽天润多超市股份有限公司 | 58 | 社会责任报告 |
| 59 | 安徽皖通高速公路股份有限公司 | 59 | 社会责任报告 |
| 60 | 安徽皖通科技股份有限公司 | 60 | 社会责任报告 |
| 61 | 安徽皖维高新材料股份有限公司 | 61 | 社会责任报告 |
| 62 | 安徽万安汽车零部件有限公司* | 62 | 社会责任报告 |
| 63 | 安徽微威胶件集团有限公司* | 63 | 社会责任报告 |
| 64 | 安徽纬纶律师事务所* | 64 | 社会责任报告 |
| 65 | 安徽芜湖楚江合金铜材有限公司 | 65 | 环境信息公开材料 |
| 66 | 安徽新科电缆集团股份有限公司* | 66 | 社会责任报告 |
| 67 | 安徽鑫科新材料股份有限公司 | 67 | 社会责任报告 |
| 68 | 安徽迎驾集团股份有限公司* | 68 | 社会责任报告 |
| 69 | 安徽岳塑汽车工业股份有限公司* | 69 | 社会责任报告 |
| 70 | 安徽中电兴发与鑫龙科技股份有限公司* | 70 | 社会责任报告 |
| 71 | 安徽中意胶带有限责任公司* | 71 | 社会责任报告 |
| 72 | 安徽紫照建筑节能装饰有限公司* | 72 | 社会责任报告 |
| 73 | 安琪酵母股份有限公司 | 73 | 社会责任报告 |
| 74 | 安踏体育用品有限公司 | 74 | 环境、社会及管治报告 |
| 75 | 安泰科技股份有限公司 | 75 | 社会责任报告 |
| 76 | 安信信托股份有限公司 | 76 | 社会责任报告 |
| 77 | 安阳钢铁股份有限公司 | 77 | 社会责任报告 |
| 78 | 鞍钢股份有限公司 | 78 | 社会责任报告 |
| 79 | 鞍钢集团公司 | 79 | 可持续发展报告 |
| 80 | 奥贝泰克药物化学(天津)有限公司 | 80 | 环境报告 |
| 81 | 奥的斯电梯(中国)有限公司 | 81 | 环境报告 |

续表

| 序号 | 公司名称 | 序号 | 报告类型 |
|---|---|---|---|
| 82 | 奥飞娱乐股份有限公司 | 82 | 社会责任报告 |
| 83 | 奥林巴斯(中国)有限公司 | 83 | CSR 活动报告 |
| 84 | 巴洛克木业(中山)有限公司* | 84 | 社会责任报告 |
| 85 | 巴斯夫大中华区 | 85 | 年度报告 |
| 86 | 百度 | 86 | 社会责任报告 |
| 87 | 百隆东方股份有限公司 | 87 | 社会责任报告 |
| 88 | 百瑞信托有限责任公司 | 88 | 社会责任报告 |
| 89 | 百事公司大中华区 | 89 | 可持续发展报告 |
| 90 | 百洋医药集团有限公司 | 90 | 社会责任报告 |
| 91 | 蚌埠市双环电子集团有限公司* | 91 | 社会责任报告 |
| 92 | 蚌埠通达汽车零部件有限公司* | 92 | 社会责任报告 |
| 93 | 宝鸡钛业股份有限公司 | 93 | 社会责任报告 |
| 94 | 宝洁公司 | 94 | 企业公民报告 |
| 95 | 宝矿控股(集团)有限公司 | 95 | 社会责任报告 |
| 96 | 宝龙地产控股有限公司 | 96 | 环境、社会及管治报告 |
| 97 | 宝山钢铁股份有限公司 | 97 | 可持续发展报告 |
| 98 | 宝胜科技创新股份有限公司 | 98 | 社会责任报告 |
| 99 | 保定天威保变电气股份有限公司 | 99 | 社会责任报告 |
| 100 | 保利房地产(集团)股份有限公司 | 100 | 社会责任报告 |
| 101 | 保龄宝生物股份有限公司 | 101 | 社会责任报告 |
| 102 | 暴风集团股份有限公司 | 102 | 社会责任报告 |
| 103 | 北方导航控制技术股份有限公司 | 103 | 社会责任报告 |
| 104 | 北方国际合作股份有限公司 | 104 | 社会责任报告 |
| 105 | 北方联合出版传媒(集团)股份有限公司 | 105 | 社会责任报告 |
| 106 | 北京巴士传媒股份有限公司 | 106 | 社会责任报告 |
| 107 | 北京北辰实业股份有限公司 | 107 | 社会责任报告 |
| 108 | 北京北陆药业股份有限公司 | 108 | 社会责任报告 |
| 109 | 北京碧水源科技股份有限公司 | 109 | 社会责任报告 |
| 110 | 北京城建投资发展股份有限公司 | 110 | 社会责任报告 |
| 111 | 北京翠微大厦股份有限公司 | 111 | 社会责任报告 |
| 112 | 北京大北农科集团股份有限公司 | 112 | 社会责任报告 |
| 113 | 北京电子城投资开发股份有限公司 | 113 | 社会责任报告 |
| 114 | 北京东方雨虹防水技术股份有限公司 | 114 | 社会责任报告 |
| 115 | 北京动力源科技股份有限公司 | 115 | 社会责任报告 |

续表

| 序号 | 公司名称 | 序号 | 报告类型 |
|---|---|---|---|
| 116 | 北京飞利信科技股份有限公司 | 116 | 社会责任报告 |
| 117 | 北京钢研高纳科技股份有限公司 | 117 | 社会责任报告 |
| 118 | 北京高能时代环境技术股份有限公司 | 118 | 社会责任报告 |
| 119 | 北京歌华有线电视网络股份有限公司 | 119 | 社会责任报告 |
| 120 | 北京公共交通控股(集团)有限公司 | 120 | 社会责任报告 |
| 121 | 北京光线传媒股份有限公司 | 121 | 社会责任报告 |
| 122 | 北京国建联信认证中心有限公司 | 122 | 社会责任报告 |
| 123 | 北京海德国际认证有限公司 | 123 | 社会责任报告 |
| 124 | 北京昊华能源股份有限公司 | 124 | 社会责任报告 |
| 125 | 北京华电万方管理体系认证中心 | 125 | 社会责任报告 |
| 126 | 北京建设(控股)有限公司 | 126 | 社会责任报告 |
| 127 | 北京金隅股份有限公司 | 127 | 社会责任报告 |
| 128 | 北京金自天正智能控制股份有限公司 | 128 | 社会责任报告 |
| 129 | 北京京城机电股份有限公司(原北人印刷) | 129 | 社会责任报告 |
| 130 | 北京京能电力股份有限公司 | 130 | 社会责任报告 |
| 131 | 北京京能热电股份有限公司 | 131 | 社会责任报告 |
| 132 | 北京军友诚信质量认证有限公司 | 132 | 社会责任报告 |
| 133 | 北京科技园建设(集团)股份有限公司 | 133 | 社会责任报告 |
| 134 | 北京空港科技园区股份有限公司 | 134 | 社会责任报告 |
| 135 | 北京控股集团有限公司 | 135 | 社会责任报告 |
| 136 | 北京控股有限公司 | 136 | 社会责任报告 |
| 137 | 北京矿冶研究总院 | 137 | 社会责任报告 |
| 138 | 北京昆仑万维科技股份有限公司 | 138 | 社会责任报告 |
| 139 | 北京蓝色光标品牌管理顾问股份有限公司 | 139 | 社会责任报告 |
| 140 | 北京汽车股份有限公司 | 140 | 环境、社会及管治报告 |
| 141 | 北京汽车集团有限公司 | 141 | 社会责任报告 |
| 142 | 北京赛西认证有限责任公司 | 142 | 社会责任报告 |
| 143 | 北京三星九千认证中心 | 143 | 社会责任报告 |
| 144 | 北京三元食品股份有限公司 | 144 | 社会责任报告 |
| 145 | 北京神州泰岳软件股份有限公司 | 145 | 社会责任报告 |
| 146 | 北京首都国际机场股份有限公司 | 146 | 社会责任报告 |
| 147 | 北京首都开发股份有限公司 | 147 | 社会责任报告 |
| 148 | 北京首钢股份有限公司 | 148 | 社会责任报告 |
| 149 | 北京双鹭药业股份有限公司 | 149 | 社会责任报告 |

续表

| 序号 | 公司名称 | 序号 | 报告类型 |
|---|---|---|---|
| 150 | 北京四方继保自动化股份有限公司 | 150 | 社会责任报告 |
| 151 | 北京四维图新科技股份有限公司 | 151 | 社会责任报告 |
| 152 | 北京天坛生物制品股份有限公司 | 152 | 社会责任报告 |
| 153 | 北京同仁堂股份有限公司 | 153 | 社会责任报告 |
| 154 | 北京万通地产股份有限公司 | 154 | 社会责任报告 |
| 155 | 北京新世纪检验认证有限公司 | 155 | 社会责任报告 |
| 156 | 北京兴国环球认证有限公司 | 156 | 社会责任报告 |
| 157 | 北京燕京啤酒股份有限公司 | 157 | 社会责任报告 |
| 158 | 北京银行股份有限公司 | 158 | 社会责任报告 |
| 159 | 北京掌趣科技股份有限公司 | 159 | 社会责任报告 |
| 160 | 北京真视通科技股份有限公司 | 160 | 社会责任报告 |
| 161 | 北京中大华远认证中心 | 161 | 社会责任报告 |
| 162 | 北京中建协认证中心有限公司 | 162 | 社会责任报告 |
| 163 | 北京中金国盛认证有限公司 | 163 | 社会责任报告 |
| 164 | 北京中科三环高技术股份有限公司 | 164 | 社会责任报告 |
| 165 | 北京中润兴认证有限公司 | 165 | 社会责任报告 |
| 166 | 北京中长石基信息技术股份有限公司 | 166 | 社会责任报告 |
| 167 | 北控水务集团有限公司 | 167 | 可持续发展报告 |
| 168 | 北控医疗健康产业集团有限公司 | 168 | 環境、社會及管治報告 |
| 169 | 北矿磁材料科技股份有限公司 | 169 | 社会责任报告 |
| 170 | 北汽福田汽车股份有限公司 | 170 | 社会责任报告 |
| 171 | 贝因美婴童食品股份有限公司 | 171 | 社会责任报告 |
| 172 | 本田(中国)有限公司 | 172 | 社会责任报告 |
| 173 | 比亚迪股份有限公司 | 173 | 社会责任报告 |
| 174 | 碧桂园控股有限公司 | 174 | 社会责任报告 |
| 175 | 宾士来五金制品(深圳)有限公司 | 175 | 环境公开信息 |
| 176 | 波司登股份有限公司 | 176 | 环境、社会及管制报告 |
| 177 | 博世(中国)投资有限公司 | 177 | 可持续发展报告 |
| 178 | 茶花现代家居用品股份有限公司 | 178 | 社会责任报告 |
| 179 | 常德财鑫投融资担保集团有限公司 | 179 | 社会责任报告 |
| 180 | 常熟三爱富中昊化工新材料有限公司 | 180 | 环境信息公开表 |
| 181 | 常州四药制药有限公司 | 181 | 社会责任报告 |
| 182 | 超威动力控股有限公司 | 182 | 环境、社会及管治报告 |
| 183 | 郴州市中小企业信用担保有限公司 | 183 | 社会责任报告 |

续表

| 序号 | 公司名称 | 序号 | 报告类型 |
|---|---|---|---|
| 184 | 成都博瑞传播股份有限公司 | 184 | 社会责任报告 |
| 185 | 成都硅宝科技股份有限公司* | 185 | 社会责任报告 |
| 186 | 成都市兴蓉环境股份有限公司 | 186 | 社会责任报告 |
| 187 | 成都伊藤洋华堂有限公司* | 187 | 社会责任报告 |
| 188 | 成都银行 | 188 | 社会职责 |
| 189 | 池州港华燃气有限公司 | 189 | 企业质量信用报告 |
| 190 | 冲电气工业株式会社 | 190 | 环境报告 |
| 191 | 滁州美业机械制造有限公司* | 191 | 社会责任报告 |
| 192 | 雏鹰农牧集团股份有限公司 | 192 | 社会责任报告 |
| 193 | 川亿电脑(深圳)有限公司 | 193 | 环境公开信息 |
| 194 | 大悍(天津)汽车零部件有限公司 | 194 | 环境报告 |
| 195 | 大恒新纪元科技股份有限公司 | 195 | 社会责任报告 |
| 196 | 大金(中国)投资有限公司 | 196 | 社会责任报告 |
| 197 | 大连港股份有限公司 | 197 | 社会责任报告 |
| 198 | 大连冷冻机股份有限公司 | 198 | 社会责任报告 |
| 199 | 大连派思燃气系统股份有限公司 | 199 | 社会责任报告 |
| 200 | 大陆汽车系统(天津)有限公司 | 200 | 环境报告 |
| 201 | 大秦铁路股份有限公司 | 201 | 社会责任报告 |
| 202 | 大唐电信科技产业集团 | 202 | 社会责任报告 |
| 203 | 大唐电信科技股份有限公司 | 203 | 社会责任报告 |
| 204 | 大唐国际发电股份有限公司 | 204 | 社会责任报告 |
| 205 | 大同煤矿集团有限责任公司 | 205 | 社会责任报告 |
| 206 | 大众交通(集团)股份有限公司 | 206 | 社会责任报告 |
| 207 | 大众汽车租赁有限公司 | 207 | 社会责任报告 |
| 208 | 大自然家居(中国)有限公司* | 208 | 社会责任报告 |
| 209 | 大族激光科技产业集团股份有限公司 | 209 | 社会责任报告 |
| 210 | 戴姆勒大中华区投资有限公司 | 210 | 可持续发展报告 |
| 211 | 德尔福汽车系统(中国)投资有限公司 | 211 | 社会责任报告 |
| 212 | 德华安顾人寿保险有限公司 | 212 | 社会责任报告 |
| 213 | 德力西新疆交通运输集团股份有限公司 | 213 | 社会责任报告 |
| 214 | 德丽科技(珠海)有限公司 | 214 | 环境信息公开表 |
| 215 | 第一创业证券股份有限公司 | 215 | 社会责任报告 |
| 216 | 第一三共(中国)投资有限公司 | 216 | 环境信息 |
| 217 | 第一拖拉机股份有限公司 | 217 | 社会责任报告 |

续表

| 序号 | 公司名称 | 序号 | 报告类型 |
|---|---|---|---|
| 218 | 电装(天津)车身零部件有限公司 | 218 | 环境报告 |
| 219 | 东北认证有限公司 | 219 | 社会责任报告 |
| 220 | 东北证券股份有限公司 | 220 | 社会责任报告 |
| 221 | 东渡国际集团有限公司 | 221 | 社会责任报告 |
| 222 | 东方财富信息股份有限公司 | 222 | 社会责任报告 |
| 223 | 东方电气股份有限公司 | 223 | 社会责任报告 |
| 224 | 东方证券股份有限公司 | 224 | 社会责任报告 |
| 225 | 东风本田汽车有限公司 | 225 | 社会责任报告 |
| 226 | 东风汽车公司 | 226 | 精准扶贫报告 |
| 226 | 东风汽车公司 | 227 | 社会责任报告 |
| 227 | 东风汽车股份有限公司 | 228 | 社会责任报告 |
| 228 | 东风汽车集团股份有限公司 | 229 | ESG 报告 |
| 229 | 东莞博邦金属制品有限公司 | 230 | 环境公开信息 |
| 230 | 东莞东旭金属表面处理有限公司 | 231 | 环境公开信息 |
| 231 | 东莞冠杰金属表面处理有限公司 | 232 | 环境公开信息 |
| 232 | 东莞佳男五金电镀有限公司 | 233 | 环境公开信息 |
| 233 | 东莞嘉丰机电设备有限公司 | 234 | 环境公开信息 |
| 234 | 东莞今日兴五金表面处理有限公司 | 235 | 环境公开信息 |
| 235 | 东莞南城新科磁电制品有限公司 | 236 | 环境公开信息 |
| 236 | 东莞三兴五金制品有限公司 | 237 | 环境公开信息 |
| 237 | 东莞山本电子科技有限公司 | 238 | 环境公开信息 |
| 238 | 东莞世丽纺织有限公司 | 239 | 环境公开信息 |
| 239 | 东莞市三联热电有限公司 | 240 | 环境公开信息 |
| 240 | 东莞市万江永达造纸有限公司 | 241 | 环境公开信息 |
| 241 | 东莞银行股份有限公司 | 242 | 社会责任报告 |
| 242 | 东莞中电新能源热电有限公司 | 243 | 环境公开信息 |
| 243 | 东莞中科环保电力有限公司 | 244 | 环境公开信息 |
| 244 | 东莞中兴造纸厂有限公司 | 245 | 环境公开信息 |
| 245 | 东海炭素(天津)有限公司 | 246 | 环境报告 |
| 246 | 东航期货经纪有限责任公司* | 247 | 社会责任报告 |
| 247 | 东华工业区生活污水处理站 | 248 | 环境公开信息 |
| 248 | 东华软件股份有限公司 | 249 | 社会责任报告 |
| 249 | 东江环保股份有限公司 | 250 | 环境公开信息 |
| 250 | 东江环保股份有限公司 | 251 | 环境公开信息 |

续表

| 序号 | 公司名称 | 序号 | 报告类型 |
|---|---|---|---|
| 251 | 东软集团股份有限公司 | 252 | 社会责任报告 |
| 252 | 东吴期货有限公司* | 253 | 社会责任报告 |
| 253 | 东吴证券股份有限公司 | 254 | 社会责任报告 |
| 254 | 东兴证券股份有限公司 | 255 | 社会责任报告 |
| 255 | 东旭光电科技股份有限公司 | 256 | 社会责任报告 |
| 256 | 东亚银行(中国)有限公司 | 257 | 社会责任报告 |
| 257 | 斗山工程机械(中国)有限公司 | 258 | 社会责任报告 |
| 258 | 恩平市建华环保有限公司 | 259 | 环境公开信息 |
| 259 | 法泰电器(江苏)股份有限公司* | 260 | 社会责任报告 |
| 260 | 泛海建设集团股份有限公司 | 261 | 社会责任报告 |
| 261 | 泛海控股股份有限公司 | 262 | 社会责任报告 |
| 262 | 方大特钢科技股份有限公司 | 263 | 社会责任报告 |
| 263 | 方圆标志认证集团有限公司 | 264 | 社会责任报告 |
| 264 | 方正科技集团股份有限公司 | 265 | 社会责任报告 |
| 265 | 方正证券股份有限公司 | 266 | 社会责任报告 |
| 266 | 飞雕电器集团有限公司 | 267 | 社会责任报告 |
| 267 | 分众传媒信息技术股份有限公司 | 268 | 社会责任报告 |
| 268 | 丰收日(集团)股份有限公司 | 269 | 社会责任报告 |
| 269 | 丰田汽车(中国)投资有限公司 | 270 | 社会责任报告 |
| 270 | 丰田一汽(天津)模具有限公司 | 271 | 环境报告 |
| 271 | 丰益(佳木斯)食品工业有限公司 | 272 | 环境信息公开表 |
| 272 | 风神轮胎股份有限公司 | 273 | 社会责任报告 |
| 273 | 烽火通信科技股份有限公司 | 274 | 可持续发展报告 |
| 274 | 凤凰光学股份有限公司 | 275 | 社会责任报告 |
| 275 | 佛山东亚股份有限公司 | 276 | 环境公开信息 |
| 276 | 佛山恒益发电有限公司 | 277 | 环境公开信息 |
| 277 | 佛山市福能发电有限公司 | 278 | 环境公开信息 |
| 278 | 佛山市福能发电有限公司 | 279 | 环境公开信息 |
| 279 | 佛山市高明基业冷轧钢板有限公司 | 280 | 环境公开信息 |
| 280 | 佛山市高明基业冷轧钢板有限公司 | 281 | 环境公开信息 |
| 281 | 佛山市高明科朗环保科技有限公司 | 282 | 环境公开信息 |
| 282 | 佛山市高明南江环保水务有限公司 | 283 | 环境公开信息 |
| 283 | 佛山市高明区东盈纺织有限公司 | 284 | 环境公开信息 |
| 284 | 佛山市高明区浩辉水处理有限公司 | 285 | 环境公开信息 |

续表

| 序号 | 公司名称 | 序号 | 报告类型 |
|---|---|---|---|
| 285 | 佛山市高明祥泽纺织印染有限公司 | 286 | 环境公开信息 |
| 286 | 佛山市高明盈夏纺织有限公司 | 287 | 环境公开信息 |
| 287 | 佛山市高明盈夏纺织有限公司 | 288 | 环境公开信息 |
| 288 | 佛山市海天(高明)调味食品有限公司 | 289 | 环境公开信息 |
| 289 | 佛山市津西金兰冷轧板有限公司 | 290 | 环境公开信息 |
| 290 | 佛山市锦利针织有限公司 | 291 | 环境公开信息 |
| 291 | 佛山市骏鸿纺织印染有限公司 | 292 | 环境公开信息 |
| 292 | 佛山市南海京能发电有限公司 | 293 | 环境公开信息 |
| 293 | 佛山市南海罗村华泰皮件制品厂 | 294 | 环境公开信息 |
| 294 | 佛山市南海罗村污水处理有限公司 | 295 | 环境公开信息 |
| 295 | 佛山市南海狮山皮厂 | 296 | 环境公开信息 |
| 296 | 佛山市南庄恒安织造厂有限公司 | 297 | 环境公开信息 |
| 297 | 佛山市三水北江实业有限公司 | 298 | 环境公开信息 |
| 298 | 佛山市三水凤铝铝业有限公司 | 299 | 环境公开信息 |
| 299 | 佛山市三水佳利达纺织染有限公司蒸汽分厂 | 300 | 环境公开信息 |
| 300 | 佛山市三水科丽达针织染整有限公司 | 301 | 环境公开信息 |
| 301 | 佛山市三水区新辉染整有限公司 | 302 | 环境公开信息 |
| 302 | 佛山市三水顺联染整有限公司 | 303 | 环境公开信息 |
| 303 | 佛山市世博皮革有限公司 | 304 | 环境公开信息 |
| 304 | 佛山市顺德区冠新电镀有限公司 | 305 | 环境公开信息 |
| 305 | 佛山市顺德区前进实业有限公司 | 306 | 环境公开信息 |
| 306 | 佛山市顺德区亿城电镀有限公司 | 307 | 环境公开信息 |
| 307 | 佛山市顺德区亿富电镀有限公司 | 308 | 环境公开信息 |
| 308 | 佛山市顺德区亿联电镀有限公司 | 309 | 环境公开信息 |
| 309 | 佛山市顺德区兆荣电镀有限公司 | 310 | 环境公开信息 |
| 310 | 佛山市顺德区中服纺织印染有限公司 | 311 | 环境公开信息 |
| 311 | 佛山市顺德五沙热电有限公司 | 312 | 环境公开信息 |
| 312 | 佛山市耀涛电镀有限公司 | 313 | 环境公开信息 |
| 313 | 佛山市长兴铝业有限公司 | 314 | 环境公开信息 |
| 314 | 佛山市至顺金属科技有限公司 | 315 | 环境公开信息 |
| 315 | 佛山依多科化工有限公司 | 316 | 环境公开信息 |
| 316 | 佛上市顺德区长益电镀实业有限公司 | 317 | 环境公开信息 |
| 317 | 福迪威西特传感工业控制(天津)有限公司 | 318 | 环境报告 |

续表

| 序号 | 公司名称 | 序号 | 报告类型 |
|---|---|---|---|
| 318 | 福建碧山食品有限公司 | 319 | 环境信息公开表 |
| 319 | 福建东百集团股份有限公司 | 320 | 社会责任报告 |
| 320 | 福建发展高速公路股份有限公司 | 321 | 社会责任报告 |
| 321 | 福建凤竹纺织科技股份有限公司 | 322 | 社会责任报告 |
| 322 | 福建福晶科技股份有限公司 | 323 | 社会责任报告 |
| 323 | 福建福日电子股份有限公司 | 324 | 社会责任报告 |
| 324 | 福建冠福现代家用股份有限公司 | 325 | 社会责任报告 |
| 325 | 福建海峡银行 | 326 | 社会责任报告 |
| 326 | 福建鸿博印刷股份有限公司 | 327 | 社会责任报告 |
| 327 | 福建鸿大革业有限公司 | 328 | 环境信息公开表 |
| 328 | 福建华祥电源科技有限公司 | 329 | 环境信息公开表 |
| 329 | 福建龙净环保股份有限公司 | 330 | 社会责任报告 |
| 330 | 福建龙溪轴承(集团)股份有限公司 | 331 | 社会责任报告 |
| 331 | 福建闽东电力股份有限公司 | 332 | 社会责任报告 |
| 332 | 福建纳川管材科技股份有限公司 | 333 | 社会责任报告 |
| 333 | 福建南平太阳电缆股份有限公司 | 334 | 社会责任报告 |
| 334 | 福建七匹狼实业股份有限公司 | 335 | 社会责任报告 |
| 335 | 福建青松股份有限公司 | 336 | 社会责任报告 |
| 336 | 福建榕基软件股份有限公司 | 337 | 社会责任报告 |
| 337 | 福建三钢闵光股份有限公司 | 338 | 社会责任报告 |
| 338 | 福建三元达通讯股份有限公司 | 339 | 社会责任报告 |
| 339 | 福建省广播影视集团广播都市生活频率 | 340 | 社会责任报告 |
| 340 | 福建省闽发铝业股份有限公司 | 341 | 社会责任报告 |
| 341 | 福建省青山纸业股份有限公司 | 342 | 社会责任报告 |
| 342 | 福建省鑫晟环境科技有限公司 | 343 | 环境信息公开表 |
| 343 | 福建省燕京惠泉啤酒股份有限公司 | 344 | 社会责任报告 |
| 344 | 福建省永安林业(集团)股份有限公司 | 345 | 社会责任报告 |
| 345 | 福建省长庆化工有限公司 | 346 | 环境信息公开表 |
| 346 | 福建圣农发展股份有限公司 | 347 | 社会责任报告 |
| 347 | 福建水泥股份有限公司 | 348 | 社会责任报告 |
| 348 | 福建新大陆电脑股份有限公司 | 349 | 社会责任报告 |
| 349 | 福建星网锐捷通讯股份有限公司 | 350 | 社会责任报告 |
| 350 | 福建雪人股份有限公司 | 351 | 社会责任报告 |
| 351 | 福建浔兴拉链科技股份有限公司 | 352 | 社会责任报告 |

续表

| 序号 | 公司名称 | 序号 | 报告类型 |
|---|---|---|---|
| 352 | 福建元力活性炭股份有限公司 | 353 | 社会责任报告 |
| 353 | 福建漳州发展股份有限公司 | 354 | 社会责任报告 |
| 354 | 福建中能电气股份有限公司 | 355 | 社会责任报告 |
| 355 | 福建众和股份有限公司 | 356 | 社会责任报告 |
| 356 | 福寿园国际集团 | 357 | 可持续发展报告 |
| 357 | 福耀玻璃工业集团股份有限公司 | 358 | 社会责任报告 |
| 358 | 阜阳鼎铭汽配制造有限公司* | 359 | 社会责任报告 |
| 359 | 富春科技股份有限公司 | 360 | 社会责任报告 |
| 360 | 富德生命人寿保险股份有限公司 | 361 | 社会责任报告 |
| 361 | 富顶精密组件(深圳)有限公司 | 362 | 环境公开信息 |
| 362 | 富葵精密组件(深圳)有限公司 | 363 | 环境公开信息 |
| 363 | 富士胶片(中国)投资有限公司 | 364 | 可持续发展报告 |
| 364 | 富士胶片控股株式会社 | 365 | 可持续发展报告 |
| 365 | 富士施乐(中国)有限公司 | 366 | 可持续发展报告 |
| 366 | 富泰华工业(深圳)有限公司 | 367 | 环境公开信息 |
| 367 | 甘肃酒钢集团宏兴钢铁股份有限公司 | 368 | 社会责任报告 |
| 368 | 甘肃莫高实业发展股份有限公司 | 369 | 社会责任报告 |
| 369 | 甘肃上峰水泥股份有限公司 | 370 | 社会责任报告 |
| 370 | 港华燃气有限公司 | 371 | 社会责任报告 |
| 371 | 高柏(中国)企业管理咨询有限公司 | 372 | 社会责任报告 |
| 372 | 歌尔股份有限公司 | 373 | 社会责任报告 |
| 373 | 葛兰素史克(天津)有限公司 | 374 | 环境报告 |
| 374 | 工银安盛人寿保险有限公司 | 375 | 社会责任报告 |
| 375 | 公安部消防产品合格评定中心 | 376 | 社会责任报告 |
| 376 | 供销大集集团股份有限公司 | 377 | 社会责任报告 |
| 377 | 冠城大通股份有限公司 | 378 | 社会责任报告 |
| 378 | 光大证券股份有限公司 | 379 | 社会责任报告 |
| 379 | 光明房地产集团股份有限公司 | 380 | 社会责任报告 |
| 380 | 光明乳业股份有限公司 | 381 | 社会责任报告 |
| 381 | 光明食品(集团)有限公司 | 382 | 社会责任报告 |
| 382 | 广百集团 | 383 | 社会责任报告 |
| 383 | 广博集团股份有限公司 | 384 | 社会责任报告 |
| 384 | 广东奥飞动漫文化股份有限公司 | 385 | 社会责任报告 |
| 385 | 广东宝丽华新能源股份有限公司 | 386 | 社会责任报告 |

续表

| 序号 | 公司名称 | 序号 | 报告类型 |
|---|---|---|---|
| 386 | 广东德美精细化工股份有限公司 | 387 | 社会责任报告 |
| 387 | 广东电力发展股份有限公司 | 388 | 社会责任报告 |
| 388 | 广东电网有限责任公司 | 389 | 社会责任报告 |
| 389 | 广东电网有限责任公司东莞供电局 | 390 | 社会责任报告 |
| 390 | 广东电网有限责任公司佛山供电局 | 391 | 社会责任报告 |
| 391 | 广东芳源环保股份有限公司 | 392 | 环境公开信息 |
| 392 | 广东高乐玩具股份有限公司 | 393 | 社会责任报告 |
| 393 | 广东冠豪高新技术股份有限公司 | 394 | 社会责任报告 |
| 394 | 广东广业云硫矿业有限公司 | 395 | 环境报告 |
| 395 | 广东国华粤电台山发电有限公司 | 396 | 环境公开信息 |
| 396 | 广东海印集团股份有限公司 | 397 | 社会责任报告 |
| 397 | 广东和胜工业铝材股份有限公司 | 398 | 社会责任报告 |
| 398 | 广东恒健投资控股有限公司 | 399 | 社会责任报告 |
| 399 | 广东红海湾发电有限公司 | 400 | 环境公开信息 |
| 400 | 广东嘉宝莉化工(集团)有限公司 | 401 | 环境公开信息 |
| 401 | 广东锦龙发展股份有限公司 | 402 | 社会责任报告 |
| 402 | 广东科达洁能股份有限公司 | 403 | 社会责任报告 |
| 403 | 广东联合电子服务股份有限公司 | 404 | 社会责任报告 |
| 404 | 广东联泰环保股份有限公司 | 405 | 环境信息公开表 |
| 405 | 广东南粤集团有限公司 | 406 | 社会责任报告 |
| 406 | 广东生益科技股份有限公司 | 407 | 社会责任报告 |
| 407 | 广东省产权交易集团有限公司 | 408 | 社会责任报告 |
| 408 | 广东省广轻控股集团有限公司 | 409 | 社会责任报告 |
| 409 | 广东省广晟资产经营有限公司 | 410 | 社会责任报告 |
| 410 | 广东省广物控股集团有限公司 | 411 | 社会责任报告 |
| 411 | 广东省广新控股集团有限公司 | 412 | 社会责任报告 |
| 412 | 广东省广业资产经营有限公司 | 413 | 社会责任报告 |
| 413 | 广东省航运集团有限公司 | 414 | 社会责任报告 |
| 414 | 广东省机场管理集团有限公司 | 415 | 社会责任报告 |
| 415 | 广东省建筑工程集团有限公司 | 416 | 社会责任报告 |
| 416 | 广东省交通集团有限公司 | 417 | 社会责任报告 |
| 417 | 广东省旅游控股集团有限公司 | 418 | 社会责任报告 |
| 418 | 广东省水电集团有限公司 | 419 | 社会责任报告 |
| 419 | 广东省丝绸纺织集团有限公司 | 420 | 社会责任报告 |

续表

| 序号 | 公司名称 | 序号 | 报告类型 |
|---|---|---|---|
| 420 | 广东省铁路建设投资集团有限公司 | 421 | 社会责任报告 |
| 421 | 广东省盐业集团有限公司 | 422 | 社会责任报告 |
| 422 | 广东省粤电集团有限公司 | 423 | 社会责任报告 |
| 423 | 广东省粤电集团有限公司珠海发电厂 | 424 | 环境信息公开表 |
| 424 | 广东世运电路科技股份有限公司 | 425 | 环境公开信息 |
| 425 | 广东塔牌集团股份有限公司 | 426 | 社会责任报告 |
| 426 | 广东腾飞摩托车配件有限公司 | 427 | 环境公开信息 |
| 427 | 广东天马铝业有限公司 | 428 | 环境公开信息 |
| 428 | 广东万和新电气股份有限公司 | 429 | 社会责任报告 |
| 429 | 广东温氏食品集团股份有限公司 | 430 | 社会责任报告 |
| 430 | 广东溢达纺织有限公司 | 431 | 环境公开信息 |
| 431 | 广东粤海控股集团有限公司 | 432 | 社会责任报告 |
| 432 | 广东粤轻卫浴科技有限公司 | 433 | 环境公开信息 |
| 433 | 广东粤运交通股份有限公司 | 434 | 环境、社会与管治报告 |
| 434 | 广东珠海金湾发电有限公司 | 435 | 环境信息公开表 |
| 435 | 广发银行股份有限公司 | 436 | 社会责任报告 |
| 436 | 广发证券股份有限公司 | 437 | 社会责任报告 |
| 437 | 广汇能源股份有限公司 | 438 | 社会责任报告 |
| 438 | 广汇汽车服务股份公司 | 439 | 社会责任报告 |
| 439 | 广汽丰田汽车有限公司 | 440 | 社会责任报告 |
| 440 | 广深铁路股份有限公司 | 441 | 社会责任报告 |
| 441 | 广晟有色金属股份有限公司 | 442 | 社会责任报告 |
| 442 | 广西北部湾国际港务集团有限公司* | 443 | 社会责任报告 |
| 443 | 广西北部湾银行股份有限公司* | 444 | 社会责任报告 |
| 444 | 广西德旺建筑基础工程有限公司* | 445 | 社会责任报告 |
| 445 | 广西电网有限责任公司 | 446 | 社会责任报告 |
| 446 | 广西电网有限责任公司来宾供电局* | 447 | 社会责任报告 |
| 447 | 广西东糖投资有限公司* | 448 | 社会责任报告 |
| 448 | 广西丰林木业集团股份有限公司 | 449 | 社会责任报告 |
| 449 | 广西广缆科技集团有限公司* | 450 | 社会责任报告 |
| 450 | 广西桂东电力股份有限公司 | 451 | 社会责任报告 |
| 451 | 广西桂牛水牛乳业股份有限公司 | 452 | 社会责任报告 |
| 452 | 广西红谷农业投资集团有限公司* | 453 | 社会责任报告 |
| 453 | 广西慧球科技股份有限公司 | 454 | 社会责任报告 |

续表

| 序号 | 公司名称 | 序号 | 报告类型 |
|---|---|---|---|
| 454 | 广西金融投资集团有限公司 | 455 | 社会责任报告 |
| 455 | 广西锦绣前程人力资源股份有限公司* | 456 | 社会责任报告 |
| 456 | 广西柳工机械股份有限公司 | 457 | 社会责任报告 |
| 457 | 广西柳工集团有限公司 | 458 | 社会责任报告 |
| 458 | 广西柳州钢铁集团有限公司 | 459 | 社会责任报告 |
| 459 | 广西喷施宝股份有限公司 | 460 | 社会责任报告 |
| 460 | 广西三威林产工业有限公司 | 461 | 社会责任报告 |
| 461 | 广西申能达智能技术有限公司* | 462 | 社会责任报告 |
| 462 | 广西投资集团方元电力股份有限公司来宾电厂* | 463 | 社会责任报告 |
| 463 | 广西投资集团有限公司 | 464 | 社会责任报告 |
| 464 | 广西梧州中恒集团股份有限公司 | 465 | 社会责任报告 |
| 465 | 广西西江开发投资集团有限公司 | 466 | 社会责任报告 |
| 466 | 广西银亿新材料有限公司 | 467 | 社会责任报告 |
| 467 | 广西玉柴机器集团有限公司 | 468 | 可持续发展报告 |
| 468 | 广西云星集团有限公司 | 469 | 社会责任报告 |
| 469 | 广西正润发展集团有限公司 | 470 | 社会责任报告 |
| 470 | 广州白云国际机场股份有限公司 | 471 | 社会责任报告 |
| 471 | 广州白云山医药集团股份有限公司 | 472 | 社会责任报告 |
| 472 | 广州百货企业集团有限公司 | 473 | 社会责任报告 |
| 473 | 广州地铁集团有限公司 | 474 | 社会责任报告 |
| 474 | 广州发展集团股份有限公司 | 475 | 可持续发展报告 |
| 475 | 广州丰田汽车有限公司 | 476 | 社会责任报告 |
| 476 | 广州富力地产股份有限公司 | 477 | 环境、社会及管治报告 |
| 477 | 广州供电局有限公司 | 478 | 社会责任实践 |
| 478 | 广州广船国际股份有限公司 | 479 | 社会责任报告 |
| 479 | 广州广日股份有限公司 | 480 | 社会责任报告 |
| 480 | 广州海格通信集团股份有限公司 | 481 | 社会责任报告 |
| 481 | 广州海鸥卫浴用品股份有限公司 | 482 | 社会责任报告 |
| 482 | 广州杰赛科技股份有限公司 | 483 | 社会责任报告 |
| 483 | 广州汽车集团股份有限公司 | 484 | 社会责任报告 |
| 484 | 广州越秀集团有限公司 | 485 | 社会责任报告 |
| 485 | 广州珠江啤酒股份有限公司 | 486 | 社会责任报告 |
| 486 | 广州珠江实业集团有限公司 | 487 | 社会责任报告 |

续表

| 序号 | 公司名称 | 序号 | 报告类型 |
|---|---|---|---|
| 487 | 广州珠江实业开发股份有限公司 | 488 | 社会责任报告 |
| 488 | 贵人鸟股份有限公司 | 489 | 社会责任报告 |
| 489 | 贵研铂业股份有限公司 | 490 | 社会责任报告 |
| 490 | 贵阳北控水务有限责任公司* | 491 | 社会责任报告 |
| 491 | 贵阳市公共交通（集团）有限公司* | 492 | 社会责任报告 |
| 492 | 贵阳银行股份有限公司 | 493 | 社会责任报告 |
| 493 | 贵州赤天化股份有限公司 | 494 | 社会责任报告 |
| 494 | 贵州电网有限责任公司 | 495 | 社会责任报告 |
| 495 | 贵州钢绳（集团）有限责任公司* | 496 | 社会责任报告 |
| 496 | 贵州钢绳股份有限公司 | 497 | 社会责任报告 |
| 497 | 贵州高速公路集团有限公司 | 498 | 社会责任报告 |
| 498 | 贵州贵航汽车零部件股份有限公司 | 499 | 社会责任报告 |
| 499 | 贵州国台酒业有限公司 | 500 | 社会责任报告 |
| 500 | 贵州合石电子商务有限公司* | 501 | 社会责任报告 |
| 501 | 贵州红星发展股份有限公司 | 502 | 社会责任报告 |
| 502 | 贵州华星酒业（集团）有限公司* | 503 | 社会责任报告 |
| 503 | 贵州建工集团有限公司 | 504 | 社会责任报告 |
| 504 | 贵州锦丰矿业有限公司 | 505 | 社会责任报告 |
| 505 | 贵州锦丰矿业有限公司* | 506 | 社会责任报告 |
| 506 | 贵州开磷（集团）有限责任公司 | 507 | 社会责任报告 |
| 507 | 贵州黎阳航空发动机（集团）有限公司 | 508 | 社会责任报告 |
| 508 | 贵州路桥集团有限公司 | 509 | 社会责任报告 |
| 509 | 贵州轮胎股份有限公司* | 510 | 社会责任报告 |
| 510 | 贵州茅台酒厂（集团）习酒有限责任公司 | 511 | 社会责任报告 |
| 511 | 贵州苗西南饮品有限公司* | 512 | 社会责任报告 |
| 512 | 贵州盘江国有资本运营有限公司* | 513 | 社会责任报告 |
| 513 | 贵州盘江投资控股（集团）有限公司* | 514 | 社会责任报告 |
| 514 | 贵州黔桂发电有限责任公司* | 515 | 社会责任报告 |
| 515 | 贵州黔源电力股份有限公司* | 516 | 社会责任报告 |
| 516 | 贵州燃气集团股份有限公司* | 517 | 社会责任报告 |
| 517 | 贵州省贵阳汽车客运有限公司* | 518 | 社会责任报告 |
| 518 | 贵州省农村信用合作社省联社* | 519 | 社会责任报告 |
| 519 | 贵州威门药业股份有限公司* | 520 | 社会责任报告 |
| 520 | 贵州乌江水电开发有限责任公司 | 521 | 社会责任报告 |

续表

| 序号 | 公司名称 | 序号 | 报告类型 |
| --- | --- | --- | --- |
| 521 | 贵州五福坊食品股份有限公司 * | 522 | 社会责任报告 |
| 522 | 贵州西洋肥业有限公司 * | 523 | 社会责任报告 |
| 523 | 贵州信邦制药股份有限公司 | 524 | 社会责任报告 |
| 524 | 贵州盐业(集团)有限责任公司 * | 525 | 社会责任报告 |
| 525 | 桂林福达集团有限公司 | 526 | 社会责任报告 |
| 526 | 桂林建筑安装工程有限公司 | 527 | 社会责任报告 |
| 527 | 桂林银行股份有限公司 * | 528 | 社会责任报告 |
| 528 | 国电电力发展股份有限公司 | 529 | 社会责任报告 |
| 529 | 国电南瑞科技股份有限公司 | 530 | 社会责任报告 |
| 530 | 国富期货有限公司 | 531 | 社会责任报告 |
| 531 | 国海证券股份有限公司 | 532 | 社会责任报告 |
| 532 | 国浩律师事务所 | 533 | 社会责任报告 |
| 533 | 国机汽车股份有限公司 | 534 | 社会责任报告 |
| 534 | 国际康健人寿保险股份有限公司 | 535 | 社会责任报告 |
| 535 | 国家电力投资集团公司 | 536 | 社会责任报告 |
| 536 | 国家电网公司 | 537 | 社会责任报告 |
| 537 | 国家核电技术有限公司 | 538 | 可持续发展报告 |
| 538 | 国家开发投资公司 | 539 | 社会责任报告 |
| 539 | 国金证券股份有限公司 | 540 | 社会责任报告 |
| 540 | 国脉科技股份有限公司 | 541 | 社会责任报告 |
| 541 | 国民技术股份有限公司 | 542 | 社会责任报告 |
| 542 | 国睿科技股份有限公司 | 543 | 社会责任报告 |
| 543 | 国泰君安期货有限公司 | 544 | 社会责任报告 |
| 544 | 国泰君安证券股份有限公司 | 545 | 社会责任报告 |
| 545 | 国投安信期货 * | 546 | 社会责任报告 |
| 546 | 国投电力控股股份有限公司 | 547 | 社会责任报告 |
| 547 | 国投新集能源股份有限公司 | 548 | 社会责任报告 |
| 548 | 国投新疆罗布泊钾盐有限责任公司 | 549 | 社会责任报告 |
| 549 | 国投中鲁果汁股份有限公司 | 550 | 社会责任报告 |
| 550 | 国网宝应县供电公司 | 551 | 服务地方经济社会发展2017 |
| 551 | 国网河南省电力公司 | 552 | 白皮书 |
| 552 | 国网湖南省电力公司 | 553 | 可持续发展报告 |
| 553 | 国网江苏省电力公司 | 554 | 服务经济社会可持续发展 |
| 554 | 国网洛阳供电公司 | 555 | 服务地方经济社会发展报告书 |

续表

| 序号 | 公司名称 | 序号 | 报告类型 |
|---|---|---|---|
| 555 | 国网南京供电公司 | 556 | 社会责任报告 |
| 556 | 国网宁波供电公司 | 557 | 服务宁波经济社会发展报告 |
| 557 | 国网山东省电力公司 | 558 | 白皮书 |
| 558 | 国网陕西省电力公司 | 559 | 扶贫白皮书 |
| 558 | 国网陕西省电力公司 | 560 | 服务陕西经济社会发展白皮书 |
| 559 | 国网上海市电力公司 | 561 | 社会责任报告 |
| 560 | 国网沭阳县供电公司 | 562 | 服务“明星县城”的百万用户报告书 |
| 561 | 国网天津市电力公司 | 563 | 履责行动书 |
| 562 | 国网新疆电力公司 | 564 | 服务经济发展和社会稳定白皮书 |
| 563 | 国网枣庄供电公司 | 565 | 全面助力自然生态宜居宜业新枣庄建设 |
| 564 | 国网浙江省电力公司 | 566 | 白皮书 |
| 565 | 国网舟山供电公司 | 567 | 白皮书 |
| 566 | 国信期货有限责任公司* | 568 | 社会责任报告 |
| 567 | 国信证券股份有限公司 | 569 | 社会责任报告 |
| 568 | 国药集团药业股份有限公司 | 570 | 社会责任报告 |
| 569 | 国药集团一致药业股份有限公司 | 571 | 社会责任报告 |
| 570 | 国药控股股份有限公司 | 572 | 社会责任报告 |
| 571 | 国元证券股份有限公司 | 573 | 社会责任报告 |
| 572 | 哈尔滨银行股份邮箱公司 | 574 | 社会责任报告 |
| 573 | 海航基础股份有限公司 | 575 | 社会责任报告 |
| 574 | 海航集团有限公司 | 576 | 社会责任报告 |
| 575 | 海航酒店集团 | 577 | 社会责任报告 |
| 576 | 海航凯撒旅游集团股份有限公司 | 578 | 社会责任报告 |
| 577 | 海航科技集团有限公司 | 579 | 可持续发展白皮书 |
| 578 | 海航旅业集团 | 580 | 社会责任报告 |
| 579 | 海航投资集团股份有限公司 | 581 | 社会责任报告 |
| 580 | 海虹企业(控股)股份有限公司 | 582 | 社会责任报告 |
| 581 | 海亮集团 | 583 | 社会责任报告 |
| 582 | 海南海航基础设施投资集团股份有限公司 | 584 | 社会责任报告 |
| 583 | 海南航空控股股份有限公司 | 585 | 社会责任报告 |
| 584 | 海南康芝药业股份有限公司 | 586 | 社会责任报告 |
| 585 | 海南矿业股份有限公司 | 587 | 社会责任报告 |
| 586 | 海南天然橡胶产业集团股份有限公司 | 588 | 社会责任报告 |

续表

| 序号 | 公司名称 | 序号 | 报告类型 |
|---|---|---|---|
| 587 | 海宁中国皮革城股份有限公司 | 589 | 社会责任报告 |
| 588 | 海通期货有限公司* | 590 | 社会责任报告 |
| 589 | 海通证券股份有限公司 | 591 | 社会责任报告 |
| 590 | 海欣食品股份有限公司 | 592 | 社会责任报告 |
| 591 | 海洋石油工程股份有限公司 | 593 | 社会责任报告 |
| 592 | 韩华泰科(天津)有限公司 | 594 | 环境报告 |
| 593 | 汉口银行股份有限公司 | 595 | 社会责任报告 |
| 594 | 瀚华担保股份有限公司湖南分公司 | 596 | 社会责任报告 |
| 595 | 瀚蓝环境股份有限公司 | 597 | 社会责任报告 |
| 596 | 杭州滨江房产集团股份有限公司 | 598 | 社会责任报告 |
| 597 | 杭州电魂网络科技股份有限公司 | 599 | 社会责任报告 |
| 598 | 杭州工商信托股份有限公司 | 600 | 社会责任报告 |
| 599 | 杭州海康威视数字技术股份有限公司 | 601 | 社会责任报告 |
| 600 | 杭州老板电器股份有限公司 | 602 | 社会责任报告 |
| 601 | 杭州联合农村商业银行股份有限公司 | 603 | 社会责任报告 |
| 602 | 杭州联络互动信息科技股份有限公司 | 604 | 社会责任报告 |
| 603 | 杭州汽轮机股份有限公司 | 605 | 社会责任报告 |
| 604 | 杭州前进齿轮箱集团股份有限公司 | 606 | 社会责任报告 |
| 605 | 杭州士兰微电子股份有限公司 | 607 | 社会责任报告 |
| 606 | 杭州市环境集团有限公司 | 608 | 社会责任报告 |
| 607 | 杭州银行股份有限公司 | 609 | 社会责任报告 |
| 608 | 航天晨光股份有限公司 | 610 | 社会责任报告 |
| 609 | 航天工业发展股份有限公司 | 611 | 社会责任报告 |
| 610 | 航天时代电子技术股份有限公司 | 612 | 社会责任报告 |
| 611 | 航天信息股份有限公司 | 613 | 社会责任报告 |
| 612 | 好想你枣业股份有限公司 | 614 | 社会责任报告 |
| 613 | 浩源皮业(台山)有限公司 | 615 | 环境公开信息 |
| 614 | 合肥常青机械股份有限公司* | 616 | 社会责任报告 |
| 615 | 合肥车轮有限公司* | 617 | 社会责任报告 |
| 616 | 合肥丰华汽车零部件有限公司* | 618 | 社会责任报告 |
| 617 | 合肥公交集团有限公司* | 619 | 社会责任报告 |
| 618 | 合肥市田源精铸有限公司* | 620 | 社会责任报告 |
| 619 | 合肥威尔燃油系统股份有限公司* | 621 | 社会责任报告 |
| 620 | 合富辉煌集团* | 622 | 社会责任报告 |

续表

| 序号 | 公司名称 | 序号 | 报告类型 |
|---|---|---|---|
| 621 | 河北港口集团有限公司* | 623 | 社会责任报告 |
| 622 | 河北银行* | 624 | 社会责任报告 |
| 623 | 河钢股份有限公司 | 625 | 社会责任报告 |
| 624 | 河钢集团有限公司 | 626 | 社会责任报告 |
| 625 | 河南汉威电子股份有限公司 | 627 | 社会责任报告 |
| 626 | 河南辉煌科技股份有限公司 | 628 | 社会责任报告 |
| 627 | 河南宁丰木业有限公司* | 629 | 社会责任报告 |
| 628 | 河南瑞贝卡发制品股份有限公司 | 630 | 社会责任报告 |
| 629 | 河南神火煤电股份有限公司 | 631 | 社会责任报告 |
| 630 | 河南双汇投资发展股份有限公司 | 632 | 社会责任报告 |
| 631 | 河南四方达超硬材料股份有限公司 | 633 | 社会责任报告 |
| 632 | 河南新野纺织股份有限公司 | 634 | 社会责任报告 |
| 633 | 河南易成新能源股份有限公司 | 635 | 社会责任报告 |
| 634 | 河南豫光金铅股份有限公司 | 636 | 社会责任报告 |
| 635 | 河南中孚实业股份有限公司 | 637 | 社会责任报告 |
| 636 | 河南中原高速公路股份有限公司 | 638 | 社会责任报告 |
| 637 | 鹤山安栢电路版厂有限公司沙坪分公司 | 639 | 环境公开信息 |
| 638 | 鹤山光大制品电镀厂 | 640 | 环境公开信息 |
| 639 | 鹤山广威五金电镀厂有限公司 | 641 | 环境公开信息 |
| 640 | 鹤山市共和南风污水处理有限公司 | 642 | 环境公开信息 |
| 641 | 鹤山市瀚海水务有限公司 | 643 | 环境公开信息 |
| 642 | 鹤山市利明合金有限公司 | 644 | 环境公开信息 |
| 643 | 鹤山市中南污水处理有限公司 | 645 | 环境公开信息 |
| 644 | 黑龙江国中水务股份有限公司 | 646 | 社会责任报告 |
| 645 | 黑龙江交通发展股份有限公司 | 647 | 社会责任报告 |
| 646 | 黑牡丹(集团)股份有限公司 | 648 | 社会责任报告 |
| 647 | 亨通集团有限公司 | 649 | 社会责任报告 |
| 648 | 恒邦财产保险股份有限公司 | 650 | 社会责任报告 |
| 649 | 恒大集团 | 651 | 环境、社会及管治报告 |
| 650 | 恒大人寿保险有限公司 | 652 | 社会责任报告 |
| 651 | 恒生银行有限公司 | 653 | 可持续发展报告 |
| 652 | 恒泰期货股份有限公司* | 654 | 社会责任报告 |
| 653 | 恒源祥(集团)有限公司 | 655 | 社会责任报告 |
| 654 | 横店集团东磁股份有限公司 | 656 | 社会责任报告 |

续表

| 序号 | 公司名称 | 序号 | 报告类型 |
|---|---|---|---|
| 655 | 红宝丽集团股份有限公司 | 657 | 社会责任报告 |
| 656 | 宏达高科控股股份有限公司 | 658 | 社会责任报告 |
| 657 | 宏润建设集团股份有限公司 | 659 | 社会责任报告 |
| 658 | 鸿博股份有限公司 | 660 | 社会责任报告 |
| 659 | 鸿富锦(天津)精密电子有限公司 | 661 | 环境报告 |
| 660 | 湖北富邦科技股份有限公司 | 662 | 社会责任报告 |
| 661 | 湖北凯乐科技股份有限公司 | 663 | 社会责任报告 |
| 662 | 湖北能源集团股份有限公司 | 664 | 社会责任报告 |
| 663 | 湖北三峡新型建材股份有限公司 | 665 | 社会责任报告 |
| 664 | 湖北双环科技股份有限公司 | 666 | 社会责任报告 |
| 665 | 湖北兴发化工集团股份有限公司 | 667 | 社会责任报告 |
| 666 | 湖北宜化化工股份有限公司 | 668 | 社会责任报告 |
| 667 | 湖南电广传媒股份有限公司 | 669 | 社会责任报告 |
| 668 | 湖南黄金股份有限公司 | 670 | 社会责任报告 |
| 669 | 湖南交通建设投资担保有限公司 | 671 | 社会责任报告 |
| 670 | 湖南金信担保有限责任公司 | 672 | 社会责任报告 |
| 671 | 湖南金玉融资担保有限公司 | 673 | 社会责任报告 |
| 672 | 湖南联保担保集团有限公司 | 674 | 社会责任报告 |
| 673 | 湖南农业信用担保有限公司 | 675 | 社会责任报告 |
| 674 | 湖南省中小企业信用担保有限责任公司 | 676 | 社会责任报告 |
| 675 | 湖南银鼎投资担保有限公司 | 677 | 社会责任报告 |
| 676 | 湖南中御投资担保有限公司 | 678 | 社会责任报告 |
| 677 | 湖州银行股份有限公司 | 679 | 社会责任报告 |
| 678 | 沪东中华造船(集团)有限公司 | 680 | 社会责任报告 |
| 679 | 花旗中国 | 681 | 社会责任报告 |
| 680 | 花样年控股集团有限公司 | 682 | 环境、社会及管治报告 |
| 681 | 花垣县中小企业信用担保有限责任公司 | 683 | 社会责任报告 |
| 682 | 华安证券股份有限公司 | 684 | 社会责任报告 |
| 683 | 华晨宝马汽车有限公司 | 685 | 可持续发展报告 |
| 684 | 华帝股份有限公司 | 686 | 社会责任报告 |
| 685 | 华电国际电力股份有限公司 | 687 | 社会责任报告 |
| 686 | 华电能源股份有限公司 | 688 | 社会责任报告 |
| 687 | 华电能源股份有限公司佳木斯热电厂 | 689 | 环境信息公开表 |
| 688 | 华电重工股份有限公司 | 690 | 社会责任报告 |

续表

| 序号 | 公司名称 | 序号 | 报告类型 |
|---|---|---|---|
| 689 | 华鼎建筑装饰工程有限公司 | 691 | 社会责任报告 |
| 690 | 华东建筑设计研究院有限公司 | 692 | 社会责任报告 |
| 691 | 华峰集团有限公司 | 693 | 社会责任报告 |
| 692 | 华孚色纺股份有限公司 | 694 | 社会责任报告 |
| 693 | 华工科技产业股份有限公司 | 695 | 社会责任报告 |
| 694 | 华兰生物工程股份有限公司 | 696 | 社会责任报告 |
| 695 | 华丽家族股份有限公司 | 697 | 社会责任报告 |
| 696 | 华菱星马汽车(集团)股份有限公司 | 698 | 社会责任报告 |
| 697 | 华美(台山)五金制品有限公司 | 699 | 环境公开信息 |
| 698 | 华能国际电力股份有限公司 | 700 | 可持续发展报告 |
| 699 | 华能国际电力股份有限公司海门电厂 | 701 | 环境信息公开表 |
| 700 | 华能国际电力股份有限公司汕头电厂 | 702 | 环境信息公开表 |
| 701 | 华仁药业股份有限公司 | 703 | 社会责任报告 |
| 702 | 华融湘江银行 | 704 | 社会责任报告 |
| 703 | 华润(集团)有限公司 | 705 | 社会责任报告 |
| 704 | 华润创业有限公司 | 706 | 社会责任报告 |
| 705 | 华润电力(海丰)有限公司 | 707 | 环境公开信息 |
| 706 | 华润电力(贺州)有限公司* | 708 | 社会责任报告 |
| 707 | 华润电力控股有限公司 | 709 | 可持续发展报告 |
| 708 | 华润化工控股有限公司 | 710 | 社会责任报告 |
| 709 | 华润金融控股有限公司 | 711 | 社会责任报告 |
| 710 | 华润啤酒(控股)有限公司 | 712 | 社会责任报告 |
| 711 | 华润三九医药股份有限公司 | 713 | 社会责任报告 |
| 712 | 华润深国投信托有限公司 | 714 | 社会责任报告 |
| 713 | 华润双鹤药业股份有限公司 | 715 | 社会责任报告 |
| 714 | 华润水泥(封开)有限公司 | 716 | 环境公开信息 |
| 715 | 华润水泥控股有限公司 | 717 | 社会责任报告 |
| 716 | 华润万东医疗装备股份有限公司 | 718 | 社会责任报告 |
| 717 | 华润万家 | 719 | 社会责任报告 |
| 718 | 华润五丰有限公司 | 720 | 社会责任报告 |
| 719 | 华润物业有限公司 | 721 | 社会责任报告 |
| 720 | 华润雪花啤酒有限公司 | 722 | 社会责任报告 |
| 721 | 华润医药集团有限公司 | 723 | 可持续发展报告 |
| 722 | 华润怡宝饮料(中国)有限公司 | 724 | 社会责任报告 |

续表

| 序号 | 公司名称 | 序号 | 报告类型 |
|---|---|---|---|
| 723 | 华润置地有限公司 | 725 | 可持续发展报告 |
| 724 | 华润置地有限公司华北大区 | 726 | 可持续发展报告 |
| 725 | 华润置地有限公司华南大区 | 727 | 可持续发展报告 |
| 726 | 华润资产管理有限公司 | 728 | 社会责任报告 |
| 727 | 华数传媒控股股份有限公司 | 729 | 社会责任报告 |
| 728 | 华泰证券股份有限公司 | 730 | 社会责任报告 |
| 729 | 华霆(合肥)动力技术有限公司* | 731 | 社会责任报告 |
| 730 | 华为投资控股有限公司 | 732 | 可持续发展报告 |
| 731 | 华闻传媒投资集团股份有限公司 | 733 | 社会责任报告 |
| 732 | 华闻期货有限公司 | 734 | 社会责任报告 |
| 733 | 华夏幸福基业股份有限公司 | 735 | 社会责任报告 |
| 734 | 华夏银行股份有限公司 | 736 | 社会责任报告 |
| 735 | 华新水泥股份有限公司 | 737 | 社会责任报告 |
| 736 | 华鑫期货有限公司 | 738 | 社会责任报告 |
| 737 | 华衍水务 | 739 | 社会责任报告 |
| 738 | 华仪电气股份有限公司 | 740 | 年度报告 |
| 739 | 华谊兄弟传媒股份有限公司 | 741 | 社会责任报告 |
| 740 | 华映科技(集团)股份有限公司 | 742 | 社会责任报告 |
| 741 | 华域汽车系统股份有限公司 | 743 | 社会责任报告 |
| 742 | 华域三电汽车空调有限公司 | 744 | 社会责任报告 |
| 743 | 华远地产股份有限公司 | 745 | 履行社会责任报告 |
| 744 | 怀化市中小企业信用担保有限公司 | 746 | 社会责任报告 |
| 745 | 淮北矿业(集团)有限责任公司 | 747 | 社会责任报告 |
| 746 | 淮南文峰航天电缆有限公司 | 748 | 社会责任报告 |
| 747 | 淮南中隆粮油有限公司 | 749 | 社会责任报告 |
| 748 | 环旭电子股份有限公司 | 750 | 社会责任报告 |
| 749 | 黄山永新股份有限公司 | 751 | 社会责任报告 |
| 750 | 黄岩九峰公园 | 752 | 社会责任报告 |
| 751 | 辉瑞中国 | 753 | 社会责任实践 |
| 752 | 汇丰银行(中国)有限公司 | 754 | 可持续发展报告 |
| 753 | 会稽山绍兴酒股份有限公司 | 755 | 社会责任报告 |
| 754 | 惠而浦(中国)股份有限公司 | 756 | 社会责任报告 |
| 755 | 霍尼韦尔(天津)有限公司 | 757 | 环境报告 |
| 756 | 机械科学研究总院 | 758 | 社会责任报告 |

续表

| 序号 | 公司名称 | 序号 | 报告类型 |
|---|---|---|---|
| 757 | 吉林敖东药业集团股份有限公司 | 759 | 社会责任报告 |
| 758 | 吉林高速公路股份有限公司 | 760 | 社会责任报告 |
| 759 | 吉林华微电子股份有限公司 | 761 | 社会责任报告 |
| 760 | 吉林吉恩镍业股份有限公司 | 762 | 社会责任报告 |
| 761 | 吉林森林工业股份有限公司* | 763 | 社会责任报告 |
| 762 | 吉林亚泰(集团)股份有限公司 | 764 | 社会责任报告 |
| 763 | 吉田建材(深圳)有限公司 | 765 | 环境公开信息 |
| 764 | 冀中能源股份有限公司 | 766 | 社会责任报告 |
| 765 | 加西贝拉压缩机有限公司 | 767 | 社会责任报告 |
| 766 | 佳丽宝化妆品(中国)有限公司 | 768 | 社会责任报告 |
| 767 | 佳木斯常发佳联农业装备有限公司 | 769 | 环境信息公开表 |
| 768 | 佳木斯常发佳联农业装备有限公司 | 770 | 环境信息公开表 |
| 769 | 佳木斯东方纸业有限公司 | 771 | 环境信息公开表 |
| 770 | 佳木斯冬梅大豆食品有限公司 | 772 | 环境信息公开表 |
| 771 | 佳木斯惠尔有限责任公司 | 773 | 环境信息公开表 |
| 772 | 佳木斯佳能热电有限公司 | 774 | 环境信息公开表 |
| 773 | 佳木斯龙江环保有限公司西区污水处理厂 | 775 | 环境信息公开表 |
| 774 | 佳木斯龙江环保再生资源有限公司 | 776 | 环境信息公开表 |
| 775 | 佳木斯三和亚麻纺织有限责任公司 | 777 | 环境信息公开表 |
| 776 | 佳木斯市恺乐农药有限公司 | 778 | 环境信息公开表 |
| 777 | 佳木斯市利民垃圾处理责任有限公司 | 779 | 环境信息公开表 |
| 778 | 佳木斯阳光生化有限公司 | 780 | 环境信息公开表 |
| 779 | 佳木斯中唯实业有限公司 | 781 | 环境信息公开表 |
| 780 | 佳能(中国)有限公司 | 782 | 社会责任报告 |
| 781 | 家乐福(中国) | 783 | 社会责任报告 |
| 782 | 嘉吉食品(天津)有限公司 | 784 | 环境报告 |
| 783 | 嘉诠精密五金电子(苏州)有限公司 | 785 | 环境信息公开表 |
| 784 | 嘉事堂药业股份有限公司 | 786 | 社会责任报告 |
| 785 | 嘉兴银行股份有限公司 | 787 | 社会责任报告 |
| 786 | 建信期货有限责任公司 | 788 | 社会责任报告 |
| 787 | 建信人寿保险有限公司 | 789 | 社会责任报告 |
| 788 | 江河创建集团股份有限公司 | 790 | 社会责任报告 |
| 789 | 江淮银联重型机械有限公司 | 791 | 社会责任报告 |
| 790 | 江铃汽车股份有限公司 | 792 | 社会责任报告 |

续表

| 序号 | 公司名称 | 序号 | 报告类型 |
|---|---|---|---|
| 791 | 江门合利皮革有限公司 | 793 | 环境公开信息 |
| 792 | 江门华昌纺织有限公司 | 794 | 环境公开信息 |
| 793 | 江门华尔润玻璃有限责任公司 | 795 | 环境公开信息 |
| 794 | 江门华沣特种玻璃有限责任公司 | 796 | 环境公开信息 |
| 795 | 江门精工电镀有限公司 | 797 | 环境公开信息 |
| 796 | 江门骊住美标卫生洁具五金制造有限公司 | 798 | 环境公开信息 |
| 797 | 江门蓬江区英利特电源实业有限公司 | 799 | 环境公开信息 |
| 798 | 江门荣信电路板有限公司 | 800 | 环境公开信息 |
| 799 | 江门市德艺电镀有限公司 | 801 | 环境公开信息 |
| 800 | 江门市德邑大卫浴有限公司 | 802 | 环境公开信息 |
| 801 | 江门市华凯科技有限公司 | 803 | 环境公开信息 |
| 802 | 江门市华联制皮工业有限公司 | 804 | 环境公开信息 |
| 803 | 江门市明星纸业有限公司 | 805 | 环境公开信息 |
| 804 | 江门市舒丽玛电镀有限公司 | 806 | 环境公开信息 |
| 805 | 江门市新会区富泓金属工艺电镀厂 | 807 | 环境公开信息 |
| 806 | 江门市新会区冠华针织厂有限公司 | 808 | 环境公开信息 |
| 807 | 江门市新会区兴泰电镀有限公司 | 809 | 环境公开信息 |
| 808 | 江门市新会区银海纸业有限公司 | 810 | 环境公开信息 |
| 809 | 江门市新会信和染整有限公司 | 811 | 环境公开信息 |
| 810 | 江门亚什兰化工有限公司 | 812 | 环境公开信息 |
| 811 | 江门裕华皮革有限公司 | 813 | 环境公开信息 |
| 812 | 江门中顺纸业有限公司 | 814 | 环境公开信息 |
| 813 | 江南嘉捷电梯股份有限公司 | 815 | 社会责任报告 |
| 814 | 江苏爱康科技股份有限公司 | 816 | 社会责任报告 |
| 815 | 江苏澳洋科技股份有限公司 | 817 | 环境报告 |
| 816 | 江苏常熟农村商业银行股份有限公司 | 818 | 社会责任报告 |
| 817 | 江苏凤凰出版传媒股份有限公司 | 819 | 社会责任报告 |
| 818 | 江苏和顺环保有限公司 | 820 | 环境信息公开表 |
| 819 | 江苏和顺环保有限公司 | 821 | 环境信息公开表 |
| 820 | 江苏宏福纺织品有限公司 | 822 | 环境信息公开表 |
| 821 | 江苏汇鸿国际集团股份有限公司 | 823 | 社会责任报告 |
| 822 | 江苏江南水务股份有限公司 | 824 | 社会责任报告 |
| 823 | 江苏交通控股有限公司 | 825 | 社会责任报告 |
| 824 | 江苏井神盐化股份有限公司 | 826 | 社会责任报告 |

续表

| 序号 | 公司名称 | 序号 | 报告类型 |
|---|---|---|---|
| 825 | 江苏康得新复合材料股份有限公司 | 827 | 社会责任报告 |
| 826 | 江苏连云港港口股份有限公司 | 828 | 社会责任报告 |
| 827 | 江苏联发纺织股份有限公司 | 829 | 社会责任报告 |
| 828 | 江苏林洋能源股份有限公司 | 830 | 社会责任报告 |
| 829 | 江苏隆力奇生物科技股份有限公司 | 831 | 社会责任报告 |
| 830 | 江苏宁沪高速公路股份有限公司 | 832 | 环境及企业社会责任报告 |
| 831 | 江苏神通阀门股份有限公司 | 833 | 社会责任报告 |
| 832 | 江苏吴江农村商业银行股份有限公司 | 834 | 社会责任报告 |
| 833 | 江苏吴江中国东方丝绸市场股份有限公司 | 835 | 社会责任报告 |
| 834 | 江苏吴中实业股份有限公司 | 836 | 社会责任报告 |
| 835 | 江苏亚邦染料股份有限公司 | 837 | 社会责任报告 |
| 836 | 江苏扬农化工股份有限公司 | 838 | 社会责任报告 |
| 837 | 江苏洋河酒厂股份有限公司 | 839 | 社会责任报告 |
| 838 | 江苏银行股份有限公司 | 840 | 社会责任报告 |
| 839 | 江西大华新材料股份有限公司 | 841 | 环境信息公开表 |
| 840 | 江西东邦药业有限公司 | 842 | 环境信息公开表 |
| 841 | 江西赣锋锂业股份有限公司 | 843 | 社会责任报告 |
| 842 | 江西赣粤高速公路股份有限公司 | 844 | 社会责任报告 |
| 843 | 江西洪城水业环保有限公司寻乌县分公司 | 845 | 环境信息公开表 |
| 844 | 江西华士药业有限公司 | 846 | 环境信息公开表 |
| 845 | 江西金环颜料有限公司 | 847 | 环境信息公开表 |
| 846 | 江西申田碳素有限公司 | 848 | 环境信息公开表 |
| 847 | 江西省农村信用社(农商银行) | 849 | 社会责任报告 |
| 848 | 江西特种电机股份有限公司 | 850 | 社会责任报告 |
| 849 | 江西同和药业股份有限公司 | 851 | 环境信息公开表 |
| 850 | 江西铜业股份有限公司 | 852 | 社会责任报告 |
| 851 | 江西永兆实业有限公司 | 853 | 环境信息公开表 |
| 852 | 江西长运股份有限公司 | 854 | 社会责任报告 |
| 853 | 江阴市澄东综合污水处理有限公司 | 855 | 环境信息公开表 |
| 854 | 江中药业股份有限公司 | 856 | 社会责任报告 |
| 855 | 交通银行股份有限公司 | 857 | 社会责任报告 |
| 856 | 杰克缝纫机股份有限公司 | 858 | 社会责任报告 |
| 857 | 捷成集团 | 859 | 社会责任报告 |
| 858 | 金达(珠海)电路版有限公司 | 860 | 环境公开信息 |

续表

| 序号 | 公司名称 | 序号 | 报告类型 |
|---|---|---|---|
| 859 | 金达控股有限公司 | 861 | 环境、社会及管治报告 |
| 860 | 金地（集团）股份有限公司 | 862 | 社会责任报告 |
| 861 | 金堆城钼业股份有限公司 | 863 | 社会责任报告 |
| 862 | 金光集团（中国） | 864 | 可持续发展报告 |
| 863 | 金红叶纸业集团有限公司 | 865 | 环境信息公开表 |
| 864 | 金徽酒股份有限公司 | 866 | 社会责任报告 |
| 865 | 金卡智能集团股份有限公司 | 867 | 社会责任报告 |
| 866 | 金陵饭店股份有限公司 | 868 | 社会责任报告 |
| 867 | 金龙联合汽车工业（苏州）有限公司 | 869 | 环境信息公开表 |
| 868 | 金茂（中国）酒店投资管理有限公司 | 870 | 环境、社会及管治报告 |
| 869 | 金融街控股股份有限公司 | 871 | 社会责任报告 |
| 870 | 锦湖轮胎（天津）有限公司 | 872 | 环境报告 |
| 871 | 锦州港股份有限公司 | 873 | 社会责任报告 |
| 872 | 劲牌有限公司 | 874 | 履行社会责任纪实 |
| 873 | 晋能集团 | 875 | 社会责任报告 |
| 874 | 晋能集团有限公司 | 876 | 社会责任报告 |
| 875 | 晋西车轴股份有限公司 | 877 | 社会责任报告 |
| 876 | 京东方科技集团股份有限公司 | 878 | 社会责任报告 |
| 877 | 经纬纺织机械股份有限公司 | 879 | 社会责任报告 |
| 878 | 晶苑集团 | 880 | 可持续发展报告 |
| 879 | 九牧王股份有限公司 | 881 | 社会责任报告 |
| 880 | 九州通医药集团股份有限公司 | 882 | 社会责任报告 |
| 881 | 久盛地板有限公司 | 883 | 社会责任报告 |
| 882 | 玖隆钢铁物流有限公司 | 884 | 社会责任报告 |
| 883 | 巨石集团有限公司 | 885 | 社会责任报告 |
| 884 | 聚宝互联科技（深圳）股份有限公司 | 886 | 社会责任报告 |
| 885 | 卡博特高性能材料（天津）有限公司 | 887 | 环境报告 |
| 886 | 卡特彼勒（中国）投资有限公司 | 888 | 可持续发展报告 |
| 887 | 开滦（集团）有限责任公司 | 889 | 社会责任报告 |
| 888 | 开滦能源化工股份有限公司 | 890 | 社会责任报告 |
| 889 | 开平奔达纺织第三有限公司 | 891 | 环境公开信息 |
| 890 | 开平奔达纺织有限公司 | 892 | 环境公开信息 |
| 891 | 开平市德升金属制品有限公司 | 893 | 环境公开信息 |
| 892 | 开平市何文五金工艺厂 | 894 | 环境公开信息 |

续表

| 序号 | 公司名称 | 序号 | 报告类型 |
|---|---|---|---|
| 893 | 开平市华科五金电镀有限公司 | 895 | 环境公开信息 |
| 894 | 开平市新明光五金制品有限公司 | 896 | 环境公开信息 |
| 895 | 开平市信迪染整厂有限公司 | 897 | 环境公开信息 |
| 896 | 开平市中源纺织染整二厂有限公司 | 898 | 环境公开信息 |
| 897 | 开平拓普电子工业有限公司 | 899 | 环境公开信息 |
| 898 | 开平依利安达电子有限公司 | 900 | 环境公开信息 |
| 899 | 开平粤海水务有限公司 | 901 | 环境公开信息 |
| 900 | 凯迪生态环境科技股份有限公司 | 902 | 社会责任报告 |
| 901 | 恺英网络股份有限公司 | 903 | 社会责任报告 |
| 902 | 康恩贝集团有限公司 | 904 | 社会责任报告 |
| 903 | 康力电梯股份有限公司 | 905 | 年度报告 |
| 904 | 康美药业股份有限公司 | 906 | 社会责任报告 |
| 905 | 康师傅控股有限公司 | 907 | ESG 报告 |
| 906 | 柯尼卡美能达集团 | 908 | 社会责任报告 |
| 907 | 壳牌中国 | 909 | 可持续发展报告 |
| 908 | 可口可乐（中国）饮料有限公司 | 910 | 可持续发展报告 |
| 909 | 肯纳金属（中国）有限公司 | 911 | 环境报告 |
| 910 | 葵花药业集团（佳木斯）有限公司 | 912 | 环境信息公开表 |
| 911 | 昆药集团股份有限公司 | 913 | 社会责任报告 |
| 912 | 莱克电气股份有限公司 | 914 | 社会责任报告 |
| 913 | 览海医疗产业投资股份有限公司 | 915 | 社会责任报告 |
| 914 | 浪潮电子信息产业股份有限公司 | 916 | 社会责任报告 |
| 915 | 劳合社保险（中国）有限公司 | 917 | 社会责任报告 |
| 916 | 劳氏质量认证（上海）有限公司 | 918 | 社会责任报告 |
| 917 | 老百姓大药房连锁股份有限公司 | 919 | 社会责任报告 |
| 918 | 乐昌市龙辉环保科技有限公司 | 920 | 环境公开信息 |
| 919 | 乐昌市铅锌矿业有限责任公司 | 921 | 环境公开信息 |
| 920 | 乐昌市雅鲁污水处理有限公司 | 922 | 环境公开信息 |
| 921 | 乐健科技（珠海）有限公司 | 923 | 环境信息公开表 |
| 922 | 乐山电力股份有限公司 | 924 | 社会责任报告 |
| 923 | 乐视网信息技术（北京）股份有限公司 | 925 | 社会责任报告 |
| 924 | 雷可德高分子（天津）有限公司 | 926 | 环境报告 |
| 925 | 立白集团 | 927 | 社会责任报告 |
| 926 | 立邦中国 | 928 | 社会责任报告 |

续表

| 序号 | 公司名称 | 序号 | 报告类型 |
|---|---|---|---|
| 927 | 立讯精密工业股份有限公司 | 929 | 社会责任报告 |
| 928 | 丽宏实业(江门)有限公司 | 930 | 环境公开信息 |
| 929 | 丽江玉龙旅游股份有限公司 | 931 | 社会责任报告 |
| 930 | 励福实业(江门)贵金属有限公司 | 932 | 环境公开信息 |
| 931 | 利达光电股份有限公司 | 933 | 社会责任报告 |
| 932 | 利乐中国 | 934 | 可持续发展报告 |
| 933 | 利亚德集团 | 935 | 社会责任报告 |
| 934 | 俐马(苏州)化纤纺织工业有限公司 | 936 | 环境信息公开表 |
| 935 | 联化科技股份有限公司 | 937 | 社会责任报告 |
| 936 | 联塑科技发展(贵阳)有限公司 | 938 | 社会责任报告 |
| 937 | 联想中国 | 939 | 可持续发展报告 |
| 938 | 辽宁奥克化学股份有限公司 | 940 | 社会责任报告 |
| 939 | 辽宁成大股份有限公司 | 941 | 社会责任报告 |
| 940 | 辽宁曙光汽车集团股份有限公司 | 942 | 社会责任报告 |
| 941 | 林州重机集团股份有限公司 | 943 | 社会责任报告 |
| 942 | 凌源钢铁股份有限公司 | 944 | 环境报告 |
| 943 | 岭南园林股份有限公司 | 945 | 社会责任报告 |
| 944 | 浏阳市企业信用担保有限责任公司 | 946 | 社会责任报告 |
| 945 | 柳州化工股份有限公司* | 947 | 社会责任报告 |
| 946 | 柳州银行股份有限公司* | 948 | 社会责任报告 |
| 947 | 六安江淮电机有限公司 | 949 | 环境信息公开表 |
| 948 | 龙湖地产有限公司 | 950 | 环境、社会及管制报告 |
| 949 | 龙蟒佰利联集团股份有限公司 | 951 | 社会责任报告 |
| 950 | 娄底市兴娄融资担保有限公司 | 952 | 社会责任报告 |
| 951 | 泸州老窖股份有限公司 | 953 | 社会责任报告 |
| 952 | 鲁商置业股份有限公司 | 954 | 社会责任报告 |
| 953 | 鲁泰纺织股份有限公司 | 955 | 社会责任报告 |
| 954 | 鲁信创业投资集团股份有限公司 | 956 | 社会责任报告 |
| 955 | 陆家嘴国际信托有限公司 | 957 | 社会责任报告 |
| 956 | 罗曼胶带技术(天津)有限公司 | 958 | 环境报告 |
| 957 | 罗姆半导体(中国)有限公司 | 959 | 环境报告 |
| 958 | 罗牛山股份有限公司 | 960 | 社会责任报告 |
| 959 | 罗赛洛(广东)明胶有限公司 | 961 | 环境公开信息 |
| 960 | 洛阳玻璃股份有限公司 | 962 | 社会责任报告 |

续表

| 序号 | 公司名称 | 序号 | 报告类型 |
|---|---|---|---|
| 961 | 洛阳栾川钼业集团股份有限公司 | 963 | 社会责任报告 |
| 962 | 洛阳轴研科技股份有限公司 | 964 | 社会责任报告 |
| 963 | 马鞍山钢铁股份有限公司 | 965 | 社会责任报告 |
| 964 | 马应龙药业集团股份有限公司 | 966 | 社会责任报告 |
| 965 | 麦德龙中国 | 967 | 可持续发展报告 |
| 966 | 玫凯琳(中国)化妆品有限公司 | 968 | 社会责任报告 |
| 967 | 梅花生物科技集团股份有限公司 | 969 | 社会责任报告 |
| 968 | 美的集团股份有限公司 | 970 | 社会责任报告 |
| 969 | 美克国际家具股份有限公司 | 971 | 社会责任报告 |
| 970 | 美年大健康产业控股股份有限公司 | 972 | 社会责任报告 |
| 971 | 蒙城县金冠面粉有限责任公司 | 973 | 社会责任报告 |
| 972 | 汨罗市中小企业信用担保有限公司* | 974 | 社会责任报告 |
| 973 | 绵阳市商业银行 | 975 | 社会责任报告 |
| 974 | 民丰特种纸股份有限公司 | 976 | 环境报告 |
| 975 | 摩登大道时尚集团股份有限公司 | 977 | 社会责任报告 |
| 976 | 牡丹江恒丰纸业股份有限公司 | 978 | 社会责任报告 |
| 977 | 南澳县广业环保有限公司 | 979 | 环境信息公开表 |
| 978 | 南方风机股份有限公司 | 980 | 社会责任报告 |
| 979 | 南海发电一厂有限公司 | 981 | 环境公开信息 |
| 980 | 南京钢铁股份有限公司 | 982 | 社会责任报告 |
| 981 | 南京高科股份有限公司 | 983 | 社会责任报告 |
| 982 | 南京化纤股份有限公司 | 984 | 社会责任报告 |
| 983 | 南京栖霞建设股份有限公司 | 985 | 社会责任报告 |
| 984 | 南京熊猫电子股份有限公司 | 986 | 社会责任报告 |
| 985 | 南京银行股份有限公司 | 987 | 社会责任报告 |
| 986 | 南陵县凯迪绿色能源开发有限公司 | 988 | 社会责任报告 |
| 987 | 南宁富桂精密工业有限公司 | 989 | 社会责任报告 |
| 988 | 南宁威宁投资集团有限责任公司 | 990 | 社会责任报告 |
| 989 | 南宁中燃城市燃气发展有限公司 | 991 | 社会责任报告 |
| 990 | 南通江山农药化工股份有限公司 | 992 | 社会责任报告 |
| 991 | 内蒙古北方重型汽车股份有限公司 | 993 | 社会责任报告 |
| 992 | 内蒙古电力(集团)有限责任公司 | 994 | 社会责任报告 |
| 993 | 内蒙古蒙牛乳业(集团)股份有限公司 | 995 | 可持续发展报告 |
| 994 | 内蒙古西水创业股份有限公司 | 996 | 社会责任报告 |

续表

| 序号 | 公司名称 | 序号 | 报告类型 |
|---|---|---|---|
| 995 | 内蒙古伊利实业集团股份有限公司 | 997 | 社会责任报告 |
| 996 | 内蒙古伊泰煤炭股份有限公司 | 998 | 社会责任报告 |
| 997 | 宁波港股份有限公司 | 999 | 社会责任报告 |
| 998 | 宁波海运股份有限公司 | 1000 | 社会责任报告 |
| 999 | 宁波联合集团股份有限公司 | 1001 | 履行社会责任报告 |
| 1000 | 宁波热电股份有限公司 | 1002 | 社会责任报告 |
| 1001 | 宁波杉杉股份有限公司 | 1003 | 社会责任报告 |
| 1002 | 宁波通商银行股份有限公司 | 1004 | 社会责任报告 |
| 1003 | 宁波银行股份有限公司 | 1005 | 社会责任报告 |
| 1004 | 宁波舟山港股份有限公司 | 1006 | 社会责任报告 |
| 1005 | 宁夏东方钽业股份有限公司 | 1007 | 社会责任报告 |
| 1006 | 宁夏银行股份有限公司 | 1008 | 社会责任报告 |
| 1007 | 宁夏英力特化工股份有限公司 | 1009 | 社会责任报告 |
| 1008 | 诺德投资股份有限公司 | 1010 | 社会责任报告 |
| 1009 | 诺和诺德(中国)制药有限公司天津工厂 | 1011 | 环境报告 |
| 1010 | 诺维信(中国)生物技术有限公司 | 1012 | 环境报告 |
| 1011 | 诺亚财富 | 1013 | 可持续发展报告 |
| 1012 | 欧姆龙(中国)有限公司 | 1014 | 社会责任报告 |
| 1013 | 欧文斯科宁(天津)建筑材料有限公司 | 1015 | 环境报告 |
| 1014 | 攀钢集团钒钛资源股份有限公司 | 1016 | 社会责任报告 |
| 1015 | 攀枝花市水务(集团)有限公司 | 1017 | 社会责任报告 |
| 1016 | 平安银行股份有限公司(原深圳发展银行) | 1018 | 社会责任报告 |
| 1017 | 平顶山天安煤业股份有限公司 | 1019 | 社会责任报告 |
| 1018 | 濮阳濮耐高温材料(集团)股份有限公司 | 1020 | 环境报告 |
| 1019 | 浦项世亚线材(天津)有限公司 | 1021 | 环境报告 |
| 1020 | 普华永道 | 1022 | 社会责任报告 |
| 1021 | 普利司通(中国)投资有限公司 | 1023 | 可持续发展报告 |
| 1022 | 祁阳县中小企业信用担保有限公司 | 1024 | 社会责任报告 |
| 1023 | 启迪桑德环境资源股份有限公司 | 1025 | 社会责任报告 |
| 1024 | 洽洽食品股份有限公司 | 1026 | 社会责任报告 |
| 1025 | 乔登卫浴(江门)有限公司 | 1027 | 环境公开信息 |
| 1026 | 秦川机床工具集团 | 1028 | 社会责任报告 |
| 1027 | 勤威(天津)工业有限公司 | 1029 | 环境报告 |
| 1028 | 青岛城市传媒股份有限公司 | 1030 | 社会责任报告 |

续表

| 序号 | 公司名称 | 序号 | 报告类型 |
|---|---|---|---|
| 1029 | 青岛港国际股份有限公司 | 1031 | 可持续发展报告 |
| 1030 | 青岛海尔股份有限公司 | 1032 | 社会责任报告 |
| 1031 | 青岛海信电器股份有限公司 | 1033 | 社会责任报告 |
| 1032 | 青岛汉缆股份有限公司 | 1034 | 社会责任报告 |
| 1033 | 青岛华仁药业股份有限公司 | 1035 | 社会责任报告 |
| 1034 | 青岛农商银行 | 1036 | 社会责任报告 |
| 1035 | 青岛啤酒(珠海)有限公司 | 1037 | 环境公开信息 |
| 1036 | 青岛啤酒股份有限公司 | 1038 | 环境社会管治报告 |
| 1037 | 青海华鼎实业股份有限公司 | 1039 | 社会责任报告 |
| 1038 | 青海盐湖工业股份有限公司 | 1040 | 社会责任报告 |
| 1039 | 全成信电子(深圳)有限公司 | 1041 | 环境公开信息 |
| 1040 | 人民网股份有限公司 | 1042 | 社会责任报告 |
| 1041 | 日产在华企业 | 1043 | 社会责任报告 |
| 1042 | 日东精密回路技术(深圳)有限公司 | 1044 | 环境公开信息 |
| 1043 | 日立(中国)有限公司 | 1045 | 可持续发展报告 |
| 1044 | 日照港股份有限公司 | 1046 | 社会责任报告 |
| 1045 | 荣安地产股份有限公司 | 1047 | 社会责任报告 |
| 1046 | 荣盛房地产发展股份有限公司 | 1048 | 社会责任报告 |
| 1047 | 融创中国控股有限公司 | 1049 | 环境、社会及管治报告 |
| 1048 | 软控股份有限公司 | 1050 | 社会责任报告 |
| 1049 | 瑞安房地产发展有限公司 | 1051 | 社会责任报告 |
| 1050 | 瑞银期货有限责任公司 | 1052 | 社会责任报告 |
| 1051 | 赛轮金宇集团股份有限公司 | 1053 | 社会责任报告 |
| 1052 | 赛诺菲(中国)投资有限公司 | 1054 | 社会责任报告 |
| 1053 | 赛诺医疗科学技术有限公司 | 1055 | 环境报告 |
| 1054 | 三菱电机(广州)压缩机有限公司 | 1056 | 环境公开信息 |
| 1055 | 三星(中国)投资有限公司 | 1057 | 社会责任报告 |
| 1056 | 三阳工业股份有限公司 | 1058 | 社会责任报告 |
| 1057 | 三一重工股份有限公司 | 1059 | 社会责任报告 |
| 1058 | 桑德环境资源股份有限公司 | 1060 | 社会责任报告 |
| 1059 | 厦门国际银行股份有限公司 | 1061 | 社会责任报告 |
| 1060 | 厦门国贸集团股份有限公司 | 1062 | 社会责任报告 |
| 1061 | 厦门航空有限公司 | 1063 | 社会责任报告 |
| 1062 | 厦门建发股份有限公司 | 1064 | 社会责任报告 |

续表

| 序号 | 公司名称 | 序号 | 报告类型 |
|---|---|---|---|
| 1063 | 厦门厦工机械股份有限公司 | 1065 | 社会责任报告 |
| 1064 | 厦门钨业股份有限公司 | 1066 | 社会责任报告 |
| 1065 | 厦门信达股份有限公司 | 1067 | 社会责任报告 |
| 1066 | 山东博汇纸业股份有限公司 | 1068 | 社会责任报告 |
| 1067 | 山东登海种业股份有限公司 | 1069 | 社会责任报告 |
| 1068 | 山东东阿阿胶股份有限公司 | 1070 | 社会责任报告 |
| 1069 | 山东钢铁股份有限公司 | 1071 | 社会责任报告 |
| 1070 | 山东高速公路股份有限公司 | 1072 | 社会责任报告 |
| 1071 | 山东高速路桥集团股份有限公司 | 1073 | 社会责任报告 |
| 1072 | 山东好当家海洋发展股份有限公司 | 1074 | 社会责任报告 |
| 1073 | 山东核电有限公司 | 1075 | 社会责任报告 |
| 1074 | 山东恒邦冶炼股份有限公司 | 1076 | 环境报告 |
| 1075 | 山东华联矿业控股股份有限公司 | 1077 | 社会责任报告 |
| 1076 | 山东华泰纸业股份有限公司 | 1078 | 社会责任报告 |
| 1077 | 山东黄金矿业股份有限公司 | 1079 | 社会责任报告 |
| 1078 | 山东金岭矿业股份有限公司 | 1080 | 社会责任报告 |
| 1079 | 山东金正大生态工程股份有限公司 | 1081 | 社会责任报告 |
| 1080 | 山东南山铝业股份有限公司 | 1082 | 社会责任报告 |
| 1081 | 山东胜利股份有限公司 | 1083 | 社会责任报告 |
| 1082 | 山东太阳纸业股份有限公司 | 1084 | 社会责任报告 |
| 1083 | 山东新潮能源股份有限公司 | 1085 | 社会责任报告 |
| 1084 | 山煤国际能源集团股份有限公司 | 1086 | 社会责任报告 |
| 1085 | 山推工程机械股份有限公司 | 1087 | 社会责任报告 |
| 1086 | 山西晋城无烟煤矿业集团有限责任公司 | 1088 | 社会责任报告 |
| 1087 | 山西凯嘉能源集团有限公司 | 1089 | 社会责任报告 |
| 1088 | 山西兰花科技创业股份有限公司 | 1090 | 社会责任报告 |
| 1089 | 山西潞安环保能源开发股份有限公司 | 1091 | 社会责任报告 |
| 1090 | 山西太钢不锈钢股份有限公司 | 1092 | 社会责任报告 |
| 1091 | 山西天通鑫地农业开发有限公司 | 1093 | 社会责任报告 |
| 1092 | 山西通宝能源股份有限公司 | 1094 | 社会责任报告 |
| 1093 | 山西文龙中美环能科技股份有限公司 | 1095 | 社会责任报告 |
| 1094 | 山西西山煤电股份有限公司 | 1096 | 社会责任报告 |
| 1095 | 山西杏花村汾酒集团有限责任公司 | 1097 | 社会责任报告 |
| 1096 | 山西证券股份有限公司 | 1098 | 社会责任报告 |

续表

| 序号 | 公司名称 | 序号 | 报告类型 |
|---|---|---|---|
| 1097 | 陕西地矿集团有限公司 | 1099 | 社会责任报告 |
| 1098 | 陕西电子信息集团 | 1100 | 社会责任报告 |
| 1099 | 陕西鼓风机(集团)公司 | 1101 | 社会责任报告 |
| 1100 | 陕西建工集团 | 1102 | 社会责任报告 |
| 1101 | 陕西交通建设集团公司 | 1103 | 社会责任报告 |
| 1102 | 陕西旅游集团 | 1104 | 社会责任报告 |
| 1103 | 陕西煤业股份有限公司 | 1105 | 社会责任报告 |
| 1104 | 陕西煤业化工集团有限责任公司 | 1106 | 社会责任报告 |
| 1105 | 陕西摩美得制药有限公司 | 1107 | 社会责任报告 |
| 1106 | 陕西汽车控股集团 | 1108 | 社会责任报告 |
| 1107 | 陕西秦川机床工具集团有限公司 | 1109 | 社会责任报告 |
| 1108 | 陕西省地方电力(集团)有限公司 | 1110 | 社会责任报告 |
| 1109 | 陕西省国际信托股份有限公司 | 1111 | 社会责任报告 |
| 1110 | 陕西延长石油(集团)有限责任公司 | 1112 | 环境、社会及管治报告 |
| 1111 | 汕头彩富精铸有限公司 | 1113 | 环境公开信息 |
| 1112 | 汕头超声印制板(二厂)有限公司 | 1114 | 环境公开信息 |
| 1113 | 汕头超声印制板公司 | 1115 | 环境公开信息 |
| 1114 | 汕头东风印刷股份有限公司 | 1116 | 社会责任报告 |
| 1115 | 汕头经济特区万丰热电有限公司 | 1117 | 环境公开信息 |
| 1116 | 汕头市 TCL 德庆环保发展有限公司 | 1118 | 环境信息公开表 |
| 1117 | 汕头市北轴广业环保有限公司 | 1119 | 环境信息公开表 |
| 1118 | 汕头市潮阳区广业环保有限公司 | 1120 | 环境公开信息 |
| 1119 | 汕头市澄海区广业环保有限公司 | 1121 | 环境公开信息 |
| 1120 | 汕头市澄海区溪南其乐电镀厂 | 1122 | 环境公开信息 |
| 1121 | 汕头市澄海区溪南鑫泽五金塑料厂 | 1123 | 环境公开信息 |
| 1122 | 汕头市华祥有色金属有限公司 | 1124 | 环境公开信息 |
| 1123 | 汕头市金峰五金制品有限公司 | 1125 | 环境公开信息 |
| 1124 | 汕头市金平区都乐五金实业有限公司 | 1126 | 环境公开信息 |
| 1125 | 汕头市利得堡环保废物处理有限公司 | 1127 | 环境信息公开表 |
| 1126 | 汕头市两英广业环保有限公司 | 1128 | 环境信息公开表 |
| 1127 | 汕头市南区广业环保有限公司 | 1129 | 环境公开信息 |
| 1128 | 汕头市生业织染有限公司 | 1130 | 环境公开信息 |
| 1129 | 汕头市峡山广业环保有限公司 | 1131 | 环境公开信息 |
| 1130 | 汕头市永源金属再生有限公司 | 1132 | 环境公开信息 |

续表

| 序号 | 公司名称 | 序号 | 报告类型 |
|---|---|---|---|
| 1131 | 上海爱建股份有限公司 | 1133 | 社会责任报告 |
| 1132 | 上海安诺其集团股份有限公司 | 1134 | 社会责任报告 |
| 1133 | 上海巴安水务股份有限公司 | 1135 | 社会责任报告 |
| 1134 | 上海巴士公交(集团)有限公司 | 1136 | 社会责任报告 |
| 1135 | 上海百联集团股份有限公司 | 1137 | 社会责任报告 |
| 1136 | 上海百联物业管理有限公司 | 1138 | 社会责任报告 |
| 1137 | 上海宝信软件股份有限公司 | 1139 | 社会责任报告 |
| 1138 | 上海宝谊环境卫生服务有限公司 | 1140 | 社会责任报告 |
| 1139 | 上海贝岭有限公司社会责任报告 | 1141 | 社会责任报告 |
| 1140 | 上海标准海菱缝制机械有限公司 | 1142 | 社会责任报告 |
| 1141 | 上海博海餐饮集团有限公司 | 1143 | 社会责任报告 |
| 1142 | 上海柴油机股份有限公司 | 1144 | 社会责任报告 |
| 1143 | 上海城投控股股份有限公司 | 1145 | 社会责任报告 |
| 1144 | 上海川粤餐饮有限公司 | 1146 | 社会责任报告 |
| 1145 | 上海达华药业有限公司 | 1147 | 社会责任报告 |
| 1146 | 上海大富贵酒楼有限公司 | 1148 | 社会责任报告 |
| 1147 | 上海大陆期货有限公司 | 1149 | 社会责任报告 |
| 1148 | 上海大名城企业股份有限公司 | 1150 | 社会责任报告 |
| 1149 | 上海大屯能源股份有限公司 | 1151 | 社会责任报告 |
| 1150 | 上海大众公用事业(集团)股份有限公司 | 1152 | 社会责任报告 |
| 1151 | 上海大众汽车有限公司 | 1153 | 社会责任报告 |
| 1152 | 上海德诺产品检测有限公司 | 1154 | 社会责任报告 |
| 1153 | 上海电力电缆工程有限公司 | 1155 | 社会责任报告 |
| 1154 | 上海电力股份有限公司 | 1156 | 可持续发展报告 |
| 1155 | 上海电力设计院有限公司 | 1157 | 社会责任报告 |
| 1156 | 上海电气电站设备有限公司上海汽轮机厂 | 1158 | 社会责任报告 |
| 1157 | 上海电气核电设备有限公司 | 1159 | 社会责任报告 |
| 1158 | 上海电气集团股份有限公司 | 1160 | 社会责任报告 |
| 1159 | 上海电影技术厂有限公司 | 1161 | 社会责任报告 |
| 1160 | 上海东昌企业集团 | 1162 | 社会责任报告 |
| 1161 | 上海东晨市容清洁服务有限公司 | 1163 | 社会责任报告 |
| 1162 | 上海东方明珠新媒体股份有限公司 | 1164 | 社会责任报告 |
| 1163 | 上海东方投资监理有限公司 | 1165 | 社会责任报告 |
| 1164 | 上海东浩兰生国际服务贸易(集团)有限公司 | 1166 | 企业公民报告 |

续表

| 序号 | 公司名称 | 序号 | 报告类型 |
|---|---|---|---|
| 1165 | 上海东虹环境保洁有限公司 | 1167 | 社会责任报告 |
| 1166 | 上海东湖机械厂 | 1168 | 社会责任报告 |
| 1167 | 上海东鑫电力工程安装有限公司 | 1169 | 社会责任报告 |
| 1168 | 上海东亚弘安清洁服务有限公司 | 1170 | 社会责任报告 |
| 1169 | 上海东亚期货有限公司 | 1171 | 社会责任报告 |
| 1170 | 上海东证期货有限公司 | 1172 | 社会责任报告 |
| 1171 | 上海恩可埃认证有限公司 | 1173 | 社会责任报告 |
| 1172 | 上海发电设备成套设计研究院 | 1174 | 社会责任报告 |
| 1173 | 上海纺织(集团)有限公司 | 1175 | 信息披露报告 |
| 1174 | 上海奉贤建设发展集团市政公路工程有限公司 | 1176 | 社会责任报告 |
| 1175 | 上海付费通信息服务有限公司 | 1177 | 社会责任报告 |
| 1176 | 上海复星医药(集团)股份有限公司 | 1178 | 社会责任报告 |
| 1177 | 上海富都物业管理有限公司 | 1179 | 社会责任报告 |
| 1178 | 上海富控互动娱乐股份有限公司 | 1180 | 社会责任报告 |
| 1179 | 上海富控互动娱乐股份有限公司 | 1181 | 社会责任报告 |
| 1180 | 上海工具厂有限公司 | 1182 | 社会责任报告 |
| 1181 | 上海古北物业管理有限公司 | 1183 | 社会责任报告 |
| 1182 | 上海冠生园食品有限公司 | 1184 | 社会责任报告 |
| 1183 | 上海光明食品(集团)有限公司 | 1185 | 社会责任报告 |
| 1184 | 上海广泽食品科技股份有限公司 | 1186 | 社会责任报告 |
| 1185 | 上海锅炉厂有限公司 | 1187 | 社会责任报告 |
| 1186 | 上海国际港务(集团)股份有限公司 | 1188 | 可持续发展报告 |
| 1187 | 上海国盛(集团)有限公司 | 1189 | 社会责任报告 |
| 1188 | 上海海博出租汽车有限公司 | 1190 | 社会责任报告 |
| 1189 | 上海海立(集团)股份有限公司 | 1191 | 社会责任报告 |
| 1190 | 上海海怡建设(集团)有限公司 | 1192 | 社会责任报告 |
| 1191 | 上海海鹰机械厂 | 1193 | 社会责任报告 |
| 1192 | 上海海圳广天保险代理有限公司 | 1194 | 社会责任报告 |
| 1193 | 上海航天汽车机电股份有限公司 | 1195 | 社会责任报告 |
| 1194 | 上海航天设备制造总厂 | 1196 | 社会责任报告 |
| 1195 | 上海核工程研究设计院 | 1197 | 社会责任报告 |
| 1196 | 上海弘路建设发展有限公司 | 1198 | 社会责任报告 |
| 1197 | 上海红房子西菜馆淮海店 | 1199 | 社会责任报告 |
| 1198 | 上海鸿瑞兴餐饮管理有限公司 | 1200 | 社会责任报告 |

续表

| 序号 | 公司名称 | 序号 | 报告类型 |
|---|---|---|---|
| 1199 | 上海沪工阀门厂（集团）有限公司 | 1201 | 社会责任报告 |
| 1200 | 上海华东电脑股份有限公司 | 1202 | 社会责任报告 |
| 1201 | 上海华虹宏力半导体制造有限公司 | 1203 | 社会责任报告 |
| 1202 | 上海华力微电子有限公司 | 1204 | 社会责任报告 |
| 1203 | 上海华特汽车配件有限公司 | 1205 | 社会责任报告 |
| 1204 | 上海华谊集团股份有限公司 | 1206 | 社会责任报告 |
| 1205 | 上海化工研究院有限公司 | 1207 | 社会责任报告 |
| 1206 | 上海化学工业区物业管理有限公司 | 1208 | 社会责任报告 |
| 1207 | 上海环境实业有限公司 | 1209 | 社会责任报告 |
| 1208 | 上海环宇消防工程有限公司 | 1210 | 社会责任报告 |
| 1209 | 上海黄海制药有限责任公司 | 1211 | 社会责任报告 |
| 1210 | 上海机场（集团）有限公司 | 1212 | 社会责任报告 |
| 1211 | 上海机电股份有限公司 | 1213 | 社会责任报告 |
| 1212 | 上海集成电路研发中心有限公司 | 1214 | 社会责任报告 |
| 1213 | 上海家化联合股份有限公司 | 1215 | 社会责任报告 |
| 1214 | 上海嘉荣建设工程有限公司 | 1216 | 社会责任报告 |
| 1215 | 上海建工二建集团有限公司 | 1217 | 社会责任报告 |
| 1216 | 上海建工集团股份有限公司 | 1218 | 社会责任报告 |
| 1217 | 上海建工七建集团有限公司 | 1219 | 社会责任报告 |
| 1218 | 上海建工四建集团有限公司 | 1220 | 社会责任报告 |
| 1219 | 上海建工五建集团有限公司 | 1221 | 社会责任报告 |
| 1220 | 上海建桥（集团）有限公司 | 1222 | 社会责任报告 |
| 1221 | 上海杰胜商务咨询有限公司 | 1223 | 社会责任报告 |
| 1222 | 上海界龙实业集团股份有限公司 | 1224 | 社会责任报告 |
| 1223 | 上海今明清洗服务有限公司 | 1225 | 社会责任报告 |
| 1224 | 上海金枫酒业股份有限公司 | 1226 | 社会责任报告 |
| 1225 | 上海金陵智能电表有限公司 | 1227 | 社会责任报告 |
| 1226 | 上海金桥出口加工区开发股份有限公司 | 1228 | 社会责任报告 |
| 1227 | 上海金桥市政建设发展有限公司 | 1229 | 社会责任报告 |
| 1228 | 上海金香乳胶制品有限公司 | 1230 | 社会责任报告 |
| 1229 | 上海金叶包装材料有限公司 | 1231 | 社会责任报告 |
| 1230 | 上海锦湖日丽塑料有限公司 | 1232 | 社会责任报告 |
| 1231 | 上海锦江国际酒店发展股份有限公司 | 1233 | 社会责任报告 |
| 1232 | 上海锦江乐园有限公司 | 1234 | 社会责任报告 |

续表

| 序号 | 公司名称 | 序号 | 报告类型 |
|---|---|---|---|
| 1233 | 上海锦江汽车服务有限公司 | 1235 | 社会责任报告 |
| 1234 | 上海经纬建筑规划设计研究院股份有限公司 | 1236 | 社会责任报告 |
| 1235 | 上海净达环境卫生发展有限公司 | 1237 | 社会责任报告 |
| 1236 | 上海聚隆绿化发展有限公司 | 1238 | 社会责任报告 |
| 1237 | 上海均瑶(集团)有限公司 | 1239 | 社会责任报告 |
| 1238 | 上海凯宝药业股份有限公司 | 1240 | 社会责任报告 |
| 1239 | 上海凯司令食品股份有限公司 | 1241 | 社会责任报告 |
| 1240 | 上海科技京城管理发展有限公司 | 1242 | 社会责任报告 |
| 1241 | 上海科泰电源股份有限公司 | 1243 | 社会责任报告 |
| 1242 | 上海拉扎斯信息科技有限公司(饿了么) | 1244 | 社会责任报告 |
| 1243 | 上海莱士血液制品股份有限公司 | 1245 | 社会责任报告 |
| 1244 | 上海老盛昌餐饮管理有限公司 | 1246 | 社会责任报告 |
| 1245 | 上海理光数码设备有限公司 | 1247 | 社会责任报告 |
| 1246 | 上海立丰食品有限公司 | 1248 | 社会责任报告 |
| 1247 | 上海立章保洁服务有限公司 | 1249 | 社会责任报告 |
| 1248 | 上海联和电影院线有限责任公司 | 1250 | 社会责任报告 |
| 1249 | 上海领先餐饮管理有限公司 | 1251 | 社会责任报告 |
| 1250 | 上海陆家嘴金融贸易区开发股份有限公司 | 1252 | 社会责任报告 |
| 1251 | 上海陆家嘴物业管理有限公司 | 1253 | 社会责任报告 |
| 1252 | 上海陆物清洁服务有限公司 | 1254 | 社会责任报告 |
| 1253 | 上海路吉环境工程发展有限公司 | 1255 | 社会责任报告 |
| 1254 | 上海绿地建设(集团)有限公司 | 1256 | 社会责任报告 |
| 1255 | 上海氯碱化工股份有限公司 | 1257 | 社会责任报告 |
| 1256 | 上海麦金地集团股份有限公司 | 1258 | 社会责任报告 |
| 1257 | 上海美加净日化有限公司 | 1259 | 社会责任报告 |
| 1258 | 上海美特斯邦威服饰股份有限公司 | 1260 | 社会责任报告 |
| 1259 | 上海民族乐器一厂 | 1261 | 社会责任报告 |
| 1260 | 上海明华物业管理有限公司 | 1262 | 社会责任报告 |
| 1261 | 上海明珠手套有限公司 | 1263 | 社会责任报告 |
| 1262 | 上海农村商业银行股份有限公司 | 1264 | 社会责任报告 |
| 1263 | 上海农商银行 | 1265 | 社会责任报告 |
| 1264 | 上海诺基亚贝尔股份有限公司 | 1266 | 社会责任报告 |
| 1265 | 上海浦东城市建设实业发展有限公司 | 1267 | 社会责任报告 |
| 1266 | 上海浦东发展银行股份有限公司 | 1268 | 社会责任报告 |

续表

| 序号 | 公司名称 | 序号 | 报告类型 |
|---|---|---|---|
| 1267 | 上海浦东工程建设管理有限公司 | 1269 | 社会责任报告 |
| 1268 | 上海浦东路桥建设股份有限公司 | 1270 | 社会责任报告 |
| 1269 | 上海浦东路桥绿化工程有限公司 | 1271 | 社会责任报告 |
| 1270 | 上海浦公检测技术股份有限公司 | 1272 | 社会责任报告 |
| 1271 | 上海浦江桥隧运营管理有限公司 | 1273 | 社会责任报告 |
| 1272 | 上海普天邮通科技股份有限公司 | 1274 | 社会责任报告 |
| 1273 | 上海汽车集团股份有限公司 | 1275 | 社会责任报告 |
| 1274 | 上海强生控股股份有限公司 | 1276 | 履行社会责任报告 |
| 1275 | 上海燃气市北销售有限公司 | 1277 | 社会责任报告 |
| 1276 | 上海人家餐饮管理有限公司 | 1278 | 社会责任报告 |
| 1277 | 上海日旭环境保洁服务有限公司 | 1279 | 社会责任报告 |
| 1278 | 上海日用－友捷汽车电气有限公司 | 1280 | 社会责任报告 |
| 1279 | 上海三菱电梯有限公司 | 1281 | 社会责任报告 |
| 1280 | 上海三枪（集团）有限公司 | 1282 | 社会责任报告 |
| 1281 | 上海三盛宏业投资（集团）有限责任公司 | 1283 | 社会责任报告 |
| 1282 | 上海色瑞斯认证有限公司 | 1284 | 社会责任报告 |
| 1283 | 上海上实物业管理有限公司 | 1285 | 社会责任报告 |
| 1284 | 上海上药信谊药厂有限公司 | 1286 | 社会责任报告 |
| 1285 | 上海申迪（集团）有限公司 | 1287 | 社会责任报告 |
| 1286 | 上海申华控股股份有限公司 | 1288 | 社会责任报告 |
| 1287 | 上海申江锻造有限公司 | 1289 | 社会责任报告 |
| 1288 | 上海申能临港燃机发电有限公司 | 1290 | 社会责任报告 |
| 1289 | 上海申通地铁集团有限公司 | 1291 | 社会责任报告 |
| 1290 | 上海盛旺雅洁环境管理有限公司 | 1292 | 社会责任报告 |
| 1291 | 上海实业发展股份有限公司 | 1293 | 社会责任报告 |
| 1292 | 上海市北高新股份有限公司 | 1294 | 社会责任报告 |
| 1293 | 上海市房屋建筑设计院有限公司 | 1295 | 社会责任报告 |
| 1294 | 上海市基础工程集团有限公司 | 1296 | 社会责任报告 |
| 1295 | 上海市基础工程集团有限公司第二工程公司 | 1297 | 社会责任报告 |
| 1296 | 上海市酒类产品质量检验中心有限公司 | 1298 | 社会责任报告 |
| 1297 | 上海市特种基础工程设计研究院 | 1299 | 社会责任报告 |
| 1298 | 上海市天宸股份有限公司 | 1300 | 社会责任报告 |
| 1299 | 上海市信息投资股份有限公司 | 1301 | 社会责任报告 |

续表

| 序号 | 公司名称 | 序号 | 报告类型 |
|---|---|---|---|
| 1300 | 上海市政工程设计研究总院(集团)有限公司 | 1302 | 社会责任报告 |
| 1301 | 上海市政养护管理有限公司 | 1303 | 社会责任报告 |
| 1302 | 上海顺灏新材料科技股份有限公司 | 1304 | 社会责任报告 |
| 1303 | 上海思乐得不锈钢制品有限公司 | 1305 | 社会责任报告 |
| 1304 | 上海隧道工程股份有限公司 | 1306 | 社会责任报告 |
| 1305 | 上海台安实业集团有限公司 | 1307 | 社会责任报告 |
| 1306 | 上海天阳钢管有限公司 | 1308 | 社会责任报告 |
| 1307 | 上海通贸国际供应链管理有限公司 | 1309 | 社会责任报告 |
| 1308 | 上海外高桥第二发电有限责任公司 | 1310 | 社会责任报告 |
| 1309 | 上海外高桥第三发电有限责任公司 | 1311 | 社会责任报告 |
| 1310 | 上海外高桥集团股份有限公司 | 1312 | 社会责任报告 |
| 1311 | 上海外高桥造船有限公司 | 1313 | 社会责任报告 |
| 1312 | 上海文汇工程咨询有限公司 | 1314 | 社会责任报告 |
| 1313 | 上海现代制药股份有限公司 | 1315 | 社会责任报告 |
| 1314 | 上海欣望环境卫生服务有限公司 | 1316 | 社会责任报告 |
| 1315 | 上海欣谊环境卫生服务有限公司 | 1317 | 社会责任报告 |
| 1316 | 上海欣园环境卫生服务有限公司 | 1318 | 社会责任报告 |
| 1317 | 上海新虹环卫综合服务有限公司 | 1319 | 社会责任报告 |
| 1318 | 上海新时达电气股份有限公司 | 1320 | 社会责任报告 |
| 1319 | 上海新世界股份有限公司 | 1321 | 社会责任报告 |
| 1320 | 上海新文化传媒集团股份有限公司 | 1322 | 社会责任报告 |
| 1321 | 上海新星印刷器材有限公司 | 1323 | 社会责任报告 |
| 1322 | 上海新月工具有限公司 | 1324 | 社会责任报告 |
| 1323 | 上海新长宁集团仙霞物业有限公司 | 1325 | 社会责任报告 |
| 1324 | 上海新中冶金设备厂 | 1326 | 社会责任报告 |
| 1325 | 上海烟草集团有限责任公司 | 1327 | 社会责任报告 |
| 1326 | 上海延华智能科技(集团)股份有限公司 | 1328 | 社会责任报告 |
| 1327 | 上海延吉物业管理有限公司 | 1329 | 社会责任报告 |
| 1328 | 上海杨利朋生煎餐饮管理有限公司 | 1330 | 社会责任报告 |
| 1329 | 上海医疗器械(集团)有限公司手术器械厂 | 1331 | 社会责任报告 |
| 1330 | 上海医药集团股份有限公司 | 1332 | 社会责任报告 |
| 1331 | 上海仪电(集团)有限公司 | 1333 | 社会责任报告 |

续表

| 序号 | 公司名称 | 序号 | 报告类型 |
|---|---|---|---|
| 1332 | 上汽益民商业集团股份有限公司 | 1334 | 社会责任报告 |
| 1333 | 上海银行股份有限公司 | 1335 | 社会责任报告 |
| 1334 | 上海影城有限公司 | 1336 | 社会责任报告 |
| 1335 | 上海豫园旅游商城股份有限公司 | 1337 | 社会责任报告 |
| 1336 | 上海圆通速递（物流）有限公司 | 1338 | 社会责任报告 |
| 1337 | 上海远东资信评估有限公司 | 1339 | 社会责任报告 |
| 1338 | 上海悦心健康集团股份有限公司 | 1340 | 社会责任报告 |
| 1339 | 上海闸环灵石环境卫生工程有限公司 | 1341 | 社会责任报告 |
| 1340 | 上海张江高科技园区开发股份有限公司 | 1342 | 社会责任报告 |
| 1341 | 上海浙石期货经纪有限公司 | 1343 | 社会责任报告 |
| 1342 | 上海珍鼎餐饮服务有限公司 | 1344 | 社会责任报告 |
| 1343 | 上海振华重工（集团）股份有限公司 | 1345 | 社会责任报告 |
| 1344 | 上海正名资信评估服务有限公司 | 1346 | 社会责任报告 |
| 1345 | 上海置信电气股份有限公司 | 1347 | 社会责任报告 |
| 1346 | 上海中财期货经纪有限公司 | 1348 | 社会责任报告 |
| 1347 | 上海中建东孚投资发展有限公司 | 1349 | 社会责任报告 |
| 1348 | 上海中南建筑材料有限公司 | 1350 | 社会责任报告 |
| 1349 | 上海中期期货经纪有限公司 | 1351 | 社会责任报告 |
| 1350 | 上海中冶环境工程科技有限公司 | 1352 | 社会责任报告 |
| 1351 | 上海紫江企业集团股份有限公司 | 1353 | 社会责任报告 |
| 1352 | 邵东县中小企业信用投资担保有限公司 | 1354 | 社会责任报告 |
| 1353 | 邵阳市中小企业信用担保有限责任公司 | 1355 | 社会责任报告 |
| 1354 | 申杰环境发展（上海）有限公司 | 1356 | 社会责任报告 |
| 1355 | 申能股份有限公司 | 1357 | 社会责任报告 |
| 1356 | 申万宏源集团股份有限公司（原宏源证券） | 1358 | 社会责任报告 |
| 1357 | 申银万国期货有限公司 | 1359 | 社会责任报告 |
| 1358 | 深南电路有限公司龙岗分公司 | 1360 | 环境公开信息 |
| 1359 | 深圳东洋旺和实业有限公司 | 1361 | 环境公开信息 |
| 1360 | 深圳高速公路股份有限公司 | 1362 | 社会责任报告 |
| 1361 | 深圳供电局有限公司 | 1363 | 社会责任报告 |
| 1362 | 深圳华侨城股份有限公司 | 1364 | 社会责任报告 |
| 1363 | 深圳控股有限公司 | 1365 | 环境、社会及管治报告 |
| 1364 | 深圳能源集团股份有限公司 | 1366 | 社会责任报告 |
| 1365 | 深圳欧菲光科技股份有限公司 | 1367 | 社会责任报告 |

续表

| 序号 | 公司名称 | 序号 | 报告类型 |
|---|---|---|---|
| 1366 | 深圳市芭田生态工程股份有限公司 | 1368 | 社会责任报告 |
| 1367 | 深圳市大族激光科技股份有限公司 | 1369 | 社会责任报告 |
| 1368 | 深圳市地铁集团有限公司 | 1370 | 社会责任报告 |
| 1369 | 深圳市飞亚达(集团)股份有限公司 | 1371 | 社会责任报告 |
| 1370 | 深圳市格林美高新技术股份有限公司 | 1372 | 社会责任与环境管理年报 |
| 1371 | 深圳市环通认证中心有限公司 | 1373 | 社会责任报告 |
| 1372 | 深圳市汇川技术股份有限公司 | 1374 | 社会责任报告 |
| 1373 | 深圳市金新农饲料股份有限公司 | 1375 | 社会责任报告 |
| 1374 | 深圳市科陆电子科技股份有限公司 | 1376 | 社会责任报告 |
| 1375 | 深圳市农产品股份有限公司 | 1377 | 社会责任报告 |
| 1376 | 深圳市燃气集团股份有限公司 | 1378 | 社会责任报告 |
| 1377 | 深圳市天健(集团)股份有限公司 | 1379 | 社会责任报告 |
| 1378 | 深圳市铁汉生态环境股份有限公司 | 1380 | 社会责任报告 |
| 1379 | 深圳市盐田港股份有限公司 | 1381 | 社会责任报告 |
| 1380 | 深圳市银宝山新科技股份有限公司 | 1382 | 社会责任报告 |
| 1381 | 深圳市远望谷信息技术股份有限公司 | 1383 | 社会责任报告 |
| 1382 | 深圳市振业(集团)股份有限公司 | 1384 | 社会责任报告 |
| 1383 | 深圳市中金岭南有色金属股份有限公司 | 1385 | 社会责任报告 |
| 1384 | 深圳天源迪科信息技术股份有限公司 | 1386 | 社会责任报告 |
| 1385 | 深圳长城开发科技股份有限公司 | 1387 | 社会责任报告 |
| 1386 | 深圳中富电路有限公司 | 1388 | 环境公开信息 |
| 1387 | 神华集团有限责任公司 | 1389 | 社会责任报告 |
| 1388 | 神华神东煤炭集团有限责任公司 | 1390 | 社会责任报告 |
| 1389 | 神龙汽车有限公司 | 1391 | 社会责任报告 |
| 1390 | 沈机集团昆明机床股份有限公司 | 1392 | 社会责任报告 |
| 1391 | 沈阳鼓风机集团有限公司 | 1393 | 可持续发展报告 |
| 1392 | 沈阳机床(集团)有限责任公司 | 1394 | 社会责任报告 |
| 1393 | 沈阳金山能源股份有限公司 | 1395 | 社会责任报告 |
| 1394 | 沈阳新松机器人自动化股份有限公司 | 1396 | 社会责任报告 |
| 1395 | 圣奥化学科技有限公司 | 1397 | 可持续发展报告 |
| 1396 | 圣象集团有限公司 | 1398 | 社会责任报告 |
| 1397 | 盛屯矿业集团股份有限公司 | 1399 | 社会责任报告 |
| 1398 | 狮城怡安(上海)物业管理有限公司 | 1400 | 社会责任报告 |
| 1399 | 时代出版传媒股份有限公司 | 1401 | 社会责任报告 |

续表

| 序号 | 公司名称 | 序号 | 报告类型 |
|---|---|---|---|
| 1400 | 世茂房地产控股有限公司 | 1402 | 可持续发展报告 |
| 1401 | 首都信息发展股份有限公司 | 1403 | 环境、社会及管治报告 |
| 1402 | 曙光信息产业股份有限公司 | 1404 | 社会责任报告 |
| 1403 | 顺丰控股股份有限公司 | 1405 | 社会责任报告 |
| 1404 | 舜杰建设(集团)有限公司 | 1406 | 社会责任报告 |
| 1405 | 四川北方硝化棉股份有限公司 | 1407 | 社会责任报告 |
| 1406 | 四川成渝高速公路股份有限公司 | 1408 | 环境、社会及管治报告 |
| 1407 | 四川川投能源股份有限公司 | 1409 | 社会责任报告 |
| 1408 | 四川广安爱众股份有限公司 | 1410 | 社会责任报告 |
| 1409 | 四川宏达股份有限公司 | 1411 | 环境报告 |
| 1410 | 四川九洲电器集团有限责任公司 | 1412 | 可持续发展报告 |
| 1411 | 四川科伦药业股份有限公司 | 1413 | 社会责任报告 |
| 1412 | 四川沱牌舍得酒业股份有限公司 | 1414 | 社会责任报告 |
| 1413 | 四川西昌电力股份有限公司 | 1415 | 社会责任报告 |
| 1414 | 四川信托有限公司* | 1416 | 社会责任报告 |
| 1415 | 四川长虹电器股份有限公司 | 1417 | 社会责任报告 |
| 1416 | 四会市东升电镀有限公司 | 1418 | 环境公开信息 |
| 1417 | 四会市千俊皮革制品有限公司 | 1419 | 环境公开信息 |
| 1418 | 松辽汽车股份有限公司 | 1420 | 社会责任报告 |
| 1419 | 松下电器(中国)有限公司 | 1421 | 社会责任报告 |
| 1420 | 苏宁环球股份有限公司 | 1422 | 社会责任报告 |
| 1421 | 苏宁云商集团股份有限公司 | 1423 | 社会责任报告 |
| 1422 | 苏州艾旺纺织品有限公司 | 1424 | 环境信息公开表 |
| 1423 | 苏州安洁科技股份有限公司 | 1425 | 社会责任报告 |
| 1424 | 苏州宝化炭黑有限公司 | 1426 | 环境信息公开表 |
| 1425 | 苏州二叶制药有限公司 | 1427 | 环境信息公开表 |
| 1426 | 苏州二叶制药有限公司 | 1428 | 环境信息公开表 |
| 1427 | 苏州工业园区清源华衍水务有限公司(第二污水处理厂) | 1429 | 环境信息公开表 |
| 1428 | 苏州工业园区清源华衍水务有限公司(第一污水处理厂) | 1430 | 环境信息公开表 |
| 1429 | 苏州工业园区天源服装有限公司 | 1431 | 社会责任报告 |
| 1430 | 苏州固锝电子股份有限公司 | 1432 | 社会责任报告 |
| 1431 | 苏州惠龙热电有限公司 | 1433 | 环境信息公开表 |

续表

| 序号 | 公司名称 | 序号 | 报告类型 |
|---|---|---|---|
| 1432 | 苏州金螳螂建筑装饰股份有限公司 | 1434 | 社会责任报告 |
| 1433 | 苏州晶方半导体科技股份有限公司 | 1435 | 社会责任报告 |
| 1434 | 苏州立中实业有限公司 | 1436 | 环境信息公开表 |
| 1435 | 苏州灵峰污水处理厂 | 1437 | 环境信息公开表 |
| 1436 | 苏州纽威阀门股份有限公司 | 1438 | 社会责任报告 |
| 1437 | 苏州强新合金材料科技有限公司 | 1439 | 环境信息公开表 |
| 1438 | 苏州三川纺织面料有限公司 | 1440 | 环境信息公开表 |
| 1439 | 苏州市漕湖产业园污水处理有限公司 | 1441 | 环境信息公开表 |
| 1440 | 苏州市相城区澄阳污水处理有限公司 | 1442 | 环境信息公开表 |
| 1441 | 苏州市相城区东桥集中污水处理厂 | 1443 | 环境信息公开表 |
| 1442 | 苏州市相城区黄埭污水处理有限公司 | 1444 | 环境信息公开表 |
| 1443 | 苏州市相城区黄桥污水处理厂 | 1445 | 环境信息公开表 |
| 1444 | 苏州市相城区江南化纤集团有限公司 | 1446 | 环境信息公开表 |
| 1445 | 苏州市相城区太平污水处理厂 | 1447 | 环境信息公开表 |
| 1446 | 苏州市相城区望亭展欣水务有限公司 | 1448 | 环境信息公开表 |
| 1447 | 苏州市相城区渭塘渭西污水处理厂 | 1449 | 环境信息公开表 |
| 1448 | 苏州市相城区庄基污水处理有限公司 | 1450 | 环境信息公开表 |
| 1449 | 苏州市相城水务发展有限公司(城区污水厂) | 1451 | 环境信息公开表 |
| 1450 | 苏州市相城水务发展有限公司(城西污水厂) | 1452 | 环境信息公开表 |
| 1451 | 苏州渭塘综合污水处理厂 | 1453 | 环境信息公开表 |
| 1452 | 苏州渭塘综合污水处理厂 | 1454 | 环境信息公开表 |
| 1453 | 苏州新区高新技术产业股份有限公司 | 1455 | 社会责任报告 |
| 1454 | 索尼(中国)有限公司 | 1456 | 社会责任报告 |
| 1455 | 台达化工(天津)有限公司 | 1457 | 环境报告 |
| 1456 | 台达集团 | 1458 | 社会责任报告 |
| 1457 | 台山市傅诚纺织厂有限公司 | 1459 | 环境公开信息 |
| 1458 | 台山兆亿皮革制品有限公司 | 1460 | 环境公开信息 |
| 1459 | 台山中惠皮业有限公司 | 1461 | 环境公开信息 |
| 1460 | 台州建筑安装工程公司 | 1462 | 社会责任报告 |
| 1461 | 台州银行 | 1463 | 社会责任报告 |
| 1462 | 太古地产有限公司 | 1464 | 可持续发展报告 |
| 1463 | 太极计算机股份有限公司 | 1465 | 社会责任报告 |

续表

| 序号 | 公司名称 | 序号 | 报告类型 |
|---|---|---|---|
| 1464 | 太平洋航运集团有限公司 | 1466 | 社会责任报告 |
| 1465 | 太平洋证券股份有限公司 | 1467 | 社会责任报告 |
| 1466 | 太原钢铁集团有限公司 | 1468 | 社会责任报告 |
| 1467 | 太原煤气化股份有限公司 | 1469 | 社会责任报告 |
| 1468 | 泰鼎（天津）环保科技有限公司 | 1470 | 环境报告 |
| 1469 | 泰禾集团股份有限公司（原三农集团） | 1471 | 社会责任报告 |
| 1470 | 唐山港集团股份有限公司 | 1472 | 社会责任报告 |
| 1471 | 唐山冀东水泥股份有限公司 | 1473 | 社会责任报告 |
| 1472 | 唐山三友化工股份有限公司 | 1474 | 社会责任报告 |
| 1473 | 特变电工股份有限公司 | 1475 | 社会责任报告 |
| 1474 | 藤仓化成涂料（天津）有限公司 | 1476 | 环境报告 |
| 1475 | 天德永生电镀（深圳）有限公司 | 1477 | 环境公开信息 |
| 1476 | 天地科技股份有限公司 | 1478 | 社会责任报告 |
| 1477 | 天广中茂股份有限公司 | 1479 | 社会责任报告 |
| 1478 | 天合光能有限公司 | 1480 | 社会责任报告 |
| 1479 | 天虹商场股份有限公司 | 1481 | 社会责任报告 |
| 1480 | 天津艾达自动变速器有限公司 | 1482 | 环境报告 |
| 1481 | 天津百利特精电气股份有限公司 | 1483 | 社会责任报告 |
| 1482 | 天津不二蛋白有限公司 | 1484 | 社会责任报告 |
| 1483 | 天津创业环保集团股份有限公司 | 1485 | 社会责任报告 |
| 1484 | 天津达一琦精细化工有限公司 | 1486 | 环境报告 |
| 1485 | 天津电装电子有限公司 | 1487 | 环境报告 |
| 1486 | 天津顶峰淀粉开发有限公司 | 1488 | 环境报告 |
| 1487 | 天津顶津食品有限公司 | 1489 | 环境报告 |
| 1488 | 天津顶益国际食品有限公司 | 1490 | 环境报告 |
| 1489 | 天津东邦铅资源再生有限公司 | 1491 | 环境报告 |
| 1490 | 天津东海理化汽车部件有限公司 | 1492 | 环境报告 |
| 1491 | 天津富士通天电子有限公司 | 1493 | 环境报告 |
| 1492 | 天津港股份有限公司 | 1494 | 社会责任报告 |
| 1493 | 天津哈娜好医材有限公司 | 1495 | 环境报告 |
| 1494 | 天津航空有限责任公司 | 1496 | 社会责任报告 |
| 1495 | 天津合佳威立雅环境服务有限公司 | 1497 | 环境报告 |
| 1496 | 天津虹冈铸钢有限公司 | 1498 | 环境报告 |
| 1497 | 天津杰士电池有限公司 | 1499 | 环境报告 |

续表

| 序号 | 公司名称 | 序号 | 报告类型 |
|---|---|---|---|
| 1498 | 天津金城银行股份有限公司 | 1500 | 社会责任报告 |
| 1499 | 天津金耀生物科技有限公司 | 1501 | 环境报告 |
| 1500 | 天津津亚电子有限公司 | 1502 | 环境报告 |
| 1501 | 天津精工华晖制版技术开发有限公司 | 1503 | 环境报告 |
| 1502 | 天津可口可乐饮料有限公司 | 1504 | 环境报告 |
| 1503 | 天津莱尔德电子材料有限公司 | 1505 | 环境报告 |
| 1504 | 天津立中集团股份有限公司 | 1506 | 环境报告 |
| 1505 | 天津利安隆新材料股份有限公司 | 1507 | 环境报告 |
| 1506 | 天津膜天膜科技股份有限公司 | 1508 | 环境报告 |
| 1507 | 天津南侨食品有限公司 | 1509 | 环境报告 |
| 1508 | 天津雀巢有限公司 | 1510 | 环境报告 |
| 1509 | 天津三环乐喜新材料有限公司(三分厂) | 1511 | 企业信息公开报告 |
| 1510 | 天津三星 LED 有限公司 | 1512 | 环境报告 |
| 1511 | 天津三星电机有限公司 | 1513 | 环境报告 |
| 1512 | 天津三星电子通信技术有限公司 | 1514 | 环境报告 |
| 1513 | 天津三星电子有限公司 | 1515 | 环境报告 |
| 1514 | 天津三星视界移动有限公司 | 1516 | 环境报告 |
| 1515 | 天津三星视界有限公司 | 1517 | 环境报告 |
| 1516 | 天津三星通信技术有限公司 | 1518 | 环境报告 |
| 1517 | 天津矢崎汽车配件有限公司 | 1519 | 环境报告 |
| 1518 | 天津市房地产发展(集团)股份有限公司 | 1520 | 社会责任报告 |
| 1519 | 天津市金桥焊材集团有限公司 | 1521 | 环境报告 |
| 1520 | 天津市津一电镀有限公司 | 1522 | 环境报告 |
| 1521 | 天津双叶协展机械有限公司 | 1523 | 环境报告 |
| 1522 | 天津斯坦雷电气有限公司 | 1524 | 环境报告 |
| 1523 | 天津泰达股份有限公司 | 1525 | 社会责任报告 |
| 1524 | 天津泰达能源发展有限责任公司 | 1526 | 环境报告 |
| 1525 | 天津泰达威立雅水务有限公司 | 1527 | 社会责任报告 |
| 1526 | 天津天海投资发展股份有限公司 | 1528 | 社会责任报告 |
| 1527 | 天津天寰聚氨酯有限公司 | 1529 | 环境报告 |
| 1528 | 天津天药药业股份有限公司 | 1530 | 环境报告 |
| 1529 | 天津未名生物医药有限公司 | 1531 | 环境报告 |
| 1530 | 天津雅马哈电子乐器有限公司 | 1532 | 环境报告 |
| 1531 | 天津药明康德新药开发股份有限公司 | 1533 | 环境报告 |

续表

| 序号 | 公司名称 | 序号 | 报告类型 |
|---|---|---|---|
| 1532 | 天津一汽丰田发动机有限公司 | 1534 | 环境报告 |
| 1533 | 天津一汽丰田汽车有限公司 | 1535 | 环境报告 |
| 1534 | 天津一汽夏利汽车股份有限公司 | 1536 | 社会责任报告 |
| 1535 | 天津永富关西涂料化工有限公司 | 1537 | 环境报告 |
| 1536 | 天津中环半导体股份有限公司 | 1538 | 社会责任报告 |
| 1537 | 天津中新药业集团股份有限公司 | 1539 | 社会责任报告 |
| 1538 | 天津中新药业集团股份有限公司达仁堂制药厂 | 1540 | 环境报告 |
| 1539 | 天津中新药业集团股份有限公司隆顺榕制药厂 | 1541 | 环境报告 |
| 1540 | 天津中新制药集团股份有限公司中新制药厂 | 1542 | 环境监测报告 |
| 1541 | 天马微电子股份有限公司 | 1543 | 社会责任报告 |
| 1542 | 天茂实业集团股份有限公司 | 1544 | 社会责任报告 |
| 1543 | 天能动力国际有限公司 | 1545 | 社会责任报告 |
| 1544 | 天齐锂业股份有限公司 | 1546 | 社会责任报告 |
| 1545 | 天士力制药集团股份有限公司 | 1547 | 社会责任报告 |
| 1546 | 通策医疗投资股份有限公司 | 1548 | 社会责任报告 |
| 1547 | 通鼎集团有限公司 | 1549 | 社会责任报告 |
| 1548 | 通化东宝药业股份有限公司 | 1550 | 社会责任报告 |
| 1549 | 通用半导体(中国)有限公司 | 1551 | 环境报告 |
| 1550 | 同方股份有限公司 | 1552 | 社会责任报告 |
| 1551 | 铜陵有色金属集团股份有限公司 | 1553 | 社会责任报告 |
| 1552 | 万达电影院线股份有限公司 | 1554 | 社会责任报告 |
| 1553 | 万达信息股份有限公司 | 1555 | 社会责任报告 |
| 1554 | 万华化学集团股份有限公司 | 1556 | 社会责任报告 |
| 1555 | 万科企业股份有限公司 | 1557 | 社会责任报告 |
| 1556 | 万向德农股份有限公司 | 1558 | 社会责任报告 |
| 1557 | 万向钱潮股份有限公司 | 1559 | 社会责任报告 |
| 1558 | 万洲国际有限公司 | 1560 | 可持续发展报告 |
| 1559 | 网宿科技股份有限公司 | 1561 | 社会责任报告 |
| 1560 | 望亭发电厂 | 1562 | 环境信息公开表 |
| 1561 | 唑科(天津)矿业有限公司 | 1563 | 环境信息公开 |
| 1562 | 唯品会 | 1564 | 社会责任报告 |

续表

| 序号 | 公司名称 | 序号 | 报告类型 |
|---|---|---|---|
| 1563 | 维达纸业(中国)有限公司江门分公司 | 1565 | 环境公开信息 |
| 1564 | 潍柴动力股份有限公司 | 1566 | 社会责任报告 |
| 1565 | 卫宁健康科技集团股份有限公司 | 1567 | 社会责任报告 |
| 1566 | 瓮福(集团)有限责任公司 | 1568 | 社会责任报告 |
| 1567 | 沃尔玛(中国)投资有限公司 | 1569 | 社会责任报告 |
| 1568 | 卧龙地产集团股份有限公司 | 1570 | 社会责任报告 |
| 1569 | 卧龙电气集团股份有限公司 | 1571 | 社会责任报告 |
| 1570 | 无锡华润上华科技有限公司 | 1572 | 环境信息公开表 |
| 1571 | 无锡农村商业银行股份有限公司 | 1573 | 社会责任报告 |
| 1572 | 无锡市交通产业集团有限公司 | 1574 | 社会责任报告 |
| 1573 | 无锡威孚高科技集团股份有限公司 | 1575 | 社会责任报告 |
| 1574 | 无限极(中国)有限公司 | 1576 | 社会责任报告 |
| 1575 | 芜湖港口有限责任公司* | 1577 | 社会责任报告 |
| 1576 | 芜湖华立工程机械有限责任公司* | 1578 | 社会责任报告 |
| 1577 | 芜湖华衍水务有限公司* | 1579 | 社会责任报告 |
| 1578 | 芜湖融汇化工有限公司* | 1580 | 社会责任报告 |
| 1579 | 芜湖市公共交通集团有限责任公司* | 1581 | 社会责任报告 |
| 1580 | 芜湖顺荣三七互娱网络科技股份有限公司 | 1582 | 社会责任报告 |
| 1581 | 吴江三联印染有限公司 | 1583 | 环境信息公开表 |
| 1582 | 吴江市天宏印染有限公司 | 1584 | 环境信息公开表 |
| 1583 | 吴江市天宏印染有限公司 | 1585 | 环境信息公开表 |
| 1584 | 五矿发展股份有限公司 | 1586 | 社会责任报告 |
| 1585 | 武汉光迅科技股份有限公司 | 1587 | 社会责任报告 |
| 1586 | 物产中大集团股份有限公司 | 1588 | 社会责任报告 |
| 1587 | 西安国际医学投资股份有限公司(原开元投资) | 1589 | 社会责任报告 |
| 1588 | 西安开米股份有限公司 | 1590 | 可持续发展报告 |
| 1589 | 西安陕鼓动力股份有限公司 | 1591 | 社会责任报告 |
| 1590 | 西部矿业股份有限公司 | 1592 | 社会责任报告 |
| 1591 | 西部证券股份有限公司 | 1593 | 社会责任报告 |
| 1592 | 西藏矿业发展股份有限公司 | 1594 | 社会责任报告 |
| 1593 | 西藏奇正藏药股份有限公司 | 1595 | 社会责任报告 |
| 1594 | 西南能矿集团股份有限公司 | 1596 | 社会责任报告 |
| 1595 | 西南证券股份有限公司 | 1597 | 社会责任报告 |
| 1596 | 西宁特殊钢股份有限公司 | 1598 | 社会责任报告 |

续表

| 序号 | 公司名称 | 序号 | 报告类型 |
|---|---|---|---|
| 1597 | 夏普(中国)投资有限公司 | 1599 | 可持续发展报告 |
| 1598 | 先进半导体材料(深圳)有限公司 | 1600 | 环境公开信息 |
| 1599 | 现代汽车(中国)投资有限公司 | 1601 | 社会贡献白皮书 |
| 1600 | 香港润成(开平)整染厂 | 1602 | 环境公开信息 |
| 1601 | 香港中华煤气有限公司 | 1603 | 可持续发展报告 |
| 1602 | 湘潭企业融资担保有限公司 | 1604 | 社会责任报告 |
| 1603 | 新城发展控股有限公司 | 1605 | 环境、社会及管治报告 |
| 1604 | 新大洋机电集团有限公司 | 1606 | 社会责任报告 |
| 1605 | 新光人寿保险股份有限公司 | 1607 | 社会责任报告 |
| 1606 | 新湖期货有限公司 | 1608 | 社会责任报告 |
| 1607 | 新湖中宝股份有限公司 | 1609 | 社会责任报告 |
| 1608 | 新华报业传媒集团 | 1610 | 社会责任报告 |
| 1609 | 新华人寿保险股份有限公司 | 1611 | 社会责任报告 |
| 1610 | 新华文轩出版传媒股份有限公司 | 1612 | 社会责任报告 |
| 1611 | 新疆冠农果茸集团股份有限公司 | 1613 | 社会责任报告 |
| 1612 | 新疆金风科技股份有限公司 | 1614 | 可持续发展报告 |
| 1613 | 新疆天业(集团)有限公司 | 1615 | 可持续发展报告 |
| 1614 | 新疆雪峰科技(集团)股份有限公司 | 1616 | 社会责任报告 |
| 1615 | 新疆伊力特实业股份有限公司 | 1617 | 社会责任报告 |
| 1616 | 新疆中泰化学股份有限公司 | 1618 | 社会责任报告 |
| 1617 | 新疆众和股份有限公司 | 1619 | 社会责任报告 |
| 1618 | 新世界发展有限公司 | 1620 | 社会责任报告 |
| 1619 | 新天科技股份有限公司 | 1621 | 社会责任报告 |
| 1620 | 新希望六和股份有限公司 | 1622 | 社会责任报告 |
| 1621 | 新兴际华集团有限公司 | 1623 | 社会责任报告 |
| 1622 | 新兴铸管股份有限公司 | 1624 | 社会责任报告 |
| 1623 | 新秀集团有限公司 | 1625 | 社会责任报告 |
| 1624 | 新雅粤菜馆 | 1626 | 社会责任报告 |
| 1625 | 信达地产股份有限公司 | 1627 | 社会责任报告 |
| 1626 | 信义环保特种玻璃(江门)有限公司 | 1628 | 环境公开信息 |
| 1627 | 星辉互动娱乐股份有限公司 | 1629 | 社会责任报告 |
| 1628 | 星展银行(中国)有限公司 | 1630 | 社会责任报告 |
| 1629 | 兴业皮革科技股份有限公司 | 1631 | 社会责任报告 |
| 1630 | 兴业银行股份有限公司 | 1632 | 可持续发展报告 |

续表

| 序号 | 公司名称 | 序号 | 报告类型 |
| --- | --- | --- | --- |
| 1631 | 兴业证券股份有限公司 | 1633 | 社会责任报告 |
| 1632 | 兴英科技（深圳）有限公司 | 1634 | 环境公开信息 |
| 1633 | 杏花楼食品餐饮股份有限公司 | 1635 | 社会责任报告 |
| 1634 | 徐工集团工程机械股份有限公司 | 1636 | 社会责任报告 |
| 1635 | 许继电气股份有限公司 | 1637 | 社会责任报告 |
| 1636 | 雅戈尔集团股份有限公司 | 1638 | 社会责任报告 |
| 1637 | 雅居乐集团控股有限公司 | 1639 | 环境、社会及管治报告 |
| 1638 | 雅士利国际控股有限公司 | 1640 | 社会责任报告 |
| 1639 | 亚宝药业集团股份有限公司 | 1641 | 社会责任报告 |
| 1640 | 亚太森博（广东）纸业有限公司 | 1642 | 环境公开信息 |
| 1641 | 亚太纸业（广东）有限公司 | 1643 | 环境公开信息 |
| 1642 | 烟台杰瑞石油服务集团股份有限公司 | 1644 | 社会责任报告 |
| 1643 | 烟台张裕葡萄酿酒股份有限公司 | 1645 | 社会责任报告 |
| 1644 | 岩田螺丝（深圳）有限公司 | 1646 | 环境公开信息 |
| 1645 | 兖州煤业股份有限公司 | 1647 | 社会责任报告 |
| 1646 | 扬子江药业集团上海海尼药业有限公司 | 1648 | 社会责任报告 |
| 1647 | 扬子江药业集团有限公司 | 1649 | 社会责任报告 |
| 1648 | 扬子石化－巴斯夫有限责任公司 | 1650 | 可持续发展报告 |
| 1649 | 阳光城集团股份有限公司 | 1651 | 社会责任报告 |
| 1650 | 药明康德新药开发有限公司 | 1652 | 社会责任报告 |
| 1651 | 一汽－大众汽车有限公司佛山分公司 | 1653 | 环境公开信息 |
| 1652 | 一汽轿车股份有限公司 | 1654 | 社会责任报告 |
| 1653 | 伊顿（中国）投资有限公司 | 1655 | 可持续发展报告 |
| 1654 | 宜宾五粮液股份有限公司 | 1656 | 社会责任报告 |
| 1655 | 亿利洁能股份有限公司 | 1657 | 社会责任报告 |
| 1656 | 银盛支付服务股份有限公司 | 1658 | 社会责任报告 |
| 1657 | 银亿房地产股份有限公司 | 1659 | 社会责任报告 |
| 1658 | 银座集团股份有限公司 | 1660 | 社会责任报告 |
| 1659 | 英特尔（中国）有限公司 | 1661 | 社会责任报告 |
| 1660 | 营口港务股份有限公司 | 1662 | 社会责任报告 |
| 1661 | 永高股份有限公司 | 1663 | 社会责任报告 |
| 1662 | 永光五金电镀制品（深圳）有限公司 | 1664 | 环境公开信息 |
| 1663 | 永辉超市股份有限公司 | 1665 | 社会责任报告 |
| 1664 | 用友网络科技股份有限公司 | 1666 | 社会责任报告 |

续表

| 序号 | 公司名称 | 序号 | 报告类型 |
| --- | --- | --- | --- |
| 1665 | 有研新材料股份有限公司 | 1667 | 社会责任报告 |
| 1666 | 榆林市杨伙盘煤矿 | 1668 | 社会责任报告 |
| 1667 | 榆林市杨伙盘煤矿 | 1669 | 社会责任报告 |
| 1668 | 禹洲地产股份有限公司 | 1670 | 环境、社会及管治报告 |
| 1669 | 元谋全新农建生物研究有限公司 | 1671 | 社会责任报告 |
| 1670 | 远东宏信有限公司 | 1672 | 环境、社会及管治报告 |
| 1671 | 远光软件股份有限公司 | 1673 | 社会责任报告 |
| 1672 | 远洋集团控股有限公司 | 1674 | 可持续发展报告 |
| 1673 | 约翰迪尔(天津)有限公司 | 1675 | 环境报告 |
| 1674 | 岳阳市中小企业担保投资有限公司 | 1676 | 社会责任报告 |
| 1675 | 岳阳兴长石化股份有限公司 | 1677 | 社会责任报告 |
| 1676 | 越秀地产股份有限公司 | 1678 | 社会责任报告 |
| 1677 | 云南白药集团股份有限公司 | 1679 | 社会责任报告 |
| 1678 | 云南驰宏锌锗股份有限公司 | 1680 | 社会责任报告 |
| 1679 | 云南铝业股份有限公司 | 1681 | 可持续发展报告 |
| 1680 | 云南煤业能源股份有限公司 | 1682 | 社会责任报告 |
| 1681 | 云南能源投资股份有限公司 | 1683 | 社会责任报告 |
| 1682 | 云南铜业(集团)有限公司 | 1684 | 社会责任报告 |
| 1683 | 云南铜业股份有限公司 | 1685 | 社会责任及可持续发展报告 |
| 1684 | 云南文山电力股份有限公司 | 1686 | 社会责任报告 |
| 1685 | 云南锡业股份有限公司 | 1687 | 社会责任报告 |
| 1686 | 云南云天化股份有限公司 | 1688 | 社会责任报告 |
| 1687 | 云南云维股份有限公司 | 1689 | 社会责任报告 |
| 1688 | 獐子岛集团股份有限公司 | 1690 | 社会责任报告 |
| 1689 | 漳州华福化工有限公司 | 1691 | 环境信息公开表 |
| 1690 | 漳州片仔癀药业股份有限公司 | 1692 | 社会责任报告 |
| 1691 | 长城汽车股份有限公司 | 1693 | 社会责任报告 |
| 1692 | 长城汽车股份有限公司天津哈弗分公司 | 1694 | 环境报告 |
| 1693 | 长江精工钢结构(集团)股份有限公司 | 1695 | 社会责任报告 |
| 1694 | 长江证券股份有限公司 | 1696 | 社会责任报告 |
| 1695 | 长沙经济技术开发区投资担保有限公司 | 1697 | 社会责任报告 |
| 1696 | 长沙市农业投资担保有限公司 | 1698 | 社会责任报告 |
| 1697 | 长沙市岳麓中小企业信用担保有限公司 | 1699 | 社会责任报告 |
| 1698 | 长泰县民政福利厂 | 1700 | 环境信息公开表 |

续表

| 序号 | 公司名称 | 序号 | 报告类型 |
|---|---|---|---|
| 1699 | 长泰县三达水务有限公司 | 1701 | 环境信息公开表 |
| 1700 | 长泰长业水务有限公司 | 1702 | 环境信息公开表 |
| 1701 | 长兴材料工业(广东)有限公司 | 1703 | 环境公开信息 |
| 1702 | 长兴化学材料(珠海)有限公司 | 1704 | 环境公开信息 |
| 1703 | 长园集团股份有限公司 | 1705 | 社会责任报告 |
| 1704 | 招商局集团 | 1706 | 社会责任报告 |
| 1705 | 招商局置地有限公司 | 1707 | 环境、社会及管治报告 |
| 1706 | 招商蛇口工业区控股股份有限公司 | 1708 | 社会责任报告 |
| 1707 | 招商信诺人寿保险有限公司 | 1709 | 社会责任报告 |
| 1708 | 招商银行股份有限公司 | 1710 | 社会责任报告 |
| 1709 | 招商证券股份有限公司 | 1711 | 社会责任报告 |
| 1710 | 浙报传媒集团股份有限公司 | 1712 | 社会责任报告 |
| 1711 | 浙大网新科技股份有限公司 | 1713 | 社会责任报告 |
| 1712 | 浙江安吉农村商业银行股份有限公司* | 1714 | 社会责任报告 |
| 1713 | 浙江报喜鸟服饰股份有限公司 | 1715 | 社会责任报告 |
| 1714 | 浙江大华技术股份有限公司 | 1716 | 社会责任报告 |
| 1715 | 浙江东日股份有限公司 | 1717 | 社会责任报告 |
| 1716 | 浙江菲达环保科技股份有限公司 | 1718 | 社会责任报告 |
| 1717 | 浙江古越龙山绍兴酒股份有限公司 | 1719 | 社会责任报告 |
| 1718 | 浙江广厦股份有限公司 | 1720 | 社会责任报告 |
| 1719 | 浙江海亮股份有限公司 | 1721 | 社会责任报告 |
| 1720 | 浙江海正药业股份有限公司 | 1722 | 社会责任报告 |
| 1721 | 浙江航民股份有限公司 | 1723 | 社会责任报告 |
| 1722 | 浙江华峰氨纶股份有限公司 | 1724 | 社会责任报告 |
| 1723 | 浙江华媒控股股份有限公司 | 1725 | 社会责任报告 |
| 1724 | 浙江华友钴业股份有限公司 | 1726 | 社会责任报告 |
| 1725 | 浙江黄岩自来水公司 | 1727 | 社会责任报告 |
| 1726 | 浙江吉利控股集团有限公司 | 1728 | 社会责任报告 |
| 1727 | 浙江嘉化能源化工股份有限公司 | 1729 | 社会责任报告 |
| 1728 | 浙江精功科技股份有限公司 | 1730 | 社会责任报告 |
| 1729 | 浙江景兴纸业股份有限公司 | 1731 | 环境报告 |
| 1730 | 浙江巨化股份有限公司 | 1732 | 社会责任报告 |
| 1731 | 浙江龙盛集团股份有限公司 | 1733 | 社会责任报告 |
| 1732 | 浙江民泰商业银行股份有限公司 | 1734 | 社会责任报告 |

续表

| 序号 | 公司名称 | 序号 | 报告类型 |
|---|---|---|---|
| 1733 | 浙江诺力机械股份有限公司 | 1735 | 社会责任报告 |
| 1734 | 浙江省交通投资集团有限公司 | 1736 | 社会责任报告 |
| 1735 | 浙江泰隆商业银行 | 1737 | 社会责任报告 |
| 1736 | 浙江伟明环保股份有限公司 | 1738 | 社会责任报告 |
| 1737 | 浙江伟星实业发展股份有限公司 | 1739 | 社会责任报告 |
| 1738 | 浙江伟星新型建材股份有限公司 | 1740 | 社会责任报告 |
| 1739 | 浙江新安化工集团股份有限公司 | 1741 | 社会责任报告 |
| 1740 | 浙江新和成股份有限公司 | 1742 | 社会责任报告 |
| 1741 | 浙江亚厦装饰股份有限公司 | 1743 | 社会责任报告 |
| 1742 | 浙江阳光照明电器集团股份有限公司 | 1744 | 社会责任报告 |
| 1743 | 浙江正泰电器股份有限公司 | 1745 | 社会责任报告 |
| 1744 | 浙江中国小商品城集团股份有限公司 | 1746 | 社会责任报告 |
| 1745 | 浙江自力建设集团有限公司 | 1747 | 社会责任报告 |
| 1746 | 浙江佐力药业股份有限公司 | 1748 | 社会责任报告 |
| 1747 | 正泰电气股份有限公司 | 1749 | 社会责任报告 |
| 1748 | 正新橡胶（中国）有限公司 | 1750 | 环境信息公开表 |
| 1749 | 正兴集团* | 1751 | 社会责任报告 |
| 1750 | 郑州煤矿机械集团股份有限公司 | 1752 | 社会责任报告 |
| 1751 | 郑州新开普电子股份有限公司 | 1753 | 社会责任报告 |
| 1752 | 郑州银行股份有限公司 | 1754 | 环境、社会及管治报告 |
| 1753 | 郑州宇通客车股份有限公司 | 1755 | 社会责任报告 |
| 1754 | 中材建设有限公司 | 1756 | 社会责任报告 |
| 1755 | 中材节能股份有限公司 | 1757 | 社会责任报告 |
| 1756 | 中材科技股份有限公司 | 1758 | 社会责任报告 |
| 1757 | 中储发展股份有限公司 | 1759 | 社会责任报告 |
| 1758 | 中船第九设计研究院工程有限公司 | 1760 | 社会责任报告 |
| 1759 | 中船海洋与防务装备股份有限公司 | 1761 | 社会责任报告 |
| 1760 | 中船勘探设计研究院有限公司 | 1762 | 社会责任报告 |
| 1761 | 中福海峡（平潭）发展股份有限公司 | 1763 | 社会责任报告 |
| 1762 | 中工国际工程股份有限公司 | 1764 | 社会责任报告 |
| 1763 | 中广核核技术发展股份有限公司 | 1765 | 社会责任报告 |
| 1764 | 中国宝安集团股份有限公司 | 1766 | 社会责任报告 |
| 1765 | 中国宝武钢铁集团有限公司 | 1767 | 社会责任报告 |
| 1766 | 中国北方稀土（集团）高科技股份有限公司 | 1768 | 社会责任报告 |

续表

| 序号 | 公司名称 | 序号 | 报告类型 |
|---|---|---|---|
| 1767 | 中国兵器工业集团公司 | 1769 | 社会责任报告 |
| 1768 | 中国兵器装备集团公司 | 1770 | 社会责任报告 |
| 1769 | 中国储备棉管理总公司* | 1771 | 社会责任报告 |
| 1770 | 中国船舶工业集团公司 | 1772 | 社会责任报告 |
| 1771 | 中国船舶及海洋工程设计研究院 | 1773 | 社会责任报告 |
| 1772 | 中国船舶重工股份有限公司 | 1774 | 社会责任报告 |
| 1773 | 中国船舶重工集团公司 | 1775 | 社会责任报告 |
| 1774 | 中国船舶重工集团公司第七一一研究所 | 1776 | 社会责任报告 |
| 1775 | 中国大唐集团公司 | 1777 | 社会责任报告 |
| 1776 | 中国大唐集团公司广西分公司* | 1778 | 社会责任报告 |
| 1777 | 中国第一汽车集团公司 | 1779 | 社会责任报告 |
| 1778 | 中国第一重型机械集团公司 | 1780 | 社会责任报告 |
| 1779 | 中国电建集团装备研究院有限公司 | 1781 | 社会责任报告 |
| 1780 | 中国电力国际发展有限公司 | 1782 | 管治、风险、环境保护与社会责任 |
| 1781 | 中国电力建设集团上海能源装备有限公司 | 1783 | 社会责任报告 |
| 1782 | 中国电力建设集团有限公司 | 1784 | 社会责任报告 |
| 1783 | 中国电信股份有限公司上海宝山电信局 | 1785 | 社会责任报告 |
| 1784 | 中国电信股份有限公司上海北区电信局 | 1786 | 社会责任报告 |
| 1785 | 中国电信股份有限公司上海电信账务中心 | 1787 | 社会责任报告 |
| 1786 | 中国电信股份有限公司上海东区电信局 | 1788 | 社会责任报告 |
| 1787 | 中国电信股份有限公司上海分公司总部 | 1789 | 社会责任报告 |
| 1788 | 中国电信股份有限公司上海公司互联网部 | 1790 | 社会责任报告 |
| 1789 | 中国电信股份有限公司上海互联网部 | 1791 | 社会责任报告 |
| 1790 | 中国电信股份有限公司上海嘉定电信局 | 1792 | 社会责任报告 |
| 1791 | 中国电信股份有限公司上海金山电信局 | 1793 | 社会责任报告 |
| 1792 | 中国电信股份有限公司上海南区电信局 | 1794 | 社会责任报告 |
| 1793 | 中国电信股份有限公司上海青浦电信局 | 1795 | 社会责任报告 |
| 1794 | 中国电信股份有限公司上海莘闵电信局 | 1796 | 社会责任报告 |
| 1795 | 中国电信股份有限公司上海松江电信局 | 1797 | 社会责任报告 |
| 1796 | 中国电信股份有限公司上海网络操作维护中心 | 1798 | 社会责任报告 |
| 1797 | 中国电信股份有限公司上海西区电信局 | 1799 | 社会责任报告 |
| 1798 | 中国电信股份有限公司上海信息园区开发建设部 | 1800 | 社会责任报告 |
| 1799 | 中国电信股份有限公司上海研究院 | 1801 | 社会责任报告 |

续表

| 序号 | 公司名称 | 序号 | 报告类型 |
|---|---|---|---|
| 1800 | 中国电信股份有限公司上海应急通信局 | 1802 | 社会责任报告 |
| 1801 | 中国电信股份有限公司上海中区电信局 | 1803 | 社会责任报告 |
| 1802 | 中国电信股份有限公司台州长途电信传输局 | 1804 | 社会责任报告 |
| 1803 | 中国电信集团公司 | 1805 | 社会责任报告 |
| 1804 | 中国电信集团客服运营支撑中心 | 1806 | 社会责任报告 |
| 1805 | 中国电子科技集团公司 | 1807 | 社会责任报告 |
| 1806 | 中国电子科技集团公司第 32 研究所 | 1808 | 社会责任报告 |
| 1807 | 中国电子信息产业集团有限公司 | 1809 | 社会价值报告 |
| 1808 | 中国东方电气集团有限公司 | 1810 | 社会责任报告 |
| 1809 | 中国东方航空股份有限公司 | 1811 | 社会责任报告 |
| 1810 | 中国东方红卫星股份有限公司 | 1812 | 社会责任报告 |
| 1811 | 中国泛海控股集团有限公司 | 1813 | 社会责任报告 |
| 1812 | 中国葛洲坝集团股份有限公司 | 1814 | 社会责任报告 |
| 1813 | 中国工商银行股份有限公司 | 1815 | 社会责任报告 |
| 1814 | 中国光大国际有限公司 | 1816 | 可持续发展报告 |
| 1815 | 中国光大银行股份有限公司 | 1817 | 社会责任报告 |
| 1816 | 中国广核电力股份有限公司 | 1818 | 环境、社会及管治报告 |
| 1817 | 中国广核集团有限公司 | 1819 | 社会责任报告 |
| 1818 | 中国贵州茅台酒厂(集团)有限责任公司 | 1820 | 社会责任报告 |
| 1819 | 中国国电集团公司 | 1821 | 社会责任报告 |
| 1820 | 中国国际海运集装箱(集团)股份有限公司 | 1822 | 社会责任报告 |
| 1821 | 中国国际航空股份有限公司 | 1823 | 社会责任报告 |
| 1822 | 中国国新控股有限责任公司 | 1824 | 社会责任报告 |
| 1823 | 中国海外发展有限公司 | 1825 | 环境、社会及管治报告 |
| 1824 | 中国海洋石油总公司 | 1826 | 可持续发展报告 |
| 1825 | 中国航空工业集团公司 | 1827 | 社会责任报告 |
| 1826 | 中国航空油料集团公司 | 1828 | 社会责任报告 |
| 1827 | 中国航天科工集团公司 | 1829 | 社会责任报告 |
| 1828 | 中国核工业建设集团公司 | 1830 | 社会责任报告 |
| 1829 | 中国核能电力股份有限公司 | 1831 | 社会责任报告 |
| 1830 | 中国宏泰产业市镇发展有限公司 | 1832 | 社会责任报告 |
| 1831 | 中国华电集团公司 | 1833 | 可持续发展报告 |
| 1832 | 中国华能集团公司 | 1834 | 可持续发展报告 |

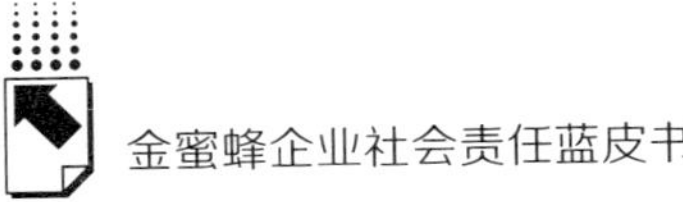


续表

| 序号 | 公司名称 | 序号 | 报告类型 |
|---|---|---|---|
| 1832 | 中国华能集团公司 | 1835 | 精准扶贫白皮书 |
| 1833 | 中国化工集团公司 | 1836 | 可持续发展报告 |
| 1834 | 中国化学工程股份有限公司 | 1837 | 社会责任报告 |
| 1835 | 中国黄金集团公司 | 1838 | 社会责任报告 |
| 1836 | 中国机械工业集团有限公司 | 1839 | 社会责任报告 |
| 1837 | 中国机械设备工程股份有限公司 | 1840 | 社会责任报告 |
| 1838 | 中国建材集团 | 1841 | 社会责任报告 |
| 1839 | 中国建设银行股份有限公司 | 1842 | 社会责任报告 |
| 1840 | 中国建设银行股份有限公司台州黄岩支行 | 1843 | 社会责任报告 |
| 1841 | 中国建设银行芜湖分行股份有限公司* | 1844 | 社会责任报告 |
| 1842 | 中国建筑材料集团有限公司 | 1845 | 可持续发展报告 |
| 1843 | 中国建筑股份有限公司 | 1846 | 刚果布一号公路社会责任报告 |
| 1843 | 中国建筑股份有限公司 | 1847 | 可持续发展报告 |
| 1844 | 中国交通建设股份有限公司 | 1848 | 社会责任报告 |
| 1845 | 中国节能环保集团公司 | 1849 | 社会责任报告 |
| 1846 | 中国金茂控股集团公司 | 1850 | 可持续发展报告 |
| 1847 | 中国巨石股份有限公司 | 1851 | 社会责任报告 |
| 1848 | 中国联合网络通信集团有限公司 | 1852 | 社会责任报告 |
| 1849 | 中国联塑集团控股有限公司 | 1853 | 社会责任报告 |
| 1850 | 中国粮油控股有限公司 | 1854 | 社会责任报告 |
| 1851 | 中国路桥工程有限责任公司 | 1855 | 社会责任报告 |
| 1852 | 中国旅游集团公司 | 1856 | 社会责任报告 |
| 1853 | 中国铝业公司 | 1857 | 社会责任报告 |
| 1853 | 中国铝业公司 | 1858 | 降碳报告 |
| 1854 | 中国铝业股份有限公司 | 1859 | 环境、社会及管治报告 |
| 1855 | 中国铝业股份有限公司广西分公司* | 1860 | 社会责任报告 |
| 1856 | 中国煤炭地质总局 | 1861 | 社会责任报告 |
| 1857 | 中国民生银行股份有限公司 | 1862 | 社会责任报告 |
| 1858 | 中国南玻集团股份有限公司 | 1863 | 社会责任报告 |
| 1859 | 中国南方电网深圳供电局有限公司* | 1864 | 社会责任报告 |
| 1860 | 中国南方电网有限责任公司 | 1865 | 社会责任国别报告(老挝)2016 |
| 1860 | 中国南方电网有限责任公司 | 1866 | 社会责任报告 |
| 1861 | 中国南方航空股份有限公司 | 1867 | 社会责任报告 |
| 1862 | 中国能源建设集团 | 1868 | 社会责任报告 |

续表

| 序号 | 公司名称 | 序号 | 报告类型 |
|---|---|---|---|
| 1862 | 中国能源建设集团 | 1869 | 职工发展报告 |
| 1863 | 中国农业银行股份有限公司 | 1870 | 社会责任报告 |
| 1864 | 中国平安保险(集团)股份有限公司 | 1871 | 社会责任报告 |
| 1865 | 中国人民保险集团股份有限公司 | 1872 | 社会责任报告 |
| 1866 | 中国人寿保险(集团)公司 | 1873 | 社会责任报告 |
| 1867 | 中国人寿保险股份有限公司 | 1874 | 社会责任报告 |
| 1868 | 中国人寿江苏省分公司* | 1875 | 社会责任报告 |
| 1869 | 中国商用飞机有限责任公司 | 1876 | 社会责任报告 |
| 1870 | 中国神华能源股份有限公司 | 1877 | 社会责任报告 |
| 1871 | 中国神华能源股份有限公司神朔铁路分公司 | 1878 | 社会责任报告 |
| 1872 | 中国石化茂名石化* | 1879 | 社会责任报告 |
| 1873 | 中国石化上海石油化工股份有限公司 | 1880 | 社会责任报告 |
| 1874 | 中国石油化工股份有限公司 | 1881 | 可持续发展进展报告 |
| 1875 | 中国石油化工集团公司 | 1882 | 中国石化在西藏白皮书 |
| 1875 | 中国石油化工集团公司 | 1883 | 社会责任报告 |
| 1876 | 中国石油天然气股份有限公司 | 1884 | 可持续发展报告 |
| 1877 | 中国石油天然气股份有限公司广西石化分公司* | 1885 | 社会责任报告 |
| 1878 | 中国石油天然气集团公司 | 1886 | 中缅油气管道(缅甸)企业社会责任专题报告 |
| 1878 | 中国石油天然气集团公司 | 1887 | 社会责任报告 |
| 1879 | 中国太平洋保险(集团)股份有限公司 | 1888 | 社会责任报告 |
| 1880 | 中国天楹股份有限公司 | 1889 | 社会责任报告 |
| 1881 | 中国铁建股份有限公司 | 1890 | 社会责任报告 |
| 1882 | 中国铁路通信信号股份有限公司 | 1891 | 环境、社会及管治报告 |
| 1883 | 中国外运长航集团有限公司 | 1892 | 社会责任报告 |
| 1884 | 中国五矿集团公司 | 1893 | 可持续发展报告 |
| 1885 | 中国武夷实业股份有限公司 | 1894 | 社会责任报告 |
| 1886 | 中国西电集团公司 | 1895 | 社会责任报告 |
| 1887 | 中国信达资产管理股份有限公司 | 1896 | 社会责任报告 |
| 1888 | 中国盐业总公司 | 1897 | 社会责任报告 |
| 1889 | 中国冶金科工股份有限公司 | 1898 | 社会责任报告 |
| 1890 | 中国医药健康产业股份有限公司 | 1899 | 社会责任报告 |
| 1891 | 中国移动通信集团公司 | 1900 | 可持续发展报告 |

续表

| 序号 | 公司名称 | 序号 | 报告类型 |
|---|---|---|---|
| 1892 | 中国银行股份有限公司 | 1901 | 社会责任报告 |
| 1893 | 中国银河证券股份有限公司 | 1902 | 社会责任报告 |
| 1894 | 中国邮政储蓄银行股份有限公司 | 1903 | 社会责任报告 |
| 1895 | 中国有色金属建设股份有限公司 | 1904 | 社会责任报告 |
| 1896 | 中国有色矿业集团有限公司 | 1905 | 可持续发展报告 |
| 1897 | 中国远洋控股股份有限公司 | 1906 | 可持续发展报告 |
| 1898 | 中国再保险(集团)股份有限公司 | 1907 | 社会责任报告 |
| 1899 | 中国长城计算机深圳股份有限公司 | 1908 | 社会责任报告 |
| 1900 | 中国长城科技集团股份有限公司 | 1909 | 社会责任报告 |
| 1901 | 中国长江电力股份有限公司 | 1910 | 社会责任报告 |
| 1902 | 中国长江三峡集团公司 | 1911 | 环境保护年报 |
| 1902 | 中国长江三峡集团公司 | 1912 | 可持续发展报告 |
| 1903 | 中国中材国际工程股份有限公司 | 1913 | 社会责任报告 |
| 1904 | 中国中车股份有限公司 | 1914 | 社会责任报告 |
| 1905 | 中国中钢集团公司 | 1915 | 可持续发展报告 |
| 1906 | 中国中化集团公司 | 1916 | 可持续发展报告 |
| 1907 | 中国中煤能源股份有限公司 | 1917 | 社会责任报告 |
| 1908 | 中国中煤能源集团有限公司 | 1918 | 社会责任报告 |
| 1909 | 中国中铁股份有限公司 | 1919 | 社会责任报告 |
| 1910 | 中国重汽(香港)有限公司 | 1920 | 环境、社会及管治报告 |
| 1911 | 中海(海南)海盛船务股份有限公司 | 1921 | 社会责任报告 |
| 1912 | 中海集装箱运输股份有限公司 | 1922 | 社会责任报告 |
| 1913 | 中海油深圳电力有限公司 | 1923 | 环境公开信息 |
| 1914 | 中海油田服务股份有限公司 | 1924 | 可持续发展报告 |
| 1915 | 中航动力股份有限公司 | 1925 | 社会责任报告 |
| 1916 | 中航飞机股份有限公司 | 1926 | 社会责任报告 |
| 1917 | 中航光电科技股份有限公司 | 1927 | 社会责任报告 |
| 1918 | 中航航空电子系统股份有限公司 | 1928 | 社会责任报告 |
| 1919 | 中航机载电子股份有限公司 | 1929 | 社会责任报告 |
| 1920 | 中航重机股份有限公司 | 1930 | 社会责任报告 |
| 1921 | 中航资本控股股份有限公司 | 1931 | 社会责任报告 |
| 1922 | 中核华原钛白股份有限公司 | 1932 | 社会责任报告 |
| 1923 | 中核韶关金宏铀业有限责任公司 | 1933 | 环境公开信息 |
| 1924 | 中恒公司 | 1934 | 环境信息公开表 |

续表

| 序号 | 公司名称 | 序号 | 报告类型 |
|---|---|---|---|
| 1925 | 中化国际(控股)股份有限公司 | 1935 | 社会责任报告 |
| 1926 | 中金黄金股份有限公司 | 1936 | 社会责任报告 |
| 1927 | 中炬高新技术实业(集团)股份有限公司 | 1937 | 社会责任报告 |
| 1928 | 中利科技集团股份有限公司 | 1938 | 社会责任报告 |
| 1929 | 中联重科股份有限公司 | 1939 | 社会责任报告 |
| 1930 | 中粮地产(集团)股份有限公司 | 1940 | 社会责任报告 |
| 1931 | 中粮天科生物工程(天津)有限公司 | 1941 | 环境报告 |
| 1932 | 中粮屯河股份有限公司 | 1942 | 社会责任报告 |
| 1933 | 中铝广西有色稀土开发有限公司* | 1943 | 社会责任报告 |
| 1934 | 中铝国际工程股份有限公司 | 1944 | 环境、社会及管治报告 |
| 1935 | 中煤新集能源股份有限公司 | 1945 | 社会责任报告 |
| 1936 | 中煤新集能源有限公司 | 1946 | 社会责任报告 |
| 1937 | 中闽能源股份有限公司 | 1947 | 社会责任报告 |
| 1938 | 中牧实业股份有限公司 | 1948 | 社会责任报告 |
| 1939 | 中南出版传媒集团股份有限公司 | 1949 | 社会责任报告 |
| 1940 | 中能电气股份有限公司 | 1950 | 社会责任报告 |
| 1941 | 中青旅控股股份有限公司 | 1951 | 社会责任报告 |
| 1942 | 中山宝兴汽车零部件制造有限公司 | 1952 | 环境公开信息 |
| 1943 | 中山大学达安基因股份有限公司 | 1953 | 社会责任报告 |
| 1944 | 中山大洋电机股份有限公司 | 1954 | 社会责任报告 |
| 1945 | 中山凯泰金属表面处理有限公司 | 1955 | 环境公开信息 |
| 1946 | 中山亚萨合莱安防科技有限公司 | 1956 | 环境公开信息 |
| 1947 | 中山中粤马口铁工业有限公司 | 1957 | 环境公开信息 |
| 1948 | 中石化石油工程技术服务股份有限公司 | 1958 | 社会责任报告 |
| 1949 | 中泰证券股份有限公司芜湖路证券营业部 | 1959 | 社会责任报告 |
| 1950 | 中体产业集团股份有限公司 | 1960 | 社会责任报告 |
| 1951 | 中天城投集团股份有限公司 | 1961 | 社会责任报告 |
| 1952 | 中天金融集团股份有限公司 | 1962 | 社会责任报告 |
| 1953 | 中铁高新工业股份有限公司 | 1963 | 社会责任报告 |
| 1954 | 中铁铁龙集装箱物流股份有限公司 | 1964 | 社会责任报告 |
| 1955 | 中外运空运发展股份有限公司 | 1965 | 社会责任报告 |
| 1956 | 中文天地出版传媒股份有限公司 | 1966 | 社会责任报告 |
| 1957 | 中芯国际集成电路制造有限公司 | 1967 | 社会责任报告 |
| 1958 | 中信国安信息产业股份有限公司 | 1968 | 社会责任报告 |

续表

| 序号 | 公司名称 | 序号 | 报告类型 |
|---|---|---|---|
| 1959 | 中信银行股份有限公司 | 1969 | 社会责任报告 |
| 1960 | 中信证券股份有限公司 | 1970 | 社会责任报告 |
| 1961 | 中信重工机械股份有限公司 | 1971 | 社会责任报告 |
| 1962 | 中兴通讯股份有限公司 | 1972 | 可持续发展报告 |
| 1963 | 中烟摩迪(江门)纸业有限公司 | 1973 | 环境公开信息 |
| 1964 | 中盐安徽红四方股份有限公司 | 1974 | 社会责任报告 |
| 1965 | 中冶美利云产业投资股份有限公司 | 1975 | 社会责任报告 |
| 1966 | 中冶美利纸业股份有限公司 | 1976 | 社会责任报告 |
| 1967 | 中原特钢股份有限公司 | 1977 | 社会责任报告 |
| 1968 | 中原证券股份有限公司 | 1978 | 社会责任报告 |
| 1969 | 中源协和细胞基因工程股份有限公司 | 1979 | 社会责任报告 |
| 1970 | 中远海运(上海)公司 | 1980 | 社会责任报告 |
| 1971 | 中远海运发展股份有限公司 | 1981 | 社会责任报告 |
| 1972 | 中远海运能源运输股份有限公司 | 1982 | 社会责任报告 |
| 1973 | 中远海运特种运输股份有限公司 | 1983 | 社会责任报告 |
| 1974 | 中远海运租赁有限公司 | 1984 | 社会责任报告 |
| 1975 | 中远航运股份有限公司 | 1985 | 社会责任报告 |
| 1976 | 中远集装箱运输有限公司 | 1986 | 可持续发展报告 |
| 1977 | 重庆涪陵电力实业股份有限公司 | 1987 | 社会责任报告 |
| 1978 | 重庆钢铁股份有限公司 | 1988 | 环境及社会责任报告 |
| 1979 | 重庆建峰化工股份有限公司 | 1989 | 社会责任报告 |
| 1980 | 重庆农村商业银行股份有限公司 | 1990 | 社会责任报告 |
| 1981 | 重庆燃气集团股份有限公司 | 1991 | 社会责任报告 |
| 1982 | 重庆三峡水利电力(集团)股份有限公司 | 1992 | 社会责任报告 |
| 1983 | 重庆新世纪游轮股份有限公司 | 1993 | 社会责任报告 |
| 1984 | 重庆星星套装门(集团)有限责任公司 | 1994 | 社会责任报告 |
| 1985 | 重庆银行股份有限公司 | 1995 | 环境、社会及管治报告 |
| 1986 | 重庆长安汽车股份有限公司 | 1996 | 社会责任报告 |
| 1987 | 珠海碧辟化工有限公司 | 1997 | 环境公开信息 |
| 1988 | 珠海承鸥卫浴用品有限公司 | 1998 | 环境公开信息 |
| 1989 | 珠海东松环保技术有限公司 | 1999 | 环境公开信息 |
| 1990 | 珠海斗门超毅电子有限公司 | 2000 | 环境公开信息 |
| 1991 | 珠海方正科技多层电路板有限公司 | 2001 | 环境公开信息 |
| 1992 | 珠海方正科技高密电子有限公司 | 2002 | 环境公开信息 |

续表

| 序号 | 公司名称 | 序号 | 报告类型 |
|---|---|---|---|
| 1993 | 珠海格力电器股份有限公司 | 2003 | 社会责任报告 |
| 1994 | 珠海华发实业股份有限公司 | 2004 | 社会责任报告 |
| 1995 | 珠海华丰纸业有限公司 | 2005 | 环境公开信息 |
| 1996 | 珠海华润银行股份有限公司 | 2006 | 社会责任报告 |
| 1997 | 珠海及成通讯科技股份有限公司 | 2007 | 环境公开信息 |
| 1998 | 珠海经济特区红塔仁恒纸业有限公司 | 2008 | 环境公开信息 |
| 1999 | 珠海力合环保有限公司南区水质净化厂 | 2009 | 环境公开信息 |
| 2000 | 珠海励联纺织染工业有限公司 | 2010 | 环境公开信息 |
| 2001 | 珠海深能洪湾电力有限公司 | 2011 | 环境公开信息 |
| 2002 | 珠海市斗门区永兴盛环保工业废弃物回收综合处理有限公司 | 2012 | 环境公开信息 |
| 2003 | 珠海市名门水质净化有限公司 | 2013 | 环境公开信息 |
| 2004 | 珠海硕鸿电路板有限公司 | 2014 | 环境公开信息 |
| 2005 | 珠海威立雅水务污水处理有限公司(北区) | 2015 | 环境公开信息 |
| 2006 | 珠海粤裕丰钢铁有限公司 | 2016 | 环境公开信息 |
| 2007 | 珠海紫翔电子科技有限公司 | 2017 | 环境公开信息 |
| 2008 | 珠海紫翔电子科技有限公司龙山分公司 | 2018 | 环境公开信息 |
| 2009 | 株洲丰叶担保有限责任公司 | 2019 | 社会责任报告 |
| 2010 | 株洲旗滨集团股份有限公司 | 2020 | 社会责任报告 |
| 2011 | 株洲时代新材料科技股份有限公司 | 2021 | 社会责任报告 |
| 2012 | 株洲天桥起重机股份有限公司 | 2022 | 社会责任报告 |
| 2013 | 株洲中车时代电气股份有限公司 | 2023 | 社会责任报告 |
| 2014 | 准格尔旗荣祥煤焦化有限责任公司山不拉煤矿 | 2024 | 社会责任报告 |
| 2015 | 紫金矿业集团股份有限公司 | 2025 | 社会责任报告 |
| 2016 | 紫金信托有限责任公司 | 2026 | 社会责任报告 |
| 2017 | 棕榈园林股份有限公司 | 2027 | 社会责任报告 |

注：＊由于未搜集到部分企业的电子版或纸质版社会责任报告，表中带＊号企业的报告类型是依据各类报告集中发布平台的新闻推断而来。

# B.13
# 后　记

自2009年开展社会责任报告研究工作以来，已历时9年。本书是对2017年1月1日至10月31日企业公开发布的社会责任报告的系统研究，同时也结合前面八年的研究数据，本系列研究旨在为从事社会责任工作和关注企业社会责任报告的利益相关方提供信息支持，以更加清晰地了解中国企业社会责任报告的发展历史、现状和未来趋势，为下一步工作提供参考和依据。

本书出版的重要基础是历年来责扬天下参与报告研究工作的同事的辛勤付出和不懈努力。本书的理论和研究方法由殷格非、于志宏、管竹笋制定；数据资料搜集和报告评价由责扬天下全体员工共同完成；报告数据分析由贾丽执行。

本书整体框架和提纲由殷格非、管竹笋、贾丽共同确定。总报告由殷格非、管竹笋、贾丽、于翔海、易凤梅撰写。

分报告中，“中央企业社会责任报告研究”由谭幸欣、邓文杰、管竹笋撰写；“在华外商投资企业社会责任报告研究”由张洁、吴亚楠、林波撰写；“内地在香港联交所上市企业社会责任报告研究”由张越、雷杨、李婧萌、管竹笋撰写。

行业报告中，“采掘行业企业社会责任报告研究”由茆娟、管竹笋撰写；“汽车制造企业社会责任报告研究”由刘境达、张蕊、林波撰写；“电力行业企业社会责任报告研究”由侯彩霞、潘思佳、林仁超、蒋波、代奕波撰写；“建筑行业企业社会责任报告研究”由陶蕊、邓文杰、管竹笋撰写；“信息通信技术行业企业社会责任报告研究”由任翔、张生柱、林波撰写；“银行业金融机构社会责任报告研究”由陈望、江吟、陈晓宁、代奕波撰写；“房地产行业企业社会责任报告研究”由伍艳、管竹笋撰写。

最后，还要特别感谢社会科学文献出版社对本书出版的大力支持，并对为本书的出版付出辛勤劳动的全体编辑致以诚挚的谢意。

鉴于本书中企业社会责任报告搜集的来源主要是互联网、报告集中发布会等公开渠道，难免存在个别遗漏，敬请读者谅解、指正。

责扬天下（北京）管理顾问有限公司

2017 年 12 月

# Abstract

Since 2009, GoldenBee CSR Consulting has been carried out the collection, classification and research of social responsibility reports released in Mainland China, set up a dynamic database of social responsibility reports in China and released annual research report on the CSR reporting in China for nine consecutive years. By October 31, 2017, the GoldenBee database of social responsibility reports in China has collected more than10, 000 social responsibility reports and data on reporting assessment data and reporting index released in Mainland China from 2001 to 2017.

Based on the theoretical model of research on CSR reporting in China, GoldenBee assessment of social responsibility reports in China defines the high-quality CSR reports to be with core content and basic information, and meet related principles. The Goldenbee Corporate Social Responsibility Report Assessment System was set up accordingly to conduct the research and analysis on the quality of CSR reports from six dimensions, namely materiality, completeness, credibility, reliability, readability, comparability and innovativeness. To reflect and monitor the changes and trends of CSR reporting in China, we complied GoldenBee CSR Reporting Index system, including 39 indexes that are divided into three modules and six sub-systems. The three modules are stakeholder index module, comprehensive index module and category index module.

Based on years of research, we complied 2017 GoldenBee Research on CSR Reporting in China, and hope to provide a reference to the CSR reporting preparation for enterprises, provide a reference to promoting CSR information disclosure system for governments, regulators, industry organizations and other relevant agencies, and enhance the communication and exchange with the international community.

The research report consists of the general report, theme reports, industrial reports and appendixes. The general report is a comprehensive study of the CSR reporting in China, including research methods, CSR reporting analysis, CSR reporting features inits development stage and suggestions. The general report introduces the theoretical model of research on CSR reporting in China, the Goldenbee Corporate Social Responsibility Report Assessment System and Goldenbee Corporate Social Responsibility Report Index. Based on the assessment system, we conducted a multi-dimensional systematic evaluation on the quality of CSR reports released in that year. Through index analysis, we found the trend of CSR reports in China since 2001, summarized the features in its development stage and proposed suggestions for improvement.

By using same assessment system, the theme reports disclose detailed analysis on the CSR reports of central SOEs, foreign-invested enterprises in China and enterprises listed on HKEx in Mainland China.

The industrial reports analyze the CSR reporting features of extractive industry, auto industry, power industry, construction industry, ICT industry, banking and real estate industry in China, and show the trend and characteristics of CSR reporting in different industries.

The appendixes list the companies that released their CSR reports by October 31 in 2017. We collected the information from the open channels.

**Keywords**: Social Responsibility, CSR Report Assessment System, CSR Report Index

# Contents

## I General Report



**Abstract**: Based on the GoldenBee Corporate Social Responsibility Report Assessment System 2017, this report analyzed the assessment of the 1,433 reports released in mainland China from 1 January to 31 October 2017. According to the analysis, the quality of report was improved stage by stage. Corporates paid more attention to disclose information about stakeholders which were closely related with their strategy. Companies listed in HKSE made significant improvements in the quality of report. Different industries had different focus on the information disclosure of stakeholders. Finally, the corresponding suggestions for improving the quality of the report are presented in this report.

**Keywords**: Disclosure of Corporate Social Responsibility Information; Report Index; Step up; Strategic Relevancy; Industry Characteristics

# Ⅱ Theme Reports



**Abstract**: Based on the GoldenBee Corporate Social Responsibility Report Assessment System 2017, the report evaluates and analyzes the CSR reports released by 59 central enterprises regulated by the SASAC, and puts forward targeted suggestions. The research shows that the quality of the reports released by central enterprises leads the overall level and has staged characteristics such as displaying management path, responding to the social hot spots, referring to the domestic and foreign standards, highlighting the characteristics of the enterprise and the industry and diversifying forms of presentation.

**Keywords**: Central Enterprise; CSR Report; Information Disclosure



**Abstract**: Based on the GoldenBee Corporate Social Responsibility Report Assessment System 2017, the report tries to evaluate and analyze the 79 CSR reports of foreign-invested enterprises in China in 2017, and pwts forward corresponding suggestions. The study finds that the readability and innovation and so on of CSR reports of foreign-invested enterprises in China are significantly higher than the overall average level of China's enterprises, and shows the following characteristics. The quality of the CSR reports is greatly improved. The level of disclosure of key issues is higher than the average level of Chinese enterprises, and the information of the whole life cycle environmental protection has become the focus of disclosure. Meanwhile, the CSR reports of the foreign-invested enterprises in China pay more attention to communication and innovation. Moreover, the disclosure of the concept and management of local social responsibility are also emphasized.

**Keywords**: Foreign-invested Enterprises in China; Readability; Innovation; Full Life Cycle Environmental Protection; Localization



**Abstract**: This report evaluates 116 CSR reports from mainland enterprises listed on the SEHK in accordance with the GoldenBee Corporate Social Responsibility Report Assessment System 2017. The assessment finds that the average score of these reports is 70. 52, having achieved "excellent" level. The quality of these reports is significantly higher than the figure for the average level of China's overall reports, and these reports present following stage characteristics: generally comply with the ESG Reporting Guide and requirements; pay more attention to the social responsibility management system and the information disclosure of supply chain management; shareholder information disclosure has been strengthened; credibility of the report needs to be improved.

**Keywords**: ESG Reporting Guide; SEHK; Social Responsibility Management System; Responsible Supply Chain; Environment Information Disclosure

## Ⅲ Industrial Reports



**Abstract**: This report applied the GoldenBee Corporate Social Responsibility Report Assessment System 2017 to evaluate and analyze 65 CSR reports of extractive

System 2017, and corresponding suggestions have been put forward on this basis. The research shows the readability and innovativeness of power industry enterprises' reports are obviously higher than the average level of Chinese enterprises. Furthermore, the CSR reports of power industry show the following characteristics of the period: The disclosure of key topics tends to be stable; the information disclosures of new energy, ecological protection and poverty alleviation have become the focus of attention; more and more enterprises take the initiative to respond to the international sustainable development initiative.

**Keywords**: Readability; Innovativeness; New Energy; Ecological Protection; Power Poverty Alleviation



**Abstract**: Based on the GoldenBee Corporate Social Responsibility Report Assessment System 2017, this report studies and analyzes 69 collected CSR reports which were released by construction enterprises and corresponding suggestions have been put forward on this basis. This paper shows that the whole situation of the CSR reports is in the developmental stage and short of credibility and innovation. The main characteristics of its periodic features are as follows: state-owned enterprises make a demonstration; leading enterprises' reports are of high quality; special reports become highlights; employees are valued.

**Keywords**: Construction Industry; CSR Report; Special Report, Employee Responsibility

**Abstract**: 113collected reports of Information Communications Technologyindustry enterprises have been evaluated according to the GoldenBee Corporate Social Responsibility Report Assessment system 2017, and corresponding suggestions have been put forward on this basis. The research shows the integrity, substance and credibility of Information Communications Technology industry enterprises' reports are obviously higher than the average level of Chinese enterprises. Furthermore, the CSR reports of Information Communications Technology industry show the following characteristics of the period: The disclosure of key topics tends to be stable; the information disclosures of supply chain, ecological protection and relying on technological advantages to help communities develop have become the focus of attention; more and more enterprises take the initiative to respond to the international sustainable development initiative.

**Keywords**: Information Communications Technology; Supply Chain; Ecological Protection, Technical Support



**Abstract**: Based on the GoldenBee Corporate Social Responsibility Report Assessment System 2017, this report evaluates and analyzes the collected social responsibility reports issued by 54 banking financial institutions and 2 affiliated agencies. On the basis of the study, we put forward several targeted suggestions. The study finds that the quality of banking financial institutions' reports has risen over the previous years and the overall level is higher than the average level of Chinese enterprises. Most of these 56 social responsibility reports focus on disclosure of hot topics of economy and society. Different types of banking financial institutions' reports have a big difference in quality and quantity. The breadth and depth of banking disclosure on issues related to social responsibility management still need to be improved.

**Keywords**: Banking Financial Institutions; Corporate Social Responsibility / Sustainability Report; Report Evaluation; Scoring Average



**Abstract**: Based on the GoldenBee Corporate Social Responsibility Report Assessment System 2017, this report evaluates and analyzes the CSR reports released by 82 real estate enterprises, and puts forward targeted suggestions. The research shows that the number of the CSR reports from the real estate industry has risen sharply, and private enterprises take the largest proportion of these reports. The quality of the reports was still at the developmental stage, responsibility management, feature issues, supplier information were disclosed particularly, while the disclosure of security issues, negative information, and overseas responsibility still needs to be strengthened.

**Keywords**: Real Estate; CSR Reports; Information Disclosure; Innovativeness

## Ⅳ Appendix

## ✤ 皮书起源 ✤

“皮书”起源于十七、十八世纪的英国，主要指官方或社会组织正式发表的重要文件或报告，多以“白皮书”命名。在中国，“皮书”这一概念被社会广泛接受，并被成功运作、发展成为一种全新的出版形态，则源于中国社会科学院社会科学文献出版社。

## ✤ 皮书定义 ✤

皮书是对中国与世界发展状况和热点问题进行年度监测，以专业的角度、专家的视野和实证研究方法，针对某一领域或区域现状与发展态势展开分析和预测，具备原创性、实证性、专业性、连续性、前沿性、时效性等特点的公开出版物，由一系列权威研究报告组成。

## ✤ 皮书作者 ✤

皮书系列的作者以中国社会科学院、著名高校、地方社会科学院的研究人员为主，多为国内一流研究机构的权威专家学者，他们的看法和观点代表了学界对中国与世界的现实和未来最高水平的解读与分析。

## ✤ 皮书荣誉 ✤

皮书系列已成为社会科学文献出版社的著名图书品牌和中国社会科学院的知名学术品牌。2016 年，皮书系列正式列入“十三五”国家重点出版规划项目；2013~2018 年，重点皮书列入中国社会科学院承担的国家哲学社会科学创新工程项目；2018 年，59 种院外皮书使用“中国社会科学院创新工程学术出版项目”标识。

# 中国皮书网

（网址：www.pishu.cn）

发布皮书研创资讯，传播皮书精彩内容
引领皮书出版潮流，打造皮书服务平台

## 栏目设置

关于皮书：何谓皮书、皮书分类、皮书大事记、皮书荣誉、
皮书出版第一人、皮书编辑部

最新资讯：通知公告、新闻动态、媒体聚焦、网站专题、视频直播、下载专区

皮书研创：皮书规范、皮书选题、皮书出版、皮书研究、研创团队

皮书评奖评价：指标体系、皮书评价、皮书评奖

互动专区：皮书说、社科数托邦、皮书微博、留言板

## 所获荣誉

2008 年、2011 年，中国皮书网均在全国新闻出版业网站荣誉评选中获得“最具商业价值网站”称号；

2012 年，获得“出版业网站百强”称号。

## 网库合一

2014 年，中国皮书网与皮书数据库端口合一，实现资源共享。

## 中国社会发展数据库（下设 12 个子库）

全面整合国内外中国社会发展研究成果，汇聚独家统计数据、深度分析报告，涉及社会、人口、政治、教育、法律等 12 个领域，为了解中国社会发展动态、跟踪社会核心热点、分析社会发展趋势提供一站式资源搜索和数据分析与挖掘服务。

## 中国经济发展数据库（下设 12 个子库）

基于“皮书系列”中涉及中国经济发展的研究资料构建，内容涵盖宏观经济、农业经济、工业经济、产业经济等 12 个重点经济领域，为实时掌控经济运行态势、把握经济发展规律、洞察经济形势、进行经济决策提供参考和依据。

## 中国行业发展数据库（下设 17 个子库）

以中国国民经济行业分类为依据，覆盖金融业、旅游、医疗卫生、交通运输、能源矿产等 100 多个行业，跟踪分析国民经济相关行业市场运行状况和政策导向，汇集行业发展前沿资讯，为投资、从业及各种经济决策提供理论基础和实践指导。

## 中国区域发展数据库（下设 6 个子库）

对中国特定区域内的经济、社会、文化等领域现状与发展情况进行深度分析和预测，研究层级至县及县以下行政区，涉及地区、区域经济体、城市、农村等不同维度。为地方经济社会宏观态势研究、发展经验研究、案例分析提供数据服务。

## 中国文化传媒数据库（下设 18 个子库）

汇聚文化传媒领域专家观点、热点资讯，梳理国内外中国文化发展相关学术研究成果、一手统计数据，涵盖文化产业、新闻传播、电影娱乐、文学艺术、群众文化等 18 个重点研究领域。为文化传媒研究提供相关数据、研究报告和综合分析服务。

## 世界经济与国际关系数据库（下设 6 个子库）

立足“皮书系列”世界经济、国际关系相关学术资源，整合世界经济、国际政治、世界文化与科技、全球性问题、国际组织与国际法、区域研究 6 大领域研究成果，为世界经济与国际关系研究提供全方位数据分析，为决策和形势研判提供参考。

# 法律声明

“皮书系列”（含蓝皮书、绿皮书、黄皮书）之品牌由社会科学文献出版社最早使用并持续至今，现已被中国图书市场所熟知。“皮书系列”的相关商标已在中华人民共和国国家工商行政管理总局商标局注册，如LOGO（）、皮书、Pishu、经济蓝皮书、社会蓝皮书等。“皮书系列”图书的注册商标专用权及封面设计、版式设计的著作权均为社会科学文献出版社所有。未经社会科学文献出版社书面授权许可，任何使用与“皮书系列”图书注册商标、封面设计、版式设计相同或者近似的文字、图形或其组合的行为均系侵权行为。

经作者授权，本书的专有出版权及信息网络传播权等为社会科学文献出版社享有。未经社会科学文献出版社书面授权许可，任何就本书内容的复制、发行或以数字形式进行网络传播的行为均系侵权行为。

社会科学文献出版社将通过法律途径追究上述侵权行为的法律责任，维护自身合法权益。

欢迎社会各界人士对侵犯社会科学文献出版社上述权利的侵权行为进行举报。电话：010-59367121，电子邮箱：fawubu@ssap.cn。

社会科学文献出版社

# 社长致辞

蓦然回首，皮书的专业化历程已经走过了二十年。20年来从一个出版社的学术产品名称到媒体热词再到智库成果研创及传播平台，皮书以专业化为主线，进行了系列化、市场化、品牌化、数字化、国际化、平台化的运作，实现了跨越式的发展。特别是在党的十八大以后，以习近平总书记为核心的党中央高度重视新型智库建设，皮书也迎来了长足的发展，总品种达到600余种，经过专业评审机制、淘汰机制遴选，目前，每年稳定出版近400个品种。“皮书”已经成为中国新型智库建设的抓手，成为国际国内社会各界快速、便捷地了解真实中国的最佳窗口。

20年孜孜以求，“皮书”始终将自己的研究视野与经济社会发展中的前沿热点问题紧密相连。600个研究领域，3万多位分布于800余个研究机构的专家学者参与了研创写作。皮书数据库中共收录了15万篇专业报告，50余万张数据图表，合计30亿字，每年报告下载量近80万次。皮书为中国学术与社会发展实践的结合提供了一个激荡智力、传播思想的入口，皮书作者们用学术的话语、客观翔实的数据谱写出了中国故事壮丽的篇章。

20年跬步千里，“皮书”始终将自己的发展与时代赋予的使命与责任紧紧相连。每年百余场新闻发布会，10万余次中外媒体报道，中、英、俄、日、韩等12个语种共同出版。皮书所具有的凝聚力正在形成一种无形的力量，吸引着社会各界关注中国的发展，参与中国的发展，它是我们向世界传递中国声音、总结中国经验、争取中国国际话语权最主要的平台。

皮书这一系列成就的取得，得益于中国改革开放的伟大时代，离不开来自中国社会科学院、新闻出版广电总局、全国哲学社会科学规划办公室等主管部门的大力支持和帮助，也离不开皮书研创者和出版者的共同努力。他们与皮书的故事创造了皮书的历史，他们对皮书的拳拳之心将继续谱写皮书的未来！

现在，“皮书”品牌已经进入了快速成长的青壮年时期。全方位进行规范化管理，树立中国的学术出版标准；不断提升皮书的内容质量和影响力，搭建起中国智库产品和智库建设的交流服务平台和国际传播平台；发布各类皮书指数，并使之成为中国指数，让中国智库的声音响彻世界舞台，为人类的发展做出中国的贡献——这是皮书未来发展的图景。作为“皮书”这个概念的提出者，“皮书”从一般图书到系列图书和品牌图书，最终成为智库研究和社会科学应用对策研究的知识服务和成果推广平台这整个过程的操盘者，我相信，这也是每一位皮书人执着追求的目标。

“当代中国正经历着我国历史上最为广泛而深刻的社会变革，也正在进行着人类历史上最为宏大而独特的实践创新。这种前无古人的伟大实践，必将给理论创造、学术繁荣提供强大动力和广阔空间。”

在这个需要思想而且一定能够产生思想的时代，皮书的研创出版一定能创造出新的更大的辉煌！

社会科学文献出版社社长  
中国社会学会秘书长

2017年11月

# 社会科学文献出版社简介

社会科学文献出版社（以下简称“社科文献出版社”）成立于1985年，是直属于中国社会科学院的人文社会科学学术出版机构。成立至今，社科文献出版社始终依托中国社会科学院和国内外人文社会科学界丰厚的学术出版和专家学者资源，坚持“创社科经典，出传世文献”的出版理念、“权威、前沿、原创”的产品定位以及学术成果和智库成果出版的专业化、数字化、国际化、市场化的经营道路。

社科文献出版社是中国新闻出版业转型与文化体制改革的先行者。积极探索文化体制改革的先进方向和现代企业经营决策机制，社科文献出版社先后荣获“全国文化体制改革工作先进单位”、中国出版政府奖・先进出版单位奖，中国社会科学院先进集体、全国科普工作先进集体等荣誉称号。多人次荣获“第十届韬奋出版奖”“全国新闻出版行业领军人才”“数字出版先进人物”“北京市新闻出版广电行业领军人才”等称号。

社科文献出版社是中国人文社会科学学术出版的大社名社，也是以皮书为代表的智库成果出版的专业强社。年出版图书2000余种，其中皮书400余种，出版新书字数5.5亿字，承印与发行中国社科院院属期刊72种，先后创立了皮书系列、列国志、中国史话、社科文献学术译库、社科文献学术文库、甲骨文书系等一大批既有学术影响又有市场价值的品牌，确立了在社会学、近代史、苏东问题研究等专业学科及领域出版的领先地位。图书多次荣获中国出版政府奖、“三个一百”原创图书出版工程、“五个‘一’工程奖”、“大众喜爱的50种图书”等奖项，在中央国家机关“强素质・做表率”读书活动中，入选图书品种数位居各大出版社之首。

社科文献出版社是中国学术出版规范与标准的倡议者与制定者，代表全国50多家出版社发起实施学术著作出版规范的倡议，承担学术著作规范国家标准的起草工作，率先编撰完成《皮书手册》对皮书品牌进行规范化管理，并在此基础上推出中国版芝加哥手册——《社科文献出版社学术出版手册》。

社科文献出版社是中国数字出版的引领者，拥有皮书数据库、列国志数据库、“一带一路”数据库、减贫数据库、集刊数据库等4大产品线11个数据库产品，机构用户达1300余家，海外用户百余家，荣获“数字出版转型示范单位”“新闻出版标准化先进单位”“专业数字内容资源知识服务模式试点企业标准化示范单位”等称号。

社科文献出版社是中国学术出版走出去的践行者。社科文献出版社海外图书出版与学术合作业务遍及全球40余个国家和地区，并于2016年成立俄罗斯分社，累计输出图书500余种，涉及近20个语种，累计获得国家社科基金中华学术外译项目资助76种、“丝路书香工程”项目资助60种、中国图书对外推广计划项目资助71种以及经典中国国际出版工程资助28种，被五部委联合认定为“2015-2016年度国家文化出口重点企业”。

如今，社科文献出版社完全靠自身积累拥有固定资产3.6亿元，年收入3亿元，设置了七大出版分社、六大专业部门，成立了皮书研究院和博士后科研工作站，培养了一支近400人的高素质与高效率的编辑、出版、营销和国际推广队伍，为未来成为学术出版的大社、名社、强社，成为文化体制改革与文化企业转型发展的排头兵奠定了坚实的基础。

# 宏观经济类

## 经济蓝皮书

2018 年中国经济形势分析与预测

李平 / 主编　2017 年 12 月出版　定价：89.00 元

◆　本书为总理基金项目，由著名经济学家李扬领衔，联合中国社会科学院等数十家科研机构、国家部委和高等院校的专家共同撰写，系统分析了 2017 年的中国经济形势并预测 2018 年中国经济运行情况。

## 城市蓝皮书

中国城市发展报告 No.11

潘家华　单菁菁 / 主编　2018 年 9 月出版　估价：99.00 元

◆　本书是由中国社会科学院城市发展与环境研究中心编著的，多角度、全方位地立体展示了中国城市的发展状况，并对中国城市的未来发展提出了许多建议。该书有强烈的时代感，对中国城市发展实践有重要的参考价值。

## 人口与劳动绿皮书

中国人口与劳动问题报告 No.19

张车伟 / 主编　2018 年 10 月出版　估价：99.00 元

◆　本书为中国社会科学院人口与劳动经济研究所主编的年度报告，对当前中国人口与劳动形势做了比较全面和系统的深入讨论，为研究中国人口与劳动问题提供了一个专业性的视角。

## 中国省域竞争力蓝皮书

### 中国省域经济综合竞争力发展报告（2017 ~ 2018）

李建平　李闽榕　高燕京 / 主编　2018 年 5 月出版　估价：198.00 元

◆　本书融多学科的理论为一体，深入追踪研究了省域经济发展与中国国家竞争力的内在关系，为提升中国省域经济综合竞争力提供有价值的决策依据。

## 金融蓝皮书

### 中国金融发展报告（2018）

王国刚 / 主编　2018 年 2 月出版　估价：99.00 元

◆　本书由中国社会科学院金融研究所组织编写，概括和分析了 2017 年中国金融发展和运行中的各方面情况，研讨和评论了 2017 年发生的主要金融事件，有利于读者了解掌握 2017 年中国的金融状况，把握 2018 年中国金融的走势。

# 区 域 经 济 类

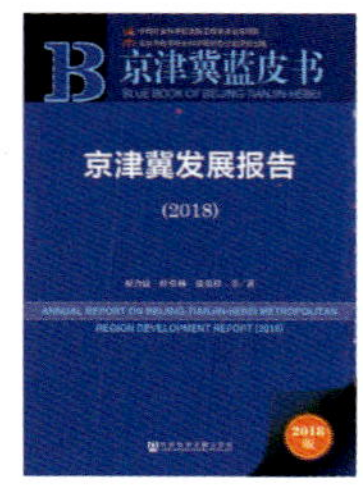

## 京津冀蓝皮书

### 京津冀发展报告（2018）

祝合良　叶堂林　张贵祥 / 等著　2018 年 6 月出版　估价：99.00 元

◆　本书遵循问题导向与目标导向相结合、统计数据分析与大数据分析相结合、纵向分析和长期监测与结构分析和综合监测相结合等原则，对京津冀协同发展新形势与新进展进行测度与评价。

# 社会政法类

## 社会蓝皮书

### 2018 年中国社会形势分析与预测

李培林　陈光金　张翼 / 主编　2017 年 12 月出版　定价：89.00 元

◆　本书由中国社会科学院社会学研究所组织研究机构专家、高校学者和政府研究人员撰写，聚焦当下社会热点，对 2017 年中国社会发展的各个方面内容进行了权威解读，同时对 2018 年社会形势发展趋势进行了预测。

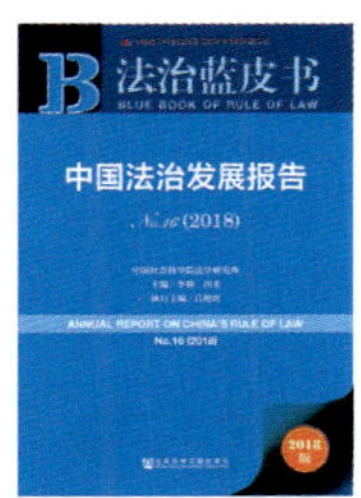


## 法治蓝皮书

### 中国法治发展报告 No.16（2018）

李林　田禾 / 主编　2018 年 3 月出版　估价：118.00 元

◆　本年度法治蓝皮书回顾总结了 2017 年度中国法治发展取得的成就和存在的不足，对中国政府、司法、检务透明度进行了跟踪调研，并对2018年中国法治发展形势进行了预测和展望。

## 教育蓝皮书

### 中国教育发展报告（2018）

杨东平 / 主编　2018 年 4 月出版　估价：99.00 元

◆　本书重点关注了 2017 年教育领域的热点，资料翔实，分析有据，既有专题研究，又有实践案例，从多角度对 2017 年教育改革和实践进行了分析和研究。

## 社会体制蓝皮书

### 中国社会体制改革报告 No.6（2018）

龚维斌 / 主编　2018 年 3 月出版　估价：99.00 元

◆　本书由国家行政学院社会治理研究中心和北京师范大学中国社会管理研究院共同组织编写，主要对 2017 年社会体制改革情况进行回顾和总结，对 2018 年的改革走向进行分析，提出相关政策建议。

## 社会心态蓝皮书

### 中国社会心态研究报告（2018）

王俊秀　杨宜音 / 主编　2018 年 12 月出版　估价：99.00 元

◆　本书是中国社会科学院社会学研究所社会心理研究中心“社会心态蓝皮书课题组”的年度研究成果，运用社会心理学、社会学、经济学、传播学等多种学科的方法进行了调查和研究，对于目前中国社会心态状况有较广泛和深入的揭示。

## 华侨华人蓝皮书

### 华侨华人研究报告（2018）

贾益民 / 主编　2018 年 1 月出版　估价：139.00 元

◆　本书关注华侨华人生产与生活的方方面面。华侨华人是中国建设 21 世纪海上丝绸之路的重要中介者、推动者和参与者。本书旨在全面调研华侨华人，提供最新涉侨动态、理论研究成果和政策建议。

## 民族发展蓝皮书

### 中国民族发展报告（2018）

王延中 / 主编　2018 年 10 月出版　估价：188.00 元

◆　本书从民族学人类学视角，研究近年来少数民族和民族地区的发展情况，展示民族地区经济、政治、文化、社会和生态文明“五位一体”建设取得的辉煌成就和面临的困难挑战，为深刻理解中央民族工作会议精神、加快民族地区全面建成小康社会进程提供了实证材料。

# 产 业 经 济 类

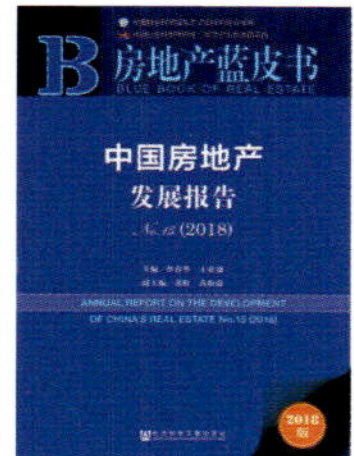

## 房地产蓝皮书

**中国房地产发展报告 No.15（2018）**

李春华　王业强 / 主编　2018 年 5 月出版　估价：99.00 元

◆　2018 年《房地产蓝皮书》持续追踪中国房地产市场最新动态，深度剖析市场热点，展望 2018 年发展趋势，积极谋划应对策略。对 2017 年房地产市场的发展态势进行全面、综合的分析。

## 新能源汽车蓝皮书

**中国新能源汽车产业发展报告（2018）**

中国汽车技术研究中心　日产（中国）投资有限公司
东风汽车有限公司 / 编著　2018 年 8 月出版　估价：99.00 元

◆　本书对中国 2017 年新能源汽车产业发展进行了全面系统的分析，并介绍了国外的发展经验。有助于相关机构、行业和社会公众等了解中国新能源汽车产业发展的最新动态，为政府部门出台新能源汽车产业相关政策法规、企业制定相关战略规划，提供必要的借鉴和参考。

# 行 业 及 其 他 类

## 旅游绿皮书

**2017 ~ 2018 年中国旅游发展分析与预测**

中国社会科学院旅游研究中心 / 编　2018 年 2 月出版　估价：99.00 元

◆　本书从政策、产业、市场、社会等多个角度勾画出 2017 年中国旅游发展全貌，剖析了其中的热点和核心问题，并就未来发展作出预测。

## 民营医院蓝皮书

### 中国民营医院发展报告（2018）

薛晓林 / 主编　2018 年 1 月出版　估价：99.00 元

◆　本书在梳理国家对社会办医的各种利好政策的前提下，对我国民营医疗发展现状、我国民营医院竞争力进行了分析，并结合我国医疗体制改革对民营医院的发展趋势、发展策略、战略规划等方面进行了预估。

## 会展蓝皮书

### 中外会展业动态评估研究报告（2018）

张敏 / 主编　2018 年 12 月出版　估价：99.00 元

◆　本书回顾了 2017 年的会展业发展动态，结合“供给侧改革”、“互联网 +”、“绿色经济”的新形势分析了我国展会的行业现状，并介绍了国外的发展经验，有助于行业和社会了解最新的展会业动态。

## 中国上市公司蓝皮书

### 中国上市公司发展报告（2018）

张平　王宏淼 / 主编　2018 年 9 月出版　估价：99.00 元

◆　本书由中国社会科学院上市公司研究中心组织编写的，着力于全面、真实、客观反映当前中国上市公司财务状况和价值评估的综合性年度报告。本书详尽分析了 2017 年中国上市公司情况，特别是现实中暴露出的制度性、基础性问题，并对资本市场改革进行了探讨。

## 工业和信息化蓝皮书

### 人工智能发展报告（2017 ~ 2018）

尹丽波 / 主编　2018 年 6 月出版　估价：99.00 元

◆　本书国家工业信息安全发展研究中心在对 2017 年全球人工智能技术和产业进行全面跟踪研究基础上形成的研究报告。该报告内容翔实、视角独特，具有较强的产业发展前瞻性和预测性，可为相关主管部门、行业协会、企业等全面了解人工智能发展形势以及进行科学决策提供参考。

# 国际问题与全球治理类

## 世界经济黄皮书

2018 年世界经济形势分析与预测

张宇燕 / 主编　2018 年 1 月出版　估价：99.00 元

◆　本书由中国社会科学院世界经济与政治研究所的研究团队撰写，分总论、国别与地区、专题、热点、世界经济统计与预测等五个部分，对 2018 年世界经济形势进行了分析。

## 国际城市蓝皮书

国际城市发展报告（2018）

屠启宇 / 主编　2018 年 2 月出版　估价：99.00 元

◆　本书作者以上海社会科学院从事国际城市研究的学者团队为核心，汇集同济大学、华东师范大学、复旦大学、上海交通大学、南京大学、浙江大学相关城市研究专业学者。立足动态跟踪介绍国际城市发展时间中，最新出现的重大战略、重大理念、重大项目、重大报告和最佳案例。

## 非洲黄皮书

非洲发展报告 No.20（2017 ~ 2018）

张宏明 / 主编　2018 年 7 月出版　估价：99.00 元

◆　本书是由中国社会科学院西亚非洲研究所组织编撰的非洲形势年度报告，比较全面、系统地分析了 2017 年非洲政治形势和热点问题，探讨了非洲经济形势和市场走向，剖析了大国对非洲关系的新动向；此外，还介绍了国内非洲研究的新成果。

# 国别类

## 美国蓝皮书

美国研究报告（2018）

郑秉文　黄平 / 主编　2018 年 5 月出版　估价：99.00 元

◆　本书是由中国社会科学院美国研究所主持完成的研究成果，它回顾了美国 2017 年的经济、政治形势与外交战略，对美国内政外交发生的重大事件及重要政策进行了较为全面的回顾和梳理。

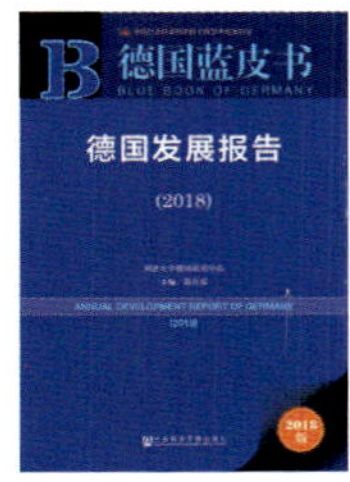


## 德国蓝皮书

德国发展报告（2018）

郑春荣 / 主编　2018 年 6 月出版　估价：99.00 元

◆　本报告由同济大学德国研究所组织编撰，由该领域的专家学者对德国的政治、经济、社会文化、外交等方面的形势发展情况，进行全面的阐述与分析。

## 俄罗斯黄皮书

俄罗斯发展报告（2018）

李永全 / 编著　2018 年 6 月出版　估价：99.00 元

◆　本书系统介绍了 2017 年俄罗斯经济政治情况，并对 2016 年该地区发生的焦点、热点问题进行了分析与回顾；在此基础上，对该地区 2018 年的发展前景进行了预测。

# 文化传媒类

## 新媒体蓝皮书

### 中国新媒体发展报告 No.9（2018）

唐绪军 / 主编　2018 年 6 月出版　估价：99.00 元

◆　本书是由中国社会科学院新闻与传播研究所组织编写的关于新媒体发展的最新年度报告，旨在全面分析中国新媒体的发展现状，解读新媒体的发展趋势，探析新媒体的深刻影响。

## 移动互联网蓝皮书

### 中国移动互联网发展报告（2018）

余清楚 / 主编　2018 年 6 月出版　估价：99.00 元

◆　本书着眼于对 2017 年度中国移动互联网的发展情况做深入解析，对未来发展趋势进行预测，力求从不同视角、不同层面全面剖析中国移动互联网发展的现状、年度突破及热点趋势等。

## 文化蓝皮书

### 中国文化消费需求景气评价报告（2018）

王亚南 / 主编　2018 年 2 月出版　估价：99.00 元

◆　本书首创全国文化发展量化检测评价体系，也是至今全国唯一的文化民生量化检测评价体系，对于检验全国及各地 " 以人民为中心 " 的文化发展具有首创意义。

# 地方发展类

## 北京蓝皮书

### 北京经济发展报告（2017 ~ 2018）

杨松 / 主编　2018 年 6 月出版　估价：99.00 元

◆　本书对 2017 年北京市经济发展的整体形势进行了系统性的分析与回顾，并对 2018 年经济形势走势进行了预测与研判，聚焦北京市经济社会发展中的全局性、战略性和关键领域的重点问题，运用定量和定性分析相结合的方法，对北京市经济社会发展的现状、问题、成因进行了深入分析，提出了可操作性的对策建议。

## 温州蓝皮书

### 2018 年温州经济社会形势分析与预测

蒋儒标　王春光　金浩 / 主编　2018 年 4 月出版　估价：99.00 元

◆　本书是中共温州市委党校和中国社会科学院社会学研究所合作推出的第十一本温州蓝皮书，由来自党校、政府部门、科研机构、高校的专家、学者共同撰写的 2017 年温州区域发展形势的最新研究成果。

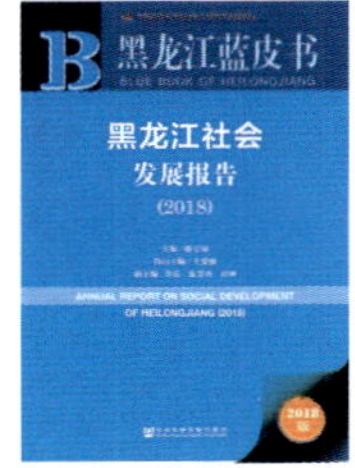

## 黑龙江蓝皮书

### 黑龙江社会发展报告（2018）

王爱丽 / 主编　2018 年 6 月出版　估价：99.00 元

◆　本书以千份随机抽样问卷调查和专题研究为依据，运用社会学理论框架和分析方法，从专家和学者的独特视角，对 2017 年黑龙江省关系民生的问题进行广泛的调研与分析，并对 2017 年黑龙江省诸多社会热点和焦点问题进行了有益的探索。这些研究不仅可以为政府部门更加全面深入了解省情、科学制定决策提供智力支持，同时也可以为广大读者认识、了解、关注黑龙江社会发展提供理性思考。

# 宏观经济类

**城市蓝皮书**
**中国城市发展报告（No.11）**
著(编)者：潘家华 单菁菁
2018年9月出版 / 估价：99.00元
PSN B-2007-091-1/1

**城乡一体化蓝皮书**
**中国城乡一体化发展报告（2018）**
著(编)者：付崇兰
2018年9月出版 / 估价：99.00元
PSN B-2011-226-1/2

**城镇化蓝皮书**
**中国新型城镇化健康发展报告（2018）**
著(编)者：张占斌
2018年8月出版 / 估价：99.00元
PSN B-2014-396-1/1

**创新蓝皮书**
**创新型国家建设报告（2018～2019）**
著(编)者：詹正茂
2018年12月出版 / 估价：99.00元
PSN B-2009-140-1/1

**低碳发展蓝皮书**
**中国低碳发展报告（2018）**
著(编)者：张希良 齐晔
2018年6月出版 / 估价：99.00元
PSN B-2011-223-1/1

**低碳经济蓝皮书**
**中国低碳经济发展报告（2018）**
著(编)者：薛进军 赵忠秀
2018年11月出版 / 估价：99.00元
PSN B-2011-194-1/1

**发展和改革蓝皮书**
**中国经济发展和体制改革报告No.9**
著(编)者：邹东涛 王再文
2018年1月出版 / 估价：99.00元
PSN B-2008-122-1/1

**国家创新蓝皮书**
**中国创新发展报告（2017）**
著(编)者：陈劲 2018年3月出版 / 估价：99.00元
PSN B-2014-370-1/1

**金融蓝皮书**
**中国金融发展报告（2018）**
著(编)者：王国刚
2018年2月出版 / 估价：99.00元
PSN B-2004-031-1/7

**经济蓝皮书**
**2018年中国经济形势分析与预测**
著(编)者：李平 2017年12月出版 / 定价：89.00元
PSN B-1996-001-1/1

**经济蓝皮书春季号**
**2018年中国经济前景分析**
著(编)者：李扬 2018年5月出版 / 估价：99.00元
PSN B-1999-008-1/1

**经济蓝皮书夏季号**
**中国经济增长报告（2017～2018）**
著(编)者：李扬 2018年9月出版 / 估价：99.00元
PSN B-2010-176-1/1

**经济信息绿皮书**
**中国与世界经济发展报告（2018）**
著(编)者：杜平
2017年12月出版 / 估价：99.00元
PSN G-2003-023-1/1

**农村绿皮书**
**中国农村经济形势分析与预测（2017～2018）**
著(编)者：魏后凯 黄秉信
2018年4月出版 / 估价：99.00元
PSN G-1998-003-1/1

**人口与劳动绿皮书**
**中国人口与劳动问题报告No.19**
著(编)者：张车伟 2018年11月出版 / 估价：99.00元
PSN G-2000-012-1/1

**新型城镇化蓝皮书**
**新型城镇化发展报告（2017）**
著(编)者：李伟 宋敏 沈体雁
2018年3月出版 / 估价：99.00元
PSN B-2005-038-1/1

**中国省域竞争力蓝皮书**
**中国省域经济综合竞争力发展报告（2016～2017）**
著(编)者：李建平 李闽榕 高燕京
2018年2月出版 / 估价：198.00元
PSN B-2007-088-1/1

**中小城市绿皮书**
**中国中小城市发展报告（2018）**
著(编)者：中国城市经济学会中小城市经济发展委员会
中国城镇化促进会中小城市发展委员会
《中国中小城市发展报告》编纂委员会
中小城市发展战略研究院
2018年11月出版 / 估价：128.00元
PSN G-2010-161-1/1

# 区域经济类

**东北蓝皮书**
中国东北地区发展报告（2018）
著(编)者：姜晓秋　2018年11月出版 / 估价：99.00元
PSN B-2006-067-1/1

**金融蓝皮书**
中国金融中心发展报告（2017~2018）
著(编)者：王力 黄育华　2018年11月出版 / 估价：99.00元
PSN B-2011-186-6/7

**京津冀蓝皮书**
京津冀发展报告（2018）
著(编)者：祝合良 叶堂林 张贵祥
2018年6月出版 / 估价：99.00元
PSN B-2012-262-1/1

**西北蓝皮书**
中国西北发展报告（2018）
著(编)者：任宗哲 白宽犁 王建康
2018年4月出版 / 估价：99.00元
PSN B-2012-261-1/1

**西部蓝皮书**
中国西部发展报告（2018）
著(编)者：璋勇 任保平　2018年8月出版 / 估价：99.00元
PSN B-2005-039-1/1

**长江经济带产业蓝皮书**
长江经济带产业发展报告（2018）
著(编)者：吴传清　2018年11月出版 / 估价：128.00元
PSN B-2017-666-1/1

**长江经济带蓝皮书**
长江经济带发展报告（2017~2018）
著(编)者：王振　2018年11月出版 / 估价：99.00元
PSN B-2016-575-1/1

**长江中游城市群蓝皮书**
长江中游城市群新型城镇化与产业协同发展报告（2018）
著(编)者：杨刚强　2018年11月出版 / 估价：99.00元
PSN B-2016-578-1/1

**长三角蓝皮书**
2017年创新融合发展的长三角
著(编)者：刘飞跃　2018年3月出版 / 估价：99.00元
PSN B-2005-038-1/1

**长株潭城市群蓝皮书**
长株潭城市群发展报告（2017）
著(编)者：张萍 朱有志　2018年1月出版 / 估价：99.00元
PSN B-2008-109-1/1

**中部竞争力蓝皮书**
中国中部经济社会竞争力报告（2018）
著(编)者：教育部人文社会科学重点研究基地南昌大学中国中部经济社会发展研究中心
2018年12月出版 / 估价：99.00元
PSN B-2012-276-1/1

**中部蓝皮书**
中国中部地区发展报告（2018）
著(编)者：宋亚平　2018年12月出版 / 估价：99.00元
PSN B-2007-089-1/1

**区域蓝皮书**
中国区域经济发展报告（2017~2018）
著(编)者：赵弘　2018年5月出版 / 估价：99.00元
PSN B-2004-034-1/1

**中三角蓝皮书**
长江中游城市群发展报告（2018）
著(编)者：秦尊文　2018年9月出版 / 估价：99.00元
PSN B-2014-417-1/1

**中原蓝皮书**
中原经济区发展报告（2018）
著(编)者：李英杰　2018年6月出版 / 估价：99.00元
PSN B-2011-192-1/1

**珠三角流通蓝皮书**
珠三角商圈发展研究报告（2018）
著(编)者：王先庆 林至颖　2018年7月出版 / 估价：99.00元
PSN B-2012-292-1/1

# 社会政法类

**北京蓝皮书**
中国社区发展报告（2017~2018）
著(编)者：于燕燕　2018年9月出版 / 估价：99.00元
PSN B-2007-083-5/8

**殡葬绿皮书**
中国殡葬事业发展报告（2017~2018）
著(编)者：李伯森　2018年4月出版 / 估价：158.00元
PSN G-2010-180-1/1

**城市管理蓝皮书**
中国城市管理报告（2017-2018）
著(编)者：刘林 刘承水　2018年5月出版 / 估价：158.00元
PSN B-2013-336-1/1

**城市生活质量蓝皮书**
中国城市生活质量报告（2017）
著(编)者：张连城 张平 杨春学 郎丽华
2018年2月出版 / 估价：99.00元
PSN B-2013-326-1/1

**城市政府能力蓝皮书**
中国城市政府公共服务能力评估报告（2018）
著(编)者：何艳玲　2018年4月出版 / 估价：99.00元
PSN B-2013-338-1/1

**创业蓝皮书**
中国创业发展研究报告（2017~2018）
著(编)者：黄群慧 赵卫星 钟宏武
2018年11月出版 / 估价：99.00元
PSN B-2016-577-1/1

**慈善蓝皮书**
中国慈善发展报告（2018）
著(编)者：杨团　2018年6月出版 / 估价：99.00元
PSN B-2009-142-1/1

**党建蓝皮书**
党的建设研究报告No.2（2018）
著(编)者：崔建民 陈东平　2018年1月出版 / 估价：99.00元
PSN B-2016-523-1/1

**地方法治蓝皮书**
中国地方法治发展报告No.3（2018）
著(编)者：李林 田禾　2018年3月出版 / 估价：118.00元
PSN B-2015-442-1/1

**电子政务蓝皮书**
中国电子政务发展报告（2018）
著(编)者：李季　2018年8月出版 / 估价：99.00元
PSN B-2003-022-1/1

**法治蓝皮书**
中国法治发展报告No.16（2018）
著(编)者：吕艳滨　2018年3月出版 / 估价：118.00元
PSN B-2004-027-1/3

**法治蓝皮书**
中国法院信息化发展报告 No.2（2018）
著(编)者：李林 田禾　2018年2月出版 / 估价：108.00元
PSN B-2017-604-3/3

**法治政府蓝皮书**
中国法治政府发展报告（2018）
著(编)者：中国政法大学法治政府研究院
2018年4月出版 / 估价：99.00元
PSN B-2015-502-1/2

**法治政府蓝皮书**
中国法治政府评估报告（2018）
著(编)者：中国政法大学法治政府研究院
2018年9月出版 / 估价：168.00元
PSN B-2016-576-2/2

**反腐倡廉蓝皮书**
中国反腐倡廉建设报告 No.8
著(编)者：张英伟　2018年12月出版 / 估价：99.00元
PSN B-2012-259-1/1

**扶贫蓝皮书**
中国扶贫开发报告（2018）
著(编)者：李培林 魏后凯　2018年12月出版 / 估价：128.00元
PSN B-2016-599-1/1

**妇女发展蓝皮书**
中国妇女发展报告 No.6
著(编)者：王金玲　2018年9月出版 / 估价：158.00元
PSN B-2006-069-1/1

**妇女教育蓝皮书**
中国妇女教育发展报告 No.3
著(编)者：张李玺　2018年10月出版 / 估价：99.00元
PSN B-2008-121-1/1

**妇女绿皮书**
2018年：中国性别平等与妇女发展报告
著(编)者：谭琳　2018年12月出版 / 估价：99.00元
PSN G-2006-073-1/1

**公共安全蓝皮书**
中国城市公共安全发展报告（2017~2018）
著(编)者：黄育华 杨文明 赵建辉
2018年6月出版 / 估价：99.00元
PSN B-2017-628-1/1

**公共服务蓝皮书**
中国城市基本公共服务力评价（2018）
著(编)者：钟君 刘志昌 吴正杲
2018年12月出版 / 估价：99.00元
PSN B-2011-214-1/1

**公民科学素质蓝皮书**
中国公民科学素质报告（2017~2018）
著(编)者：李群 陈雄 马宗文
2018年1月出版 / 估价：99.00元
PSN B-2014-379-1/1

**公益蓝皮书**
中国公益慈善发展报告（2016）
著(编)者：朱健刚 胡小军　2018年2月出版 / 估价：99.00元
PSN B-2012-283-1/1

**国际人才蓝皮书**
中国国际移民报告（2018）
著(编)者：王辉耀　2018年2月出版 / 估价：99.00元
PSN B-2012-304-3/4

**国际人才蓝皮书**
中国留学发展报告（2018）No.7
著(编)者：王辉耀 苗绿　2018年12月出版 / 估价：99.00元
PSN B-2012-244-2/4

**海洋社会蓝皮书**
中国海洋社会发展报告（2017）
著(编)者：崔凤 宋宁而　2018年3月出版 / 估价：99.00元
PSN B-2015-478-1/1

**行政改革蓝皮书**
中国行政体制改革报告No.7（2018）
著(编)者：魏礼群　2018年6月出版 / 估价：99.00元
PSN B-2011-231-1/1

**华侨华人蓝皮书**
华侨华人研究报告（2017）
著(编)者：贾益民　2018年1月出版 / 估价：139.00元
PSN B-2011-204-1/1

**环境竞争力绿皮书**
中国省域环境竞争力发展报告（2018）
著(编)者：李建平 李闽榕 王金南
2018年11月出版 / 估价：198.00元
PSN G-2010-165-1/1

**环境绿皮书**
中国环境发展报告（2017～2018）
著(编)者：李波 2018年4月出版 / 估价：99.00元
PSN G-2006-048-1/1

**家庭蓝皮书**
中国“创建幸福家庭活动”评估报告（2018）
著(编)者：国务院发展研究中心“创建幸福家庭活动评估”课题组
2018年12月出版 / 估价：99.00元
PSN B-2015-508-1/1

**健康城市蓝皮书**
中国健康城市建设研究报告（2018）
著(编)者：王鸿春 盛继洪 2018年12月出版 / 估价：99.00元
PSN B-2016-564-2/2

**健康中国蓝皮书**
社区首诊与健康中国分析报告（2018）
著(编)者：高和荣 杨叔禹 姜杰
2018年4月出版 / 估价：99.00元
PSN B-2017-611-1/1

**教师蓝皮书**
中国中小学教师发展报告（2017）
著(编)者：曾晓东 鱼霞 2018年6月出版 / 估价：99.00元
PSN B-2012-289-1/1

**教育扶贫蓝皮书**
中国教育扶贫报告（2018）
著(编)者：司树杰 王文静 李兴洲
2018年12月出版 / 估价：99.00元
PSN B-2016-590-1/1

**教育蓝皮书**
中国教育发展报告（2018）
著(编)者：杨东平 2018年4月出版 / 估价：99.00元
PSN B-2006-047-1/1

**金融法治建设蓝皮书**
中国金融法治建设年度报告（2015～2016）
著(编)者：朱小黄 2018年6月出版 / 估价：99.00元
PSN B-2017-633-1/1

**京津冀教育蓝皮书**
京津冀教育发展研究报告（2017～2018）
著(编)者：方中雄 2018年4月出版 / 估价：99.00元
PSN B-2017-608-1/1

**就业蓝皮书**
2018年中国本科生就业报告
著(编)者：麦可思研究院 2018年6月出版 / 估价：99.00元
PSN B-2009-146-1/2

**就业蓝皮书**
2018年中国高职高专生就业报告
著(编)者：麦可思研究院 2018年6月出版 / 估价：99.00元
PSN B-2015-472-2/2

**科学教育蓝皮书**
中国科学教育发展报告（2018）
著(编)者：王康友 2018年10月出版 / 估价：99.00元
PSN B-2015-487-1/1

**劳动保障蓝皮书**
中国劳动保障发展报告（2018）
著(编)者：刘燕斌 2018年9月出版 / 估价：158.00元
PSN B-2014-415-1/1

**老龄蓝皮书**
中国老年宜居环境发展报告（2017）
著(编)者：党俊武 周燕珉 2018年1月出版 / 估价：99.00元
PSN B-2013-320-1/1

**连片特困区蓝皮书**
中国连片特困区发展报告（2017～2018）
著(编)者：游俊 冷志明 丁建军
2018年4月出版 / 估价：99.00元
PSN B-2013-321-1/1

**流动儿童蓝皮书**
中国流动儿童教育发展报告（2017）
著(编)者：杨东平 2018年1月出版 / 估价：99.00元
PSN B-2017-600-1/1

**民调蓝皮书**
中国民生调查报告（2018）
著(编)者：谢耘耕 2018年12月出版 / 估价：99.00元
PSN B-2014-398-1/1

**民族发展蓝皮书**
中国民族发展报告（2018）
著(编)者：王延中 2018年10月出版 / 估价：188.00元
PSN B-2006-070-1/1

**女性生活蓝皮书**
中国女性生活状况报告No.12（2018）
著(编)者：韩湘景 2018年7月出版 / 估价：99.00元
PSN B-2006-071-1/1

**汽车社会蓝皮书**
中国汽车社会发展报告（2017～2018）
著(编)者：王俊秀 2018年1月出版 / 估价：99.00元
PSN B-2011-224-1/1

**青年蓝皮书**
中国青年发展报告（2018）No.3
著(编)者：廉思 2018年4月出版 / 估价：99.00元
PSN B-2013-333-1/1

**青少年蓝皮书**
中国未成年人互联网运用报告（2017～2018）
著(编)者：季为民 李文革 沈杰
2018年11月出版 / 估价：99.00元
PSN B-2010-156-1/1

**人权蓝皮书**
中国人权事业发展报告No.8（2018）
著(编)者：李君如　　2018年9月出版 / 估价：99.00元
PSN B-2011-215-1/1

**社会保障绿皮书**
中国社会保障发展报告No.9（2018）
著(编)者：王延中　　2018年1月出版 / 估价：99.00元
PSN G-2001-014-1/1

**社会风险评估蓝皮书**
风险评估与危机预警报告（2017～2018）
著(编)者：唐钧　　2018年8月出版 / 估价：99.00元
PSN B-2012-293-1/1

**社会工作蓝皮书**
中国社会工作发展报告（2016~2017）
著(编)者：民政部社会工作研究中心
2018年8月出版 / 估价：99.00元
PSN B-2009-141-1/1

**社会管理蓝皮书**
中国社会管理创新报告No.6
著(编)者：连玉明　　2018年11月出版 / 估价：99.00元
PSN B-2012-300-1/1

**社会蓝皮书**
2018年中国社会形势分析与预测
著(编)者：李培林 陈光金 张翼
2017年12月出版 / 定价：89.00元
PSN B-1998-002-1/1

**社会体制蓝皮书**
中国社会体制改革报告No.6（2018）
著(编)者：龚维斌　　2018年3月出版 / 估价：99.00元
PSN B-2013-330-1/1

**社会心态蓝皮书**
中国社会心态研究报告（2018）
著(编)者：王俊秀　　2018年12月出版 / 估价：99.00元
PSN B-2011-199-1/1

**社会组织蓝皮书**
中国社会组织报告（2017-2018）
著(编)者：黄晓勇　　2018年1月出版 / 估价：99.00元
PSN B-2008-118-1/2

**社会组织蓝皮书**
中国社会组织评估发展报告（2018）
著(编)者：徐家良　　2018年12月出版 / 估价：99.00元
PSN B-2013-366-2/2

**生态城市绿皮书**
中国生态城市建设发展报告（2018）
著(编)者：刘举科 孙伟平 胡文臻
2018年9月出版 / 估价：158.00元
PSN G-2012-269-1/1

**生态文明绿皮书**
中国省域生态文明建设评价报告（ECI 2018）
著(编)者：严耕　　2018年12月出版 / 估价：99.00元
PSN G-2010-170-1/1

**退休生活蓝皮书**
中国城市居民退休生活质量指数报告（2017）
著(编)者：杨一帆　　2018年5月出版 / 估价：99.00元
PSN B-2017-618-1/1

**危机管理蓝皮书**
中国危机管理报告（2018）
著(编)者：文学国 范正青
2018年8月出版 / 估价：99.00元
PSN B-2010-171-1/1

**学会蓝皮书**
2018年中国学会发展报告
著(编)者：麦可思研究院
2018年12月出版 / 估价：99.00元
PSN B-2016-597-1/1

**医改蓝皮书**
中国医药卫生体制改革报告（2017～2018）
著(编)者：文学国 房志武
2018年11月出版 / 估价：99.00元
PSN B-2014-432-1/1

**应急管理蓝皮书**
中国应急管理报告（2018）
著(编)者：宋英华　　2018年9月出版 / 估价：99.00元
PSN B-2016-562-1/1

**政府绩效评估蓝皮书**
中国地方政府绩效评估报告 No.2
著(编)者：贠杰　　2018年12月出版 / 估价：99.00元
PSN B-2017-672-1/1

**政治参与蓝皮书**
中国政治参与报告（2018）
著(编)者：房宁　　2018年8月出版 / 估价：128.00元
PSN B-2011-200-1/1

**政治文化蓝皮书**
中国政治文化报告（2018）
著(编)者：邢元敏 魏大鹏 龚克
2018年8月出版 / 估价：128.00元
PSN B-2017-615-1/1

**中国传统村落蓝皮书**
中国传统村落保护现状报告（2018）
著(编)者：胡彬彬 李向军 王晓波
2018年12月出版 / 估价：99.00元
PSN B-2017-663-1/1

**中国农村妇女发展蓝皮书**
农村流动女性城市生活发展报告（2018）
著(编)者：谢丽华　　2018年12月出版 / 估价：99.00元
PSN B-2014-434-1/1

**宗教蓝皮书**
中国宗教报告（2017）
著(编)者：邱永辉　　2018年8月出版 / 估价：99.00元
PSN B-2008-117-1/1

# 产业经济类

**保健蓝皮书**
中国保健服务产业发展报告 No.2
著(编)者：中国保健协会　中共中央党校
2018年7月出版 / 估价：198.00元
PSN B-2012-272-3/3

**保健蓝皮书**
中国保健食品产业发展报告 No.2
著(编)者：中国保健协会
中国社会科学院食品药品产业发展与监管研究中心
2018年8月出版 / 估价：198.00元
PSN B-2012-271-2/3

**保健蓝皮书**
中国保健用品产业发展报告 No.2
著(编)者：中国保健协会
国务院国有资产监督管理委员会研究中心
2018年3月出版 / 估价：198.00元
PSN B-2012-270-1/3

**保险蓝皮书**
中国保险业竞争力报告（2018）
著(编)者：保监会　2018年12月出版 / 估价：99.00元
PSN B-2013-311-1/1

**冰雪蓝皮书**
中国冰上运动产业发展报告（2018）
著(编)者：孙承华 杨占武 刘戈 张鸿俊
2018年9月出版 / 估价：99.00元
PSN B-2017-648-3/3

**冰雪蓝皮书**
中国滑雪产业发展报告（2018）
著(编)者：孙承华 伍斌 魏庆华 张鸿俊
2018年9月出版 / 估价：99.00元
PSN B-2016-559-1/3

**餐饮产业蓝皮书**
中国餐饮产业发展报告（2018）
著(编)者：邢颖
2018年6月出版 / 估价：99.00元
PSN B-2009-151-1/1

**茶业蓝皮书**
中国茶产业发展报告（2018）
著(编)者：杨江帆 李闽榕
2018年10月出版 / 估价：99.00元
PSN B-2010-164-1/1

**产业安全蓝皮书**
中国文化产业安全报告（2018）
著(编)者：北京印刷学院文化产业安全研究院
2018年12月出版 / 估价：99.00元
PSN B-2014-378-12/14

**产业安全蓝皮书**
中国新媒体产业安全报告（2016～2017）
著(编)者：肖丽　2018年6月出版 / 估价：99.00元
PSN B-2015-500-14/14

**产业安全蓝皮书**
中国出版传媒产业安全报告（2017～2018）
著(编)者：北京印刷学院文化产业安全研究院
2018年3月出版 / 估价：99.00元
PSN B-2014-384-13/14

**产业蓝皮书**
中国产业竞争力报告（2018）No.8
著(编)者：张其仔　2018年12月出版 / 估价：168.00元
PSN B-2010-175-1/1

**动力电池蓝皮书**
中国新能源汽车动力电池产业发展报告（2018）
著(编)者：中国汽车技术研究中心
2018年8月出版 / 估价：99.00元
PSN B-2017-639-1/1

**杜仲产业绿皮书**
中国杜仲橡胶资源与产业发展报告（2017～2018）
著(编)者：杜红岩 胡文臻 俞锐
2018年1月出版 / 估价：99.00元
PSN G-2013-350-1/1

**房地产蓝皮书**
中国房地产发展报告No.15（2018）
著(编)者：李春华 王业强
2018年5月出版 / 估价：99.00元
PSN B-2004-028-1/1

**服务外包蓝皮书**
中国服务外包产业发展报告（2017～2018）
著(编)者：王晓红 刘德军
2018年6月出版 / 估价：99.00元
PSN B-2013-331-2/2

**服务外包蓝皮书**
中国服务外包竞争力报告（2017～2018）
著(编)者：刘春生 王力 黄育华
2018年12月出版 / 估价：99.00元
PSN B-2011-216-1/2

**工业和信息化蓝皮书**
世界信息技术产业发展报告（2017～2018）
著(编)者：尹丽波　2018年6月出版 / 估价：99.00元
PSN B-2015-449-2/6

**工业和信息化蓝皮书**
战略性新兴产业发展报告（2017～2018）
著(编)者：尹丽波　2018年6月出版 / 估价：99.00元
PSN B-2015-450-3/6

**客车蓝皮书**
中国客车产业发展报告（2017～2018）
著(编)者：姚蔚　　2018年10月出版 / 估价：99.00元
PSN B-2013-361-1/1

**流通蓝皮书**
中国商业发展报告（2018～2019）
著(编)者：王雪峰 林诗慧
2018年7月出版 / 估价：99.00元
PSN B-2009-152-1/2

**能源蓝皮书**
中国能源发展报告（2018）
著(编)者：崔民选 王军生 陈义和
2018年12月出版 / 估价：99.00元
PSN B-2006-049-1/1

**农产品流通蓝皮书**
中国农产品流通产业发展报告（2017）
著(编)者：贾敬敦 张东科 张玉玺 张鹏毅 周伟
2018年1月出版 / 估价：99.00元
PSN B-2012-288-1/1

**汽车工业蓝皮书**
中国汽车工业发展年度报告（2018）
著(编)者：中国汽车工业协会
中国汽车技术研究中心
丰田汽车公司
2018年5月出版 / 估价：168.00元
PSN B-2015-463-1/2

**汽车工业蓝皮书**
中国汽车零部件产业发展报告（2017～2018）
著(编)者：中国汽车工业协会
中国汽车工程研究院深圳市沃特玛电池有限公司
2018年9月出版 / 估价：99.00元
PSN B-2016-515-2/2

**汽车蓝皮书**
中国汽车产业发展报告（2018）
著(编)者：中国汽车工程学会
大众汽车集团（中国）
2018年11月出版 / 估价：99.00元
PSN B-2008-124-1/1

**世界茶业蓝皮书**
世界茶业发展报告（2018）
著(编)者：李闽榕 冯廷佺
2018年5月出版 / 估价：168.00元
PSN B-2017-619-1/1

**世界能源蓝皮书**
世界能源发展报告（2018）
著(编)者：黄晓勇　　2018年6月出版 / 估价：168.00元
PSN B-2013-349-1/1

**体育蓝皮书**
国家体育产业基地发展报告（2016～2017）
著(编)者：李颖川　　2018年4月出版 / 估价：168.00元
PSN B-2017-609-5/5

**体育蓝皮书**
中国体育产业发展报告（2018）
著(编)者：阮伟 钟秉枢
2018年12月出版 / 估价：99.00元
PSN B-2010-179-1/5

**文化金融蓝皮书**
中国文化金融发展报告（2018）
著(编)者：杨涛 金巍
2018年5月出版 / 估价：99.00元
PSN B-2017-610-1/1

**新能源汽车蓝皮书**
中国新能源汽车产业发展报告（2018）
著(编)者：中国汽车技术研究中心
日产（中国）投资有限公司
东风汽车有限公司
2018年8月出版 / 估价：99.00元
PSN B-2013-347-1/1

**薏仁米产业蓝皮书**
中国薏仁米产业发展报告No.2（2018）
著(编)者：李发耀 石明　秦礼康
2018年8月出版 / 估价：99.00元
PSN B-2017-645-1/1

**邮轮绿皮书**
中国邮轮产业发展报告（2018）
著(编)者：汪泓　　2018年10月出版 / 估价：99.00元
PSN G-2014-419-1/1

**智能养老蓝皮书**
中国智能养老产业发展报告（2018）
著(编)者：朱勇　　2018年10月出版 / 估价：99.00元
PSN B-2015-488-1/1

**中国节能汽车蓝皮书**
中国节能汽车发展报告（2017～2018）
著(编)者：中国汽车工程研究院股份有限公司
2018年9月出版 / 估价：99.00元
PSN B-2016-565-1/1

**中国陶瓷产业蓝皮书**
中国陶瓷产业发展报告（2018）
著(编)者：左和平 黄速建
2018年10月出版 / 估价：99.00元
PSN B-2016-573-1/1

**装备制造业蓝皮书**
中国装备制造业发展报告（2018）
著(编)者：徐东华　　2018年12月出版 / 估价：118.00元
PSN B-2015-505-1/1

# 行业及其他类

**“三农”互联网金融蓝皮书**
中国“三农”互联网金融发展报告（2018）
著(编)者：李勇坚 王弢
2018年8月出版 / 估价：99.00元
PSN B-2016-560-1/1

**SUV蓝皮书**
中国SUV市场发展报告（2017～2018）
著(编)者：靳军　　2018年9月出版 / 估价：99.00元
PSN B-2016-571-1/1

**冰雪蓝皮书**
中国冬季奥运会发展报告（2018）
著(编)者：孙承华 伍斌 魏庆华 张鸿俊
2018年9月出版 / 估价：99.00元
PSN B-2017-647-2/3

**彩票蓝皮书**
中国彩票发展报告（2018）
著(编)者：益彩基金　　2018年4月出版 / 估价：99.00元
PSN B-2015-462-1/1

**测绘地理信息蓝皮书**
测绘地理信息供给侧结构性改革研究报告（2018）
著(编)者：库热西・买合苏提
2018年12月出版 / 估价：168.00元
PSN B-2009-145-1/1

**产权市场蓝皮书**
中国产权市场发展报告（2017）
著(编)者：曹和平　　2018年5月出版 / 估价：99.00元
PSN B-2009-147-1/1

**城投蓝皮书**
中国城投行业发展报告（2018）
著(编)者：华景斌
2018年11月出版 / 估价：300.00元
PSN B-2016-514-1/1

**大数据蓝皮书**
中国大数据发展报告（No.2）
著(编)者：连玉明　　2018年5月出版 / 估价：99.00元
PSN B-2017-620-1/1

**大数据应用蓝皮书**
中国大数据应用发展报告No.2（2018）
著(编)者：陈军君　　2018年8月出版 / 估价：99.00元
PSN B-2017-644-1/1

**对外投资与风险蓝皮书**
中国对外直接投资与国家风险报告（2018）
著(编)者：中债资信评估有限责任公司
　　　　　中国社会科学院世界经济与政治研究所
2018年4月出版 / 估价：189.00元
PSN B-2017-606-1/1

**工业和信息化蓝皮书**
人工智能发展报告（2017～2018）
著(编)者：尹丽波　　2018年6月出版 / 估价：99.00元
PSN B-2015-448-1/6

**工业和信息化蓝皮书**
世界智慧城市发展报告（2017～2018）
著(编)者：尹丽波　　2018年6月出版 / 估价：99.00元
PSN B-2017-624-6/6

**工业和信息化蓝皮书**
世界网络安全发展报告（2017～2018）
著(编)者：尹丽波　　2018年6月出版 / 估价：99.00元
PSN B-2015-452-5/6

**工业和信息化蓝皮书**
世界信息化发展报告（2017～2018）
著(编)者：尹丽波　　2018年6月出版 / 估价：99.00元
PSN B-2015-451-4/6

**工业设计蓝皮书**
中国工业设计发展报告（2018）
著(编)者：王晓红 于炜 张立群　　2018年9月出版 / 估价：168.00元
PSN B-2014-420-1/1

**公共关系蓝皮书**
中国公共关系发展报告（2018）
著(编)者：柳斌杰　　2018年11月出版 / 估价：99.00元
PSN B-2016-579-1/1

**管理蓝皮书**
中国管理发展报告（2018）
著(编)者：张晓东　　2018年10月出版 / 估价：99.00元
PSN B-2014-416-1/1

**海关发展蓝皮书**
中国海关发展前沿报告（2018）
著(编)者：干春晖　　2018年6月出版 / 估价：99.00元
PSN B-2017-616-1/1

**互联网医疗蓝皮书**
中国互联网健康医疗发展报告（2018）
著(编)者：芮晓武　　2018年6月出版 / 估价：99.00元
PSN B-2016-567-1/1

**黄金市场蓝皮书**
中国商业银行黄金业务发展报告（2017～2018）
著(编)者：平安银行　　2018年3月出版 / 估价：99.00元
PSN B-2016-524-1/1

**会展蓝皮书**
中外会展业动态评估研究报告（2018）
著(编)者：张敏 任中峰 聂鑫焱 牛盼强
2018年12月出版 / 估价：99.00元
PSN B-2013-327-1/1

**基金会蓝皮书**
中国基金会发展报告（2017~2018）
著(编)者：中国基金会发展报告课题组
2018年4月出版 / 估价：99.00元
PSN B-2013-368-1/1

**基金会绿皮书**
中国基金会发展独立研究报告（2018）
著(编)者：基金会中心网　　中央民族大学基金会研究中心
2018年6月出版 / 估价：99.00元
PSN G-2011-213-1/1

**基金会透明度蓝皮书**
中国基金会透明度发展研究报告（2018）
著(编)者：基金会中心网
清华大学廉政与治理研究中心
2018年9月出版 / 估价：99.00元
PSN B-2013-339-1/1

**建筑装饰蓝皮书**
中国建筑装饰行业发展报告（2018）
著(编)者：葛道顺 刘晓一
2018年10月出版 / 估价：198.00元
PSN B-2016-553-1/1

**金融监管蓝皮书**
中国金融监管报告（2018）
著(编)者：胡滨 2018年5月出版 / 估价：99.00元
PSN B-2012-281-1/1

**金融蓝皮书**
中国互联网金融行业分析与评估（2018～2019）
著(编)者：黄国平 伍旭川 2018年12月出版 / 估价：99.00元
PSN B-2016-585-7/7

**金融科技蓝皮书**
中国金融科技发展报告（2018）
著(编)者：李扬 孙国峰 2018年10月出版 / 估价：99.00元
PSN B-2014-374-1/1

**金融信息服务蓝皮书**
中国金融信息服务发展报告（2018）
著(编)者：李平 2018年5月出版 / 估价：99.00元
PSN B-2017-621-1/1

**京津冀金融蓝皮书**
京津冀金融发展报告（2018）
著(编)者：王爱俭 王璟怡 2018年10月出版 / 估价：99.00元
PSN B-2016-527-1/1

**科普蓝皮书**
国家科普能力发展报告（2018）
著(编)者：王康友 2018年5月出版 / 估价：138.00元
PSN B-2017-632-4/4

**科普蓝皮书**
中国基层科普发展报告（2017～2018）
著(编)者：赵立新 陈玲 2018年9月出版 / 估价：99.00元
PSN B-2016-568-3/4

**科普蓝皮书**
中国科普基础设施发展报告（2017～2018）
著(编)者：任福君 2018年6月出版 / 估价：99.00元
PSN B-2010-174-1/3

**科普蓝皮书**
中国科普人才发展报告（2017～2018）
著(编)者：郑念 任嵘嵘 2018年7月出版 / 估价：99.00元
PSN B-2016-512-2/4

**科普能力蓝皮书**
中国科普能力评价报告（2018～2019）
著(编)者：李富强 李群 2018年8月出版 / 估价：99.00元
PSN B-2016-555-1/1

**临空经济蓝皮书**
中国临空经济发展报告（2018）
著(编)者：连玉明 2018年9月出版 / 估价：99.00元
PSN B-2014-421-1/1

**旅游安全蓝皮书**
中国旅游安全报告（2018）
著(编)者：郑向敏 谢朝武 2018年5月出版 / 估价：158.00元
PSN B-2012-280-1/1

**旅游绿皮书**
2017～2018年中国旅游发展分析与预测
著(编)者：宋瑞 2018年2月出版 / 估价：99.00元
PSN G-2002-018-1/1

**煤炭蓝皮书**
中国煤炭工业发展报告（2018）
著(编)者：岳福斌 2018年12月出版 / 估价：99.00元
PSN B-2008-123-1/1

**民营企业社会责任蓝皮书**
中国民营企业社会责任报告（2018）
著(编)者：中华全国工商业联合会
2018年12月出版 / 估价：99.00元
PSN B-2015-510-1/1

**民营医院蓝皮书**
中国民营医院发展报告（2017）
著(编)者：薛晓林 2018年1月出版 / 估价：99.00元
PSN B-2012-299-1/1

**闽商蓝皮书**
闽商发展报告（2018）
著(编)者：李闽榕 王日根 林琛
2018年12月出版 / 估价：99.00元
PSN B-2012-298-1/1

**农业应对气候变化蓝皮书**
中国农业气象灾害及其灾损评估报告（No.3）
著(编)者：矫梅燕 2018年1月出版 / 估价：118.00元
PSN B-2014-413-1/1

**品牌蓝皮书**
中国品牌战略发展报告（2018）
著(编)者：汪同三 2018年10月出版 / 估价：99.00元
PSN B-2016-580-1/1

**企业扶贫蓝皮书**
中国企业扶贫研究报告（2018）
著(编)者：钟宏武 2018年12月出版 / 估价：99.00元
PSN B-2016-593-1/1

**企业公益蓝皮书**
中国企业公益研究报告（2018）
著(编)者：钟宏武 汪杰 黄晓娟
2018年12月出版 / 估价：99.00元
PSN B-2015-501-1/1

**企业国际化蓝皮书**
中国企业全球化报告（2018）
著(编)者：王辉耀 苗绿 2018年11月出版 / 估价：99.00元
PSN B-2014-427-1/1

**企业蓝皮书**
中国企业绿色发展报告No.2（2018）
著(编)者：李红玉 朱光辉
2018年8月出版 / 估价：99.00元
PSN B-2015-481-2/2

**企业社会责任蓝皮书**
中资企业海外社会责任研究报告（2017~2018）
著(编)者：钟宏武 叶柳红 张蒽
2018年1月出版 / 估价：99.00元
PSN B-2017-603-2/2

**企业社会责任蓝皮书**
中国企业社会责任研究报告（2018）
著(编)者：黄群慧 钟宏武 张蒽 汪杰
2018年11月出版 / 估价：99.00元
PSN B-2009-149-1/2

**汽车安全蓝皮书**
中国汽车安全发展报告（2018）
著(编)者：中国汽车技术研究中心
2018年8月出版 / 估价：99.00元
PSN B-2014-385-1/1

**汽车电子商务蓝皮书**
中国汽车电子商务发展报告（2018）
著(编)者：中华全国工商业联合会汽车经销商商会
北方工业大学
北京易观智库网络科技有限公司
2018年10月出版 / 估价：158.00元
PSN B-2015-485-1/1

**汽车知识产权蓝皮书**
中国汽车产业知识产权发展报告（2018）
著(编)者：中国汽车工程研究院股份有限公司
中国汽车工程学会
重庆长安汽车股份有限公司
2018年12月出版 / 估价：99.00元
PSN B-2016-594-1/1

**青少年体育蓝皮书**
中国青少年体育发展报告（2017）
著(编)者：刘扶民 杨桦 2018年1月出版 / 估价：99.00元
PSN B-2015-482-1/1

**区块链蓝皮书**
中国区块链发展报告（2018）
著(编)者：李伟 2018年9月出版 / 估价：99.00元
PSN B-2017-649-1/1

**群众体育蓝皮书**
中国群众体育发展报告（2017）
著(编)者：刘国永 戴健 2018年5月出版 / 估价：99.00元
PSN B-2014-411-1/3

**群众体育蓝皮书**
中国社会体育指导员发展报告（2018）
著(编)者：刘国永 王欢 2018年4月出版 / 估价：99.00元
PSN B-2016-520-3/3

**人力资源蓝皮书**
中国人力资源发展报告（2018）
著(编)者：余兴安 2018年11月出版 / 估价：99.00元
PSN B-2012-287-1/1

**融资租赁蓝皮书**
中国融资租赁业发展报告（2017~2018）
著(编)者：李光荣 王力 2018年8月出版 / 估价：99.00元
PSN B-2015-443-1/1

**商会蓝皮书**
中国商会发展报告No.5（2017）
著(编)者：王钦敏 2018年7月出版 / 估价：99.00元
PSN B-2008-125-1/1

**商务中心区蓝皮书**
中国商务中心区发展报告No.4（2017~2018）
著(编)者：李国红 单菁菁 2018年9月出版 / 估价：99.00元
PSN B-2015-444-1/1

**设计产业蓝皮书**
中国创新设计发展报告（2018）
著(编)者：王晓红 张立群 于炜
2018年11月出版 / 估价：99.00元
PSN B-2016-581-2/2

**社会责任管理蓝皮书**
中国上市公司社会责任能力成熟度报告No.4（2018）
著(编)者：肖红军 王晓光 李伟阳
2018年12月出版 / 估价：99.00元
PSN B-2015-507-2/2

**社会责任管理蓝皮书**
中国企业公众透明度报告No.4（2017~2018）
著(编)者：黄速建 熊梦 王晓光 肖红军
2018年4月出版 / 估价：99.00元
PSN B-2015-440-1/2

**食品药品蓝皮书**
食品药品安全与监管政策研究报告（2016~2017）
著(编)者：唐民皓 2018年6月出版 / 估价：99.00元
PSN B-2009-129-1/1

**输血服务蓝皮书**
中国输血行业发展报告（2018）
著(编)者：孙俊 2018年12月出版 / 估价：99.00元
PSN B-2016-582-1/1

**水利风景区蓝皮书**
中国水利风景区发展报告（2018）
著(编)者：董建文 兰思仁
2018年10月出版 / 估价：99.00元
PSN B-2015-480-1/1

**私募市场蓝皮书**
中国私募股权市场发展报告（2017~2018）
著(编)者：曹和平 2018年12月出版 / 估价：99.00元
PSN B-2010-162-1/1

**碳排放权交易蓝皮书**
中国碳排放权交易报告（2018）
著(编)者：孙永平 2018年11月出版 / 估价：99.00元
PSN B-2017-652-1/1

**碳市场蓝皮书**
中国碳市场报告（2018）
著(编)者：定金彪 2018年11月出版 / 估价：99.00元
PSN B-2014-430-1/1

**体育蓝皮书**
中国公共体育服务发展报告（2018）
著(编)者：戴健　　2018年12月出版 / 估价：99.00元
PSN B-2013-367-2/5

**土地市场蓝皮书**
中国农村土地市场发展报告（2017~2018）
著(编)者：李光荣　　2018年3月出版 / 估价：99.00元
PSN B-2016-526-1/1

**土地整治蓝皮书**
中国土地整治发展研究报告（No.5）
著(编)者：国土资源部土地整治中心
2018年7月出版 / 估价：99.00元
PSN B-2014-401-1/1

**土地政策蓝皮书**
中国土地政策研究报告（2018）
著(编)者：高延利 李宪文　　2017年12月出版 / 估价：99.00元
PSN B-2015-506-1/1

**网络空间安全蓝皮书**
中国网络空间安全发展报告（2018）
著(编)者：惠志斌 覃庆玲
2018年11月出版 / 估价：99.00元
PSN B-2015-466-1/1

**文化志愿服务蓝皮书**
中国文化志愿服务发展报告（2018）
著(编)者：张永新 良警宇　　2018年11月出版 / 估价：128.00元
PSN B-2016-596-1/1

**西部金融蓝皮书**
中国西部金融发展报告（2017~2018）
著(编)者：李忠民　　2018年8月出版 / 估价：99.00元
PSN B-2010-160-1/1

**协会商会蓝皮书**
中国行业协会商会发展报告（2017）
著(编)者：景朝阳 李勇　　2018年4月出版 / 估价：99.00元
PSN B-2015-461-1/1

**新三板蓝皮书**
中国新三板市场发展报告（2018）
著(编)者：王力　　2018年8月出版 / 估价：99.00元
PSN B-2016-533-1/1

**信托市场蓝皮书**
中国信托业市场报告（2017~2018）
著(编)者：用益金融信托研究院
2018年1月出版 / 估价：198.00元
PSN B-2014-371-1/1

**信息化蓝皮书**
中国信息化形势分析与预测（2017~2018）
著(编)者：周宏仁　　2018年8月出版 / 估价：99.00元
PSN B-2010-168-1/1

**信用蓝皮书**
中国信用发展报告（2017~2018）
著(编)者：章政 田侃　　2018年4月出版 / 估价：99.00元
PSN B-2013-328-1/1

**休闲绿皮书**
2017~2018年中国休闲发展报告
著(编)者：宋瑞　　2018年7月出版 / 估价：99.00元
PSN G-2010-158-1/1

**休闲体育蓝皮书**
中国休闲体育发展报告（2017~2018）
著(编)者：李相如 钟秉枢
2018年10月出版 / 估价：99.00元
PSN B-2016-516-1/1

**养老金融蓝皮书**
中国养老金融发展报告（2018）
著(编)者：董克用 姚余栋
2018年9月出版 / 估价：99.00元
PSN B-2016-583-1/1

**遥感监测绿皮书**
中国可持续发展遥感监测报告（2017）
著(编)者：顾行发 汪克强 潘教峰 李闽榕 徐东华 王琦安
2018年6月出版 / 估价：298.00元
PSN B-2017-629-1/1

**药品流通蓝皮书**
中国药品流通行业发展报告（2018）
著(编)者：佘鲁林 温再兴
2018年7月出版 / 估价：198.00元
PSN B-2014-429-1/1

**医疗器械蓝皮书**
中国医疗器械行业发展报告（2018）
著(编)者：王宝亭 耿鸿武
2018年10月出版 / 估价：99.00元
PSN B-2017-661-1/1

**医院蓝皮书**
中国医院竞争力报告（2018）
著(编)者：庄一强 曾益新　　2018年3月出版 / 估价：118.00元
PSN B-2016-528-1/1

**瑜伽蓝皮书**
中国瑜伽业发展报告（2017~2018）
著(编)者：张永建 徐华锋 朱泰余
2018年6月出版 / 估价：198.00元
PSN B-2017-625-1/1

**债券市场蓝皮书**
中国债券市场发展报告（2017~2018）
著(编)者：杨农　　2018年10月出版 / 估价：99.00元
PSN B-2016-572-1/1

**志愿服务蓝皮书**
中国志愿服务发展报告（2018）
著(编)者：中国志愿服务联合会
2018年11月出版 / 估价：99.00元
PSN B-2017-664-1/1

**中国上市公司蓝皮书**
中国上市公司发展报告（2018）
著(编)者：张鹏 张平 黄胤英
2018年9月出版 / 估价：99.00元
PSN B-2014-414-1/1

**中国新三板蓝皮书**
中国新三板创新与发展报告（2018）
著(编)者：刘平安 闻召林
2018年8月出版 / 估价：158.00元
PSN B-2017-638-1/1

**中医文化蓝皮书**
北京中医药文化传播发展报告（2018）
著(编)者：毛嘉陵 2018年5月出版 / 估价：99.00元
PSN B-2015-468-1/2

**中医文化蓝皮书**
中国中医药文化传播发展报告（2018）
著(编)者：毛嘉陵 2018年7月出版 / 估价：99.00元
PSN B-2016-584-2/2

**中医药蓝皮书**
北京中医药知识产权发展报告No.2
著(编)者：汪洪 屠志涛 2018年4月出版 / 估价：168.00元
PSN B-2017-602-1/1

**资本市场蓝皮书**
中国场外交易市场发展报告（2016~2017）
著(编)者：高峦 2018年3月出版 / 估价：99.00元
PSN B-2009-153-1/1

**资产管理蓝皮书**
中国资产管理行业发展报告（2018）
著(编)者：郑智 2018年7月出版 / 估价：99.00元
PSN B-2014-407-2/2

**资产证券化蓝皮书**
中国资产证券化发展报告（2018）
著(编)者：纪志宏 2018年11月出版 / 估价：99.00元
PSN B-2017-660-1/1

**自贸区蓝皮书**
中国自贸区发展报告（2018）
著(编)者：王力 黄育华 2018年6月出版 / 估价：99.00元
PSN B-2016-558-1/1

# 国际问题与全球治理类

**“一带一路”跨境通道蓝皮书**
“一带一路”跨境通道建设研究报告（2018）
著(编)者：郭业洲 2018年8月出版 / 估价：99.00元
PSN B-2016-557-1/1

**“一带一路”蓝皮书**
“一带一路”建设发展报告（2018）
著(编)者：王晓泉 2018年6月出版 / 估价：99.00元
PSN B-2016-552-1/1

**“一带一路”投资安全蓝皮书**
中国“一带一路”投资与安全研究报告（2017~2018）
著(编)者：邹统钎 梁昊光 2018年4月出版 / 估价：99.00元
PSN B-2017-612-1/1

**“一带一路”文化交流蓝皮书**
中阿文化交流发展报告（2017）
著(编)者：王辉 2018年9月出版 / 估价：99.00元
PSN B-2017-655-1/1

**G20国家创新竞争力黄皮书**
二十国集团（G20）国家创新竞争力发展报告（2017~2018）
著(编)者：李建平 李闽榕 赵新力 周天勇
2018年7月出版 / 估价：168.00元
PSN Y-2011-229-1/1

**阿拉伯黄皮书**
阿拉伯发展报告（2016~2017）
著(编)者：罗林 2018年3月出版 / 估价：99.00元
PSN Y-2014-381-1/1

**北部湾蓝皮书**
泛北部湾合作发展报告（2017~2018）
著(编)者：吕余生 2018年12月出版 / 估价：99.00元
PSN B-2008-114-1/1

**北极蓝皮书**
北极地区发展报告（2017）
著(编)者：刘惠荣 2018年7月出版 / 估价：99.00元
PSN B-2017-634-1/1

**大洋洲蓝皮书**
大洋洲发展报告（2017~2018）
著(编)者：喻常森 2018年10月出版 / 估价：99.00元
PSN B-2013-341-1/1

**东北亚区域合作蓝皮书**
2017年“一带一路”倡议与东北亚区域合作
著(编)者：刘亚政 金美花
2018年5月出版 / 估价：99.00元
PSN B-2017-631-1/1

**东盟黄皮书**
东盟发展报告（2017）
著(编)者：杨晓强 庄国土
2018年3月出版 / 估价：99.00元
PSN Y-2012-303-1/1

**东南亚蓝皮书**
东南亚地区发展报告（2017~2018）
著(编)者：王勤 2018年12月出版 / 估价：99.00元
PSN B-2012-240-1/1

**非洲黄皮书**
非洲发展报告No.20（2017~2018）
著(编)者：张宏明 2018年7月出版 / 估价：99.00元
PSN Y-2012-239-1/1

**非传统安全蓝皮书**
中国非传统安全研究报告（2017~2018）
著(编)者：潇枫 罗中枢 2018年8月出版 / 估价：99.00元
PSN B-2012-273-1/1

**国际安全蓝皮书**
中国国际安全研究报告（2018）
著(编)者：刘慧　2018年7月出版 / 估价：99.00元
PSN B-2016-521-1/1

**国际城市蓝皮书**
国际城市发展报告（2018）
著(编)者：屠启宇　2018年2月出版 / 估价：99.00元
PSN B-2012-260-1/1

**国际形势黄皮书**
全球政治与安全报告（2018）
著(编)者：张宇燕　2018年1月出版 / 估价：99.00元
PSN Y-2001-016-1/1

**公共外交蓝皮书**
中国公共外交发展报告（2018）
著(编)者：赵启正 雷蔚真　2018年4月出版 / 估价：99.00元
PSN B-2015-457-1/1

**金砖国家黄皮书**
金砖国家综合创新竞争力发展报告（2018）
著(编)者：赵新力 李闽榕 黄茂兴
2018年8月出版 / 估价：128.00元
PSN Y-2017-643-1/1

**拉美黄皮书**
拉丁美洲和加勒比发展报告（2017～2018）
著(编)者：袁东振　2018年6月出版 / 估价：99.00元
PSN Y-1999-007-1/1

**澜湄合作蓝皮书**
澜沧江-湄公河合作发展报告（2018）
著(编)者：刘稚　2018年9月出版 / 估价：99.00元
PSN B-2011-196-1/1

**欧洲蓝皮书**
欧洲发展报告（2017～2018）
著(编)者：黄平 周弘 程卫东
2018年6月出版 / 估价：99.00元
PSN B-1999-009-1/1

**葡语国家蓝皮书**
葡语国家发展报告（2016～2017）
著(编)者：王成安 张敏 刘金兰
2018年4月出版 / 估价：99.00元
PSN B-2015-503-1/2

**葡语国家蓝皮书**
中国与葡语国家关系发展报告·巴西（2016）
著(编)者：张曙光　2018年8月出版 / 估价：99.00元
PSN B-2016-563-2/2

**气候变化绿皮书**
应对气候变化报告（2018）
著(编)者：王伟光 郑国光　2018年11月出版 / 估价：99.00元
PSN G-2009-144-1/1

**全球环境竞争力绿皮书**
全球环境竞争力报告（2018）
著(编)者：李建平 李闽榕 王金南
2018年12月出版 / 估价：198.00元
PSN G-2013-363-1/1

**全球信息社会蓝皮书**
全球信息社会发展报告（2018）
著(编)者：丁波涛 唐涛　2018年10月出版 / 估价：99.00元
PSN B-2017-665-1/1

**日本经济蓝皮书**
日本经济与中日经贸关系研究报告（2018）
著(编)者：张季风　2018年6月出版 / 估价：99.00元
PSN B-2008-102-1/1

**上海合作组织黄皮书**
上海合作组织发展报告（2018）
著(编)者：李进峰　2018年6月出版 / 估价：99.00元
PSN Y-2009-130-1/1

**世界创新竞争力黄皮书**
世界创新竞争力发展报告（2017）
著(编)者：李建平 李闽榕 赵新力
2018年1月出版 / 估价：168.00元
PSN Y-2013-318-1/1

**世界经济黄皮书**
2018年世界经济形势分析与预测
著(编)者：张宇燕　2018年1月出版 / 估价：99.00元
PSN Y-1999-006-1/1

**丝绸之路蓝皮书**
丝绸之路经济带发展报告（2018）
著(编)者：任宗哲 白宽犁 谷孟宾
2018年1月出版 / 估价：99.00元
PSN B-2014-410-1/1

**新兴经济体蓝皮书**
金砖国家发展报告（2018）
著(编)者：林跃勤 周文　2018年8月出版 / 估价：99.00元
PSN B-2011-195-1/1

**亚太蓝皮书**
亚太地区发展报告（2018）
著(编)者：李向阳　2018年5月出版 / 估价：99.00元
PSN B-2001-015-1/1

**印度洋地区蓝皮书**
印度洋地区发展报告（2018）
著(编)者：汪戎　2018年6月出版 / 估价：99.00元
PSN B-2013-334-1/1

**渝新欧蓝皮书**
渝新欧沿线国家发展报告（2018）
著(编)者：杨柏 黄森　2018年6月出版 / 估价：99.00元
PSN B-2017-626-1/1

**中阿蓝皮书**
中国-阿拉伯国家经贸发展报告（2018）
著(编)者：张廉 段庆林 王林聪 杨巧红
2018年12月出版 / 估价：99.00元
PSN B-2016-598-1/1

**中东黄皮书**
中东发展报告No.20（2017～2018）
著(编)者：杨光　2018年10月出版 / 估价：99.00元
PSN Y-1998-004-1/1

**中亚黄皮书**
中亚国家发展报告（2018）
著(编)者：孙力　2018年6月出版 / 估价：99.00元
PSN Y-2012-238-1/1

# 国别类

**澳大利亚蓝皮书**
澳大利亚发展报告（2017-2018）
著(编)者：孙有中 韩锋 2018年12月出版 / 估价：99.00元
PSN B-2016-587-1/1

**巴西黄皮书**
巴西发展报告（2017）
著(编)者：刘国枝 2018年5月出版 / 估价：99.00元
PSN Y-2017-614-1/1

**德国蓝皮书**
德国发展报告（2018）
著(编)者：郑春荣 2018年6月出版 / 估价：99.00元
PSN B-2012-278-1/1

**俄罗斯黄皮书**
俄罗斯发展报告（2018）
著(编)者：李永全 2018年6月出版 / 估价：99.00元
PSN Y-2006-061-1/1

**韩国蓝皮书**
韩国发展报告（2017）
著(编)者：牛林杰 刘宝全 2018年5月出版 / 估价：99.00元
PSN B-2010-155-1/1

**加拿大蓝皮书**
加拿大发展报告（2018）
著(编)者：唐小松 2018年9月出版 / 估价：99.00元
PSN B-2014-389-1/1

**美国蓝皮书**
美国研究报告（2018）
著(编)者：郑秉文 黄平 2018年5月出版 / 估价：99.00元
PSN B-2011-210-1/1

**缅甸蓝皮书**
缅甸国情报告（2017）
著(编)者：孔鹏 杨祥章 2018年1月出版 / 估价：99.00元
PSN B-2013-343-1/1

**日本蓝皮书**
日本研究报告（2018）
著(编)者：杨伯江 2018年6月出版 / 估价：99.00元
PSN B-2002-020-1/1

**土耳其蓝皮书**
土耳其发展报告（2018）
著(编)者：郭长刚 刘义 2018年9月出版 / 估价：99.00元
PSN B-2014-412-1/1

**伊朗蓝皮书**
伊朗发展报告（2017～2018）
著(编)者：冀开运 2018年10月 / 估价：99.00元
PSN B-2016-574-1/1

**以色列蓝皮书**
以色列发展报告（2018）
著(编)者：张倩红 2018年8月出版 / 估价：99.00元
PSN B-2015-483-1/1

**印度蓝皮书**
印度国情报告（2017）
著(编)者：吕昭义 2018年4月出版 / 估价：99.00元
PSN B-2012-241-1/1

**英国蓝皮书**
英国发展报告（2017～2018）
著(编)者：王展鹏 2018年12月出版 / 估价：99.00元
PSN B-2015-486-1/1

**越南蓝皮书**
越南国情报告（2018）
著(编)者：谢林城 2018年1月出版 / 估价：99.00元
PSN B-2006-056-1/1

**泰国蓝皮书**
泰国研究报告（2018）
著(编)者：庄国土 张禹东 刘文正
2018年10月出版 / 估价：99.00元
PSN B-2016-556-1/1

# 文化传媒类

**“三农”舆情蓝皮书**
中国“三农”网络舆情报告（2017～2018）
著(编)者：农业部信息中心
2018年6月出版 / 估价：99.00元
PSN B-2017-640-1/1

**传媒竞争力蓝皮书**
中国传媒国际竞争力研究报告（2018）
著(编)者：李本乾 刘强 王大可
2018年8月出版 / 估价：99.00元
PSN B-2013-356-1/1

**传媒蓝皮书**
中国传媒产业发展报告（2018）
著(编)者：崔保国 2018年5月出版 / 估价：99.00元
PSN B-2005-035-1/1

**传媒投资蓝皮书**
中国传媒投资发展报告（2018）
著(编)者：张向东 谭云明
2018年6月出版 / 估价：148.00元
PSN B-2015-474-1/1

**非物质文化遗产蓝皮书**
中国非物质文化遗产发展报告（2018）
著(编)者：陈平　2018年5月出版 / 估价：128.00元
PSN B-2015-469-1/2

**非物质文化遗产蓝皮书**
中国非物质文化遗产保护发展报告（2018）
著(编)者：宋俊华　2018年10月出版 / 估价：128.00元
PSN B-2016-586-2/2

**广电蓝皮书**
中国广播电影电视发展报告（2018）
著(编)者：国家新闻出版广电总局发展研究中心
2018年7月出版 / 估价：99.00元
PSN B-2006-072-1/1

**广告主蓝皮书**
中国广告主营销传播趋势报告No.9
著(编)者：黄升民 杜国清 邵华冬 等
2018年10月出版 / 估价：158.00元
PSN B-2005-041-1/1

**国际传播蓝皮书**
中国国际传播发展报告（2018）
著(编)者：胡正荣 李继东 姬德强
2018年12月出版 / 估价：99.00元
PSN B-2014-408-1/1

**国家形象蓝皮书**
中国国家形象传播报告（2017）
著(编)者：张昆　2018年3月出版 / 估价：128.00元
PSN B-2017-605-1/1

**互联网治理蓝皮书**
中国网络社会治理研究报告（2018）
著(编)者：罗昕 支庭荣
2018年9月出版 / 估价：118.00元
PSN B-2017-653-1/1

**纪录片蓝皮书**
中国纪录片发展报告（2018）
著(编)者：何苏六　2018年10月出版 / 估价：99.00元
PSN B-2011-222-1/1

**科学传播蓝皮书**
中国科学传播报告（2016~2017）
著(编)者：詹正茂　2018年6月出版 / 估价：99.00元
PSN B-2008-120-1/1

**两岸创意经济蓝皮书**
两岸创意经济研究报告（2018）
著(编)者：罗昌智 董泽平
2018年10月出版 / 估价：99.00元
PSN B-2014-437-1/1

**媒介与女性蓝皮书**
中国媒介与女性发展报告（2017~2018）
著(编)者：刘利群　2018年5月出版 / 估价：99.00元
PSN B-2013-345-1/1

**媒体融合蓝皮书**
中国媒体融合发展报告（2017）
著(编)者：梅宁华 支庭荣　2018年1月出版 / 估价：99.00元
PSN B-2015-479-1/1

**全球传媒蓝皮书**
全球传媒发展报告（2017~2018）
著(编)者：胡正荣 李继东　2018年6月出版 / 估价：99.00元
PSN B-2012-237-1/1

**少数民族非遗蓝皮书**
中国少数民族非物质文化遗产发展报告（2018）
著(编)者：肖远平（彝） 柴立（满）
2018年10月出版 / 估价：118.00元
PSN B-2015-467-1/1

**视听新媒体蓝皮书**
中国视听新媒体发展报告（2018）
著(编)者：国家新闻出版广电总局发展研究中心
2018年7月出版 / 估价：118.00元
PSN B-2011-184-1/1

**数字娱乐产业蓝皮书**
中国动画产业发展报告（2018）
著(编)者：孙立军 孙平 牛兴侦
2018年10月出版 / 估价：99.00元
PSN B-2011-198-1/2

**数字娱乐产业蓝皮书**
中国游戏产业发展报告（2018）
著(编)者：孙立军 刘跃军
2018年10月出版 / 估价：99.00元
PSN B-2017-662-2/2

**文化创新蓝皮书**
中国文化创新报告（2017·No.8）
著(编)者：傅才武　2018年4月出版 / 估价：99.00元
PSN B-2009-143-1/1

**文化建设蓝皮书**
中国文化发展报告（2018）
著(编)者：江畅 孙伟平 戴茂堂
2018年5月出版 / 估价：99.00元
PSN B-2014-392-1/1

**文化科技蓝皮书**
文化科技创新发展报告（2018）
著(编)者：于平 李凤亮　2018年10月出版 / 估价：99.00元
PSN B-2013-342-1/1

**文化蓝皮书**
中国公共文化服务发展报告（2017~2018）
著(编)者：刘新成 张永新 张旭
2018年12月出版 / 估价：99.00元
PSN B-2007-093-2/10

**文化蓝皮书**
中国少数民族文化发展报告（2017~2018）
著(编)者：武翠英 张晓明 任乌晶
2018年9月出版 / 估价：99.00元
PSN B-2013-369-9/10

**文化蓝皮书**
中国文化产业供需协调检测报告（2018）
著(编)者：王亚南　2018年2月出版 / 估价：99.00元
PSN B-2013-323-8/10

**文化蓝皮书**
中国文化消费需求景气评价报告（2018）
著(编)者：王亚南　2018年2月出版 / 估价：99.00元
PSN B-2011-236-4/10

**文化蓝皮书**
中国公共文化投入增长测评报告（2018）
著(编)者：王亚南　2018年2月出版 / 估价：99.00元
PSN B-2014-435-10/10

**文化品牌蓝皮书**
中国文化品牌发展报告（2018）
著(编)者：欧阳友权　2018年5月出版 / 估价：99.00元
PSN B-2012-277-1/1

**文化遗产蓝皮书**
中国文化遗产事业发展报告（2017～2018）
著(编)者：苏杨 张颖岚 卓杰 白海峰 陈晨 陈叙图
2018年8月出版 / 估价：99.00元
PSN B-2008-119-1/1

**文学蓝皮书**
中国文情报告（2017～2018）
著(编)者：白烨　2018年5月出版 / 估价：99.00元
PSN B-2011-221-1/1

**新媒体蓝皮书**
中国新媒体发展报告No.9（2018）
著(编)者：唐绪军　2018年7月出版 / 估价：99.00元
PSN B-2010-169-1/1

**新媒体社会责任蓝皮书**
中国新媒体社会责任研究报告（2018）
著(编)者：钟瑛　2018年12月出版 / 估价：99.00元
PSN B-2014-423-1/1

**移动互联网蓝皮书**
中国移动互联网发展报告（2018）
著(编)者：余清楚　2018年6月出版 / 估价：99.00元
PSN B-2012-282-1/1

**影视蓝皮书**
中国影视产业发展报告（2018）
著(编)者：司若 陈鹏 陈锐　2018年4月出版 / 估价：99.00元
PSN B-2016-529-1/1

**舆情蓝皮书**
中国社会舆情与危机管理报告（2018）
著(编)者：谢耘耕　2018年9月出版 / 估价：138.00元
PSN B-2011-235-1/1

# 地方发展类-经济

**澳门蓝皮书**
澳门经济社会发展报告（2017～2018）
著(编)者：吴志良 郝雨凡　2018年7月出版 / 估价：99.00元
PSN B-2009-138-1/1

**澳门绿皮书**
澳门旅游休闲发展报告（2017～2018）
著(编)者：郝雨凡 林广志　2018年5月出版 / 估价：99.00元
PSN G-2017-617-1/1

**北京蓝皮书**
北京经济发展报告（2017～2018）
著(编)者：杨松　2018年6月出版 / 估价：99.00元
PSN B-2006-054-2/8

**北京旅游绿皮书**
北京旅游发展报告（2018）
著(编)者：北京旅游学会
2018年7月出版 / 估价：99.00元
PSN G-2012-301-1/1

**北京体育蓝皮书**
北京体育产业发展报告（2017～2018）
著(编)者：钟秉枢 陈杰 杨铁黎
2018年9月出版 / 估价：99.00元
PSN B-2015-475-1/1

**滨海金融蓝皮书**
滨海新区金融发展报告（2017）
著(编)者：王爱俭 李向前　2018年4月出版 / 估价：99.00元
PSN B-2014-424-1/1

**城乡一体化蓝皮书**
北京城乡一体化发展报告（2017～2018）
著(编)者：吴宝新 张宝秀 黄序
2018年5月出版 / 估价：99.00元
PSN B-2012-258-2/2

**非公有制企业社会责任蓝皮书**
北京非公有制企业社会责任报告（2018）
著(编)者：宋贵伦 冯培　2018年6月出版 / 估价：99.00元
PSN B-2017-613-1/1

**福建旅游蓝皮书**
福建省旅游产业发展现状研究（2017~2018）
著(编)者：陈敏华 黄远水
2018年12月出版 / 估价：128.00元
PSN B-2016-591-1/1

**福建自贸区蓝皮书**
中国(福建)自由贸易试验区发展报告(2017~2018)
著(编)者：黄茂兴　2018年4月出版 / 估价：118.00元
PSN B-2016-531-1/1

**甘肃蓝皮书**
甘肃经济发展分析与预测（2018）
著(编)者：安文华 罗哲　2018年1月出版 / 估价：99.00元
PSN B-2013-312-1/6

**甘肃蓝皮书**
甘肃商贸流通发展报告（2018）
著(编)者：张应华 王福生 王晓芳
2018年1月出版 / 估价：99.00元
PSN B-2016-522-6/6

**甘肃蓝皮书**
**甘肃县域和农村发展报告（2018）**
著(编)者：朱智文 包东红 王建兵
2018年1月出版 / 估价：99.00元
PSN B-2013-316-5/6

**甘肃农业科技绿皮书**
**甘肃农业科技发展研究报告（2018）**
著(编)者：魏胜文 乔德华 张东伟
2018年12月出版 / 估价：198.00元
PSN B-2016-592-1/1

**巩义蓝皮书**
**巩义经济社会发展报告（2018）**
著(编)者：丁同民 朱军 2018年4月出版 / 估价：99.00元
PSN B-2016-532-1/1

**广东外经贸蓝皮书**
**广东对外经济贸易发展研究报告（2017～2018）**
著(编)者：陈万灵 2018年6月出版 / 估价：99.00元
PSN B-2012-286-1/1

**广西北部湾经济区蓝皮书**
**广西北部湾经济区开放开发报告（2017～2018）**
著(编)者：广西壮族自治区北部湾经济区和东盟开放合作办公室
广西社会科学院
广西北部湾发展研究院
2018年2月出版 / 估价：99.00元
PSN B-2010-181-1/1

**广州蓝皮书**
**广州城市国际化发展报告（2018）**
著(编)者：张跃国 2018年8月出版 / 估价：99.00元
PSN B-2012-246-11/14

**广州蓝皮书**
**中国广州城市建设与管理发展报告（2018）**
著(编)者：张其学 陈小钢 王宏伟 2018年8月出版 / 估价：99.00元
PSN B-2007-087-4/14

**广州蓝皮书**
**广州创新型城市发展报告（2018）**
著(编)者：尹涛 2018年6月出版 / 估价：99.00元
PSN B-2012-247-12/14

**广州蓝皮书**
**广州经济发展报告（2018）**
著(编)者：张跃国 尹涛 2018年7月出版 / 估价：99.00元
PSN B-2005-040-1/14

**广州蓝皮书**
**2018年中国广州经济形势分析与预测**
著(编)者：魏明海 谢博能 李华
2018年6月出版 / 估价：99.00元
PSN B-2011-185-9/14

**广州蓝皮书**
**中国广州科技创新发展报告（2018）**
著(编)者：于欣伟 陈爽 邓佑满 2018年8月出版 / 估价：99.00元
PSN B-2006-065-2/14

**广州蓝皮书**
**广州农村发展报告（2018）**
著(编)者：朱名宏 2018年7月出版 / 估价：99.00元
PSN B-2010-167-8/14

**广州蓝皮书**
**广州汽车产业发展报告（2018）**
著(编)者：杨再高 冯兴亚 2018年7月出版 / 估价：99.00元
PSN B-2006-066-3/14

**广州蓝皮书**
**广州商贸业发展报告（2018）**
著(编)者：张跃国 陈杰 荀振英
2018年7月出版 / 估价：99.00元
PSN B-2012-245-10/14

**贵阳蓝皮书**
**贵阳城市创新发展报告No.3（白云篇）**
著(编)者：连玉明 2018年5月出版 / 估价：99.00元
PSN B-2015-491-3/10

**贵阳蓝皮书**
**贵阳城市创新发展报告No.3（观山湖篇）**
著(编)者：连玉明 2018年5月出版 / 估价：99.00元
PSN B-2015-497-9/10

**贵阳蓝皮书**
**贵阳城市创新发展报告No.3（花溪篇）**
著(编)者：连玉明 2018年5月出版 / 估价：99.00元
PSN B-2015-490-2/10

**贵阳蓝皮书**
**贵阳城市创新发展报告No.3（开阳篇）**
著(编)者：连玉明 2018年5月出版 / 估价：99.00元
PSN B-2015-492-4/10

**贵阳蓝皮书**
**贵阳城市创新发展报告No.3（南明篇）**
著(编)者：连玉明 2018年5月出版 / 估价：99.00元
PSN B-2015-496-8/10

**贵阳蓝皮书**
**贵阳城市创新发展报告No.3（清镇篇）**
著(编)者：连玉明 2018年5月出版 / 估价：99.00元
PSN B-2015-489-1/10

**贵阳蓝皮书**
**贵阳城市创新发展报告No.3（乌当篇）**
著(编)者：连玉明 2018年5月出版 / 估价：99.00元
PSN B-2015-495-7/10

**贵阳蓝皮书**
**贵阳城市创新发展报告No.3（息烽篇）**
著(编)者：连玉明 2018年5月出版 / 估价：99.00元
PSN B-2015-493-5/10

**贵阳蓝皮书**
**贵阳城市创新发展报告No.3（修文篇）**
著(编)者：连玉明 2018年5月出版 / 估价：99.00元
PSN B-2015-494-6/10

**贵阳蓝皮书**
**贵阳城市创新发展报告No.3（云岩篇）**
著(编)者：连玉明 2018年5月出版 / 估价：99.00元
PSN B-2015-498-10/10

**贵州房地产蓝皮书**
**贵州房地产发展报告No.5（2018）**
著(编)者：武廷方 2018年7月出版 / 估价：99.00元
PSN B-2014-426-1/1

**贵州蓝皮书**
贵州册亨经济社会发展报告（2018）
著(编)者：黄德林　2018年3月出版 / 估价：99.00元
PSN B-2016-525-8/9

**贵州蓝皮书**
贵州地理标志产业发展报告（2018）
著(编)者：李发耀 黄其松　2018年8月出版 / 估价：99.00元
PSN B-2017-646-10/10

**贵州蓝皮书**
贵安新区发展报告（2017～2018）
著(编)者：马长青 吴大华　2018年6月出版 / 估价：99.00元
PSN B-2015-459-4/10

**贵州蓝皮书**
贵州国家级开放创新平台发展报告（2017～2018）
著(编)者：申晓庆 吴大华 季泓
2018年11月出版 / 估价：99.00元
PSN B-2016-518-7/10

**贵州蓝皮书**
贵州国有企业社会责任发展报告（2017～2018）
著(编)者：郭丽　2018年12月出版 / 估价：99.00元
PSN B-2015-511-6/10

**贵州蓝皮书**
贵州民航业发展报告（2017）
著(编)者：申振东 吴大华　2018年1月出版 / 估价：99.00元
PSN B-2015-471-5/10

**贵州蓝皮书**
贵州民营经济发展报告（2017）
著(编)者：杨静 吴大华　2018年3月出版 / 估价：99.00元
PSN B-2016-530-9/9

**杭州都市圈蓝皮书**
杭州都市圈发展报告（2018）
著(编)者：沈翔 戚建国　2018年5月出版 / 估价：128.00元
PSN B-2012-302-1/1

**河北经济蓝皮书**
河北省经济发展报告（2018）
著(编)者：马树强 金浩 张贵　2018年4月出版 / 估价：99.00元
PSN B-2014-380-1/1

**河北蓝皮书**
河北经济社会发展报告（2018）
著(编)者：康振海　2018年1月出版 / 估价：99.00元
PSN B-2014-372-1/3

**河北蓝皮书**
京津冀协同发展报告（2018）
著(编)者：陈璐　2018年1月出版 / 估价：99.00元
PSN B-2017-601-2/3

**河南经济蓝皮书**
2018年河南经济形势分析与预测
著(编)者：王世炎　2018年3月出版 / 估价：99.00元
PSN B-2007-086-1/1

**河南蓝皮书**
河南城市发展报告（2018）
著(编)者：张占仓 王建国　2018年5月出版 / 估价：99.00元
PSN B-2009-131-3/9

**河南蓝皮书**
河南工业发展报告（2018）
著(编)者：张占仓　2018年5月出版 / 估价：99.00元
PSN B-2013-317-5/9

**河南蓝皮书**
河南金融发展报告（2018）
著(编)者：喻新安 谷建全
2018年6月出版 / 估价：99.00元
PSN B-2014-390-7/9

**河南蓝皮书**
河南经济发展报告（2018）
著(编)者：张占仓 完世伟
2018年4月出版 / 估价：99.00元
PSN B-2010-157-4/9

**河南蓝皮书**
河南能源发展报告（2018）
著(编)者：国网河南省电力公司经济技术研究院
河南省社会科学院
2018年3月出版 / 估价：99.00元
PSN B-2017-607-9/9

**河南商务蓝皮书**
河南商务发展报告（2018）
著(编)者：焦锦淼 穆荣国　2018年5月出版 / 估价：99.00元
PSN B-2014-399-1/1

**河南双创蓝皮书**
河南创新创业发展报告（2018）
著(编)者：喻新安 杨雪梅　2018年8月出版 / 估价：99.00元
PSN B-2017-641-1/1

**黑龙江蓝皮书**
黑龙江经济发展报告（2018）
著(编)者：朱宇　2018年1月出版 / 估价：99.00元
PSN B-2011-190-2/2

**湖南城市蓝皮书**
区域城市群整合
著(编)者：童中贤 韩未名　2018年12月出版 / 估价：99.00元
PSN B-2006-064-1/1

**湖南蓝皮书**
湖南城乡一体化发展报告（2018）
著(编)者：陈文胜 王文强 陆福兴
2018年8月出版 / 估价：99.00元
PSN B-2015-477-8/8

**湖南蓝皮书**
2018年湖南电子政务发展报告
著(编)者：梁志峰　2018年5月出版 / 估价：128.00元
PSN B-2014-394-6/8

**湖南蓝皮书**
2018年湖南经济发展报告
著(编)者：卞鹰　2018年5月出版 / 估价：128.00元
PSN B-2011-207-2/8

**湖南蓝皮书**
2016年湖南经济展望
著(编)者：梁志峰　2018年5月出版 / 估价：128.00元
PSN B-2011-206-1/8

**湖南蓝皮书**
2018年湖南县域经济社会发展报告
著(编)者：梁志峰 2018年5月出版 / 估价：128.00元
PSN B-2014-395-7/8

**湖南县域绿皮书**
湖南县域发展报告（No.5）
著(编)者：袁准 周小毛 黎仁寅
2018年3月出版 / 估价：99.00元
PSN G-2012-274-1/1

**沪港蓝皮书**
沪港发展报告（2018）
著(编)者：尤安山 2018年9月出版 / 估价：99.00元
PSN B-2013-362-1/1

**吉林蓝皮书**
2018年吉林经济社会形势分析与预测
著(编)者：邵汉明 2017年12月出版 / 估价：99.00元
PSN B-2013-319-1/1

**吉林省城市竞争力蓝皮书**
吉林省城市竞争力报告（2018~2019）
著(编)者：崔岳春 张磊 2018年12月出版 / 估价：99.00元
PSN B-2016-513-1/1

**济源蓝皮书**
济源经济社会发展报告（2018）
著(编)者：喻新安 2018年4月出版 / 估价：99.00元
PSN B-2014-387-1/1

**江苏蓝皮书**
2018年江苏经济发展分析与展望
著(编)者：王庆五 吴先满 2018年7月出版 / 估价：128.00元
PSN B-2017-635-1/3

**江西蓝皮书**
江西经济社会发展报告（2018）
著(编)者：陈石俊 龚建文 2018年10月出版 / 估价：128.00元
PSN B-2015-484-1/2

**江西蓝皮书**
江西设区市发展报告（2018）
著(编)者：姜玮 梁勇 2018年10月出版 / 估价：99.00元
PSN B-2016-517-2/2

**经济特区蓝皮书**
中国经济特区发展报告（2017）
著(编)者：陶一桃 2018年1月出版 / 估价：99.00元
PSN B-2009-139-1/1

**辽宁蓝皮书**
2018年辽宁经济社会形势分析与预测
著(编)者：梁启东 魏红江 2018年6月出版 / 估价：99.00元
PSN B-2006-053-1/1

**民族经济蓝皮书**
中国民族地区经济发展报告（2018）
著(编)者：李曦辉 2018年7月出版 / 估价：99.00元
PSN B-2017-630-1/1

**南宁蓝皮书**
南宁经济发展报告（2018）
著(编)者：胡建华 2018年9月出版 / 估价：99.00元
PSN B-2016-569-2/3

**浦东新区蓝皮书**
上海浦东经济发展报告（2018）
著(编)者：沈开艳 周奇 2018年2月出版 / 估价：99.00元
PSN B-2011-225-1/1

**青海蓝皮书**
2018年青海经济社会形势分析与预测
著(编)者：陈玮 2017年12月出版 / 估价：99.00元
PSN B-2012-275-1/2

**山东蓝皮书**
山东经济形势分析与预测（2018）
著(编)者：李广杰 2018年7月出版 / 估价：99.00元
PSN B-2014-404-1/5

**山东蓝皮书**
山东省普惠金融发展报告（2018）
著(编)者：齐鲁财富网
2018年9月出版 / 估价：99.00元
PSN B2017-676-5/5

**山西蓝皮书**
山西资源型经济转型发展报告（2018）
著(编)者：李志强 2018年7月出版 / 估价：99.00元
PSN B-2011-197-1/1

**陕西蓝皮书**
陕西经济发展报告（2018）
著(编)者：任宗哲 白宽犁 裴成荣
2018年1月出版 / 估价：99.00元
PSN B-2009-135-1/6

**陕西蓝皮书**
陕西精准脱贫研究报告（2018）
著(编)者：任宗哲 白宽犁 王建康
2018年6月出版 / 估价：99.00元
PSN B-2017-623-6/6

**上海蓝皮书**
上海经济发展报告（2018）
著(编)者：沈开艳
2018年2月出版 / 估价：99.00元
PSN B-2006-057-1/7

**上海蓝皮书**
上海资源环境发展报告（2018）
著(编)者：周冯琦 汤庆合
2018年2月出版 / 估价：99.00元
PSN B-2006-060-4/7

**上饶蓝皮书**
上饶发展报告（2016~2017）
著(编)者：廖其志 2018年3月出版 / 估价：128.00元
PSN B-2014-377-1/1

**深圳蓝皮书**
深圳经济发展报告（2018）
著(编)者：张骁儒 2018年6月出版 / 估价：99.00元
PSN B-2008-112-3/7

**四川蓝皮书**
四川城镇化发展报告（2018）
著(编)者：侯水平 陈炜
2018年4月出版 / 估价：99.00元
PSN B-2015-456-7/7

**四川蓝皮书**
2018年四川经济形势分析与预测
著(编)者：杨钢 2018年1月出版 / 估价：99.00元
PSN B-2007-098-2/7

**四川蓝皮书**
四川企业社会责任研究报告（2017～2018）
著(编)者：侯水平 盛毅 2018年5月出版 / 估价：99.00元
PSN B-2014-386-4/7

**四川蓝皮书**
四川生态建设报告（2018）
著(编)者：李晟之 2018年5月出版 / 估价：99.00元
PSN B-2015-455-6/7

**体育蓝皮书**
上海体育产业发展报告（2017~2018）
著(编)者：张林 黄海燕 2018年10月出版 / 估价：99.00元
PSN B-2015-454-4/5

**体育蓝皮书**
长三角地区体育产业发展报告（2017～2018）
著(编)者：张林 2018年4月出版 / 估价：99.00元
PSN B-2015-453-3/5

**天津金融蓝皮书**
天津金融发展报告（2018）
著(编)者：王爱俭 孔德昌 2018年3月出版 / 估价：99.00元
PSN B-2014-418-1/1

**图们江区域合作蓝皮书**
图们江区域合作发展报告（2018）
著(编)者：李铁 2018年6月出版 / 估价：99.00元
PSN B-2015-464-1/1

**温州蓝皮书**
2018年温州经济社会形势分析与预测
著(编)者：蒋儒标 王春光 金浩
2018年4月出版 / 估价：99.00元
PSN B-2008-105-1/1

**西咸新区蓝皮书**
西咸新区发展报告（2018）
著(编)者：李扬 王军
2018年6月出版 / 估价：99.00元
PSN B-2016-534-1/1

**修武蓝皮书**
修武经济社会发展报告（2018）
著(编)者：张占仓 袁凯声
2018年10月出版 / 估价：99.00元
PSN B-2017-651-1/1

**偃师蓝皮书**
偃师经济社会发展报告（2018）
著(编)者：张占仓 袁凯声 何武周
2018年7月出版 / 估价：99.00元
PSN B-2017-627-1/1

**扬州蓝皮书**
扬州经济社会发展报告（2018）
著(编)者：陈扬
2018年12月出版 / 估价：108.00元
PSN B-2011-191-1/1

**长垣蓝皮书**
长垣经济社会发展报告（2018）
著(编)者：张占仓 袁凯声 秦保建
2018年10月出版 / 估价：99.00元
PSN B-2017-654-1/1

**遵义蓝皮书**
遵义发展报告（2018）
著(编)者：邓彦 曾征 龚永育
2018年9月出版 / 估价：99.00元
PSN B-2014-433-1/1

# 地方发展类-社会

**安徽蓝皮书**
安徽社会发展报告（2018）
著(编)者：程桦 2018年4月出版 / 估价：99.00元
PSN B-2013-325-1/1

**安徽社会建设蓝皮书**
安徽社会建设分析报告（2017～2018）
著(编)者：黄家海 蔡宪
2018年11月出版 / 估价：99.00元
PSN B-2013-322-1/1

**北京蓝皮书**
北京公共服务发展报告（2017～2018）
著(编)者：施昌奎 2018年3月出版 / 估价：99.00元
PSN B-2008-103-7/8

**北京蓝皮书**
北京社会发展报告（2017～2018）
著(编)者：李伟东
2018年7月出版 / 估价：99.00元
PSN B-2006-055-3/8

**北京蓝皮书**
北京社会治理发展报告（2017～2018）
著(编)者：殷星辰 2018年7月出版 / 估价：99.00元
PSN B-2014-391-8/8

**北京律师蓝皮书**
北京律师发展报告 No.3（2018）
著(编)者：王隽 2018年12月出版 / 估价：99.00元
PSN B-2011-217-1/1

**北京人才蓝皮书**
北京人才发展报告（2018）
著(编)者：敏华　2018年12月出版 / 估价：128.00元
PSN B-2011-201-1/1

**北京社会心态蓝皮书**
北京社会心态分析报告（2017~2018）
北京市社会心理服务促进中心
2018年10月出版 / 估价：99.00元
PSN B-2014-422-1/1

**北京社会组织管理蓝皮书**
北京社会组织发展与管理（2018）
著(编)者：黄江松
2018年4月出版 / 估价：99.00元
PSN B-2015-446-1/1

**北京养老产业蓝皮书**
北京居家养老发展报告（2018）
著(编)者：陆杰华 周明明
2018年8月出版 / 估价：99.00元
PSN B-2015-465-1/1

**法治蓝皮书**
四川依法治省年度报告No.4（2018）
著(编)者：李林 杨天宗 田禾
2018年3月出版 / 估价：118.00元
PSN B-2015-447-2/3

**福建妇女发展蓝皮书**
福建省妇女发展报告（2018）
著(编)者：刘群英　2018年11月出版 / 估价：99.00元
PSN B-2011-220-1/1

**甘肃蓝皮书**
甘肃社会发展分析与预测（2018）
著(编)者：安文华 包晓霞 谢增虎
2018年1月出版 / 估价：99.00元
PSN B-2013-313-2/6

**广东蓝皮书**
广东全面深化改革研究报告（2018）
著(编)者：周林生 涂成林
2018年12月出版 / 估价：99.00元
PSN B-2015-504-3/3

**广东蓝皮书**
广东社会工作发展报告（2018）
著(编)者：罗观翠　2018年6月出版 / 估价：99.00元
PSN B-2014-402-2/3

**广州蓝皮书**
广州青年发展报告（2018）
著(编)者：徐柳 张强
2018年8月出版 / 估价：99.00元
PSN B-2013-352-13/14

**广州蓝皮书**
广州社会保障发展报告（2018）
著(编)者：张跃国　2018年8月出版 / 估价：99.00元
PSN B-2014-425-14/14

**广州蓝皮书**
2018年中国广州社会形势分析与预测
著(编)者：张强 郭志勇 何镜清
2018年6月出版 / 估价：99.00元
PSN B-2008-110-5/14

**贵州蓝皮书**
贵州法治发展报告（2018）
著(编)者：吴大华　2018年5月出版 / 估价：99.00元
PSN B-2012-254-2/10

**贵州蓝皮书**
贵州人才发展报告（2017）
著(编)者：于杰 吴大华
2018年9月出版 / 估价：99.00元
PSN B-2014-382-3/10

**贵州蓝皮书**
贵州社会发展报告（2018）
著(编)者：王兴骥　2018年4月出版 / 估价：99.00元
PSN B-2010-166-1/10

**杭州蓝皮书**
杭州妇女发展报告（2018）
著(编)者：魏颖　2018年10月出版 / 估价：99.00元
PSN B-2014-403-1/1

**河北蓝皮书**
河北法治发展报告（2018）
著(编)者：康振海　2018年6月出版 / 估价：99.00元
PSN B-2017-622-3/3

**河北食品药品安全蓝皮书**
河北食品药品安全研究报告（2018）
著(编)者：丁锦霞　2018年10月出版 / 估价：99.00元
PSN B-2015-473-1/1

**河南蓝皮书**
河南法治发展报告（2018）
著(编)者：张林海　2018年7月出版 / 估价：99.00元
PSN B-2014-376-6/9

**河南蓝皮书**
2018年河南社会形势分析与预测
著(编)者：牛苏林　2018年5月出版 / 估价：99.00元
PSN B-2005-043-1/9

**河南民办教育蓝皮书**
河南民办教育发展报告（2018）
著(编)者：胡大白　2018年9月出版 / 估价：99.00元
PSN B-2017-642-1/1

**黑龙江蓝皮书**
黑龙江社会发展报告（2018）
著(编)者：谢宝禄　2018年1月出版 / 估价：99.00元
PSN B-2011-189-1/2

**湖南蓝皮书**
2018年湖南两型社会与生态文明建设报告
著(编)者：卞鹰　2018年5月出版 / 估价：128.00元
PSN B-2011-208-3/8

**湖南蓝皮书**
2018年湖南社会发展报告
著(编)者：卞鹰　2018年5月出版 / 估价：128.00元
PSN B-2014-393-5/8

**健康城市蓝皮书**
北京健康城市建设研究报告（2018）
著(编)者：王鸿春 盛继洪　2018年9月出版 / 估价：99.00元
PSN B-2015-460-1/2

**江苏法治蓝皮书**
江苏法治发展报告No.6（2017）
著(编)者：蔡道通 龚廷泰　2018年8月出版 / 估价：99.00元
PSN B-2012-290-1/1

**江苏蓝皮书**
2018年江苏社会发展分析与展望
著(编)者：王庆五 刘旺洪　2018年8月出版 / 估价：128.00元
PSN B-2017-636-2/3

**南宁蓝皮书**
南宁法治发展报告（2018）
著(编)者：杨维超　2018年12月出版 / 估价：99.00元
PSN B-2015-509-1/3

**南宁蓝皮书**
南宁社会发展报告（2018）
著(编)者：胡建华　2018年10月出版 / 估价：99.00元
PSN B-2016-570-3/3

**内蒙古蓝皮书**
内蒙古反腐倡廉建设报告 No.2
著(编)者：张志华　2018年6月出版 / 估价：99.00元
PSN B-2013-365-1/1

**青海蓝皮书**
2018年青海人才发展报告
著(编)者：王宇燕　2018年9月出版 / 估价：99.00元
PSN B-2017-650-2/2

**青海生态文明建设蓝皮书**
青海生态文明建设报告（2018）
著(编)者：张西明 高华　2018年12月出版 / 估价：99.00元
PSN B-2016-595-1/1

**人口与健康蓝皮书**
深圳人口与健康发展报告（2018）
著(编)者：陆杰华 傅崇辉　2018年11月出版 / 估价：99.00元
PSN B-2011-228-1/1

**山东蓝皮书**
山东社会形势分析与预测（2018）
著(编)者：李善峰　2018年6月出版 / 估价：99.00元
PSN B-2014-405-2/5

**陕西蓝皮书**
陕西社会发展报告（2018）
著(编)者：任宗哲 白宽犁 牛昉　2018年1月出版 / 估价：99.00元
PSN B-2009-136-2/6

**上海蓝皮书**
上海法治发展报告（2018）
著(编)者：叶必丰　2018年9月出版 / 估价：99.00元
PSN B-2012-296-6/7

**上海蓝皮书**
上海社会发展报告（2018）
著(编)者：杨雄 周海旺
2018年2月出版 / 估价：99.00元
PSN B-2006-058-2/7

**社会建设蓝皮书**
2018年北京社会建设分析报告
著(编)者：宋贵伦 冯虹　2018年9月出版 / 估价：99.00元
PSN B-2010-173-1/1

**深圳蓝皮书**
深圳法治发展报告（2018）
著(编)者：张骁儒　2018年6月出版 / 估价：99.00元
PSN B-2015-470-6/7

**深圳蓝皮书**
深圳劳动关系发展报告（2018）
著(编)者：汤庭芬　2018年8月出版 / 估价：99.00元
PSN B-2007-097-2/7

**深圳蓝皮书**
深圳社会治理与发展报告（2018）
著(编)者：张骁儒　2018年6月出版 / 估价：99.00元
PSN B-2008-113-4/7

**生态安全绿皮书**
甘肃国家生态安全屏障建设发展报告（2018）
著(编)者：刘举科 喜文华
2018年10月出版 / 估价：99.00元
PSN G-2017-659-1/1

**顺义社会建设蓝皮书**
北京市顺义区社会建设发展报告（2018）
著(编)者：王学武　2018年9月出版 / 估价：99.00元
PSN B-2017-658-1/1

**四川蓝皮书**
四川法治发展报告（2018）
著(编)者：郑泰安　2018年1月出版 / 估价：99.00元
PSN B-2015-441-5/7

**四川蓝皮书**
四川社会发展报告（2018）
著(编)者：李羚　2018年6月出版 / 估价：99.00元
PSN B-2008-127-3/7

**云南社会治理蓝皮书**
云南社会治理年度报告（2017）
著(编)者：晏雄 韩全芳
2018年5月出版 / 估价：99.00元
PSN B-2017-667-1/1

# 地方发展类-文化

**北京传媒蓝皮书**
北京新闻出版广电发展报告（2017～2018）
著(编)者：王志　2018年11月出版 / 估价：99.00元
PSN B-2016-588-1/1

**北京蓝皮书**
北京文化发展报告（2017～2018）
著(编)者：李建盛　2018年5月出版 / 估价：99.00元
PSN B-2007-082-4/8

**创意城市蓝皮书**
北京文化创意产业发展报告（2018）
著(编)者：郭万超 张京成　2018年12月出版 / 估价：99.00元
PSN B-2012-263-1/7

**创意城市蓝皮书**
天津文化创意产业发展报告（2017～2018）
著(编)者：谢思全　2018年6月出版 / 估价：99.00元
PSN B-2016-536-7/7

**创意城市蓝皮书**
武汉文化创意产业发展报告（2018）
著(编)者：黄永林 陈汉桥　2018年12月出版 / 估价：99.00元
PSN B-2013-354-4/7

**创意上海蓝皮书**
上海文化创意产业发展报告（2017～2018）
著(编)者：王慧敏 王兴全　2018年8月出版 / 估价：99.00元
PSN B-2016-561-1/1

**非物质文化遗产蓝皮书**
广州市非物质文化遗产保护发展报告（2018）
著(编)者：宋俊华　2018年12月出版 / 估价：99.00元
PSN B-2016-589-1/1

**甘肃蓝皮书**
甘肃文化发展分析与预测（2018）
著(编)者：王俊莲 周小华　2018年1月出版 / 估价：99.00元
PSN B-2013-314-3/6

**甘肃蓝皮书**
甘肃舆情分析与预测（2018）
著(编)者：陈双梅 张谦元　2018年1月出版 / 估价：99.00元
PSN B-2013-315-4/6

**广州蓝皮书**
中国广州文化发展报告（2018）
著(编)者：屈哨兵 陆志强　2018年6月出版 / 估价：99.00元
PSN B-2009-134-7/14

**广州蓝皮书**
广州文化创意产业发展报告（2018）
著(编)者：徐咏虹　2018年7月出版 / 估价：99.00元
PSN B-2008-111-6/14

**海淀蓝皮书**
海淀区文化和科技融合发展报告（2018）
著(编)者：陈名杰 孟景伟　2018年5月出版 / 估价：99.00元
PSN B-2013-329-1/1

**河南蓝皮书**
河南文化发展报告（2018）
著(编)者：卫绍生　2018年7月出版 / 估价：99.00元
PSN B-2008-106-2/9

**湖北文化产业蓝皮书**
湖北省文化产业发展报告（2018）
著(编)者：黄晓华　2018年9月出版 / 估价：99.00元
PSN B-2017-656-1/1

**湖北文化蓝皮书**
湖北文化发展报告（2017~2018）
著(编)者：湖北大学高等人文研究院
中华文化发展湖北省协同创新中心
2018年10月出版 / 估价：99.00元
PSN B-2016-566-1/1

**江苏蓝皮书**
2018年江苏文化发展分析与展望
著(编)者：王庆五 樊和平　2018年9月出版 / 估价：128.00元
PSN B-2017-637-3/3

**江西文化蓝皮书**
江西非物质文化遗产发展报告（2018）
著(编)者：张圣才 傅安平　2018年12月出版 / 估价：128.00元
PSN B-2015-499-1/1

**洛阳蓝皮书**
洛阳文化发展报告（2018）
著(编)者：刘福兴 陈启明　2018年7月出版 / 估价：99.00元
PSN B-2015-476-1/1

**南京蓝皮书**
南京文化发展报告（2018）
著(编)者：中共南京市委宣传部
2018年12月出版 / 估价：99.00元
PSN B-2014-439-1/1

**宁波文化蓝皮书**
宁波“一人一艺”全民艺术普及发展报告（2017）
著(编)者：张爱琴　2018年11月出版 / 估价：128.00元
PSN B-2017-668-1/1

**山东蓝皮书**
山东文化发展报告（2018）
著(编)者：涂可国　2018年5月出版 / 估价：99.00元
PSN B-2014-406-3/5

**陕西蓝皮书**
陕西文化发展报告（2018）
著(编)者：任宗哲 白宽犁 王长寿
2018年1月出版 / 估价：99.00元
PSN B-2009-137-3/6

**上海蓝皮书**
上海传媒发展报告（2018）
著(编)者：强荧 焦雨虹　2018年2月出版 / 估价：99.00元
PSN B-2012-295-5/7

**上海蓝皮书**
上海文学发展报告（2018）
著(编)者：陈圣来　2018年6月出版 / 估价：99.00元
PSN B-2012-297-7/7

**上海蓝皮书**
上海文化发展报告（2018）
著(编)者：荣跃明　2018年2月出版 / 估价：99.00元
PSN B-2006-059-3/7

**深圳蓝皮书**
深圳文化发展报告（2018）
著(编)者：张骁儒　2018年7月出版 / 估价：99.00元
PSN B-2016-554-7/7

**四川蓝皮书**
四川文化产业发展报告（2018）
著(编)者：向宝云 张立伟　2018年4月出版 / 估价：99.00元
PSN B-2006-074-1/7

**郑州蓝皮书**
2018年郑州文化发展报告
著(编)者：王哲　2018年9月出版 / 估价：99.00元
PSN B-2008-107-1/1

## 皮书起源

“皮书”起源于十七、十八世纪的英国，主要指官方或社会组织正式发表的重要文件或报告，多以“白皮书”命名。在中国，“皮书”这一概念被社会广泛接受，并被成功运作、发展成为一种全新的出版形态，则源于中国社会科学院社会科学文献出版社。

## 皮书定义

皮书是对中国与世界发展状况和热点问题进行年度监测，以专业的角度、专家的视野和实证研究方法，针对某一领域或区域现状与发展态势展开分析和预测，具备原创性、实证性、专业性、连续性、前沿性、时效性等特点的公开出版物，由一系列权威研究报告组成。

## 皮书作者

皮书系列的作者以中国社会科学院、著名高校、地方社会科学院的研究人员为主，多为国内一流研究机构的权威专家学者，他们的看法和观点代表了学界对中国与世界的现实和未来最高水平的解读与分析。

## 皮书荣誉

皮书系列已成为社会科学文献出版社的著名图书品牌和中国社会科学院的知名学术品牌。2016 年，皮书系列正式列入“十三五”国家重点出版规划项目；2013~2018 年，重点皮书列入中国社会科学院承担的国家哲学社会科学创新工程项目；2018 年，59 种院外皮书使用“中国社会科学院创新工程学术出版项目”标识。

# 中国皮书网

（网址：www.pishu.cn）

发布皮书研创资讯，传播皮书精彩内容
引领皮书出版潮流，打造皮书服务平台

## 栏目设置

关于皮书：何谓皮书、皮书分类、皮书大事记、皮书荣誉、皮书出版第一人、皮书编辑部

最新资讯：通知公告、新闻动态、媒体聚焦、网站专题、视频直播、下载专区

皮书研创：皮书规范、皮书选题、皮书出版、皮书研究、研创团队

皮书评奖评价：指标体系、皮书评价、皮书评奖

互动专区：皮书说、社科数托邦、皮书微博、留言板

## 所获荣誉

2008 年、2011 年，中国皮书网均在全国新闻出版业网站荣誉评选中获得“最具商业价值网站”称号；

2012 年，获得“出版业网站百强”称号。

## 网库合一

2014 年，中国皮书网与皮书数据库端口合一，实现资源共享。